"十二五"国家重点图书出版规划项目

公共安全应急管理丛书

面向应急管理的人工社会构建与计算实验

邱晓刚 陈 彬 张 鹏 ◎ 著

科 学 出 版 社
北 京

内 容 简 介

人工社会是一种在建模与仿真基础上发展起来的研究社会科学的新方法。将基于人工社会的计算实验应用于应急管理领域，是近年才开展的工作。本书尝试将人工社会与计算实验应用于应急管理领域，为突发事件应急管理的研究注入新的手段。本书主要论述面向社会性突发事件应急管理的人工社会建模与计算实验方法，目的是使读者了解人工社会的基本概念、发展与应用，以及其在基于"情景-应对"型应急管理模式中的作用和应用过程；了解如何基于"组件"来"综合"形成人工社会，如何基于人工社会进行应急管理计算实验。随着现代信息技术在应急管理中应用的日益扩展，应急领域对计算实验在其中应用的关注度将逐步上升。

本书可作为从事人工社会、应急管理、系统仿真与计算实验等方面研究的科技人员与管理人员的参考书。

图书在版编目（CIP）数据

面向应急管理的人工社会构建与计算实验/邱晓刚，陈彬，张鹏著. —北京：科学出版社，2017.2

（公共安全应急管理丛书）

"十二五"国家重点图书出版规划项目　国家出版基金项目

ISBN 978-7-03-051650-3

Ⅰ. ①面… Ⅱ. ①邱…②陈…③张… Ⅲ. ①公共安全–安全管理–研究 Ⅳ. ①D032.59

中国版本图书馆 CIP 数据核字（2017）第 020350 号

责任编辑：徐　倩　王丹妮 / 责任校对：何艳萍
责任印制：霍　兵 / 封面设计：无极书装

科学出版社 出版
北京东黄城根北街 16 号
邮政编码：100717
http://www.sciencep.com
中国科学院印刷厂 印刷
科学出版社发行　各地新华书店经销

*

2017 年 2 月第 一 版　开本：720×1000　1/16
2017 年 2 月第一次印刷　印张：20 3/4
字数：411 000
定价：120.00 元
（如有印装质量问题，我社负责调换）

丛书编委会

主　编
　　范维澄　教　授　清华大学
　　郭重庆　教　授　同济大学

副主编
　　吴启迪　教　授　国家自然科学基金委员会管理科学部
　　闪淳昌　教授级高工　国家安全生产监督管理总局

编　委（按姓氏拼音排序）
　　曹河圻　研究员　国家自然科学基金委员会医学科学部
　　邓云峰　研究员　国家行政学院
　　杜兰萍　副局长　公安部消防局
　　高自友　教　授　国家自然科学基金委员会管理科学部
　　李湖生　研究员　中国安全生产科学研究院
　　李仰哲　局　长　国家发展和改革委员会经济运行调节局
　　李一军　教　授　国家自然科学基金委员会管理科学部
　　刘　克　研究员　国家自然科学基金委员会信息科学部
　　刘铁民　研究员　中国安全生产科学研究院
　　刘　奕　副教授　清华大学
　　陆俊华　副省长　海南省人民政府
　　孟小峰　教　授　中国人民大学
　　邱晓刚　教　授　国防科技大学
　　汪寿阳　研究员　中国科学院数学与系统科学研究院
　　王飞跃　研究员　中国科学院自动化研究所
　　王　垒　教　授　北京大学
　　王岐东　研究员　国家自然科学基金委员会计划局

王　宇　研究员　中国疾病预防控制中心
吴　刚　研究员　国家自然科学基金委员会管理科学部
翁文国　教　授　清华大学
杨列勋　研究员　国家自然科学基金委员会管理科学部
于景元　研究员　中国航天科技集团710所
张　辉　教　授　清华大学
张　维　教　授　天津大学
周晓林　教　授　北京大学
邹　铭　副部长　民政部

总　序

自美国"9·11事件"以来，国际社会对公共安全与应急管理的重视度迅速提升，各国政府、公众和专家学者都在重新思考如何应对突发事件的问题。当今世界，各种各样的突发事件越来越呈现出频繁发生、程度加剧、复杂复合等特点，给人类的安全和社会的稳定带来更大挑战。美国政府已将单纯的反恐战略提升到针对更广泛的突发事件应急管理的公共安全战略层面，美国国土安全部2002年发布的《国土安全国家战略》中将突发事件应对作为六个关键任务之一。欧盟委员会2006年通过了主题为"更好的世界，安全的欧洲"的欧盟安全战略并制订和实施了"欧洲安全研究计划"。我国的公共安全与应急管理自2003年抗击"非典"后受到从未有过的关注和重视。2005年和2007年，我国相继颁布实施了《国家突发公共事件总体应急预案》和《中华人民共和国突发事件应对法》，并在各个领域颁布了一系列有关公共安全与应急管理的政策性文件。2014年，我国正式成立"中央国家安全委员会"，习近平总书记担任委员会主任。2015年5月29日中共中央政治局就健全公共安全体系进行第二十三次集体学习。中共中央总书记习近平在主持学习时强调，公共安全连着千家万户，确保公共安全事关人民群众生命财产安全，事关改革发展稳定大局。这一系列举措，标志着我国对安全问题的重视程度提升到一个新的战略高度。

在科学研究领域，公共安全与应急管理研究的广度和深度迅速拓展，并在世界范围内得到高度重视。美国国家科学基金会（National Science Foundation, NSF）资助的跨学科计划中，有五个与公共安全和应急管理有关，包括：①社会行为动力学；②人与自然耦合系统动力学；③爆炸探测预测前沿方法；④核探测技术；⑤支持国家安全的信息技术。欧盟框架计划第5~7期中均设有公共安全与应急管理的项目研究计划，如第5期（FP5）——人为与自然灾害的安全与应急管理，第6期（FP6）——开放型应急管理系统、面向风险管理的开放型空间数据系统、欧洲应急管理信息体系，第7期（FP7）——把安全作为一个独立领域。我国在《国家中长期科学和技术发展规划纲要（2006—2020年）》中首次把公共安全列为科技发展的11个重点领域之一；《国家自然科学基金"十一五"发展规划》把"社会系统与重大工程系统的危机/灾害控制"纳入优先发展领域；国务院办公厅先后出台了《"十一五"期间国家突发公共事件应急体系建设规划》、《"十二五"期间国家突发事件应急体系建设规划》、《"十二五"期间国家综合防灾减灾规划》和《关于加快应急产业发展的意见》等。在863、973等相关科技计划中也设立了一批公共安全领域的重大项目和优先资助方向。

针对国家公共安全与应急管理的重大需求和前沿基础科学研究的需求，国家自然科学基金委员会于2009年启动了"非常规突发事件应急管理研究"重大研究计划，遵循"有限目标、稳定支持、集成升华、跨越发展"的总体思路，围绕应急管理中的重大战略领域和方向开展创新性研究，通过顶层设计，着力凝练科学目标，积极促进学科交叉，培养创新人才。针对应急管理科学问题的多学科交叉特点，如应急决策研究中的信息融合、传播、分析处理等，以及应急决策和执行中的知识发现、非理性问题、行为偏差等涉及管理科学、信息科学、心理科学等多个学科的研究领域，重大研究计划在项目组织上加强若干关键问题的深入研究和集成，致力于实现应急管理若干重点领域和重要方向的跨域发展，提升我国应急管理基础研究原始创新能力，为我国应急管理实践提供科学支撑。重大研究计划自启动以来，已立项支持各类项目八十余项，稳定支持了一批来自不同学科、具有创新意识、思维活跃并立足于我国公共安全核应急管理领域的优秀科研队伍。百余所高校和科研院所参与了项目研究，培养了一批高水平研究力量，十余位科研人员获得国家自然科学基金"国家杰出青年科学基金"的资助及教育部"长江学者"特聘教授称号。在重大研究计划支持下，百余篇优秀学术论文发表在SCI/SSCI收录的管理、信息、心理领域的顶尖期刊上，在国内外知名出版社出版学术专著数十部，申请专利、软件著作权、制定标准规范等共计几十项。研究成果获得多项国家级和省部级科技奖。依托项目研究成果提出的十余项政策建议得到包括国务院总理等国家领导人的批示和多个政府部门的重视。研究成果直接应用于国家、部门、省市近十个"十二五"应急体系规划的制定。公共安全和应急管理基础研究的成果也直接推动了相关技术的研发，科技部在"十三五"重点专项中设立了公共安全方向，基础研究的相关成果为其提供了坚实的基础。

重大研究计划的启动和持续资助推动了我国公共安全与应急管理的学科建设，推动了"安全科学与工程"一级学科的设立，该一级学科下设有"安全与应急管理"二级学科。2012年公共安全领域的一级学会"（中国）公共安全科学技术学会"正式成立，为公共安全领域的科研和教育提供了更广阔的平台。在重大研究计划执行期间，还组织了多次大型国际学术会议，积极参与国际事务。在世界卫生组织的应急系统规划设计的招标中，我国学者组成的团队在与英、美等国家的技术团队的竞争中胜出，与世卫组织在应急系统的标准、设计等方面开展了密切合作。我国学者在应急平台方面的研究成果还应用于多个国家，取得了良好的国际声誉。各类国际学术活动的开展，极大地提高了我国公共安全与应急管理在国际学术界的声望。

为了更广泛地和广大科研人员、应急管理工作者以及关心、关注公共安全与应急管理问题的公众分享重大研究计划的研究成果，在国家自然科学基金委员会管理科学部的支持下，由科学出版社将优秀研究成果以丛书的方式汇集出版，希望能为公共安全与应急管理领域的研究和探索提供更有力的支持，并能广泛应用到实际工作中。

为了更好地汇集公共安全与应急管理的最新研究成果，本套丛书将以滚动的方式出版，紧跟研究前沿，力争把不同学科领域的学者在公共安全与应急管理研究上的集体智慧以最高效的方式呈现给读者。

重大研究计划指导专家组

前　言

在学术研究领域,建模和仿真成为研究大规模突发事件应急管理的重要手段。SARS 暴发后,2003 年 5 月 23 日,《科学》杂志网站发表了美国、加拿大、英国和中国香港的科学家对于 SARS 流行的数学模型及仿真的研究成果,即题为"SARS 的传播动力学及控制"和"SARS 病原体在香港的传播动力学:公共卫生防控措施的影响"的两篇学术论文。这两篇论文运用系统动力学原理进行建模和仿真,研究表明如果公共卫生措施得力,SARS 的流行并非不可控制。最近几年,国际社会对突发事件模拟仿真的研究具有针对性、广泛性与前瞻性的特点,各国政府投入专项资助的力度之大和投入研究的力量之强均达到空前水平,相关研究成果显著提高了政府应对突发危机事件的能力。

2009 年国家自然科学基金委员会启动了重大研究计划"非常规突发事件应急管理研究"。该研究计划以非常规突发事件应急管理为研究对象,充分发挥管理科学、信息科学、心理科学等多学科合作研究的优势,着重研究非常规突发事件的信息处理与演化规律建模、非常规突发事件的应急决策理论,以及紧急状态下个体和群体的心理反应与行为规律。在非常规突发事件的特殊约束条件下,该研究计划通过对相关多学科的观测、实验和理论创新与综合集成,形成对非常规突发事件应急管理的核心环节——监测预警与应对决策——的客观规律的深刻科学认识,并提供科学方法;构建"情景-应对"型非常规突发事件应急管理的理论体系,增强应急管理科技的自主创新能力;提高国家应急管理体系(包括应急平台/预案体系)的科学性,为国家科学、高效、有序应对非常规突发事件提供决策参考。

此研究计划将面向非常规突发事件应急管理的动态模拟仿真系统与计算实验方法研究作为关键目标之一,目的是针对应急过程动态情景生成演化和计算实验问题,以人工社会(artificial societies)、计算实验(computational experiments)与平行执行(parallel execution)相结合的 ACP 方法为指导,研究面向非常规突发事件应急响应的平行应急管理理论、方法与技术,设计开放式、可扩展、可定制、可视化的非常规突发事件动态模拟仿真与计算实验平台。

非常规突发事件是指前兆不充分，具有明显的复杂性特征和潜在的次生衍生危害，而且破坏性严重，采用常规管理方式难以有效应对的突发事件。非常规突发事件具有不可预测性、多成因关联性、广泛影响性及演变复杂性等内在特点，致使其应急管理变得非常复杂，超出当前的观察实验、统计分析和微分方程建模的能力范畴，使传统的"预测-应对"型应急管理模式难以应对非常规突发事件的各种建模、分析、管理和控制等方面的挑战。综合利用管理科学、信息科学、心理科学等多个学科的优势与最新研究成果，基于 ACP 方法构建"情景-应对"型的平行应急管理理论、方法、技术与实验平台以增强应对非常规突发事件的能力水平已成为此类应急管理研究的重要途径。

人工社会是一种在建模与仿真基础上发展起来的研究社会科学的新方法。其基本思路如下：人类社会是由大量个人构成的复杂系统，因而可以在计算机中建立每个人的个体模型，这样的计算机中的模型被称为 Agent；然后让这些 Agent 遵循一定的简单规则相互作用；最后通过观察这群 Agent 整体作用的涌现属性找到人工社会的规律，并用这些规律解释和理解现实人类社会中的宏观现象。

20 世纪 90 年代初由美国兰德公司研究人员提出人工社会的概念后，2003 年欧美学者提出了基于代理的计算人口学。而后，2004 年王飞跃教授提出了人工社会、计算实验与平行系统相结合的 ACP 社会计算方法，并系统阐述了这一方法论的指导思想、基础原理、原则方法、应用方向与解决方案，以解决实际社会系统中不可准确预测、难以拆分还原、无法重复实验等复杂性问题。ACP 方法是基于复杂社会系统存在"多重世界"的观点，构建具有现实意义的计算化人工社会实验室，"生长培育"各种可能的未来现实；综合利用多种数据感知与同化手段，实现人工社会与真实社会的平行演化；利用计算实验方法对可能的未来现实情景进行各种试验，分析和评估行动方案；通过平行执行，达到动态优化管理与控制的目的。

ACP 方法不是单纯针对某一特殊对象、某一特定领域的复杂系统的解决方案，而是针对复杂系统中共同存在的不可准确预测、不可拆分还原、无法重复实验等共性问题的综合解决方法。ACP 方法要实现从基础理论方法到非常规突发事件应急管理的实践应用，还要针对突发事件应急管理的特殊要求进行特异性的系统性研究，为此，王飞跃教授又提出了平行应急管理方法。

平行应急管理方法是一种基于人工社会的应急管理计算实验，主要针对社会性事件，在复杂网络建模技术和真实社会信息获取技术的基础上，引入智能体描述大规模社会中的群体和个体，模拟社会接触网络的演化和突发事件中人群的行为与交互。该方法通过网络开源情报采集和融合技术获得实时数据而改进仿真实验，为再现社会系统的复杂性，逼近非常规突发事件发生、演化的社会背景提供了良好的技术基础，可为非常规突发事件应急演练、预案评估和处置提供实验的途径。

平行应急管理方法的基础是人工社会计算实验。采用多 Agent 技术构建人工社会进行计算实验已成为非常规突发事件模拟仿真研究的重要方向。在重大研究计划中，重点关注面向城市疫情与网络舆情突发事件的平行应急管理研究，期望基于组件化、多范式与 Agent 等建模技术，以标准化方式集成应急管理的研究成果来建立多尺度、多应用层面的城市人工社会，提供高性能、开放式、可拓展的仿真环境，支持人机结合的动态可视化展示与交互，为疫情与网络舆情突发事件应急管理研究和辅助决策提供服务。

本书是在重大研究计划"非常规突发事件应急管理"支持下，开展"基于平行应急管理的非常规突发事件动态仿真与计算实验集成升华平台"研究的阶段性成果总结，主要论述社会性突发事件应急管理领域的人工社会与计算实验理论方法与技术。目的是使读者了解人工社会的基本概念、发展与应用，以及其在基于"情景-应对"应急管理模式中的作用和应用过程；了解如何基于元模型、组件来构建人工社会，如何基于人工社会进行应急管理计算实验，以及人工社会计算实验平台设计的基本方法与技术。基于此目的，本书针对疫情传播和舆情传播两类特定的社会性突发事件，从复杂系统仿真和 ACP 方法入手，讨论人工社会、平行应急管理、人工社会 Agent 建模、人工社会网络建模、疫情与舆情突发事件建模、人工社会构建、人工社会计算实验平台设计等内容，介绍一些突发事件应急管理计算实验的案例。

本书分为十章。第 1 章 "概述"，从建模与仿真的基本概念论述开始，回顾应急管理中系统仿真的应用，综述所关注问题的特点，在此基础上分析面临的挑战和应对的基本思路；从复杂系统仿真问题引出人工社会研究的作用，在此基础上，论述面向应急管理的人工社会、计算实验与平行执行的 ACP 方法，阐述平行应急管理的基本概念。第 2 章 "人工社会"，较系统地论述面向应急管理的人工社会，介绍人工社会的基本概念、研究进展与建模发展、人工社会的构成与分类、人工社会的构建思路与工具。第 3 章 "社会性突发事件的平行应急管理"，在概述两类社会性突发事件特征的基础上，论述情景、"情景-应对"和突发事件情景的概念，介绍平行应急管理研究面临的问题与挑战，概述平行应急管理系统的功能需求、结构组成和应用模式。第 4 章 "人工社会中个体 Agent 建模"，主要讨论一般人工社会中人工人口的 Agent 建模方法。首先综述 Agent 建模的一般方法，讨论人工社会的 Agent 元建模框架，然后针对人工人口的时空地理行为建模和心理行为建模进行深入的讨论。第 5 章 "人工社会网络建模方法"，在分析复杂网络的基本概念基础上，对面向应急管理的人工社会所涉及的社会关系、接触网络和交通网络建模方法进行研究。第 6 章 "社会性疫情突发事件建模"，在分析经典疫情事件传播模型的基础上，分别讨论面向人工社会疫情传播建模方法、疫情传播的人工社会模型、疫情传播的复杂网络模型。第 7 章 "突发事件网络舆情传播建模"，对网络舆情事件发生、发展和演变过程进行分析和建模，重点研究面向舆情仿真的人工社会模型体系、网络舆情传播阶段建模，以及基于 "心理–行为" 机制的网民信息处理模型。第 8 章 "人工社会生成方法"，主要讨论基于模型及统计数据构建人工社会的具体方法，包括人工社会的形式化描述、人工人口迭代生成方法、人工地理环境生成方法以及多层社会关系网络生成方法。第 9 章 "人工社会计算实验平台设计"，讨论在上述方法的基础上，如何设计一个支持应急管理人工社会构建和运行的平台。第 10 章 "突发事件应急管理计算实验案例"，结合社会性疫情事件和舆情事件的案例来阐述人工社会计算实验过程，介绍三类突发事件人工社会计算实验的例子。

利用人工社会进行计算实验的方法与技术来构建事件发生、发展、转化和演变的 "情景" 是解决 "情景-应对" 型非常规突发事件应急管理问题的一种重要途径。高度综合和具有一定复杂度的人工社会构建是实现这一途径的核心工作之一，该方面的研究涉及多个学科领域，目前还处于起步阶段。本书作为阶段性成果总结，有许多方面还有待完善，也需要同行的帮助指正。

书稿中吸纳了课题组各位老师和同学的研究成果，包括曹志冬副研究员、李凤霞教授、曾华锋教授、骆志刚教授、廖东升教授、郭刚副教授、梅珊副教授，以及樊宗臣、孟荣清、王维、任意、李祯、周鑫、艾川、程子龙、宁丹丹等同学。与书稿相关的研究工作得到范维澄院士、王飞跃教授的指导，得到黄柯棣教授、闪淳昌研究员、于景元研究员、刘铁民研究员、孟小峰教授、李一军教授、高自友教授、杨列勋研究员、曾大军教授、查亚兵教授、刘忠教授和朱一凡教授的关心和支持，得到协作课题组张辉教授、黄丽华教授、刘怡君研究员、刘霞教授、戴伟辉教授、刘奕副教授、何凌南副教授等的帮助。书稿引用了大量公开发表的论文和著作中的材料，在参考文献中列出，在这里对所有作者一并表示致谢。

本书第 1 章邱晓刚执笔，第 2 章邱晓刚、宋智超执笔，第 3 章邱晓刚、张鹏执笔，第 4 章陈彬、张烙兵执笔，第 5 章邱晓刚、刘亮执笔，第 6 章葛渊峥、段伟、邱晓刚执笔，第 7 章马亮、邱晓刚执笔，第 8 章邱晓刚、宋智超执笔，第 9 章邱晓刚、张鹏执笔，第 10 章陈彬、邱思航执笔。邱晓刚、陈彬和张鹏对书稿进行了统稿。

感谢 5 年来在团队工作过的老师和学生，感谢所有与我们合作过的专家、朋友，感谢科学出版社徐倩编辑的辛勤工作。

本书的研究工作得到国家自然科学基金重大研究计划 "非常规突发事件应急管理研究" 的集成升华平台支持项目 "基于平行应急管理的非常规突发事件动态

仿真与计算实验集成升华平台"（项目号：90924030）的支持，还得到国家自然科学基金项目（91024032、71673292、61503402、61403402、61374185、71373282）以及"青年人才托举工程"项目的支持。

书中或有不足之处，敬请读者批评指正。

作　者

2016年12月于北京

目　录

第1章　概述 ···1
　1.1　建模与仿真技术 ··1
　1.2　复杂系统仿真 ··7
　1.3　多Agent系统与人工社会 ···13
　1.4　ACP方法 ···18
　1.5　突发事件应急管理仿真 ···23
第2章　人工社会 ···32
　2.1　人工社会的发展 ··32
　2.2　人工社会构成与分类 ···41
　2.3　人工社会的构建 ··50
第3章　社会性突发事件的平行应急管理 ···60
　3.1　社会性突发事件 ··60
　3.2　情景与"情景-应对" ··66
　3.3　平行应急管理 ··72
第4章　人工社会中个体Agent建模 ··82
　4.1　人工社会中Agent建模思路 ···82
　4.2　人工社会的Agent元建模框架 ··85
　4.3　人工人口时空地理行为模型 ···88
　4.4　人工人口心理行为模型 ···97
第5章　人工社会网络建模方法 ···100
　5.1　复杂网络基本概念和典型模型 ··100
　5.2　社会关系网络建模 ··104
　5.3　接触关系网络建模 ··110
　5.4　交通网络建模 ··116
第6章　社会性疫情突发事件建模 ···128
　6.1　经典疫情事件传播模型 ···128

6.2　面向人工社会疫情传播建模方法 ··131
　　6.3　疫情传播的人工社会模型 ··139
　　6.4　疫情传播的复杂网络模型 ··146
第 7 章　突发事件网络舆情传播建模 ··151
　　7.1　突发事件舆情形成、传播及演变 ··151
　　7.2　面向舆情仿真的人工社会模型体系 ··156
　　7.3　网络舆情传播阶段建模 ··160
　　7.4　基于"心理-行为"机制的网民信息处理模型 ··167
第 8 章　人工社会生成方法 ··180
　　8.1　人工社会的形式化描述 ··180
　　8.2　人工人口迭代生成方法 ··187
　　8.3　人工地理环境生成方法 ··200
　　8.4　多层社会关系网络生成方法 ··212
第 9 章　人工社会计算实验平台设计 ··221
　　9.1　人工社会计算实验过程 ··221
　　9.2　人工社会计算实验平台总体设计 ··225
　　9.3　计算实验管理控制 ··233
　　9.4　计算实验引擎 ··242
　　9.5　计算实验平台的应用 ··246
第 10 章　突发事件应急管理计算实验案例 ··252
　　10.1　案例研究思路 ··252
　　10.2　公共疫情事件计算实验案例 ··253
　　10.3　公共舆情事件计算实验案例 ··278
　　10.4　基于无人机平台的危害气体空中监测案例 ··292
参考文献 ··304

第 1 章

概 述

建模与仿真的应用越来越广泛,逐步从工程领域扩展到社会领域。通过引入 Agent 描述社会中的群体和个体来建立人工社会,可利用仿真实验来研究社会性突发事件的应急管理。而网络开源情报采集和数据融合技术的迅速发展,可方便获得实时数据而改进仿真实验,为再现社会系统的复杂性,逼近突发事件发生、演化的社会背景提供了良好的技术基础,未来有望实现人工社会和真实社会的平行,为突发事件应急管理提供新途径。

1.1 建模与仿真技术

建模与仿真技术是以相似原理、信息技术、系统技术及应用领域有关专门技术为基础,以计算机和专用设备为工具,利用系统模型对实际或设想的系统进行动态试验研究的一门多学科综合的技术性科学(黄柯棣和邱晓刚,2010)。现代建模与仿真技术主要是指计算机建模与仿真,其综合集成了计算机、网络、图形图像、多媒体、软件工程、信息处理、自动控制等多个高新技术领域的知识,是进行系统分析与研究的重要手段(肖田元,2011)。

1.1.1 基本概念

建模与仿真技术作为分析和研究系统运动行为、揭示系统动态过程和运动规律的一种重要手段,在 20 世纪 40 年代第一台计算机诞生后迅速发展。特别是近些年来,随着系统科学研究的深入,控制、计算与信息处理技术的发展,计算机软硬件技术的突破,以及各个领域对仿真技术的迫切需求,建模与仿真技术有了许多突破性的进展,在理论研究、工程应用、仿真工程和工具开发环境等许多方面都取得了令人瞩目的成就,正在逐步形成一门独立发展的综合性科学(肖田元,2011)。

在复杂系统的研究中,建模和仿真是两个不同的环节。建模是对所关注系统进行抽象表示的过程,它是在进行系统分析的基础上对系统某些方面的描述。仿真是对所建立的模型进行实验的过程。建模工作的产物是系统的模型,仿真工作的产物是系统的行为。一方面,系统仿真必须要以系统的模型为基础,但是系统的模型不一定都是用于仿真研究的。另一方面,仿真的结果可以用于模型的效验,从而辅助模型建立。图 1.1 表示了建模与仿真之间的联系,而表 1.1 说明了建模与仿真之间的区别。

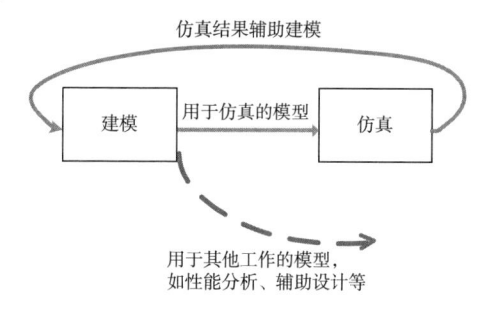

图 1.1　建模与仿真的联系

表 1.1　建模与仿真的区别

区别	建模	仿真
对象	真实系统	系统模型
目的	建立特定目标的系统模型	生成特定条件下的系统行为
人员	建模专家	仿真专家
工具	建模辅助工具	仿真引擎
产物	系统的抽象模型	系统的动态演化特性

模型的定义目前还没有统一的结论。对象管理组织(object management group, OMG)认为模型是针对特定目标对所研究的系统及其所在环境的描述或规范。国际电工电子工程师协会认为模型是对现实世界过程、行为、操作或者其他特征的选定侧面的近似、表现和理想化。尽管不同的研究领域对模型有不同的定义,但模型总是对领域知识进行形式化描述,它一般具备以下三个基本特性(陈雪龙等,2011)。

(1)映射性:模型是对研究对象的映射。

(2)简化性:模型是对研究对象的简化,它不可能反映研究对象的所有方面和细节。

（3）实用性：模型具备鲜明的建模目标，它是为回答有关研究对象的若干问题而建立的。

模型的运行离不开数据支持，尽管一般研究模型通常将模型和数据分离，而越来越多的研究开始将模型的设计和可用的数据结构相关联，并提出了数据模型的概念。数据模型是现实世界的数据特征的抽象，一般包含数据结构、数据操作、完整性约束条件。通过对模型的分析可以发现，有些模型是包含在数据里的，或者说可以用数据来刻画不同的模型。例如，在传染病病程模型（SEIR、SIR）中[①]，部分传染病（如甲型 H1N1）患者存在潜伏期，部分传染病患者没有潜伏期。对于存在潜伏期的传染病可以采用 SEIR 模型描述，反之则采用 SIR 模型描述。事实上，只需要将 SEIR 模型的潜伏期参数设置为 0，SEIR 模型就变成了 SIR 模型，这说明 SEIR 模型和 SIR 模型可以通过数据进行区分（梅珊，2012）。此外，已知甲型 H1N1 和 SARS 的病程都符合 SEIR 模型，但是各病程阶段持续时间和传染性的统计参数不同，以此区分甲型 H1N1 和 SARS。因此，尽可能地提取系统中的数据模型，对简化系统模型、增强系统的可拓展性具有重要意义。

1.1.2 计算机仿真

在过去几十年里，计算机技术以超乎想象的速度得到跨越式发展，互联网更是将世界变成了地球村，超强的计算环境和无所不在的信息感知使计算机仿真受到极大关注，它已成为解决现实科学、工程与社会复杂性问题的重要途径。由于计算机技术的迅速发展，计算机仿真成为最重要的一种仿真方式。计算机仿真是在计算机上"复现"真实系统动态过程的活动，包括通过人机结合支持模型建立、模型运行和结果分析等基本仿真活动。它依据相似原理将系统模型通过一定的算法转为计算机所接受和运行的仿真模型，并要求仿真模型可以在计算机上方便地修改和反复运行。用于计算机仿真的软件系统，不同于普通数值计算配置的软件，应具有支持研究者参与仿真活动的良好人机交互界面，为因果关系的研究和展现提供便利环境。

由于计算的普遍性，选择计算机作为实现科学工程方法的工具越来越广泛。计算机仿真系统是模型研究者的一个合作伙伴，与研究者共同分担仿真任务。随着信息技术的发展，计算机仿真系统的功能越来越强，能够承担的任务将越来越多。

计算机仿真的直接目的是获取系统随时间而变化的行为，这种系统行为是由

---

① 其中，S 代表 suscepible，易感的；E 代表 exposed，潜伏的；I 代表 infections，感染的；R 代表 recovered，恢复的。

时间轴上一系列离散点的值构成的。设仿真的时间区间为$[t_a, t_b]$，则计算机仿真系统给出的系统行为可用下面的集合来表示：

$$\{q(t_i), t_i \in [t_a, t_b], t_{i-1} < t_i, i=1,2,\cdots,n\} \tag{1.1}$$

其中，$q(t_i)$为在t_i时刻系统的行为描述；n为正整数。每一点的$q(t_i)$值一般可由该点系统的状态值来求出，所以计算上述集合可以转化为计算状态集合：

$$\{s(t_i), t_i \in [t_a, t_b], t_{i-1} < t_i, i=1,2,\cdots,n\} \tag{1.2}$$

其中，$s(t_i)$为在t_i时刻系统的状态。在仿真过程中，系统状态的计算是逐点进行的。在状态和状态转移函数的选择满足"半群公理"时，t_i时刻的状态可以由t_{i-1}时刻的状态和$[t_{i-1}, t_i]$上的输入来计算。

计算机仿真不仅是一种技术，而且是一种综合了实验方法与理论方法各自的优势，但又具备自己独特之处的研究方法，其在科学方法论体系中有独立的地位。人类需要借助各种工具来增强、延伸和扩展认识世界并获取知识的能力，计算机仿真方法构造出的人工环境，可以帮助工程师和科学家创造一个时域和空域可变的虚拟世界，使人们能够在这个虚拟世界中纵观古今，实现从必然王国到自由王国的认识过程（王飞跃，2007）。计算机仿真成为科学家探索科学奥秘的得力助手，成为工程师实施工程创新或产品开发，并确保其可靠性的有效工具。归纳起来，计算机仿真方法有如下特点。

（1）模型结构、参数可以动态调整。计算机仿真中的模型结构、参数可根据实验需要，通过计算机程序随时进行修改和调整，从而研究各种条件下系统演化的各种可能结果，为进一步完善研究方案提供了极大的方便。这正是计算机仿真也被称为"计算实验"的主要原因。与通常的实物实验比，这种"实验"具有运行费用低、无风险以及方便灵活等优点。

（2）系统模型快速求解。借助先进的计算机系统，人们在较短时间内就能获得仿真运算的结果，从而提前观察系统未来状态的发展变化，为人类的实践活动提供强有力指导。

（3）运算结果准确可靠。在保证系统模型、仿真模型和仿真程序是科学合理的，以及模型参数准确的情况下，仿真计算结果是可信的。

（4）仿真结果直观形象。仿真可以给出系统状态动态变化的详细信息，通过可视化技术可以直观形象地展示这些信息，利于分析把握因果关系。

由于这些特点，计算机仿真在许多领域发挥了独特的作用，主要表现为以下四个方面。

（1）优化系统设计。对于复杂系统一般需要进行优化研究，为此必须对系统的结构和参数进行修改和调整，然后进行反复实验。只有借助计算机仿真方法才能方便、快捷地实现。

（2）降低实验成本。在复杂工程系统上直接进行实物实验的费用很高，而计算机仿真就可大大降低相关费用。例如，飞行训练中一般单次实飞的成本为数万美元，若用仿真手段，费用仅为实飞成本的 1/10～1/5，且设备可重复使用。

（3）减少失败风险。对于一些高难度、高危险的复杂工程系统，为了减少风险，必须先进行计算机仿真实验以提高成功率。例如，载人宇宙飞行若直接实验，一旦失败则无论在经济上还是政治上都是难以承受的。

（4）提高预测能力。对于非工程复杂系统，如经济、军事、社会等系统，很难直接进行实验研究，也很难准确预测其发展趋势。但计算机仿真实验却可以在给定的边界条件下，推演出此类系统的变化趋势，从而为人们制定对策提供可靠的依据。

1.1.3 仿真建模方法

在计算机上解决任何问题，都需要将问题在某个层次上形式化。因此，必须建立一个形式系统，规定所用的符号以及对符号进行操作的规则，这样问题可以用符号表达出来。计算机求解的过程就是从问题表示的符号序列出发，按规则进行加工直到得出问题的解。计算机仿真解决实际问题的形式化是指建立模型和系统之间的具有同态关系的模型，然后仿真实验产生与物理系统实验相同的结果。从知识工程的角度，仿真建模是将被仿真系统的知识进行组织和编码，使仿真系统能接受并处理。计算机本质上是符号操作的工具，因此仿真模型需要具有可计算的形式。

真实系统的知识由系统相关的学科提供，其表示自上而下可分为物理层、数学层和数值计算层三层抽象形式。在物理层，系统按物理概念进行建模，状态变量具有物理意义，用诸如力、速度、功率等物理量来描述。数学层的模型与物理层密切相关，这层的模型主要建立了物理量之间的关系。在连续系统中，这种关系通常是偏微分方程或常微分方程。对于复杂系统这些方程难以得到解析，所以要转换成可数值计算的模型。计算机仿真系统可直接操作的是可数值计算的模型，但由于越上层的模型对用户越方便，自然希望仿真系统能接受上层形式表达的模型。这需要仿真系统能自动完成上层模型到低层模型的转换工作。当仿真系统具有这种转换功能后，从使用者的角度来看，可以认为仿真系统具有了对数学模型、物理模型进行计算的能力。

仿真建模是一个复杂的多阶段、多因素、多产品的过程。建模过程包括开发概念模型、数学逻辑模型和仿真模型等阶段，其间有相互的依赖和约束关系。建模过程要考虑多方面的因素，如建模范围、模型的粒度与分辨率、模型的约束与假设、模型的描述方式、模型之间的逻辑关系以及模型间接口规范等。建模过程会产生各种类型的产品，如概念模型、数学模型、仿真模型、元模型、想定数据、仿真运行配置数据以及模型的 VV&A[①]数据等。

从参与人员的角度分析，仿真建模全程需要领域工程师、建模工程师、软件工程师、仿真工程师、领域用户的共同参与，如图 1.2 所示。

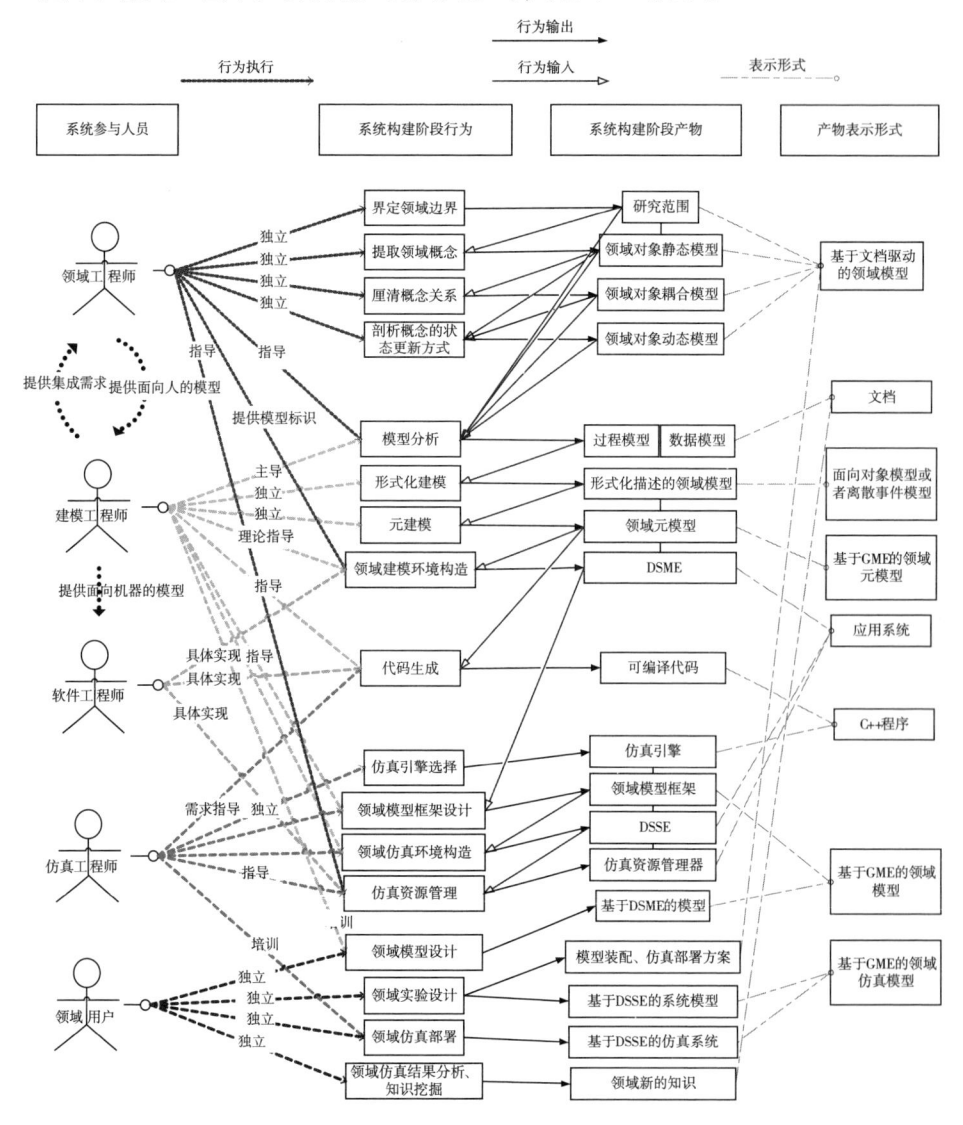

图 1.2　基于模型驱动的仿真建模过程

DSME，domain-specific modelling environment，即特定领域建模环境；GME，general modelling environment，即通用建模环境；DSSE，domain-specific simulation environment，即特定领域模拟环境

---

① Verification，Validation and Accreditation。

领域工程师和领域用户都来自问题领域。建模可以理解为问题领域的研究人员向建模、仿真、软件人员提供他们的领域知识，然后由建模、仿真、软件人员将领域知识逐步以模型、仿真模型、仿真程序、建模仿真系统的形式固化下来，并通过工具的形式提供给领域研究人员，帮助他们进行领域问题的研究。建模工程师和仿真工程师的区别在于：建模工程师和领域研究人员交互，分析提炼领域模型并尝试以形式化的方法对其进行刻画；仿真工程师和软件工程师交互，专注于设计、实现、优化仿真引擎，指导软件工程师高效地实现典型建模范式到代码的变换，指导软件工程师分析仿真用户需求，基于仿真的全流程设计良好的仿真系统。仿真工程师需要提出典型建模范式（如 DEVS[①]），或将建模工程师提出的建模范式转化为仿真形式（如 FSM[②]、PetriNet 等）（张烙兵，2014）。

1.2 复杂系统仿真

复杂系统由于其复杂的特征，难以开展深入的理论与实验研究。建模与仿真技术被认为是认识和改造客观世界的第三种方法，其重要性在复杂系统研究中尤为明显。计算机仿真建模不需过多考虑数学求解能力方面的限制，能够自然地描述复杂系统中微观个体的复杂决策逻辑和行为机制，建立的模型更接近真实系统。因此，在许多复杂系统研究中计算机仿真方法得到了广泛应用。复杂系统与仿真的融合不仅是复杂系统发展的需要，也是仿真技术进一步发展的需要。

1.2.1 复杂系统

随着社会的发展和人们认识能力的不断提高，人们所关注的系统规模越来越大、功能和结构日趋复杂，因此提出了复杂系统的概念。人类对复杂系统的研究由来已久，从 18 世纪牛顿力学系统的建立，到 1928 年贝塔朗菲首次提出复杂性概念，再到钱学森提出的复杂巨系统概念，复杂性、复杂系统一直是科研人员关注的研究方向。复杂系统通常是指这样一类系统：它拥有大量互相交互的成分，其内部关系复杂、不确定，总体行为具有非线性，既不能由全部局部属性来重构总体属性，也不能通过系统局部特性来形式地或抽象地描述整个系统的特性。复杂系统具有不确定性、适应性和涌现性等特征（钱学森等，1990）。不确定性是复杂系统的固有特性，适应性是复杂系统演化的动力，而涌现性是系统性质产生

---

① DEVS，discrete event system specifications，即离散事件系统规范。
② FSM，finite state machine，即有限状态机。

相变的新特质。

社会的发展日趋信息化、系统化，在工程技术、社会经济、生态环境等领域出现了许多这样的复杂系统，如军事、生物、城市社会、国家经济、交通、电力、公共服务和城乡生态等系统。由于该类系统关系到经济发展、社会进步、人民生活或国家安危等重大问题，所以在国内外受到广泛的关注与重视，成为各个学科研究的一个重要课题。

从科学研究的角度，复杂系统主要的特征是具有众多的状态变量，反馈结构复杂，输入与输出的关系呈现非线性特征，即高阶次、多回路、非线性（肖田元，2011）。复杂系统不是各个子系统简单相加，而是由许多个彼此非线性联系的、相互作用的元素（单元）组成的整体，其功能和结构复杂、内部交联信息众多、结构动态改变、具有一定的智能性和环境适应性。系统中元素数量和种类越多，相互作用的方式越多、越复杂，系统与其环境之间交互关系和能量交换越复杂，那么系统就越复杂。复杂系统在功能和结构上所具有的一系列特点，加上模糊性、随机性等一些不确定性因素，进一步增加了研究该类系统的难度。

复杂系统的结构、参数和特性可能是非线性、变结构、变参数、分布参数的，系统的状态会大范围变化，结构和参数随时间的变化及空间分布而变化。因此，如果要求数学模型能精确反映真实系统，那么，相应的模型将是非线性、变系数、变结构、偏微分方程组，在数学上缺乏通用的、精确的解析求解方法。同时，复杂系统研究的理论基础往往尚未达到如物理系统的抽象程度，前者可通过系统分析而产生的数学模型可信度比较低；复杂系统往往是病态结构，系统结构很难从空间和时间上加以分割，很难确定系统的边界，很难以一种严格的数学形式来对它进行定义及定量分析；对复杂系统的观测和试验都比较困难，从而使获得的数据对系统行为的反映的可信度及可接受性降低。由于这些困难，当前仿真是获得复杂系统行为的主要手段，在许多情况下甚至是唯一可行的手段，但复杂系统建模困难，同时对仿真研究提出了新的挑战。

1.2.2 复杂系统仿真

在研究复杂系统时，传统的理论分析和实验方法遇到了困难，而建模与仿真为解决这类问题提供了可行的途径。复杂系统研究要求打破学科分割而广泛地开展跨学科研究的方式，复杂系统仿真对此提供了很好的支撑。在过去几十年里，计算技术以超乎想象的速度得到跨越式发展，超强的计算环境和无所不在的信息感知使计算机仿真、计算实验的潜在能力成为解决现实科学、工程与社会复杂性问题的重要途径。

复杂自适应系统（complex adaptive system，CAS）理论为仿真建模提供了思路。该理论认为系统演化的动力本质上来源于系统内部（董孟高等，2012），即微观智能体的相互作用生成宏观的复杂性现象，其研究思路着眼于系统内在要素的相互作用。其研究深度不限于对客观事物的外在描述，而是更着重于揭示客观事物构成的原因及其演化历程。其研究方法是定性判断与定量计算相结合，微观分析与宏观综合相结合。

目前，复杂系统仿真的基本思路如下：以复杂系统和复杂性理论为指导，以复杂系统建模仿真方法学为依据，建立复杂系统仿真环境和具体的复杂系统仿真模型，在复杂系统仿真环境的支持下，运用具体复杂系统仿真模型，进行具体复杂系统的仿真试验，根据评价准则对仿真结果进行评价，并根据仿真结果的评价来修正对复杂系统与复杂性的认识，修正复杂系统仿真环境，从而获取具体复杂系统规律性的认识。在具体实现时，采用自下而上的综合集成方法：通过观察现实的复杂系统，抽象出个体所遵循的简单规则，在计算机中重现这些简单的个体，并让它们相互作用，从而观察产生的涌现结果，寻找人工系统的规律，用于解释和理解系统的宏观现象。仿真方法通过建立微观模型，模拟微观个体之间的相互作用，涌现出宏观层面的复杂行为，实现微观和宏观的统一。

传统系统仿真方法中，其侧重点是对形式化模型进行演绎推理、实验和分析。而在复杂系统仿真方法中，其侧重点是解决如何建立系统的形式化模型，建立一种抽象的表示方法以获得对客观世界和自然现象的深刻认识。相对传统的系统仿真，复杂系统仿真的难点主要包括以下四个方面（刘晓平等，2008）。

（1）复杂系统研究的理论基础尚未达到如物理系统研究的抽象程度，先验理论往往是不充分甚至是缺乏可用的，通过系统分析而产生的数学模型常常可信度比较低。

（2）复杂系统往往具有病态定义的特征，即很难以一种严格的数学形式来对它进行定义及定量分析。

（3）复杂系统往往具有病态结构，系统结构很难从空间和时间上加以分割，很难确定系统的边界和水平。

（4）复杂系统的观测和试验都比较困难，从而使获得的数据对于系统行为的反映可信度及可接受性降低。

复杂系统仿真的建模过程需要对一切可用的信息源加以集成。它将一切可用的先验知识、专家经验及观测数据，包括定性和定量的、精确和模糊的、形式化和非形式化的都集成起来，加以利用。仿真建模基于系统与模型之间的相似性或同构性，基本途径有以下两种。

（1）建立系统的同态模型，用来复现和预测系统的行为。这时不考虑系统与模型在运动形式和规律上是否存在相似性，也不考虑复杂系统的内在结构。它考虑的是系统与模型行为的相似，主要是根据观测数据去建立系统的同态模型，研究系统的行为趋势。建模过程中主要是确定系统观测变量，对于观测到的数据通过归纳的方法进行处理，然后通过系统同态模型外推产生新的数据，预测系统演化。

（2）建立系统的同构模型，从状态结构级一直到结构分解级建模，用以认识系统运行的机理和规律。这类方法要求系统的运动形式和规律与模型的运动形式和规律相似，即系统和模型具有内在的相似性和同构性。因此，需要按照系统的机理去构造系统的模型框架。在没有足够先验理论的条件下，也可以利用和集成有限的先验知识、专家经验和假设，选定一个适当的模型框架，然后经过模型结构的特征化，利用观测数据进行参数估计，从而建立起系统的同构模型。同时，经过可信度分析，不断地修正这个模型，提高模型可信度以求得相对可用模型。

在复杂系统仿真建模中，需要综合使用这两种方法。复杂系统层次多且关系复杂，子系统数目巨大。可以将子系统按其功能特点、结构特点予以划分，将具有共同属性的子系统归于同一子系统组，形成子系统组。对该子系统（组）着重研究其输入、输出特性，而不注重其内部结构的分解。该子系统（组）的状态［或称为该子系统（组）的输出变量］可视为整个复杂巨系统的一个或一组参数。于是，对于上述分类后的子系统（组），尽管组间存在着各种关联乃至反馈关系，然而任一子系统组的元素与其他子系统组的元素相对来说具有独立性。采取省略其结构的微观细节、抓住其主要特性、在宏观上对各类别的子系统（组）分别进行研究的办法，根据实际情况应用已有的信息处理技术，进行定性定量相结合的研究，构建起其行为、状态或结构模型。然后，以这些模型作为复杂系统建模的单元，通过单元模型组合来实现系统的仿真建模。在仿真建模过程中，总是要对复杂系统进行简化，这些简化是否会引起整个问题的质变，单在建模过程中很难回答，需要在仿真运行后进行判断。

1.2.3 社会复杂系统仿真

相对于物理、化学、生物等纯粹自然科学问题而言，以人为核心的社会问题更加复杂，更需要引入仿真的方法。仿真方法在处理事件演化的不确定性、信息及相关因素的动态性、复杂社会网络中的交互性等方面具有明显的优势，更适用于实际的大规模复杂社会系统。

社会科学与自然科学有很多不同之处，社会系统或社会科学问题具有其特殊性（卡斯蒂，1998），主要包括以下内容。

（1）不可重复性：由于人的自省能力，社会系统具有不可重复性，因此难以通过传统的对实际系统进行重复实验的方法来进行研究。

（2）复杂性：包括规模复杂性和结构复杂性，传统的自顶向下的建模方法已经不能很好地解决和解释社会问题及社会现象。

（3）分散性：社会中的个体分散在社会系统中，没有进行集中控制。

经典的社会科学方法主要有个案方法、历史方法、比较方法和统计方法，这些方法通过追溯过往事件的历史数据，对其不同发展阶段进行比较研究，进而判断未来趋势。而计算机仿真则在大量数据的基础上对模型进行仿真，以模拟真实系统演化为特征来揭示或解释事件可能的发展状态、趋势和变化。作为一种实验性质的研究方法，仿真技术能够克服传统社会科学研究局部化和静态化的弊端，尤其在重大现实问题的集成研究和动态机理的研究上，仿真技术具有毋庸置疑的竞争力。

利用计算机仿真技术、对复杂系统进行建模、仿真、分析的计算社会科学是近几年来随着计算机、信息技术的发展应运而生的新兴研究领域。社会系统的计算机仿真综合集成了社会科学的最新研究成果，为定量化研究和分析复杂社会系统提供了一种新的方法。仿真技术日渐成熟，将成为理解和解释社会现象的重要工具。作为复杂系统科学一种主要方法，仿真技术将是社会科学在未来取得跨越式发展的重要途径。

20世纪60年代早期，仿真技术开始应用于社会科学领域，从宏观和微观角度出发通过仿真模型模拟现实世界。到了90年代，社会科学的复杂思维趋向更加凸显了系统仿真作为社会科学研究方法的效用。1997年，Axelord出版的著作 *The Complexity of Cooperation*，是基于Agent的社会学仿真领域的经典读物（Axelord，1997）。Axelord运用基于Agent的社会学仿真方法，广泛地探讨了新战略的演化、噪声环境中的博弈、社会规范的形成、技术标准的诞生与演化、政治大国的兴起和衰落、文化的异化和散布等社会学领域。该书用实际的例子说明了简单的Agent计算模型可以用来分析那些异常复杂、无从下手的社会学现象。当前，仿真被广泛应用于社会科学各学科的研究，而且在经济系统仿真、交通网络系统仿真以及有关种族隔离、政策分析、市场设计等方面有了一些较成熟的仿真案例，但还没有形成完整的理论体系，很多领域还处于研究探索阶段，仿真模型离真正实用还有一段距离。

目前，应用于社会学仿真领域的方法有很多（徐致靖，2015），主要包括系统动力学、微仿真、排列模型、多层仿真、元胞自动机、基于多Agent建模和学习与演化模型等。其中，采用多Agent技术构建人工社会进行计算实验的方法已成为复杂社会问题研究的一条重要途径，在复杂社会系统、复杂生态系统、反恐与国防安全、群体性事件等研究中初步展现了广阔的应用前景。通过综合集成的社会计算实验室来认识人类社会，将是思维方式和认识工具的一场革命。近年来，复杂网络的研究促进了社会网络结构演化建模的进展，从而可以模拟社会系统中个体的交互行为，结合计算机系统计算能力的增强，使社会系统仿真规模扩大，同时颗粒度变细。而网络开源情报采集和融合技术得到迅速发展，使社会仿真系统能够获得实时数据而改进仿真实验。这些进步为再现社会系统的复杂性提供了良好的技术基础，为解决人工社会建模难的问题提供了新的途径。

通过归纳，社会复杂系统仿真的用途主要包括以下内容（王飞跃，2004）。

（1）帮助理解社会现象和过程。通过实验的方式帮助人们更好地理解某些社会现象和过程。例如，通过计算机重复囚徒困境博弈试验，人们发现了合作会在竞争的环境中产生；模拟股市告诉了股市的价格波动完全是内生的。

（2）对社会发展进行预测。主要是在定量计算基础上进行定性预测，如预测人口的变化趋势。

（3）理论验证。对现有的一些社会理论通过仿真实验进行验证、改进和扩展，而以往这些理论很难使用标准的统计和数据工具进行形式化和评估，如涉及动态变化过程方面的理论。

（4）社会因果关系判别。用于研究社会科学中的复杂性、演化、适应性，混沌现象的仿真模型有很多参数，调整任何一个参数都可能导致仿真结果的变化。通过实验设计和结果分析，帮助社会学家研究参数与结果的关联关系。

（5）政策辅助制定与评估。通过仿真实验，预判各种情景下政策执行对社会的影响，从而辅助政策制定，进行评估优化。例如，Aspen 模型[①]是对现实社会经济系统某些过程的模拟，得出有关宏观经济政策的启示。

作为计算机仿真研究的对象，复杂社会系统具有如下特点。

（1）构成系统的元素的类型和数量众多，各元素的功能和结构复杂，具有智能性的元素。

（2）元素间的关联关系众多，元素之间具有较强的相互作用，这种作用常常是非线性和时变的。

（3）智能体间的相互作用有反馈关系。追溯影响的因果关系链，往往发现因果关系连成了环，输出的结果又返回作为原因，使系统变化的行为非常复杂。

（4）系统是开放的，与环境有信息、能量的交换。环境对系统的影响往往是随机的，系统具有环境适应性。

（5）系统的规模庞大、具有一定的结构。系统往往体现出层次性结构特点，可分解为若干子系统，而子系统又可以分解为"子子系统"，依次类推。此外，不同层次之间是有联系的。

根据所关注的复杂系统的特征，通过构建虚拟的社会场景重演复杂社会系统的动态过程，需要考虑以下几个关键性问题（葛渊峥，2014）。

（1）模型问题。对真实社会系统中的复杂行为和复杂现象进行抽象和简化，

[①] 微观经济仿真模型。

使之成为能够在计算机平台上运行的、满足逻辑合理性的计算模型，是复杂社会系统发展的基础。根据模型建立的目的和要求，建模人员需要从整体角度对实际中的复杂系统进行认识、理解和剖析，遵循"简单的一致"原则，设计并还原系统各个部分的结构和功能。在按照自下而上原则构建复杂系统的计算模型的过程中，底层的微观模型是根据实际复杂系统的观察数据构建的，这些微观模型的构建准确度和复杂度对整个复杂系统的演化发挥着至关重要的作用。

（2）数据问题。随着网络技术和应用的广泛普及，数字化信息交互遍布日常生活的各个角落，大量可获取的数据为研究复杂社会系统注入了直接的信息来源。由互联网、无线局域网（Wi-Fi）、交通和移动底层基础设施所提供的海量信息，逐渐成为计算实验的原始驱动力，为预测复杂系统的行为提供了可能。无论是在模型抽象简化的过程，还是在模型校正验证的过程，数据均扮演着重要的作用。然而，如何利用可获取的公开数据协助建立准确的复杂系统仿真模型是一个值得深入思考的问题。数据的标准化、完整性、可迁移性，对于构建复杂系统而言至关重要。

（3）计算问题。在超级计算机和云计算技术发展迅猛的今天，仿真系统可以对计算资源提出比单机计算更高的要求，这也使国家级、世界级规模基于个体的仿真得以实现。然而，计算资源与模型的复杂度之间始终存在着相互制衡的关系。在基于 Agent 的仿真系统中，支持仿真运行的计算资源直接约束着模型的规模和复杂度。而在计算资源有限的条件下，如何平衡仿真规模与模型复杂度这二者之间的关系，同样是一个重要的问题。在大规模的仿真实验过程中，个体 Agent 模型的复杂度必须结合计算资源和仿真规模进行控制，以保证仿真运行的时间在可接受的范围内。

1.3 多 Agent 系统与人工社会

利用计算机仿真技术对复杂系统进行定量化研究和分析的基础，是建立与复杂社会系统具有必要相似度的人工社会，而构建人工社会的基础是 Agent 建模。

1.3.1 Agent 与多 Agent 系统

人的行为复杂性给系统的运行带来了极大的不可预见性和不可描述性。复杂社会系统作为以人为主要构成元素的系统，在进行研究时，对人（或组织）的思考与行为方式的刻画和理论模型的建立是不可避免的。在对人的行为特征的研究中，由于各个学科有不同的侧重点，所以它们对人的认识所持的观点也不同。

在经济学模型中，对个人行为进行描述的经济学模型被称为效用最大化模型。其中的个人是价值的判断者，根据自己的价值标准对某些物品或事件加以衡量，希望实现价值最大化，但他们被假设只希望得到货币化的财富，即这个模型中的所有有价值的物品和事件都假设可以货币化，难以被货币化的艺术、忠诚、爱情、尊敬等不在该模型中考虑。尽管在经济学研究中，这种简化帮助研究者忽略了大量复杂的细节问题，构建了整个主流经济学体系，但越来越多的经济学家开始重视这一缺陷，逐步认识到这种单一因果链在经济学研究中的局限性。

在社会学模型中，个人被看做其所在文化环境的产物，如同自然环境中的蚂蚁、蜜蜂等成员一样。个人的思维更趋向于服从传统和风俗，其行为方式受到道德和文化的约束。社会学模型中的个人和谐相处是其行为的主要动机，缺乏对价值的判断能力，从而难以实现个人价值最大化。

在心理学模型中，个人具备社会学模型中个人的特点，同时也具有一定个人的创造力和适应性（王甦和汪安圣，2006）。他们有自己的欲望，这些欲望之间不具备可以替代的关系。例如，著名的马斯洛（Maslow）需求层次模型正是基于以上假设：个人的满足分为生理需要、安全需要、社交需要、尊重需要、求知需要、审美需要和自我实现需要等若干层次。这种模型认为，当一个人没有足够维持生命的食物时，即使有再多自我实现的机会也不会接受。实际上，这种不可替代关系常常与常识矛盾，这使心理学模型在仿真建模应用中存在较大缺陷。

在不同的研究和应用中，需要不同类型的个人行为模型。在社会复杂系统仿真中，这些模型需要转化为计算机系统中 Agent 描述方式。Agent 通常译为"智能体"，主要是指其具有拟人的智能特性（张江和李学伟，2005），举例如下。

（1）自主性（autonomy），能够根据其意图、愿望、信念或习性，在没有外加控制的情况下自行决策，采取自主行为。

（2）主动性（activity），具有根据内部状态和外部环境，产生面向预定目标的主动行为的能力。

（3）反应性（reactivity），具有接受外部输入刺激，感知周围环境变化，作为代理、接受委托、遵循承诺，产生输出反应动作和行为的性能。

（4）可动性（mobility），可在其所处环境中随意流动或移动，去访问各种有关场合的服务设备，获取信息、查询数据、传递消息、提取知识、执行命令、采取行动。

（5）适应性（adaptability），能够对环境的变化做出反应，在适当的时候采取面相目标的行动，以及从其自身的经历、所处的环境和其他 Agent 的交互中学习。

（6）社会性（sociality），相互之间通信、分工合作、协同解题，组成多 Agent 的社会或群体，具有"社会性"或"群体性"。

Agent 的概念自 20 世纪 50 年代就已经提出,但真正的发展是在 80 年代之后,在 90 年代成为研究的高潮,直到现在仍然是人工智能研究的热点。目前,Agent 技术已经成为研究复杂系统的一种重要手段,其应用领域不断扩展。但在不同领域,Agent 的定义也不尽相同。一般认为 Agent 是可以感知其所处环境并采取相应的行为作用于环境的计算实体,它可建立自己的行动规范并能影响环境变化。它主要的特征是自主性、反应性、适应性和社会性,其区别于传统对象的显著特性在于它具备与其所处环境、其他 Agent 和人进行交互、协调和协作的能力,因而被广泛地应用于复杂系统建模。

基于 Agent 的仿真建模把复杂社会系统中的基本元素看做仿真实体,依据仿真实体的自然描述特性,在一定粒度上对复杂系统进行自然分类,然后对各个仿真实体用 Agent 的方式描述,建立一一对应的 Agent 实体模型。系统基本元素间的联系与作用被看成各个仿真 Agent 实体之间的交互,采用合适的多 Agent 体系结构对 Agent 实体模型的综合集成,最后通过各个仿真 Agent 实体及其之间的交互,来充分刻画复杂社会系统的微观行为和宏观"涌现"现象。

多 Agent 系统是由多个智能体组成的集合,智能体一般都有一个或多个属性值,并能够修改自身的属性值;智能体之间能够进行交互,通过与其他智能体的交互,系统整体演进、演化、涌现出宏观的规律。复杂社会系统存在着复杂的多层次交互关系,多 Agent 系统在分析和建立人类交互模型和交互理论中可以发挥重要作用。引入多 Agent 概念构造的智能仿真系统模型,对解决模仿人类对多样性、复杂性问题智能活动的适应能力,为在更广泛范围内,特别是对复杂问题建立人类智能活动的仿真系统提供了可能性。随着复杂科学的兴起,基于多 Agent 的仿真技术越来越受到重视,并应用于各个领域。

在基于多 Agent 的仿真中,个体的生命由其行为表征,通过将一个真实的社会系统的实体转换为相应的人工社会而完成。个体(或群体)被类似地描述成一个可计算的 Agent,即一个自主计算进程,它能够响应各种激励和其他 Agent 的通信,以执行局部活动。这里行为是指 Agent 响应其环境条件、内部状态,以及其驱动的活动的集合。多 Agent 仿真模型基于这一观点,用程序表示能完全由其内部机制(程序指令)描述的行为,将个体与程序相关联,就有可能仿真一个由交互的计算实体组成的人工世界。

多 Agent 技术与其他仿真技术相比,提供了对系统的自然描述,这种描述更接近人们对现实的理解,更贴近真实系统;多 Agent 的建模方式更灵活,可以很容易地在模型中增加 Agent,Agent 可以与其他聚合 Agent、单个 Agent 进行交互;当系统过于复杂,对其描述的层次很难确定时,多 Agent 提供了对系统的复杂性进行研究的方法。

多 Agent 技术已经在社会、经济、人工生命、地理与生态、工业过程和军事等领域得到应用。但其研究总体上还处于初级阶段,很多只具有学术研究的性质,离实现实际复杂系统的仿真分析与控制还有一定距离。

1.3.2 人工社会概述

随着复杂系统研究的不断发展,基于Agent的建模与仿真方法被应用到社会科学研究领域,这为通过实验的方法研究社会现象提供了可能性。而计算机软硬件的不断发展,使研究人员能够在计算机上创建"人工社会"对现实的社会进行仿真研究。

20世纪90年代初,美国兰德公司提出了"人工社会"的概念。人工社会是指利用计算技术构造的具有人类社会系统结构、特性、功能和演化机制的人工系统。其核心思想如下:人类社会是由大量个体构成的复杂系统,可以在计算机中建立每个人的个体模型;然后让这些智能体遵循一定的规则相互作用;最后通过观察这群智能体的整体行为涌现社会或群体现象找到人工社会的规律,并用这些规律解释和理解现实人类社会中的宏观现象。与传统的仿真方法不同,人工社会方法主要基于对底层个体的规定,利用计算机和Agent技术实现自下而上的主动培育,它不以逼近现实社会系统为唯一目的,追求的是逻辑自洽,更多关注实验过程中涌现的各种情景(王飞跃,2004)。1996年,Epstein和Axtell的论著 *Growing Artificial Societies: Social Science from the Bottom Up* 中,对人工社会这一概念进行了系统的定义和论述(Epstein and Axtell,1996)。

多智能体仿真方法作为一种复杂适应系统的计算机建模方法,为研究社会事件的发生机理、事件发生过程以及处置方案的确定提供了新的工具,也是目前构建"人工社会"最理想的方法。基于Agent构建的"人工社会"实际是一个复杂的多Agent系统,其中的Agent代表个人或者社会团体。依赖于相当简单的行为规则,Agent之间的交互导致了社会结构和群体行为的涌现。该模型包含很多自治Agent不断地从环境中学习,并向其他Agent学习,从而适应周围的环境,是一个"活的模型"。

采用人工社会的方式进行计算机模拟仿真的方法深深吸引并深刻影响了相关研究领域的学者,相继出现一大批与此思想一脉相承的研究。近年来,人工社会已经成为国外众多学者感兴趣的前沿研究领域(王飞跃等,2005)。例如,环境变迁、遗传集成、贸易往来以及市场机制等社会现象的糖域模型;巴基斯坦从军政府向民主政府演变过程的巴基斯坦像素模型;宏观经济,如贷款利率、家庭购买力、国内生产总值(GDP)等走势的Aspen模型;天花感染传播的EpiSims模型;基于多Agent的供应链模型;奥地利的Tatiana Ermolieva进行了基于人口统计学和经济学不确定性的社会安全优化仿真实验,其采用的方法主要是运用人口学的"生老病死"和经济学的"生产-消费"规则，构建基于 Agent 的人工社会进行实验。

事实上，计算机仿真的方法运用到社会科学中已经经历了 50 多年的发展。早期的离散事件系统仿真、基于系统动力学的仿真以及后来的微观分析模拟模型等计算机仿真技术已经在社会科学领域中得到了广泛的应用。然而，人工社会是一种研究社会科学的新方法，其与传统计算机仿真方法的不同之处如下（王飞跃，2004）。

（1）人工社会中的仿真模型更加关心微观个体的简单行为在宏观层次上的涌现属性。

（2）在人工社会的模型中，每个微观个体一般都是能够独立进行决策，并具有一定的适应、学习功能的个体。

（3）人工社会的 Agent 之间可能进行某种非线性的交互，而这类非线性很难用传统的数学方法、线性系统方法分析。

人工社会涉及计算机科学、社会科学、系统科学、计算机模拟技术、多 Agent 系统技术等多个学科和技术领域，关注微观个体的简单行为在宏观层面上的涌现现象。它采用 Agent 技术进行建模，每个 Agent 都是能独立决策并具有一定适应能力、学习能力的个体，Agent 之间可能有某种非线性的交互，而这类非线性是用传统的数学方法很难甚至无法进行分析的。人工社会可以看做一个综合的建模方法，需要运用多种方法和技术集成多领域、多学科知识来实现。基于多 Agent 建模的人工社会仿真是一种解决复杂社会系统的有效方法，非常适用于突发事件的动态模拟仿真，并已在生态危机、反恐与国防安全、群体性事件等方面取得较大研究进展，在实践中得到成功应用。

从技术上看，人工社会是大量运行在计算机中的 Agent 集合，是现实世界在计算机世界的映射。因此，可以说人工社会具有以下两种不同层次的含义。

（1）人工社会被认为是一种复杂系统建模的新范式，是一种研究社会科学的新方法，其目的是通过对人类社会进行仿真的方法来自下而上地研究社会群体现象，即将人类社会这一研究对象，尽可能地从最基本的实体层次进行建模，如个体的人或者组织等层次，通过各个实体的独立行为和相互租用，演化仿真产生出系统的涌现效果。

（2）人工社会是通过对能够产生一定程度复杂性的局部机制和规则的猜想或理解，得出可以进行社会科学实验研究的虚拟实验室。通过实验的观察进一步确认猜想的正确性，增加对局部规则的认识。这种方法使社会学的研究也走上了一条与物理学、化学和生物学等自然科学相似的实验科学的道路，这种观察—猜想—实验—再观察—再猜想—再实验的方式使人们对社会群体现象的认识不断螺旋上升（图 1.3）。

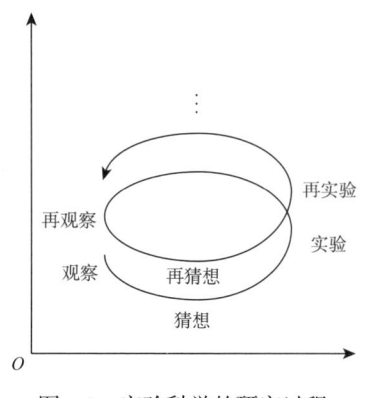

图 1.3 实验科学的研究过程

1.4 ACP 方法

王飞跃教授从不同层面展开了复杂系统与人工社会相互交叉融合的系统性思考，并开展了基于人工社会的计算实验理论与方法研究，提出要利用平行系统方法来解决复杂社会系统的管理与控制问题，即"人工社会-计算实验-平行执行"相结合的 ACP 方法。该方法有助于解决实际社会系统中不可准确预测、难以拆分还原以及无法重复试验等复杂性问题，为开展复杂社会系统的量化研究、实现社会系统的有效控制提供了一个全新的视角。

1.4.1 基本概念

ACP 方法是人工社会、计算实验、平行执行的有机组合。人工社会是基础，计算实验是核心，平行执行是目的。ACP 方法为解决复杂系统的建模、分析、控制及组织管理问题提供了新的思路与方法论（王飞跃，2004）。

（1）人工社会从微观层次上对复杂社会系统进行模拟，可以认为是综合集成计算技术、复杂系统理论和演化理论等，通过计算机"构造"出现实系统的"替身"（这里所指的替身可以根据研究问题需要而实现现实系统的部分功能，如系统的结构、功能、行为等），关联网络结构下相互作用的智能主体构成的演化系统是复杂社会系统的体现。人工社会中的各种"人工个体"在计算机构造的虚拟环境下学习、适应、相互作用并演化，个体微观变化的累积，使整体系统的复杂性行为自下而上地"涌现"出来，它不单是静态的复杂系统结构，而且包括动态的复杂系统演化。

（2）计算实验是以综合集成方法论为指导，融合计算技术、复杂系统理论和演化理论等,通过人工系统在计算机上的运行,再现系统的基本情景、微观主体之行为特征及相互关联,并在此基础上分析揭示系统的复杂性与演化规律的一种研究方法。因此,计算实验就是通过基于计算技术的可控可复现的实验,研究系统要素之间的相互作用及其整体涌现现象的演化过程,抽取和分析研究者感兴趣的参数来研究其变化对整体系统演化的影响,以期更深入地观察和理解现实世界,最终达到揭示社会科学基本原理、基本规律的目的。

(3)平行执行基于对真实社会信息的实时收集、整理、分析与聚融,对人工社会不断进行信息同化,实现真实世界系统与人工社会的协同演化,利用人工社会的超实时功能,"透视"未来一段时间的事件演变情况,以此来辅助决策者对突发事件的管理与控制。

ACP 方法基于复杂社会系统存在"多重世界"的观点,构建具有现实意义的计算化的人工社会实验室,在计算机中建立虚拟的复杂系统,"生长培育"各种可能的未来现实;利用计算实验方法,研究各类环境下的复杂社会行为与行动,对复杂系统的各种影响因素进行"量化"的分析和估计,对可能的未来现实情景进行各种试验,分析和评估行动方案;综合利用多种数据感知与同化手段,实现人工社会与真实社会的平行演化,然后对二者之间的行为进行平行控制与管理,通过对各自未来发展和演化状况的"借鉴"和"预估",相应地调节实际系统的管理与控制方式,完成复杂系统的计算实验与平行执行的一体化,达到动态优化管理与控制的目的。

ACP 方法是人工社会思想与控制论相结合的新发展,针对的是如何利用计算方法来综合解决实际社会系统中不可准确预测、难以拆分还原、无法重复实验等复杂性问题。与传统的利用计算机和数值建模技术对真实系统模拟不同,ACP 方法主要基于对底层个体的构造,利用计算机和 Agent 技术来实现"自底而上"的主动培育。它不以逼近现实社会系统为唯一目的,追求的是逻辑自洽,更多地关注实验过程中涌现的各种情景。

正如诺贝尔经济学奖获得者 H. Simon 教授所言,"对许多复杂社会系统,我们无法对其进行分解还原分析,因为分解后的系统已在本质上不具有原系统的功能和作用了"。ACP 方法论提出的基于人工社会的计算实验与平行执行方法,正是为了解决这个问题,强调综合与合成在行为产生中的作用。通过利用人工组件构造复杂行为模式,而不是将自然系统形式拆成部件来理解系统行为,因此 ACP 采用的是整体而不是还原的方式。这种以"综合"和"组件"为核心内容的建模方法是为人工社会复杂性特征服务的。

1.4.2 计算实验

实验是一种目的明确、针对具体问题设计方案的研究方法，包括一个试验或一系列试验。研究者在考察具体研究问题的过程中，尝试抽取感兴趣的因素，对输入变量或系统的某个过程进行一些改变，并跟踪输入和输出的变化情况，以识别、观察引起输出变化的原因，探索研究对象具有的特性或者研究对象相关因素间的联系，评估一个或多个变量产生的效应，进而揭示研究对象的本质规律，为某种新的或已有的假说、假设、理论等提供检验或支持（欧彦，2011）。在科学问题的研究中，实验方法发挥了不可替代的作用，不仅推进了理论与事实之间联系的建立，而且源自大量实验的探索和发现推动了科技的发展。以物理学为例，实验是其理论的基础，许多物理概念、规律就是通过实验从大量的具体现象或过程中归纳出来的。

基于人工社会的计算实验，使计算实验成为研究复杂社会系统的实验方法。在 ACP 方法中，计算实验从新的角度定义实验。它不是简单地把计算机作为一种仿真工具，而是将其作为"生长培育"社会实际系统的替代版本的"实验室"，认为计算模拟也是一种"现实"，是现实系统的一种可能的替代形式和另一种可能的实现方式，并进行有关系统的各种行为、决策的分析"试验"，这一思想使利用计算对复杂社会系统进行各种"实验"成为可能。把计算机变成社会"实验室"，做不了"硬"实验，就用"软"实验替代；有真可仿时做"仿真实验"，无真可仿时就做"计算实验"，而且实验的过程可控、可观、可重复。这样就能满足最起码的"可实验、可重复"之科学要求，一定程度上破解了复杂社会系统的"科学悖论"（王飞跃，2004）。

计算实验提供了研究复杂社会系统动态演化及宏观与微观层次之间相互作用的工具，提供了一种认识分析系统历史、现状与预见未来的新方法，更为复杂系统的实验研究提供了新思想。计算实验能够在几乎无成本、无风险的情况下重复进行，并且可计算、可操作、可观察，这使得我们不再局限于对现实情况的仿真，而是可以利用可设计、可控制、可重复的实验量化地分析系统行为，综合考虑各种因素对系统的影响，探索复杂系统中可能出现的行为状态和动态特性，从而进一步实现对复杂社会系统行为和能力的预测以及相应决策方案的评估。

在计算实验方法中，传统的计算模拟变成了"计算实验室"里的实验过程，在一定的初始条件、中间干预条件下可以"生长培育"出许多结果，而这些结果是在现实中可能出现的各种情形，而实际系统只是计算实验的一种可能结果而已。计算实验关注通过调整参数、设置随机事件等方法产生现实系统可能发生但尚未发生的现象；关注抽取感兴趣的变量，通过改变实验条件、设置不同的变量取值来研究在现实系统中很难出现或很难及时观察的极端情况，分析输入变量的交互作用，以及输入变量和输出变量之间的因果关系。在 ACP 方法中，计算实验与计算机仿真的不同主要在于实验思想上（王飞跃，2004）。

（1）计算机仿真实验把现实作为检验仿真结果的唯一标准，通过实验能否产生与实际系统相同或近似的状态来验证建模方法、调整相关参数，以期逼近现实系统。

（2）计算实验关注可能性，把计算机作为"生长培育"自然或社会实际系统替代版本的实验室，不要求在逼近现实系统状态的场景下进行，而是通过调整参数、设置随机事件等方法产生现实系统可能发生但尚未发生的现象；还可以抽取感兴趣的变量，通过改变实验条件、设置不同的变量取值来研究现实系统中很难出现或很难及时观察的极端情况。

相对于实物实验，计算实验具有成本低、速度快、实验环境搭建快捷，可进行大批量、大规模实验的优势。尤为重要的是，计算实验能够开展原本无法利用实物进行的实验，研究系统的参数变化所产生的影响，增加人们对实验对象性质的认识，发现系统运行的规律，为系统的决策分析和预案制定提供指导和实验支持。

在实验设计中，设置相同的实验条件有时候比较困难，并且随机误差的存在会影响模型构建和数据的分析，在相同的实验条件设置下很可能得到不同的输出结果。实验设计需要以重复、随机化和区组化的方式减少实验误差的影响，提高实验分析的效率。重复是指实验的重复进行；随机化是指实验材料的分配和各个试验进行的次序都是随机确定的；区组化是用来提高实验精确度的一种方法。计算实验设计是在人工系统中进行的，受到的实验环境和外界条件的制约较小，能够考虑更多因素的影响，因素选择的考虑范围可以根据研究需要而放宽，可以研究许多不同的实验场景。由于计算能力的优势，计算实验运行一次实验的时间缩短，不会出现由于实验材料短缺而限制实验次数，或者不得不集中在某个时段进行实验等问题。

1.4.3 平行系统

平行系统指的是某个自然的实际系统和对应的一个或多个虚拟或理想人工系统所组成的共同系统。平行系统是人工社会和实际社会的有机结合体，以综合集成方法论为指导的社会科学计算试验方法，综合集成计算技术、复杂系统理论和演化理论等，构造人工系统，并进行社会系统复杂行为试验，以探索社会系统演化规律（Wang，2007）。

下面以一个例子来说明平行系统的含义。战国初年，为攻打宋国，楚惠王请巧匠公输般制造新的攻城器械云梯。墨子闻言，昼夜兼程赶到楚国劝阻楚王，但楚王不肯放弃攻宋的打算。墨子于是解下皮带当做城墙,用几块木板当做攻城的工具,与公输般模拟起真正的战争。公输般使尽种种攻城方法,都被墨子成功击退。楚王只得放弃攻打宋国的计划。一盘小小的"游戏",将一场刀光剑影的战争消于无形。这盘游戏之所以具有如此大的威力,是因为楚王从中看到了对真实战争情形的描述,以及它可能的发展趋势,并反过来影响了真正的战争:楚王决定放弃战争。墨子的这种模拟游戏,至今为人津津乐道,其中就体现了平行系统的思想,用皮带和木板模拟的攻防过程是一个系统,实际的楚宋之争是另一个系统(王飞跃,2004)。

平行系统是从"简单一致"的原则出发,通过对对象的基本认识出发,不断修改规则、输入数据,使其在宏观行为与真实对象之间在某一程度上趋于一致,从而实现对客观的描述。平行系统中的人工系统将领域知识数字化、模型化和动态化,从而可以进行计算实验。平行的重要性在于实际系统和人工系统之间可以互相修正(王飞跃,2004)。平行系统的主要目的是通过实际系统和人工系统的相互连接,对二者之间的行为进行对比和分析,完成对各自未来状况的"借鉴"和"预估",相应地调节各自的管理与控制方式,达到实施有效解决方案以及学习和培训的目的。其核心思想是设法挖掘平行系统中人工系统的潜力,使其角色从被动到主动、静态到动态、离线到在线,以致最后由从属地位提高到相等的地位,使人工系统在实际复杂系统的管理与控制中充分发挥作用。

平行系统的特色首先表现在其必须依靠数据驱动,特别是来自 Web 和 Cyberspace 实时海量数据驱动的本性(王飞跃等,2005)。在此基础之上,才能现实地进行各种有实际意义的人工系统构建过程和程序,如以数据为驱动,面向特定问题或情景的人与社会模型、行为与心理的计算等。利用海量的网络数据以及正在兴起的物联网与云计算技术,可以构建服务于各种特殊用途、"活"的人工社会或系统,并导致其结构和行为的演化独立于系统的原设计者,使之真正不同于计算机仿真。一定意义上,数据驱动使信息成为"喂养""培育"人工社会或人工系统的"粮食",如同用于医药试验的动物一样,使之成为研究复杂系统的"试验动物"。

图 1.4 给出利用平行系统进行平行互动的基本框架。在此框架之下,它有以下三种主要的工作模式(王飞跃,2004)。

(1)学习与培训,此时以人工系统为主,且人工系统与实际系统可有很大的差别,而且不必平行运作。

(2)实验与评估,此时以计算实验为主,人工系统与实际系统需有相应的交互,以此可以对各种各样的解决方案进行不同程度的测试,对其效果进行评判和预估。

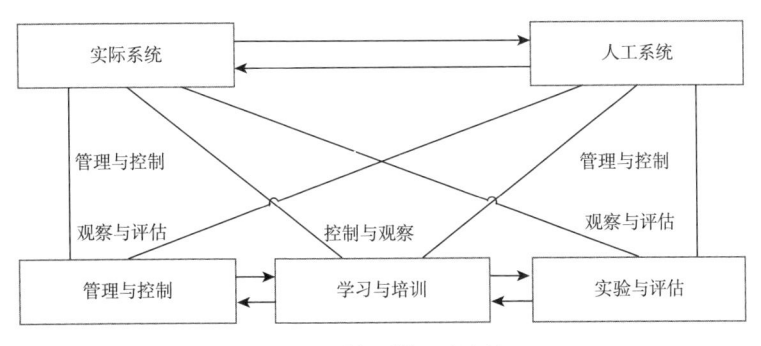

图 1.4 平行系统运行框架

（3）管理与控制，此时以平行执行为主，人工系统与实际系统应当可以实时地平行互动，相互借鉴，以此完成对复杂系统的有效管理与控制。

必须指出的是，一个实际系统可与多个人工系统互动。例如，根据需要，一个实际系统可同时或分时地与影像人工系统、理想人工系统、试验人工系统、应急人工系统、优化人工系统、评价人工系统、培训人工系统、学习人工系统等平行交互。

1.5 突发事件应急管理仿真

在应急管理中，传统仿真在一些常规的突发事件处置中得到广泛应用，这些突发事件发生和发展的时间尺度较短、空间尺度较小，涉及面相对较窄，其发生与发展机理研究时间长，模型建立有较好的理论基础（Farazmand，2001）。例如，对于火灾类紧急事件，依据获得的火灾输入信息，仿真系统可以输出火灾点的分布、面积、火势、烟雾、蔓延方向等信息，为灭火和人员疏散等处置提供参考。对于爆炸事件，爆炸仿真可将爆炸类型、爆炸点、爆炸强度、爆轰波、冲击波、破坏范围等以可视化方式表示出来，并将相关数据输出到安全保障模型、场馆模型、人员疏散模型等作为决策参考。在一些用数学形式描述的社会化突发事件中仿真也有应用，但仿真模型对事件的复杂性描述不足。

1.5.1 突发事件

近年来，随着全世界的现代化、工业化、城市化和全球化，重大自然灾害发生的频率越来越高，影响的范围越来越大，造成的经济社会损失日趋严重；各类事故灾难事件层出不穷；重大卫生事件时有发生；恐怖主义活动日益猖獗。这些事件突然发生，造成或者可能造成重大人员伤亡、财产损失、生态环境破坏和严重的社会危害，危及公共安全（薛澜等，2003）。

突发事件从发生、发展到造成灾害作用直至采取应急措施的全过程，存在三条主线。其一是灾害事故本身，称为"突发事件"；其二是突发事件作用的对象，称为"承灾载体"；其三是采取应对措施的过程，称为"应急管理"。突发事件、承灾载体和应急管理共同构成了一个三角形的闭环框架。突发事件本身并不是某种实体，而是一种过程，是灾害要素突破临界区间后对承灾载体和环境产生作用的过程。突发事件是一个随时间发展变化的过程，它与时间、空间及灾害要素类型有关。从本质上，各种突发事件的作用都可以归纳为物质、能量、或信息的作用或者其耦合作用；承灾载体本质上也同样是由物质、能量和信息三者组合构成的，在形式上表现为丰富的客观世界。

《国家突发公共事件总体应急预案》根据突发事件的发生过程、性质和机理，将突发事件主要分为以下四类（闪淳昌，2006）。

（1）自然灾害。主要包括水旱灾害、气象灾害、地震灾害、地质灾害、海洋灾害、生物灾害和森林草原火灾等。

（2）事故灾难。主要包括工矿商贸等企业的各类安全事故、交通运输事故、公共设施和设备事故、环境污染和生态破坏事件等。

（3）公共卫生事件。主要包括传染病疫情、群体性不明原因疾病、食品安全和职业危害、动物疫情以及其他严重影响公众健康和生命安全的事件。

（4）社会安全事件。主要包括恐怖袭击事件、经济安全事件和涉外突发事件等。

各类突发公共事件按照其性质、严重程度、可控性和影响范围等因素，一般分为四级，即一级（特别重大）、二级（重大）、三级（较大）及四级（一般）。通过归纳，突发事件一般具有突发性和紧急性、高度不确定性、影响的社会性、非程序性决策等几个基本特征。

（1）突发性和紧急性，即政府所面临的环境达到了一个临界值和既定的阈值，政府急需在高度压力下快速做出决策，但通常缺乏训练有素的人员、物资和时间。

（2）高度不确定性，即在突发公共事件的开端，经常无法用常规性规则进行判断，信息严重不充分、不及时、不全面，且其后衍生的事态和可能的影响没有经验性知识可供借鉴，一切似乎都在瞬息万变。

（3）影响的社会性，即突发公共事件对一个社会系统的基本价值和行为准则架构产生严重威胁，其影响和涉及的主体具有社群性。

（4）非程序化决策，即政府应急管理部门必须在有限的信息、资源和时间的条件下寻求满意的处理方案，迅速地从正常情况转换到紧急情况是政府应急管理的核心内容。

突发事件重点落实到"突发"二字,其主要包含两层含义:一是事件的发生和发展出乎预料,难以预知和判断,当被发现时往往已经发展到一定规模,具有相当程度的破坏性;二是事件难以应对,常规的应对措施失去效果,必须采用非常规的手段来处理。但突发事件的发展演化不是完全无法预测的,而是具有一定层次上的规律;合理的干预能够改变突发事件的演化过程。

造成突发事件的原因相当复杂。有纯自然因素造成的突发事件,如地震、台风、沙暴、暴风雪等;有人为因素造成的突发事件,如政治事件、经济事件、军事事件、重大交通事件、恶性疾病流行、恐怖事件等;还有自然因素和人为因素共同影响而造成的突发事件,如我国1998年长江流域的大洪水,既与当时影响全球的厄尔尼诺气候有关,又与人类乱砍滥伐,没有保护好长江上游的植被和水土有关。

突发事件的后果也是复杂的。突发事件影响的地域往往比较广,涉及的人员比较多,还往往引起"多米诺骨牌"效应和涟漪效应。此行业、此地区的突发事件可能影响到彼行业、彼地区;地方性的突发事件可能演变为区域性的突发事件,甚至演变为国际性的突发事件;非政治性事件可能演变为政治性事件;自然性的突发事件可能演变为社会性的突发事件,特别是在当今全球化和信息化的世界里尤其如此。例如,2009年重庆出租车司机罢工事件在一个多月时间内引发了全国范围内多起出租车司机罢工事件。这种连锁反应带来的一个直接后果就是突发事件变得复杂化,已经超出纯粹的经济、政治和文化话题,变成一种含有多项内容的综合性社会危机。突发事件的这种特点增加了人们处理突发事件的难度。

突发事件的种类很多,已经命名的突发事件就有数百种,每种突发事件都有其各自所处研究领域,对人类社会造成的破坏与影响并不相同,事件发生、发展与演化的机理也大相径庭,事件的作用过程更是复杂多变(倪子建等,2013)。每类事件都有其独特的内在机制,包括物理机制、化学机制、生物机制、社会机制等。国内外的研究者针对突发事件的作用机理做了大量的研究,但大多都是在其各自专业领域内,应用本领域专业知识,对某一类突发事件的机理进行深入细致的分析研究,从而建立相应的事件模型。这种事件模型虽然较为精确,能够比较准确地描述事件的作用过程,较好地体现事件作用过程的内在规律,但专业性太强,很难将其用于其他事件的研究。

1.5.2 应急管理

如何科学应对和及时、有效地处置突发事件,是当今各国政府必须面对的一个重大课题。目前,突发事件应急管理工作已经引起了世界各国社会与学术界的广泛关注。随着我国的改革开放与社会发展，现代化建设进入新的阶段，现代化、城市化、工业化进程加快，各种新情况、新问题层出不穷，大范围的自然灾害、重大和特别重大事故灾难、公共卫生事件和社会安全事件时有发生。这些突发事件给人民生命和财产带来重大损失，制约了国民经济全面协调可持续发展（杨列勋和邓云峰，2007）。

虽然突发事件本身受到自然的、社会的、偶然的等多种因素作用，其演变过程、影响范围、破坏程度等具有高度的不确定性，但是突发事件本身的发展演化有一定的内在规律可寻，不同类型的突发事件之间也存在着某种"必然"的联系。在特定的条件下，随着突发事件的发生、发展与演化，突发事件往往会引发一个或几个新的突发事件（范维澄等，2013）。对于突发事件的研究，大多重点关注其发展过程规律。不同类型灾害要素所导致的突发事件具有各自不同的时空发展规律，对突发事件的研究重点在于了解其孕育、发生、发展和突变的演化规律，认识突发事件作用的类型、强度和时空分布特性。应急管理研究的目的之一就是尽可能多地掌握其过程规律，从而找到和掌握突发事件的应对方法，降低其可能造成的危害。

应急管理是政府及其公共机构在突发事件的事前预防、事发应对、事中处置和善后管理过程中，通过建立必要的应对机制，采取一系列必要措施，保障公众生命财产安全，促进社会和谐健康发展的有关活动，包括预防与应急准备、监测与预警、应急处置与救援以及事后恢复与重建等过程。应急管理是公共管理部门应对紧急事态所进行的决策、计划、组织、指挥、控制等活动，是社会管理的一种特殊类型。应急管理是一个与突发事件相伴而生的概念，两者相互依存，其目标是使突发事件对社会的影响程度降到最低限度。应急管理可以针对突发事件实施，从而减少事件的发生或降低突发事件作用的时空强度；也可以针对承灾载体实施，从而增强承灾载体的抗御能力。对应急管理的研究重点在于掌握对突发事件和承灾载体施加人为干预的适当方式、力度和时机，从而最大限度地阻止或控制突发事件的发生、发展，减弱突发事件的作用以及减少承灾载体的破坏（汪寿阳等，2007）。

应急管理是一个关于复杂社会系统的管理与控制问题，它涉及物理域、心理域和信息域。突发公共事件的应急管理体系可视为一个开放的复杂巨系统，具有多主体、多因素、多尺度、多变性的特征，包含着丰富而深刻的复杂性科学问题。应急管理包括风险评估、监测监控、预测预警、决策指挥、救援处置、恢复重建等关键环节，并且涉及应急状态下的人员行为及心理活动。不同的突发事件既有其共性，也有其不同的个性之分。它们的不同之处取决于事件是否可预见、可控制、对事件的认知程度、事件的扩散速度、影响范围、损失程度、持续时间等诸多要素。通常情况下，突发事件是不可调和的矛盾导致系统失衡的产物，它包含自然、社会、生态等各方面不协调因素。一般而言，应急处置过程分为事前阶段、事中阶段和事后阶段。事前阶段主要包含事件的监测和预警，事中阶段主要包含先期处理和应急响应，事后阶段主要包含灾害评估和恢复重建，如图1.5所示。

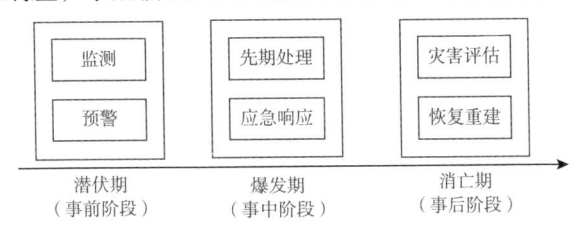

图1.5 突发事件的发展阶段

应急管理的对象是灾害要素，既包括造成突发事件的灾害要素，也包括承灾载体蕴含的灾害要素。应急管理的目的在于：认识在突发事件的孕育、发生、发展到突变成灾的过程中灾害要素的发展演化规律及其产生的作用；认识承灾载体在突发事件产生的能量、物质和信息等作用下的状态及其变化，可能产生的本体和/或功能破坏，及其可能发生的次生、衍生事件；进而掌握在上述过程中如何施加人为干预，从而预防或减少突发事件的发生，弱化其作用；增强承灾载体的抵御能力，阻断次生事件的链生，减少损失。

1.5.3 非常规突发事件

非常规突发事件是指前兆不充分，具有明显的稀有性、复杂性特征和潜在的次生衍生危害，事件发生、发展的速度迅速，难以预测，而且破坏性严重，采用常规管理方式难以有效应对的突发事件。非常规突发事件在爆发点前后的特征复杂，综合危害程度高，缺乏对其发生、发展、演化规律的知识和处置经验（韩智勇等，2009）。因此，如何有效应对非常规突发事件近年来已成为全球关注的焦点之一。

从2001年美国"9·11"事件与"炭疽袭击"事件开始，以美国为首的西方国家开始对非常规突发事件应急管理研究进行大规模倾斜性资助，获得了一批有影响的成果（韩智勇等，2009）。最近几年，国际社会对危机事件模拟仿真的研究具有针对性、广泛性与前瞻性的特点，各国政府投入专项资助的力度之大和投入研究的力量之强均达到空前水平，这些研究成果显著提高了政府应对非常规突发危机事件的能力。从2003年我国"SARS流行"事件开始，我国全面展开了危机事件应急管理的研究。时至今日，从中央到地方政府再到各部委，各类应急相关的法律、法规与预案相继得到颁布和实施，初步构建完成了涵盖组织机构、预案体系、管理信息系统和应急机制建设等方面的突发公共事件应急管理体系（范维澄，2007）。针对特定领域和特定情景类型，我国非常规突发事件应急管理研究已取得许多研究进展，然而其缺陷也非常明显，主要表现为利用计算机与信息技术进行应急辅助决策的能力不足。已建成的一批与应急管理相关的软件系统则主要面向应急事务日常管理、应急资源优化调配、应急机构优化选址、灾害风险评估等传统应急管理问题，无法适应万维社会媒体时代赋予非常规突发事件的社会化倾向的新挑战。在计算机建模与仿真方面，面向非常规突发事件应急管理的计算机仿真仍局限于单一应用领域，存在仿真规模小、颗粒不足、无法有效反映危机情况下的人群心理与行为等诸多问题；基于人和组织行为分析的非常规突发事件动态模拟仿真的研究仍处于起步阶段。

非常规突发事件是典型的复杂巨系统，其影响时空跨度大、无法拆分还原、随机因素多、边界条件难以确定，因而具有不可预测性、多成因关联性、广泛影响性及演变复杂性等内在特点，上海交通大学刘霞教授归纳了以下六个方面的非常规（刘霞等，2011）。

（1）决策信息非常规：应急决策是指在前兆不充分、历史信息经验作用不大，或事件演化过程中涌现海量、异构数据时，必须实时处理、临场研判的决策，这造成应急决策具有一定的模糊性、随机性和未知性，陷入决策迷思和决策盲区，导致决策偏差和决策失误。

（2）决策资源非常规：应急决策是指在受到时间资源和技术资源高度限制的超常恶劣条件下进行的决策。技术支持稀缺约束了政府的应急决策。当非常规突发公共事件危机发生时，常规的辅助决策支持系统往往很难适应快速决策的需要，给组织的决策工作带来很大困难。专业人才的匮乏约束了政府决策。在危机情境下，决策团队的结构刚性及领导体制决策机制管理制度上的约束很不适应非常规动态应急群决策的实际需要，从而产生制约。

（3）决策状态非常规：应急决策处于通常状态前所未遇或突然发生于当前而始料未及的超常态，政府决策要在极其有限的时间内和高强度的压力下进行。

（4）决策方案非常规：应急决策方案是指常规方法不灵时或根本没有常规方法，或事前不可能有完备预案而必须现场生成超常规方案的决策。

（5）决策程序非常规：应急决策是常规决策程序无法达成、必须采取超常规的、高度特别流程进行对策生成和紧急拍板的对策性决策；应急决策是典型的非程序化决策，没有常规或惯用的、经验的决策模式可供遵循，无法也不能够采取常规的程序和方法来进行。

（6）决策范式非常规：应急决策是传统的预测-应对式范式所无法解决的超常决策，必须采取情景依赖型的权变式决策的新范式。

因此，面向非常规突发事件的应急管理，如何做出客观准确的判断和推测，单独依靠传统手段的研究难以提供全面可靠的决策依据。特别是那些与人类社会直接关联的社会化突发事件,已超出传统的观察实验、统计分析和微分方程建模的能力范畴,使得传统的"预测-应对"型应急管理模式难以应对非常规突发事件的各种建模、分析、管理和控制等方面的挑战,无法满足基于非常规突发事件情景的应急演练、应急心理培训、应急预案评估、在线应急响应、自适应情景模拟等更高层次的需求。因此,通过构建人工社会进行计算实验的方法,是认识该类事件的演化规律的重要途径(王飞跃,2007)。综合利用管理科学、信息科学、心理科学等多个学科的优势与最新研究成果,拓展建模与仿真来构建平行应急管理的理论、方法、技术与操作平台,以增强应对非常规突发事件的能力水平已成为应急研究的重要途径。

1.5.4 平行应急管理

2007 年,王飞跃教授在 ACP 方法的基础上提出了平行应急管理的思想。他指出真正的突发事件在本质上是无法准确预见的,但有效应急管理的基础却是对突发事件进行准确的预判。解决无法预测与需要预测的矛盾之切入点和核心就是如何科学化、综合性、系统地培养应急管理和抵抗风险的能力与信心。基于这种认识,王飞跃教授提出了基于复杂系统计算理论的平行应急管理系统(parallel emergency management system,PeMS)的概念和方法,尝试为解决这一问题提供有效、可行的方案(王飞跃,2007)。

平行应急管理方法的思路是以人工社会形式融合人们对突发事件细化、分化和简化的知识,通过计算实验和动态监测数据驱动产生多种情景,从中提炼出关于现实社会、突发事件和应急管理的新知识,可视化地展现事件与应急全过程的整体情景,揭示内在机理。以可视化情景的方式向用户动态展现事件演化相关的条件、背景和环境等,既包括相关的物理、社会、业务等外部环境、背景因素,也包括人的认知、经验、心理等内部因素;既包含各种因素综合作用的当前态势,也包括历史的图示和发展趋势。

平行应急管理方法的核心是为突发事件应对提供各种情况下事件演化的动态情景,从而向管理人员揭示事件形成的原因及演变过程,以及应急过程中不确定要素对所关注问题的影响,全面把握各种关键要素;理解和发现复杂现象背后的各类变量之间重要的关系,获得对应急全过程的全面认识,找到灵活、高效且适应性强的问题解决方案。与传统的基于模型的分析方法比较,平行应急管理方法通过大量的计算实验来提供更全面的信息,具有宏观性和全局性。

平行应急管理的一个突出特点是通过获得实时的实际数据来改进人工社会(王飞跃,2007)。这样在突发事件应急管理中,可以根据最新的态势快速推演各种行动方案,及时预测事件的演化,根据推演过程及结果,分析和评估行动方案,动态匹配、优选、调整和制订行动方案,进一步实现无预案条件下行动方案的快速动态制订,辅助应急管理人员进行决策和实施相应行动。互联网的快速发展,使平行系统演化技术在社会性的突发事件管理中有实际应用的可能。万维社会媒体突破了传统的信息感知,逐渐延伸到与突发事件本身进行强烈的社会化互动,互联网能够大范围、实时地感知网络人群的心理与行为特征,能直接服务于事件应急的实时监测。而物联网等技术的发展,将使平行应急管理的应用更加广泛。

总之,平行应急管理就是利用计算机按照由下至上的思路对真实的人类社会进行建模,实现计算机虚拟空间中平行人工社会的构建,实现突发事件情景在人工社会中的涌现;然后在这一可控制、可观测的人工社会中进行仿真计算实验的运行,通过实验的方式进一步认识突发事件的产生、发展、演化的特征与规律,验证对真实社会控制策略的有效性以及探索更加优化的控制方法;最后将优化的控制措施运用到真实社会中,对真实社会进行科学有效的控制,使其能够更大限度地按照人们的预期运行(图1.6)。

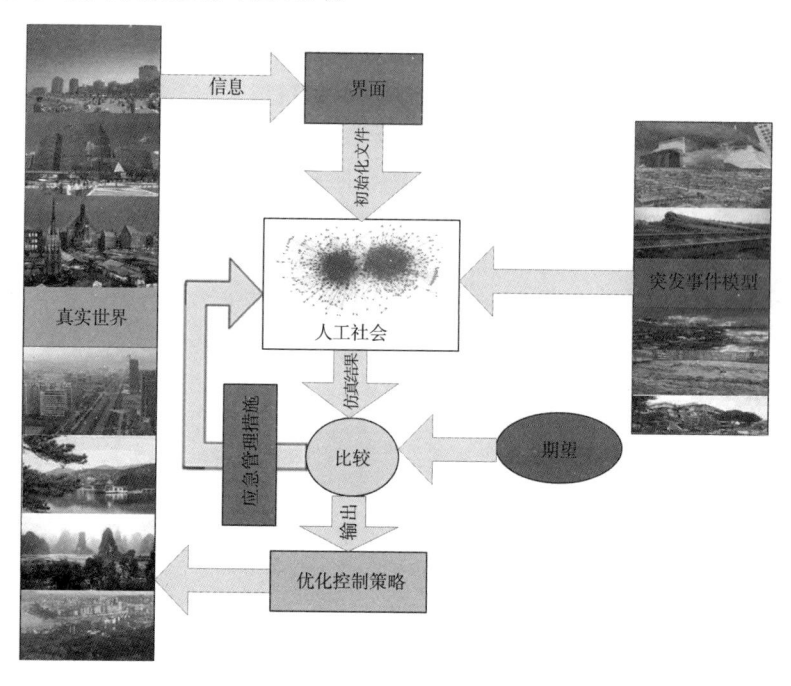

图1.6 平行应急管理方案

平行应急管理在应急管理研究、监控与预警、应急预案建设、应急体系与平台建设、应急训练、应急处置、恢复与重建过程等各个方面都有重要的应用。其应用包括可以通过仿真展现应急过程的综合场景,为理论的合理性和方法的可行性提供计算实验的验证手段,帮助理解突发事件应急管理中不确定要素对所研究问题的影响；可以帮助判断在特定的时间、地点、环境中，征兆是否会演变为危机事件，从而给出预警；可对应急预案可行性、完备性等进行评估，推演应急预案的实施过程是否顺畅和协调，验证应急预案对可能出现的各种情况的适应性；可为应急体系的设计提供分析和优化方法，为应急平台的性能分析提供测试环境；可以评估应急指挥体系的结构、组成、功能和运行机制；可为应急指挥与协同训练提供逼真的多种情景或极限情景，增强受训者的沉浸感，充分调动受训者的学习机能，发挥创造意识，提高受训者的学习效率，提高应对各种真实灾害的能力；可根据实时监测信息，超实时仿真事件未来的状态，预测事故的发展情况，为事故的处理决策提供科学依据。

第 2 章

人工社会

社会系统是开放的复杂巨系统,因其各子系统之间、各系统要素之间以及各个系统要素与各系统层次之间相互作用、相互影响,系统整体呈现出动态的演化模式,并不断涌现出新的特征。在基于人工社会方法进行应急管理研究过程中,构建能够产生社会性突发事件应急管理所需要动态情景的人工社会,是平行应急管理的基础。本章主要概述人工社会的发展,讨论人工社会的构成和分类,介绍人工社会构建的步骤、技术和工具。

2.1 人工社会的发展

人工社会虽然还没有形成一个完善的理论体系,但已经深深地渗透到了经济学、社会学、组织理论、环境科学、语言学和文化学等社会科学领域,成为社会科学研究的一种重要方法。在近十几年的时间里,人工社会作为计算机仿真的一个新方向,逐渐引起了越来越多研究人员的关注。同时,信息技术的高速发展和传感设备的广泛普及应用为构建大规模高分辨率的人工社会提供了前所未有的支撑。

2.1.1 人工社会研究概况

20 世纪 80~90 年代,"社会仿真"研究得到了快速的发展,此间 Axelord 举行了一场名为"囚徒困境"的竞赛,通过计算机仿真实验的方式揭示了在一个竞争环境中合作现象的自发涌现行为,并说明了在一个竞争激烈的、不确定的、复杂的环境中,"针锋相对"这个异常简单的规则可以很好地表现"仁者无敌"这样一个深刻的社会学道理。而 Arthur 和 Holland 合作的人工股市模型令 Agent 可以通过历史信息不断地学习,修改自己对股价走势的预测,使得人工股市变为一个不断变化永不平衡的系统,Agent 之间的关系则是一种既有竞争又有合作的协同进化关系。这一模型成功地模拟出真实股市中的"股市心理"。

1987 年美国圣塔菲研究所(Santa Fe Institute,SFI)举办了主题为"人工合成与模拟生命系统"的首次人工生命大会,成为人工生命研究的里程碑式事件。人工生命具有自我繁殖的能力、与环境相互作用的能力、与其他有机体以特定方式相互作用和相互交流的能力(涂晓媛,2001)。人工生命采用自底向上的方式构建,可通过关注局部简单随机的规则来考察整个事物或大量个体所组成的群体行为。人工生命的方法旨在用计算机或精密机械等人工媒介生成或构造出具有自然生命系统行为特征的仿真系统或模型系统,强调计算机模拟实验,把生命现象所体现的自适应机理通过计算机进行仿真,对相关非线性现象进行更真实的动态描述和动态特性的研究。

鉴于人工生命和社会仿真研究的发展成果,以及 20 世纪 80 年代末信息技术在东欧各国中发生的一系列政治事件中所发挥的作用,美国兰德公司于 1991 年提出了人工生命的自然延伸——人工社会的概念,并将其应用在研究信息技术对社会产生影响的课题研究中。兰德公司研究人员认为:利用 Agent 技术构建人工社会,把计算机作为社会实验室,可对不同的政策进行试验评估,从而了解各类信息技术和信息基础设施对社会的影响,以确保政策的有效性。兰德公司同时认为,人工社会的研究应是一项长期的任务,应成为社会和政府功能整体的一部分、成为社会理论发展和未来政策制定的基础。

1995 年,Gilbert 和 Conte 编辑出版了 *Artificial Societies*: *The Computer Simulation of Social Life* 一书,该书收集了 Agent 技术用于社会科学各个领域的论文,从此人工社会正式成为一个相对独立的社会科学研究领域(Gilbert and Conte,1995)。

1996 年,Epstein 和 Axtell 两人完成了一个简单的人工社会模型——糖域模型(Epstein and Axtell,1996)。糖域模型是一个分布着固定的"糖"资源的二维虚拟世界,在这个二维世界中大量的 Agent 不断地游走,并通过收集"糖"来增加自身的资源。Epstein 和 Axtell 通过对糖域模型运行结果的观察和分析,研究了包括环境变迁、遗传继承、贸易往来和市场机制等在内的各种社会现象。虽然"糖域模型"是一个简单的模型社会,但 Epstein 等将"糖域模型"的人工社会看做一种"实验室",来检验各种社会科学的假设和方法。通过改变参数和规则,Agent 之间的交互"涌现"出一大批有趣和重要的现象:环境承载能力的生态原理,即给定的环境只能支撑有限的"人"口；当引入"季节"之后，"移民"现象就出现了；"移民"可以被看做环境难民，增加了接收区域的人口，也强化了这一区域的食物竞争，进而可能导致"国家安全"等问题；Agent 对"糖"资源时时刻刻的积累和消耗产生了类似实际人类社会中的财富分布。

美国 Sandia 国家实验室在 1996 年也开始开发一个基于 Agent 蒙特卡罗仿真的人工经济系统模型——Aspen 模型（Basu et al., 1996）。这一模型的规模比较大，模拟了包括公司、住户和政府等各种 Agent 在内的经济系统模型。模型中的每个 Agent 都代表现实社会中的真实决策者，整个宏观经济的特性通过所有 Agent 的微观活动来体现。家庭 Agent 通过工作获取收入，收入将用于购买消费品、存入银行或者进行投资。Aspen 模型中有四种类型的企业 Agent，生产四种类型的产品，即汽车制造企业、房地产企业、非耐用必需品（如食物）生产企业、随收入变动的非耐用消费品生产企业。所有的企业都使用资本、设备以及劳动力来生产自己的产品。政府 Agent 的作用除了聚集收入、销售、税收外，还负责运行社会保护系统，执行公共职能，以及在政府收入出现赤字时采取相应措施。此外，还有一系列的金融 Agent，主要包括以下方面：①银行 Agent，负责吸收储蓄，向个人和企业提供贷款，投资债券；②联邦储备 Agent，负责执行扩张型或紧缩型财政政策；③金融市场 Agent，负责调节市场上政府、银行和家庭之间的关系。该模型具有允许大量的经济主体同时进行活动、各行其职、互不干扰的显著特征。通过采用先进的建模技术和大规模并行计算机的支撑，Aspen 模型被广泛应用于美国宏观经济系统和过渡经济的研究中。

1997 年，Axelord 出版了著作 *The Complexity of Cooperation*（Axelord, 1997），该著作被誉为基于 Agent 的社会学仿真经典读物。该书广泛地探讨了新战略的演化、噪声环境中的博弈、社会规范的形成、技术标准的诞生与演化、政治大国的兴衰、文化的异化和散布等社会学现象，它用实际的例子说明了简单的 Agent 计算模型可以用来分析复杂的社会学现象。

1998 年，英国萨里大学主办的国际学术期刊《人工社会与社会仿真杂志》开始发行，标志着人工社会——基于 Agent 的社会学仿真这个领域的成熟。

2004 年，王飞跃教授与圣塔菲研究所的 Lansing 教授在《复杂系统与复杂性科学》的创刊号上发表题为"从人工生命到人工社会——复杂社会系统研究的现状和展望"的文章，系统地回顾了人工社会概念的提出和发展历程，并明确指出"人工社会的核心方法是基于代理的建模、模拟和分析方法"。

2006 年，Burke 等构建了一个基于个体的计算模型，在 6 000 人口规模的人工社会中对天花的传播和控制进行了研究（Burke et al., 2006）。在该模型中，城镇被划分成多个基本社会单元（如家庭、工作地点、学校、医院等），个体 Agent 在基本社会单元内与其他个体发生交互。在人工社会中，家庭中个体的分配、工作场所中工作者的分配、学校中学生的分配都结合了美国的人口普查数据。因此，这个计算模型虽然仅有一个城镇人口规模，但已初具综合集成人工社会的形态。

2008 年，Epstein 等将非线性动态系统和基于 Agent 的计算模型融合在一起，建立了个体之间疾病和恐惧情绪的传播模型，将个体的自适应行为与疾病传播结合起来研究疾病以及疾病引起的恐惧情绪在人群中的扩散（Epstein，2009）。

2009 年，甲型 H1N1 流感在全球范围内爆发时，Epstein 和 Parker 构建了全球规模的基于个体的人工社会，模拟了流感在全球 60 亿人口中的传播。

2011 年，Epstein 将计算流体动力学与基于 Agent 的计算模型结合起来，在重构的三维人工城市洛杉矶中，仿真了人口对化学污染物空间扩散的应对行为，并研究了各种策略的实施效果。同年，Brown 等以 2009 年甲型 H1N1 流感爆发为研究对象，将基于 Agent 的建模方法与蒙特卡罗经济学建模方法结合起来，在人工构建的宾夕法尼亚州模型中，对关闭学校所带来的经济费用进行了估算，并对是否以关闭学校来应对流感爆发进行了评估（Lee et al., 2010）。在这些工作中，基于 Agent 的人工社会模型作为一个基本的计算平台，综合集成了地理信息系统（geographic information system, GIS）、人工人口模型、社会关系模型，以及应用领域的相关模型，更进一步拉近了人工社会与真实社会之间的距离。

从这些研究工作可以看到，人工社会的构建过程是一个从简单到复杂、从单一学科到诸学科融合的发展历程。人工社会的构建发展到如今，既继承了基于 Agent 建模与仿真的基本建模方法，又面临着重构大规模复杂系统时多领域知识和模型融合的困难。总体来说，基于 Agent 的自下而上的社会仿真方法已经蓬勃发展起来，在很多不同的研究领域都引入人工社会的思想。其中一项重要的进展是王飞跃教授针对复杂系统建模、分析、决策而提出的 ACP 理论。在 ACP 理论的基础上，近几年人工社会及社会计算领域取得了大量优秀的研究成果，包括基于 ACP 理论构建人工交通系统的基本方法，基于公共健康事件实时开源数据的疫情在线感知和预警平台，重大传染病病毒在城市人群中传染的人工社会计算实验。此外，该进展还为研究"主观性的倾向"及其心理作用提供了途径，为社会的综合协调发展提供了理论支持。

当前，人工社会方法的研究思路有两种角度：一是不针对特定的情景或者特定真实社会系统建模，其目的是描述一般社会系统的特征和过程，追求描述现象特征的抽象逻辑关系而非表现或者直接关联现有真实社会，通过实验来探索假设造成的难以预料的结果，是对人类社会群体现象进行量化的定性分析与描述。二是面向真实社会系统的建模，强调人工社会和真实社会系统之间高度的匹配，期望解决现有社会中确实存在或者可能存在的问题。前一角度的研究能给出的往往是隐喻、启示和定性趋势，而不是对复杂问题精确的回答，规避了实际社会到人工社会的映射问题。后一角度往往会遇到人工社会有效性缺乏验证数据的问题，当前研究者主要希望通过高速发展的数据获取和处理技术来解决真实社会系统到人工社会进行有效映射的难题，从而使实验结果能够回答真实问题。

2.1.2 人工社会建模的发展

基于多智能体的人工社会建模以 Agent 模型为核心，重点是对真实社会中"人"的抽象建模。在这一点上，以 Agent 为核心的人工社会与以人为核心的真实社会是对应的。按这种对应程度，人工社会建模经历了以下几个主要的发展阶段（葛渊峥，2014）。

（1）基于简单行为规则单机运行的人工社会，典型的代表为"糖域"模型。其中，Agent 由简单的内部状态和行为规则构成，并通过对环境的感知和行为规则的驱动在人工社会中自适应生存。其优势是在有限计算资源的条件下，能够重演从微观个体交互感知行为到宏观现象涌现的整个过程。其劣势有两个方面，一是对个体模型的抽象程度过高，个体内部状态集和行为规则集的复杂度较低；二是仿真的规模较小，个体的数量一般在 10^4 数量级范围内。

（2）基于复杂的社会环境构建的人工社会，典型的代表为洛斯阿拉莫斯（Los Alamos）实验室于 1995 年公布的 TRANSIMS（transportation analysis and simulation system）系统。虽然 TRANSIMS 是一个交通仿真系统，但它对社会环境如城市道路网络、活动场所建模的同时，也根据普查数据等建立起人口模型，其个体 Agent 可根据行为规则在城市内有目的的迁移。TRANSIMS 构建的人工社会中，无论是外部环境模型还是个体 Agent 模型，其复杂度与"糖域"模型中的 Agent 相比明显增加，仿真的规模也从 10^4 数量级扩大到城市级。

（3）融合社会关系网络的人工社会，典型代表为 EpiSims 和地球村（global scale Agent model，GSAM）系统。EpiSims 继承了 TRANSIMS 系统中的城市环境模型和人口模型，并进一步根据个体在城市内的迁移建立个体之间时空相关的临时社会关系网络模型。这样的方式可以将社会关系网络作为人工社会的一个重要组成部分融合到个体 Agent 的日常行为模型中。而 GSAM 是一个包含有 65 亿个 Agent 的人工社会，该系统利用固定和非固定两种社会关系对个体的空间接触行为进行建模，研究了传染病的蔓延与控制。自此，人工社会的发展已经进入一个以重构高分辨率真实社会为目标的新时期。

（4）融合实时信息的全球规模的人工社会，典型代表为 FutureICT 系统。Dirk Helbing 等研究人员于 2011 年提出构建"活地球模拟器"的规划，通过对当前可获取的海量数据进行分析处理，预测全球范围内的社会、经济等各个方面的发展趋势。FutureICT 目前还处于研究阶段，其目标的实现还有很长的路要走，但它所勾画出的未来人工社会的场景以及对复杂系统的预测能力为人工社会的研究提供了一个值得关注的方向。

在面向应急管理的人工社会建模方面，国内外许多学者也做了大量的工作。国外方面，美国弗吉尼亚大学建模与仿真中心的学者在对应急管理问题研究时，按照地理区域划分，将人口、交通设施、避难所、医院和应急响应等方面的组件耦合在一起刻画人工社会；Burke 和 Epstein 在天花流行病的研究中描述了一个城镇规模的人工社会，由住宅、学校、工厂和医院组成，他们采用同构智能体的方式描述了城镇中的人口，没有按照角色划分；美国芝加哥大学的研究人员构建了一个城市级的人口模型 BioWar，综合集成了传染病、地理、人口统计学、社会学以及社会网络等多领域知识，实现了对城市规模的生化武器攻击以及多达 62 种疾病的传播进行仿真，但 BioWar 只关注流行病传播本身，将人口 Agent 弱化为网络中无个性的节点；针对 2009 年全球性的 H1N1 流感传播，Epstein 在《自然》上撰文提出了 GASM 模型。GASM 提供了一个全球范围内 65 亿人口规模的 H1N1 流感传播模型，并根据实用数据对智能体的日常行为和交互进行了建模，仿真了一次从日本东京开始的全球流感传播过程；美国洛斯阿拉莫斯国家实验室研制了一个基于虚拟现实技术实现的人工社会模型 EpiSims，其目的主要是用来仿真恐怖分子对美国本土进行释放天花病毒的恐怖袭击，以及对美国卫生部官员采取应对措施的有效性进行仿真分析，EpiSims 可以进行疾病的地理分布和人口分布、时间因素的评估，仿真各种应对措施的效果，如隔离、接种和抗生素使用效果等，使用真实城市的社会网络数据进行分析。

国内，学术界也提出了一系列针对应急管理问题的建模方法。北京邮电大学的方滨兴课题组利用系统动力学方法对非常规突发事件中的网络舆情进行建模和分析，建立了系统动力学的流图模型，通过对该模型的仿真实验，以量化的方式发现和总结了非常规突发事件发展与网络舆情之间相互作用的规律（方滨兴等，2011）；北京理工大学的赵玉明等利用层次 Petri 网建立了基于情景的机场应急仿真模型（赵玉明等，2006）；另外，华中科技大学的佘廉基于传染病 SIR 模型，建立了一种非常规突发事件下的群体行为数学模型，得出了不良信息的传播率和免疫率是形成群体行为的基本条件这一结论（佘廉和娄天峰，2013）。引入人工社会研究应急管理问题的主要有中国科学院自动化研究所（曾大军和曹志冬，2013）和国防科技大学（邱晓刚等，2015）。

2.1.3 典型人工社会

从人工社会的发展历程来看，人工社会在规模、包含要素、模型分辨率等方面不断发展，从基于简单行为规则的人工社会发展到今天流行的综合集成的大规模高分辨率的人工社会。

在早期一些典型的简单人工社会的基础上，随着计算机性能的不断提高和获取真实世界数据信息的能力的不断增强，21世纪以来学术界在不断努力构建具有大规模、高分辨率特点的综合集成的人工社会，如Big Italy、Little Italy、Poland、EASEL等人工社会。Kohler及其同事为了探索史前梅萨维德国家公园地区人类聚居地位置与环境因素关系而构建的人工史前社会系统。Ciofi等基于意大利实际社会系统构建了5 700万人口的意大利人工社会——Big Italy，用于研究流行病在该国传播。在这个系统中，每个个体拥有自己的家庭、学校以及工作场所等。Iozzi等重构了拥有1.8万人口的Little Italy。在这个系统中，每个个体拥有更加细微的特征，采用了精度更高的采样数据。此外，波兰学者Franciszek等构建的人工波兰、Tsai等构建的人工台湾，以及Carley等开发的BioWar系统等，都是具有综合性特征的人工社会。本课题组在国家自然科学基金重大研究计划的推动下，自2010年开始研究大规模、高分辨率的人工社会的构建工作，构建了具有1 961多万人口的，包含环境、复杂网络、人群行为等因素在内的人工北京。

考虑到应用领域对人工社会结构和特征的影响，这里以传染病相关领域的典型大规模综合人工社会为例，进行具体的介绍。这些系统包括 EpiSims（Smith et al., 1994）、BioWar、Big Italy（Degli et al., 2008）、GSAM（Parker and Epstein, 2011）、Little Italy（Iozzi et al., 2010）、Washington D C（Lee et al., 2010）、Poland（Rakowski et al., 2010a）以及人工北京。表2.1从人工社会的规模、人口数量、应用领域三个方面对近些年典型的大规模综合集成人工社会进行了对比（葛渊峥，2014）。

表 2.1　大规模综合人工社会

名称	年份	规模	人口数量	应用领域
TRANSIMS	1995	中心城市	百万级	交通
EpiSims	2004	城市	18 800 000 人	传染病
BioWar	2006	城市	148 000 人	传染病
Big Italy	2008	国家	56 995 744 人	传染病
GSAM	2009	全球	6 500 000 000 人	传染病
Little Italy	2010	国家	18 085 人	传染病
Washington D C	2010	城市	7 414 562 人	传染病
Poland	2010	国家	38 000 000 人	传染病
Ann Arbor	2011	城市	108 000 人	个体出行
MoSeS	2012	城市	760 000 人	公共政策
EASEL	2012	城区	36 000 家庭个数	经济
人工北京	2013	城市	19 610 000 人	应急管理

EpiSims 是在 TRANSIMS 系统的基础上通过添加流行病传播模型、人口接触行为模型以及对街区级别的空间环境模型，进一步划分为分辨率更高的子模型来实现的，如将学校划分为教室、将商业区划分为办公室、将购物区划分为商店。因此，该系统继承了 TRANSIMS 关于人口生成和人口出行行为特征的一系列模型，这些基于实际统计数据的模型为 EpiSims 系统提供具有实际统计特征的人口属性和出行特征，同时基于实际统计数据的空间环境划分使 EpiSims 系统中的环境模型具有高分辨率和高保真性特征。然而，EpiSims 中假设同一个子环境中的所有人工人口之间都会发生接触行为的设定可能会造成接触行为的过高估计。

BioWar 是一个综合了社会网络计算模型、媒体、统计学意义下的疾病传播多 Agent 模型、城市空间模型、天气模型的城市级计算机仿真平台，能够用于评估城市区域遭受生物恐怖攻击以及流行病传播的影响（Louie and Carley，2008）。与 EpiSims 系统相类似，除了传染病模型以外，BioWar 系统中的模型也可以分为人口模型、环境空间模型以及人口接触交互行为模型。同样，BioWar 中的人工人口和学校、工作场所的位置生成也是通过实际统计数据来实现的，不同的是，在 BioWar 中人工人口之间的接触规则主要是利用人工人口之间的社会关系来进行约束和设定的，这种社会关系通过人工人口的年龄、性别、种族、教育水平等属性的相似程度来定义。此外，BioWar 系统中对人口染病后的症状、不同症状对应人工人口染病后行为的影响，以及就医诊断都进行了比较详细的建模，这是 EpiSims 系统中没有考虑的。

GSAM 系统是目前唯一一个能够进行全球 60 多亿人口规模的流行病传播实验的 Agent 仿真平台。为了实现如此大规模 Agent 仿真实验的运行，该系统在设计上与 EpiSims、BioWar 等都具有很大不同。为了确保系统的运行速度，其人工人口模型直接放在计算机的内存中，系统通过一个被称为"模型块"的机制来管理一个地理空间区域内的所有人口，这里的地理空间区域可以是一个城市、人口普查数据中的一个区域单元，或者 1 平方千米的方形区域等。在该系统中，人工人口的属性和行为的设定也异常简单，主要以健康状态和接触行为为主，其中接触行为通过在特定时间选择家庭关系或工作关系中的指定的对象进行接触来表示人口在不同时间不同场所接触对象的不同。虽然该系统能够进行全球规模的流行病传播实验，然而其实际的应用价值并不高，这是因为该系统仿真结果的正确性严重依赖于社会关系网络模型的设定，然而目前具有高保真性的大范围社会关系网络建模仍是一个很前沿但并未解决的课题。此外，该系统中人口地理空间分布的分辨率较低也导致了流行病传播的空间动力学特征准确性的下降。

Big Italy 是研究人员根据 EpiSims 系统类似的思路利用意大利 2011 年人口统计数据实现的人工社会。该系统利用人口普查数据生成了具有实际年龄结构和家庭结构的人工人口。然而，由于可用数据不足，该系统中仅考虑了人工人口上学、上班的行为，并没有考虑其他类型社会行为对流行病传播的影响。

与 Big Itaty 不同，Little Italy 系统并没有以构建年龄属性、家庭结构属性、地理空间分布属性与实际社会相接近的人工人口集合为目标，而是以进行高保真性的人工行为建模为目的进行的。该系统以意大利"时间使用调查"数据为基础，除了对单个固定工作的人的行为进行建模，还考虑了兼职多个工作以及没有固定工作人的行为。该系统中人工人口之间的接触仍然通过局部空间环境来约束，接触规则考虑了年龄的相似性，即人口在一个局部环境中更倾向于和自己年龄相仿的人接触。此外，该系统考虑了公交车上的疾病传播。

Washington D C 系统利用美国人口普查公开的微观数据和宏观统计数据生成了华盛顿具有街区级人口属性统计特征的人工人口个体模型，人工人口的属性包括年龄、性别、工作状态、职业、家庭位置、家庭成员、学生和老师的学校位置或成年人的工作地点、工作状态（含失业状态和在职状态）。然后将这些人工人口按照年龄分配了学校和工作场所。由于该系统重点关注的是年龄大于 25 周岁的工作者阶层，并认为这是流行病传播中的关键因素。与 EpiSims 系统相比，该系统加强了对工作场所的分类。

Poland 系统利用 1 千米分辨率的统计数据进行了人口和家庭的生成，并且根据人口密度分布随机生成了学校和工作地点，然后实现了人口与学校、工作地点的匹配。该系统中，空间环境模型被划分为家庭户、学校、工作地点和街道（代表了其他所有的类型）。虽然该系统考虑了交通因素，但交通出行指的是远距离区域之间的出行，并且交通路网用各区域中心点连线的最短路径来表示，是一种简单的交通建模。此外，在 Poland 系统中，人工人口之间接触行为被设定为直接接触和间接接触，其中直接接触是指一个家庭或者在一个交通单元中所有 Agent 进行接触，而当 Agent 处在其他空间环境中时，则通过环境模型进行间接接触。

人工北京是本课题组综合我国人口普查数据特征和对已有人工社会特点分析的基础上，进行大规模综合人工社会构建的尝试（葛渊峥，2014）。该系统综合考虑了我国 2010 年北京人口普查数据和学校、工作场所（银行、政府等）、购物场所、休闲场所、居住场所的实际数据，生成了具有街道办级的人工人口和建筑物级的虚拟环境模型。在人工人口日常行为建模方面采用了与 EpiSims 相同的日志驱动机制，而在人口接触行为设置中综合考虑了局部空间环境对人工人口的接触对象的约束和社会关系网络对接触对象的约束，即在一个局部建筑物环境中选择与自己有社会关系的对象进行交互，从而降低了接触行为的误差。人工北京与其他人工社会比较，人工北京充分利用了目前人口地理数据丰富的优势，吸收了以往人工社会的优点，并改善了一些人工社会中存在的不足。

归纳起来，目前大规模人工社会的构建主要涉及人工人口的生成、空间地理特征的表示、人工行为的建模三个方面，而这三方面实现方式、表示方法和准确性程度的不同造就了不同人工社会具有各自的特点。进行大规模综合人工社会构建的关键仍然在于数据的收集处理与特征分析，目前条件下仍然无法实现人工社会与真实社会系统的高度匹配，需要依赖进一步发展的传感器、数据采集渠道以及数据处理技术来进行完善。

2.2 人工社会构成与分类

人类社会是科学家想要认识、解释和预测的最复杂多样的系统之一，而人工社会作为利用计算技术构造的具有人类社会系统结构、特性、功能和动力机制的人工系统，应是复杂人类社会在计算机中的映射。本节从社会系统的简要分析入手，概述人工社会的基本构成和分类，研究面向应急管理的人工社会的特点。

2.2.1 社会系统

社会系统是由自然环境、人群个体及其人与自然环境的交互关系，人与人之间的关系所构成的系统，如一个家庭、一个公司、一个社区、一个城市、一个国家都是社会系统。人与人之间的不同关系，如经济关系、政治关系和文化关系，形成了不同的社会组织。

社会系统具有以下几个方面的特点：①个体自主性，系统中存在大量具有行为自主、形式多样化的个体。②社会性交互，系统个体之间自主交互，进而导致系统动态演化。③环境多样性，如多样的物理环境和社会环境；环境复杂性，如开放性、动态性、不确定性、不可控性。④群体和宏观涌现，大量个体之间的自主性和交互性，导致出现系统宏观层面上的涌现性。⑤结构和规模的复杂性，系统的不同个体之间存在复杂的社会性结构特征，它们将对系统个体之间的交互产生影响。

人类社会是一个开放的、不断演化的，并包含了政治、经济、军事、人文等诸多方面因素的复杂系统。人类社会系统具有开放的复杂巨系统的自治性，系统呈现出来的宏观现象是所有个体的微观活动的整体涌现，系统中的个体之间相互影响，社会系统同时又约束着个体的行为。对人类社会系统的管理与控制，可以说是人类主观意识的行为，也可以看做受着社会系统进化和调整驱动的被动行为。人们对人类社会的认识、管理和控制方法的研究是一个从简单逐渐到复杂，从定性逐渐向定量发展的过程。

人类社会是由一定环境中的个体构成的复杂系统，其复杂程度和庞大程度远远超出了人们通常的感知范围，这导致很难从整体上对其特征和演化规律进行精确的量化分析。复杂性科学的兴起使人们对包括社会系统在内的复杂自适应系统复杂性特征的认识不断加深，认识到社会系统是具有自适应特性的个体通过相互之间非线性的交互形成的，社会系统整体的行为是由局部个体行为的非线性交互作用导致的。复杂自适应系统自身的构成决定了基于自上而下的方式进行社会系统建模研究的思路具有明显的缺陷和不足：一是整体规则需要预言很多局部非线性相互作用对整体的影响，而这往往非常困难，甚至是不可能的；二是局部有限状态空间之间的相互影响，使整体可能的状态数目十分巨大，难以提供整体行为的规则。因此，对复杂自适应系统的研究和建模应该采用基于自下而上的方式来实施。

人类社会系统的整体行为是在众多单个个体人交互行为的基础上产生的，并且作为人类社会系统局部层次的行为特征与规律能够较容易地被人们理解和感知，因此可以通过在计算机中建立每个人的个体模型（即 Agent）的方式来对人工社会进行研究，这些 Agent 遵循一定的简单规则并相互作用，从而涌现出复杂的整体行为。

人工社会方法使人类社会学研究能够通过实验的方式来进行，实现了社会学研究从定性分析向定量分析的实质性转变，并解决了 Wiener 在利用控制论方法对人类社会系统进行研究时提出的两个困难（王飞跃等，2005）：①极难使观察者与被观察对象间的耦合降到最低限度，相反，观察者会对被观察对象施加巨大的影响；②社会科学的数据通常是以短的统计时间序列为例，容易受到变动的环境条件的影响，理想情况是条件不变及长时段的数据。

2.2.2　人工社会基本构成

人工社会是一个虚拟的社会组织，组织中存在多样化的角色，每个角色规约和抽象了个体 Agent 的行为，不同角色之间存在多样化的关系，这些关系将影响和制约扮演 Agent 之间的交互。人工社会作为一种多 Agent 系统，主要由三部分组成，即 Agent 本身、环境和 Agent 之间交互规则。人工社会中的 Agent 即人工社会中的"人"，与现实社会的生物个体或者生物个体的集合体相对应，又被称为人工人口。每个 Agent 具有的自身内部状态、行为以及和其他 Agent 或环境交互的行为规则，可以随着时间、交流和外部世界的变化而变化。Agent 的行为除了本能反应性行为，还可以具有从简单到复杂的智能行为。环境是 Agent 赖以存在的地方和空间，是 Agent "生命"的舞台，可以是实际的物理环境在计算机中的映射，也可以是虚拟的数学或者计算机过程。规则是 Agent、环境本身，Agent 之间、环境之间、Agent 与环境之间"行事处世"的准则和步骤，可以从简单的

Agent 移动规则,到复杂的文化、战争和贸易规则,可以是真实社会规则的映射也可以是人为假设的假想规则(张江和李学伟,2005)。

基于 Agent 的人工社会建模的目标就是通过设定 Agent 的行为规则和特征属性来反演重现真实社会中"人"的行为。因此 Agent 模型必须提供仿真所需的社会个体的行为、个体与个体之间的社会关系以及个体属性。同时 Agent 模型需要在环境中进行迁徙和交互,环境模型就必须提供具体问题领域所需的空间、地理、气象、人文等信息。图 2.1 展示了一个基本的人工社会构成。

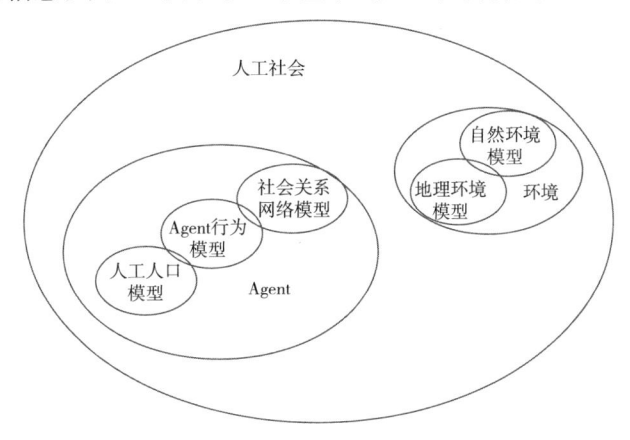

图 2.1 基本人工社会构成

Agent 模型是对人工社会中具有一定自主能力的实体对象的描述,可用于描述人群个体和社会组织。根据人工社会构成基本结构,个体 Agent 模型又可进一步细分为 Agent 行为模型、社会关系网络模型、人工人口模型。

Agent 行为模型是对人群个体的日常生活行为、空间移动行为、接触行为,以及自适应行为变化的描述。Agent 行为模型注重对行为的时间和空间的异质性和随机性进行描述,同时可借助复杂网络、离散事件、随机过程等方法来建立模型。Agent 行为模型是仿真运行的关键,它驱动和控制 Agent 在人工社会中的移动和交互,决定了个体 Agent 一天的可能行为。其形式化定义如下(葛渊峥,2014):

$$B=<S\_Role, \Delta t, \{Activity, Probability\}>$$

其中,S_Role 是个体的社会角色;Δt 是个体执行一个行为事件的持续时间区间,在这个时间区间内,个体按照 Probability 约定的概率分布去执行 Activity 动作,而这个 Activity 又受下述形式化范式约束,包括动作的类型 Activity_Type,以及执行这个动作的环境场所和动作的执行函数 $f(Activity)$。

$$Activity=<Activity\_Type, Env\_Type, f(Activity)>$$

社会组织是指由某些特定人群个体组成的,具有一定社会功能的团体。社会组织模型可对 Agent 个体进行组织和管理,同时也是 Agent 个体之间社会关系形成的重要依据。社会组织机构因社会场景而异。例如，学校场景人工社会的组织机构包括院系、班级、研究室、行政部门、校医院、校食堂、物业管理等；社区场景的人工社会组织机构包括公司、街道办、商店、家庭、建筑区、社会管理部门等。社会组织模型需要真实数据的支持，如组织内部人员的数量、内部部门的设置及运行机制等。

社会关系网络模型对人工社会中个体 Agent 之间的社会关系进行模型表示。它包含 Agent 个体之间的弱相关关系和强相关关系。弱相关关系是指个体之间在时空约束条件下随机产生的一种临时社会关系，它在整个仿真过程中动态产生和消亡；而强相关关系则表示个体在真实社会中与其他个体稳定的社会关系。因此，它与社会的统计特征相关，仿真中需要根据真实的人口特征和社会特征进行生成。那么，对于一个 Agent 个体而言，它的强相关社会关系网络可以形式化表示如下：

$$L=<S\_Role,G,\Psi>$$

其中，Ψ 是社会关系网络的类型；G 是 S_Role 在 Ψ 中对应的某种社会关系的 Agent 集合。

人工人口模型是对个体 Agent 的社会属性的描述，它将 Agent 的属性异质化，但同时又必须符合真实社会的统计特征规律。它由一个全局标识符 Ind_ID 和人口属性集 $\{a_i\}$ 构成。其形式化表示如下：

$$Popu=<Ind\_ID\{a_i\}>$$
$$\{a_i\}=<House\_ID,Age,Gender,F\_Role,Env\_list>$$

$\{a_i\}$ 的设定是根据实际研究的社会问题具体决定的，一般而言，要反映真实社会的人口统计特征，则依据真实的人口普查结果，根据统计学原理，产生与真实社会相符的 Agent 全体。因此，其属性值一般包括个体所属的家庭编号、年龄、性别、家庭角色、社会角色以及与之相关联的环境实体。

环境模型为 Agent 全体提供活动场所，根据问题领域不同，它可以是空间地理环境，同时也可以是自然气象等环境。环境模型主要描述环境中生态信息、建筑物、道路交通、气候条件等。由于人工社会场景规模大小不同，环境场景要素的模型粒度不尽相同。在大规模人工社会场景仿真中，如疾病的全球空间传播分析，或城市级的疾病传播仿真，环境模型的粒度相对较粗，一般主要考虑交通网络，如航空网络。在小场景的人工社会中，环境模型的粒度相对较细，可对自然环境、建筑物和道路交通建立细致的模型。根据人工社会场景可视化技术的不同，地理空间信息的建模方法也不同。对于规模较大的人工社会场景，通常使用地理信息系统来建立地理空间模型。对于小规模的人工社会场景可采用二维或三维显示技术建立可视化场景，同时采用网格技术建立地理空间的坐标体系，以确定地理空间的相对位置。

在面向公共卫生疾病传播领域，一般考虑的环境模型为地理环境模型。它包括各类建筑和活动场所等。具体形式化定义如下所示：

$$Env=<Env\_ID,Env\_Type,Env\_Capacity,Env\_Coordinate>$$

上述形式化表示描述了一个环境实体模型的基本属性，一个环境实体首要的是一个全局的标识符 Env_ID，以及它的环境实体的类型 Env_Type。Env_Capacity 表示作为一个环境实体对 Agent 的承载能力，这也是 Agent 之间弱相关关系的一个实现基础，最后用 Env_Coordinate 表示该环境实体的经纬度坐标。

一个具体的人工社会构建，要考虑的建模要素与其目的密切关联。例如，用于传染病时空动态传播过程研究的人工社会，主要考虑以下因素：①城市人群的社交活动；②人的居住、交通、工作、休闲及社交习惯；③城市区域规划，即居民区、办公区、学校和休闲娱乐区等不同功能区域或空间范围的地理分布情况；④城市交通网络，不仅影响个体日常出行路线规划，而且在我国发挥着重要作用的公共交通工具（公共汽车和地铁等）本身也是发生疫情扩散的重要场所；⑤人对于疫情发展的响应，即个体不同程度的恐慌心理决定了其可能采取的自我防护措施等；⑥疾病控制中心（Centers for Disease Control，CDC）和卫生防疫部门对公众采取的免疫或隔离措施等。因此，面向疾病传播的人工社会需要建立环境、社会组织、社会网络、人口统计学、Agent、个体行为及疾病等模型（段伟，2014）。

2.2.3 面向应急管理的人工社会

构建面向应急管理的人工社会是为了能够以实验的方式进行应急管理的研究，其最终目的在于通过分析突发事件的管理措施或者控制策略，制订出科学优化的管控方案，最大限度地减小突发事件对人类社会带来的危害。面向应急管理的人工社会与一般人工社会的不同之处在于突出了人工社会对突发事件和人工社会应急管理措施两方面的响应，这两方面作为系统中必需的要素，分别规定了突发事件条件和应急管理条件下人工人口和虚拟环境本身或相互间交互的行为准则。这两种行为准则的规定既可以通过改变原有规则的方式间接实现，也可以通过直接定义人工人口或虚拟环境行为的方式来实现。

面向应急管理的人工社会中各要素之间的逻辑关系示意图如图 2.2 所示。人工社会应急管理措施规则的实现也可以看做对人工社会突发事件规则进行改变的过程（图 2.2 中虚线）。此外，面向应急管理的人工社会一般还有以下两个方面的要求。

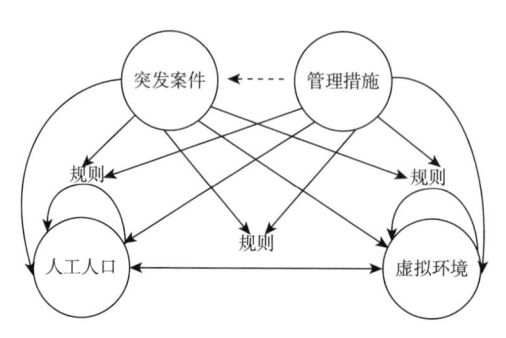

图 2.2　面向应急管理的人工社会中各要素之间的逻辑关系示意图

1. 人口具有较大规模

人工社会中包含的人工人口和虚拟环境实体的数量多。人类社会的不断发展，使整个社会的人口数量和人口密度不断增加，人们的活动类型越来越多样，人们活动的范围也越来越广泛，这导致诸如流行病传播的公共卫生突发事件及很多其他类型的突发事件对人类社会的影响范围也越来越大。因而，应急管理所研究的突发事件对象涉及和可能涉及的人口规模和空间范围往往比较大。面向应急管理的人工社会——作为研究突发事件应急管理措施以减小它们对人类社会造成的危害的系统，需要将大规模的人口个体和环境实体映射在该人工社会中。

2. 微观模型具有高分辨率

突发事件对人类社会的影响行为具有局部微观规则简单和整体宏观机制复杂的非线性特点。从认知的角度看，突发事件对人类社会影响行为的局部微观规则通常比其整体宏观机制简单、直接、明显，更容易被人们获知，也更容易保证它的正确性；从建模的角度看，局部微观规则涉及的对象较少，导致其可能的行为状态空间减小，大大降低了建模的复杂和困难程度，使建模工作更加容易。此外，实际中应急管控措施的制定和实施也是在组织或者个体级别的局部微观层次上进行的。因此，高分辨率的局部微观层次建模更便于实现实际应急管控措施在人工社会中的仿真映射和人工社会应急管理措施在实际社会中的实践转化。

其中，高分辨率人工人口模型具有以下几方面特征。

（1）异质性。人工人口不是仅仅只有简单的几种类型，而是各有差异。人工人口可以通过众多的差异来体现自身的与众不同，如遗传差异、文化差异、社会关系差异等，而且这些差异还会随着时间不断变化。

（2）自治性。人工人口具有学习和适应能力，这种能力赋予了人工人口简单的智能，其行为更多的应该是基于自身对其他人工人口、虚拟环境等的感知和判断，并按照一定规律做出的反应。

（3）确定的空间。人工人口的所有活动都是在一个确定的空间发生的，其可能是一个 N 维的网格，也可能是一个动态的社交网络。

（4）局部的交互。在空间上，人工人口倾向于和其邻居人工人口或者环境进行交互，这是它的一个典型特点，而这里的邻居局部的范围则需要进行合理设定。

（5）有限的理性。由于人工人口无法获得全局信息，也不可能拥有无限的计算能力，因此它们通常只能基于局部的信息运用简单的规则做出判断。

2.2.4 人工社会分类

人工社会由人工人口、虚拟环境和人工社会规则三个要素构成，针对不同研究目的的需求，人工社会的构建思路和实现方式也各有不同，构建出的人工社会要素也各具特色。因而可以根据这三个构成要素的特点对人工社会进行分类（表2.2）。

表 2.2　基于人工社会构成要素特点的分类

要素	分类原则	人工社会类型
人工人口	个体属性	异质型
		同质型
	建模分辨率	个体建模
		群体建模
		组织建模
		多分辨建模
	个体行为方式	自治型
		固定型
虚拟环境	建模方式	实体型
		网格型
人工社会规则	实现方式	自适应型
		确定型

对于人工人口要素来说，可以按照以下几个属性对人工社会进行分类。

（1）按照个体属性进行分类，可以分为异质型人工社会和同质型人工社会。异质型人工社会是指构成人工社会的人工人口的初始属性具有明显差异；相对的，同质型人工社会是指人工人口的初始属性差异不明显的人工社会。一般情况下，人工社会中人工人口的属性是否异质，并不取决于系统规模的大小或者人工人口属性的多少，而是取决于研究目的与人工人口属性之间的关系。如果人工人口属性并不影响研究对象的发展变化特征，只是为了描述研究对象对人工人口的影响，就可以将人工社会构建成同质型。

（2）按照建模分辨率进行分类，可以分为个体建模的人工社会、群体建模的人工社会、组织建模的人工社会和多分辨建模的人工社会。其中，个体建模的人工社会就是指人工人口模型的分辨率为个体的人；群体建模的人工社会中的人工人口可能代表一个家庭的所有人，或者具有某种相同属性的一类人；组织建模的人工社会是指在组织的层面进行人工人口的建模，考虑到组织具有明确的层次关系，因此将其单独分为一种类型；多分辨率建模的人工社会考虑到实际系统计算的成本问题，在分辨率要求低的部分使用低分辨率的模型进行计算，从而节约计算资源以保障其他部分的高效运算。

（3）按照个体行为方式进行分类，可以分为自治型人工社会和固定型人工社会。自治型的人工社会中的人工人口具有自主判断能力，其行为是其基于对自身状态和外部环境状态的感知进行决策的结果；而固定型人工社会中的人工人口则不具有个体的判断能力，其行为被预先固定。

（4）对于虚拟环境要素来说，可以按照建模方式把人工社会分为实体型建模的人工社会和网格型建模的人工社会。实体型建模的人工社会是指将真实社会中诸如住宅楼、公园、学校之类的各种环境都抽象成实体模型，目前，很多典型人工社会都以这种方式实现，如 EpiSims、人工北京等；而网格型建模的人工社会则并不关注具体的环境对象，而是将聚焦点落在对环境空间的建模上，利用离散的网格来描述空间的存在和环境的属性，糖域模型就是具有该特点的最典型人工社会。此外，利用网格对环境进行建模能够大幅度地提高人口社会系统的执行效率，如 TRANSIMS 也使用了网格型的空间建模方式。

（5）对于人工社会规则要素来说，人工社会的分类主要按照实现方式进行，分为自适应型人工社会和确定型人工社会。自适应型人工社会是指驱动人工社会中人工人口和虚拟环境运行的人工社会规则具有自适应性，能够自主地按照一定的原则随着系统运行而变化，从而实现人工社会的演变；而确定型人工社会是指人工社会中的人工社会规则是确定的，难以实现整个人工社会的自主演变。虽然，自治型人工社会中人工人口行为具有一定的自适应性，但这种自适应性通常只局限于少数的行为设计中。因此，可以认为目前已实现的人工社会都属于确定型人工社会。

三个要素的特点之间和不同分类原则之间通常都不相关，因此由人工人口、虚拟环境和人工社会规则三个要素构成的人工社会的分类，就变成了仅考虑单个要素特点分类的交叉组合，进而使人工社会的类型更加多样。另外，人工社会也可以通过开放性、灵活性、稳定性和可信性四方面来进行刻画。开放性是指人工社会新加入 Agent 的可能性；灵活性是指 Agent 行为被人工社会限制和约束的程度；稳定性是指 Agent 的行为能够被预报的程度；可信性是指人工社会中的现象和规律能够被相信的程度。

基于开放性程度的不同，人工社会也可以被分为开放型人工社会、封闭型人工社会、半开放型人工社会、半封闭型人工社会（宋智超，2016）。

（1）对于开放型的人工社会来说，Agent 仅通过和人工社会中其他 Agent 之间进行交互，就可以不受任何限制加入。开放型人工社会具有高度的开放性和灵活性，但这样的人工社会的稳定性和可信性程度就比较低。对于这样的系统，很难进行参数的设置或者检测 Agent 是否遵守参数的约束。事实上，对于这样的系统，高效地确定出一组 Agent 是一件几乎不可能的事情。万维网可以认为是最典型开放型人工社会，其组成包括一系列浏览器进程和一系列与互联网连接的网络服务进程。该人工社会的开放性程度是不言而喻的，任何能够连接互联网的人都可以通过启动浏览器进程或者服务进程，不受任何限制地加入万维网定义下的人工社会中。

（2）对于封闭型人工社会来说，外部的 Agent 要加入人工社会是绝对不允许的。由一组软件开发者采用多 Agent 系统的方法实现的复杂软件系统是这种类型人工社会的典型例子。这些多 Agent 系统被设计用来解决用户规定的一系列问题，所有的 Agent 都在人工社会初始化的阶段产生，外部 Agent 不可能加入该人工社会中。封闭型人工社会的优势之一就是能够实现人工社会精确的工程化，准确设定 Agent 之间的交互的对象和动机，因此封闭型人工社会提供了很强的稳定性和可信性，但其开放性和灵活性很差。

开放型和封闭型的人工社会都不能充分满足同时具备开放性、灵活性、稳定性和可信性四个方面的要求，因此提出了半开放型人工社会和半封闭型人工社会的概念。

（1）半开放型的人工社会中设立了一个类似于"看门人"的机制，新加入人工社会进行交互的 Agent 需要先跟这个"看门人"进行接触，然后"看门人"确保其能够遵循人工社会的约束条件才准许其进入（图 2.3）。相对于开放型人工社会，这样的设计只轻微地限制了其开放性，但却提供了更大程度的稳定性和可信性，能够对人工社会中 Agent 进行控制和监测，也使人工社会的规模范围更加明确。

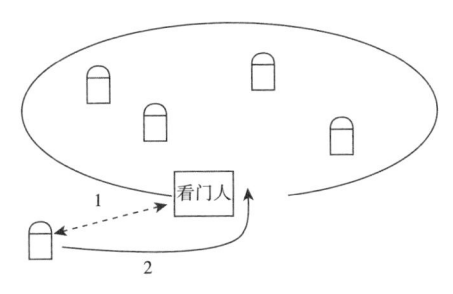

图 2.3　一个 Agent 进入半开放型人工社会逻辑图
1 表示 Agent 与"看门人"进行交互；2 表示 Agent 进入人工社会

（2）在半封闭型的人工社会中，"外部"的 Agent 仍然不允许进入人工社会中，然而可以引入一个新的 Agent 方式来代替"外部"Agent。这种引入的方式通过预先定义一些不同类型的 Agent 然后再在需要时在人工社会中创建来实现。这种机制能够使新加入人工社会的 Agent 具有"外部"Agent 的功能作用（图 2.4）。半封闭型人工社会能够提供与半开放型人工社会同等程度的开放性，但灵活性方面则稍逊于半开放型人工社会。另外，半封闭型人工社会相对于半开放型人工社会具有更大程度上的稳定性和可信性。

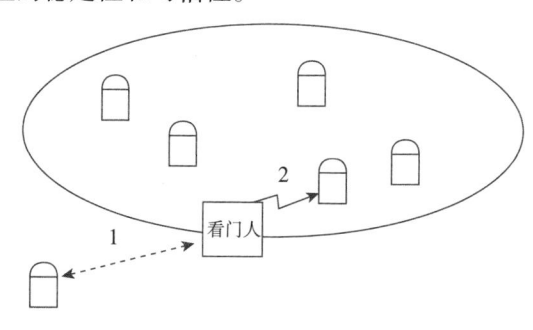

图 2.4　一个 Agent 在半封闭型人工社会中的引入

1 表示外部 Agent 与"看门人"进行交互；2 表示"看门人"为外部 Agent 在人工社会中建立一个内部 Agent

2.3　人工社会的构建

人们对于复杂社会系统的认识，尤其是与人的行为相关的复杂现象的研究仍处于相对初级的阶段，现有的探索和发现也只是冰山的一角。人工社会的构建是一个受到多个领域学者共同关注的课题，本节从人工社会构建的一般方法步骤、模型结构、技术和工具等方面对此问题进行概述。

2.3.1　一般方法与步骤

构建人工社会主要有以下几种途径（Meng et al.，2015）。

（1）社会调查方法。该方法是从真实社会获取个体具有针对性数据的最直接方式，这些数据用于构建人工社会的人工人口。早期的社会调查形式通常为调查问卷，参与调查的个体被要求根据自身的实际情况回答调查问卷上的问题。调查问卷有一个明显的缺陷，即被调查个体在回答问题时难免会将个人主观意志渗透到答案中，更为重要的是通过回忆式作答的问卷很难获取准确的定量化数据。为了克服调查问卷的弊端，近几年来，研究人员采用可携带的无线传感设备来采集个体的行为和交互特征数据。无线传感设备的优势在于，参与调查人员不需要参与数据的收集工作，电子设备在其无主动意识的情况下采集数据，从而避免了人的主观倾向对数据的污染。无线传感设备的另一个优势是，能够准确地获取个体的行为特征的指标参数，如空间距离、时间长度等。基于社会调查获取的数据重构同等规模人工社会模型，对于认识复杂社会系统具有重要的意义，同时也为其他人工社会构建方法提供了直接的数据依据和建模基础。

（2）复杂网络方法。复杂网络的研究兴起于"小世界"网络模型以及"无标度"网络模型。它们将人类对网络的认识从 E-R 随机网络提升到了一个新的高度，开辟了网络拓扑研究的新领域。网络拓扑对于构建和分析复杂系统内部机理，尤其是对其中复杂的交互关联关系的描述，具有高度的抽象和刻画能力。基于网络拓扑构建的人工社会模型以对真实社会的观察为基础，充分利用了网络拓扑的抽象能力，从建模者关注的角度将真实社会内部复杂的连接关系以拓扑的形式剥离出来，是一种被广泛接受的分析研究复杂系统的方法。

（3）基于多 Agent 的建模与仿真。多 Agent 建模方法是一门多学科融合背景下迅速发展起来的建模方法学。Agent 模型能够像真实社会中的人一样在虚拟环境中感知、移动、交互并自动地更新状态。更为重要的是，相比于数学方程和统计分析，基于 Agent 的建模方法能够灵活地将多领域的知识集成到 Agent 模型中，同时，在仿真计算平台的支持下，更便于自下而上地分析微观特征与宏观现象之间的复杂关联关系。

基于多 Agent 模型构建人工社会的方法从模型机理上可以分为以下三类。

（1）元胞自动机方法。多个 Agent 进行交互需要一定的模拟空间和拓扑结构进行支撑。最常用模拟空间就是如糖域模型中的网格空间。在复杂性科学领域，这样的规则排列的网格空间叫做元胞自动机。这是一类简单的空间作用模型，若干方格由不同的状态组成，方格状态的变化组合涌现出各种各样的动态属性。另外一类模拟空间就是网络模型，这类模型中 Agent 之间的交互是在一个网络上进行的，也就是说每个 Agent 都看做网络上的一个节点，两个 Agent 间的交互看做网络上的连线。这样，网络模型反映了 Agent 之间交互的拓扑结构。

（2）参数化的多 Agent 系统。在该类人工社会中，个体 Agent 通过有限的参数进行控制。同时，环境模型被弱化，或者将环境模型对 Agent 行为的影响以参数的形式融合在 Agent 模型中。但参数化的多 Agent 系统也绝非简单的人工社会。González 等（2008）构建的基于多 Agent 的社会关系网络就是一个典型的参数化多 Agent 系统。在该系统中，通过设定 Agent 的移动规则和空间相遇规则，在无关联关系的人群中演化生成了动态稳定的社会关系。随后，Singer 构建了忽略空间位置信息的多 Agent 系统，通过定义 Agent 的相遇规则和概率参数，同样重构出动态稳定的与真实网络相似的社会关系网络（Singer et al., 2009）。结合个体间交互模式数据，Bianconi 等重构了参数化的多 Agent 系统来研究个体之间的个体之间面对面的交互特征（Zhao et al., 2011）。参数化的多 Agent 人工社会是一种具有更高抽象程度的模型，该建模方法通过参数控制的方法，重演抽象简化后的复杂社会交互过程。

（3）综合集成的多 Agent 系统。基于多 Agent 建模方法构建的综合性人工社会集成了地理环境系统、综合人口数据库、空间交互规则、应用领域模型等，是基于个体构建的计算环境。TRANSIMS 和 EpiSims 是两个典型的综合性多 Agent 人工社会。在该类系统中，个体 Agent 具有明确的人口统计学特征属性，如年龄、性别、家庭等。同时个体 Agent 的行为规则与环境特征有密切的关系，即个体在人工社会的地理空间中根据行为规则而进行空间迁移。因此，建立在地理信息系统基础之上的城市地理环境是一个必不可少的模型。可以说，构建综合性多 Agent 系统是一个根据应用需求、全面复现个体 Agent 生活的社会场景的过程，而这个过程需要大量真实统计数据、大规模数据存储空间和高性能计算中心支持。在用于支撑综合性人工社会建模的数据生成方面，Wheaton 等（2009）通过集成可用的国家统计数据，主要包括美国人口普查的人口地理数据、5%抽样的家庭数据，生成了美国各州、市的综合人口数据库，单独作为构成多 Agent 人工社会仿真系统的人口数据库；Franciszek 等构建的虚拟 Poland 人工系统中，根据每平方千米的人口地理数据和国家统计局公布的数据生成了波兰的人口地理模型，用以进一步支持在人工波兰上的动态仿真实验，如疾病传播、交通出行实验等。

2.3.2 面向应急管理的人工社会构建方法与步骤

面向应急管理的人工社会构建集成了计算机科学、社会科学、系统科学、计算机模拟技术、多 Agent 系统技术等多个学科和技术领域，关注微观个体的简单行为在宏观层面上的涌现现象，采用 Agent 技术进行建模，其主要工作包括以下方面：观察现实社会，分析其社会特征，针对计算实验的具体要求，研究人工社会的社会特征建模需求，抽象出一系列的假设；从社会视点梳理突发事件应急管理的人工社会模型，包括结构、要素及其属性、不同要素间的关系等，提出针对突发事件应急管理的人工社会模型体系框架；根据计算实验需要以及人工社会模型的具体要求，研究和设计人工社会的各类模型，抽象出人工社会构成的基本要素、属性、关系与规则，并用形式化工具（或人工社会建模语言）描述。

从现实社会中抽象出假设是较重要的一步，因为它决定了人工社会模型的实用程度。也有仅仅从模型出发研究纯粹的人工社会的性质，而并不关心这样的人工社会是否是现实社会的反映。应强调的是，人工社会本身的价值就在于研究各种可能的社会，但并不一定是真实的社会。

面向社会性突发事件应急管理的人工社会建模分为以下几个步骤（葛渊峥，2014）。

（1）分析其原型社会中哪些因素与突发事件及其应急管理相关。根据公共安全的三角形理论，这些因素的分析可以从承灾体、事件和应急管理三个方面入手。

（2）确立人工社会应具有的结构、要素和要素属性。确立的人工社会应是有效和高效的：有效是指能够充分、自然地展示现实世界中应急管理人员所关心的要素，如结构、行为、涌现、交互、环境、突发事件等，并形成在计算世界中相应的计算模型和要素；高效是针对人工社会的计算复杂性，即能够在受限的计算时间和空间约束下获得所期望的运行结果。

（3）在明确人工社会应具有的结构、要素和要素属性后，需要开发一系列基础模型（如地理环境、基础设施、人工人口、心理与行为、事件、应急措施与社会关系等基础模型），这些基础模型可以通过元模型的方法来构建，从而提高模型的可组合性、互操作性和可重用性。人工社会建模采用自底向上的建模理念，个体 Agent 模型是构造人工社会的基本元素。但是为了满足构造非常规突发事件情景下人工社会的要求，还需要对环境、突发事件以及干预措施进行建模。

（4）生成人工社会还需要获得其中各个 Agent 的初始数据。如果能够获得原型社会每个元素的相关数据，那么可以一一映射得到一个与真实世界一致的人工社会。但由于很多实际条件的限制，我们往往只能得到统计特征数据。因此，需要研究人工社会初始化数据的生成算法，生成人口统计特征（人口总数、性别比例、年龄分布等）、人口地理分布情况、人口社会关系属性、环境实体的统计特征（总数、类型、可容纳的人口数等）、环境实体的地理分布情况、人工人口的活动规则统计特征等和原型社会的统计特征相一致的初始数据集。

（5）综合初始数据和基础模型，即可在计算机中构建出可以动态演化的人工社会，进而接入真实社会的实时数据，使人工社会与真实社会协同演化，可提高人工社会对真实社会的可替代性。

2.3.3 人工社会构建技术

人工社会是一个多学科交叉的领域，其中计算机建模技术是关键。在人工社会模型中应用最多的模型就是 Agent。最早研究 Agent 技术的是在人工智能领域，研究集中在单个 Agent 的建模方面。后来，人们逐渐把目光移到了多个 Agent 的相互交互和作用上，也就是多 Agent 系统。在社会学仿真领域，人们关心的是多个 Agent 交互作用的宏观涌现结果，因此并不需要特别复杂的单个 Agent 建模技术，只需要 Agent 模型群体在宏观上能够表现出一定的社会效应，并且能够反映人工社会研究者的研究需要即可。在满足研究需求的情况下，可以认为 Agent 模型应该建立得越简单越好,这将有利于人工社会研究者把目光集中到模型能够反映的社会问题上来。

人工社会的建模技术包括以下三个方面:一是人工社会各类要素的建模技术,如人工人口心理与行为建模、支持人口活动的各类环境建模、事件建模和应急措施建模等技术,各类基础模型的构建技术;二是集成上述基础模型来构建人工社会的多范式建模技术;三是支持基础模型构建的元模型设计与实现技术。

从基于简单行为规则的多 Agent 系统到综合集成的多 Agent 系统,人工社会在研究复杂社会系统方面经过不断发展和改进,获得了学术界的广泛认可。但到目前为止,构建大规模综合集成的人工社会仍面临着一些待研究的问题,从以下五个方面来归纳。

(1)人工人口生成方面。人口模型是人工社会的基本组成模型,小规模人工社会的人口模型可以以文件或参数的形式与其他模型集成在一起,而大规模的人工社会人口模型则需要建立独立的人口数据库来管理数据。无论是小规模的人口模型参数,还是大规模的人口数据库,虚拟人口的生成一直以来面临的问题是如何在有限的统计数据基础上重构出完整、一致的个体人口模型。人口模型的生成实际上是一个自上而下重构人口的过程。到目前为止,真实社会中人口数据主要的来源为人口普查数据和抽样调查数据,而个体的具体数据因为考虑到隐私权、公共安全等各方面的问题是不可获取的。从群体数据的统计特征恢复重构出群体中每个个体的具体特征是人口建模的基本思路。在这个过程中,需要满足两方面的一致性:一是保证生成的人工人口与真实人口在统计上保持一致,即生成人口的统计特征与真实人口一致;二是保证生成的人工人口内部逻辑结构与真实人口一致,即人口内部的组织结构、关联关系与真实社会的人口保持一致。

(2)人工地理环境生成方面。在综合集成人工社会中,地理环境模型提供了个体 Agent 活动的各类场所,而且这些场所在人工社会的地图中有具体的地理坐标。与随机空间移动不同的是,在一个有明确的环境场所分布的人工社会中,如何建立个体与活动场所匹配的关联关系并使之符合真实社会中人的行为规则是一个必须要解决的问题。其中有两个关键的工作:一是根据个体活动类型确定其可能相关的活动场所类型,建立活动与场所的一对多映射关系,保证个体对活动场所的随机选择能力;二是从环境模型中为每个个体搜索符合出行规律的场所与之匹配,同时要对搜索算法进行优化,以保证在大规模人口与场所匹配时计算时间在可接受的范围。对于个体而言,空间的迁移虽然有一定的随机性,但是更多情况下是规律性的,因此对人工社会中的每个个体,都需要将其与固定访问的活动场所建立起关联关系,赋予个体行为以时空关联的特征。一般情况下,鉴于个体与环境之间固定的关联关系在仿真过程中不发生改变,这种关联关系可以通过人口地理数据库的形式在仿真初始化过程中生成。

(3)时空一致行为规则构建方面。在集成了地理信息系统的人工社会中,个体的行为以随时间而不断进行空间迁移的方式执行。行为模型是驱动整个人工社会演化的核心动力,也是将 Agent 与 Agent、Agent 与环境动态关联起来的黏合剂。因此,个体的行为模型需要对个体在什么时间执行什么样的活动、在什么场所执行什么样的活动、在什么样的场所发生什么样的交互做出明确的定义,以保证个体行为在时间空间上的一致性和规律性。这里,有三个关键的问题需要解决:一是建立时间与动作的映射关系,即明确个体在人工社会演化过程中的行为时序逻辑;二是在行为时序逻辑的基础上,将个体行为的规律性与随机性融合在一起,即在仿真演化过程中,建立个体一般执行行为与可能执行行为的随机模型;三是建立个体在执行动作时在时空约束的条件下选择交互对象的机制,即明确如何将个体之间的社会关系网络与行为模型关联起来。

(4)生成与行为匹配的多重社会关系网络方面。不同于基于网络拓扑结构的人工社会,在综合性人工社会中,网络拓扑作为一个构成模型用以对个体之间的社会关系进行建模。人与人之间的社会关系不仅可能涉及多种网络拓扑,还需要保证建立的网络拓扑具有时空关联的特征,赋予个体社会关系网络更多的特征,以使其与个体的时空行为保持一致。在生成与集成社会关系网络模型的过程中,也需要解决三个关键问题:①如何根据个体的时空分布特征生成时空相关的社会关系网络,使网络的拓扑特征与网络节点的时空特征保持一致。②如何在个体 Agent 模型中同时集成多种社会关系网络,在人工社会中对个体 Agent 的多种社会关系进行建模。③如何在行为模型中体现社会关系网络的驱动力,建立社会关系网络相关的行为规则,并明确在不同的场景下能够对个体之间交互产生影响的社会关系网络。

(5)实现突发事件模型在人工社会的动态加载方面。一般情况下,人工社会复现和重演的是个体日常的生活。当在人工社会中引入突发事件时,个体的特征、行为规则、交互方式可能都要发生改变。更为重要的是,在研究突发事件应急管理时,人工社会必须具有提供施加控制措施模型的能力,从而预测突发事件的发展、评估控制措施的效果。因此,在人工社会构建的过程中,需要在各个模型中设计便于突发事件加载的机制,其中有两个关键的模型需要针对突发事件设计接口:①将突发事件相关的个体特征加载到人工社会的人口模型中,并在仿真的过程中,对这些特征值实时更新。②将突发事件引起的个体行为变化加载到人工社会的行为模型中。同时还需要解决如何将控制策略融合到个体行为模型中的问题,以保证突发事件行为模型与日常行为模型框架的一致性和通用性。

自从提出"自底向上"的复杂系统研究思路以来,各领域的学者专家试图利用多 Agent 建模仿真方法来实现微观模型到宏观规律的涌现。现代信息技术为"微观-宏观"模型提供了丰富的数据,从而带来了自然科学和社会科学新的合作机遇。基于大数据研究复杂社会系统要解决的两个关键问题是动态数据驱动和信息融合。

20 世纪 80 年代，美国国家自然科学基金会提出了动态数据驱动应用系统（dynamic data driven application systems，DDDAS）的概念和研究方向，试图将仿真与实验有机地结合起来，构成一种仿真与实验融合为一体的自然和谐的共生动态反馈系统（周云等，2009）。DDDAS 是一种全新的仿真应用模式，旨在将仿真和实验有机结合起来，使仿真可以在执行过程中动态地从实际系统接收新数据并做出响应。仿真结果也可以动态地控制实际系统的运行，指导测量的进行。仿真和实际系统之间构成一个相互协作与共生的动态反馈控制系统。DDDAS 概念中实验指的是真实系统的实际运行，包括真实事件活动和实验活动。新数据指的是通过测量和数据采集获取的真实系统实际运行所产生的数据。该数据既可以实时反馈到仿真系统，支持模型动态调整和运行，也可以存档读出，以供系统调试之用。

DDDAS 仿真系统体系结构如图 2.5 所示，其关键技术包括数据同化、动态建模、数据驱动决策、动态适应算法等。数据同化是通过数学模型拟合观测数据的一种渐进方式，通常用于复杂系统的建模和动态预报。现在主流的数据同化算法包括四维变分同化和集合卡尔曼滤波。DDDAS 对仿真系统中设备进行动态建模的步骤如下：研究这些仿真环境的特定结构；设计各个分系统以及所遵循的公共框架；设计分系统之间的接口；建立最优方案。数据驱动决策是在决策支持系统的基础上集成数据驱动的模块，主要包含数据仓库技术、数据挖掘技术和相关的人工智能技术等。

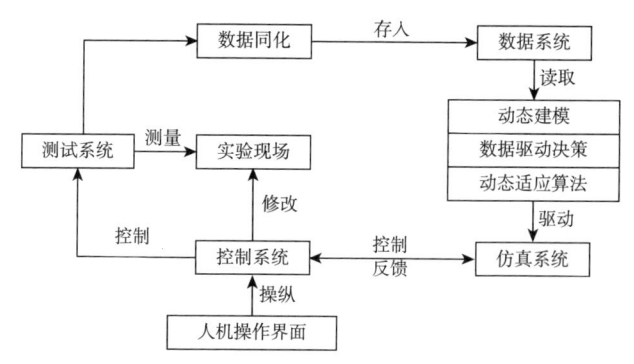

图 2.5 DDDAS 仿真系统体系结构

2.3.4 人工社会构建工具

当前，被广泛应用的 Agent 建模仿真通用平台已有很多，如表 2.3 所示。比较有名的有麻省理工学院开发的可编程建模环境 StarLogo、美国西北大学开发的 NetLogo 平台、美国圣塔菲研究所开发的 Swarm 平台、美国芝加哥大学开发的 RePast 平台、布鲁金斯研究所开发的 Ascape。在国内，相关工作也已开展，如本课题组研发了面向应急管理的 KD-ACP 人工社会计算实验平台。现有的模拟仿真平台虽多，但能够方便用于面向突发事件应急管理的专用平台却很少。接下来，将对表 2.3 中具有代表性且应用范围较广的几种平台做进一步介绍。

表 2.3 多 Agent 系统仿真平台分类概述

分类	仿真平台	网址（http://）
可编程的建模环境	StarLogo	education.mit.edu/starlogo
	NetLogo	ccl.northwestern.edu/netlogo
	Breve	spiderland.org/breve
	Newties	newties.org/
库	Ascape	www.brookings.edu/es/dynamics/models/ascape/
	Swarm	swarm.org/
	MASON	cs.gmu.edu/~eclab/projects/mason/
	RePast	repast.sourceforge.net/
3D/物理学的/人工生命	Webots	www.cyberbotics.com/products/webots/
	FramSticks	www.frams.alife.pl/
专门用途	CORMAS	cormas.cirad.fr/
	MOISE+	www.lti.pcs.usp.br/moise/
	AgentSheets	www.agentsheets.com/
	LEADSTO	www.cs.vu.nl/~wai/TTL/
	SDML	sdml.cfpm.org/

1. StarLogo 平台

StarLogo 是由麻省理工学院多媒体实验室开发的一个免费的可编程软件平台，用于基于主体（Agent）的建模。StarLogo 提供对主体以及主体与环境、主体与主体之间交互过程的描述，从而可以研究由多个主体组成的复杂适应系统的运行机制，如生物免疫系统、交通运输以及市场经济等。StarLogo 平台定义了三种"角色"，即海龟（turtles）、点（patches）和观察者（observers），用户通过这些角色来构建复杂系统。海龟是 StarLogo 世界里的主要活动对象，代表独立的行为主体 Agent。对海龟制定相应的行为规则和添加一些新的属性，可以用它来代表现实世界中的任何一个对象。StarLogo 允许对海龟进行分类（breeds），用于描述不同种类的对象。点是海龟存在的环境，所有点构成的一块大背景（canavs）就是海龟活动的范围。点也是一个具有自主性的主体，拥有行为、属性、类别等基本特性，可以执行 StarLogo 的命令。观察者相当于一个监控员，它以第三者的眼光来"俯视"（look down）StarLogo 世界中的海龟和点。观察者能够创建新的海龟，并能监控现有的海龟和点的行为。

2. NetLogo 平台

NetLogo 是一种基于多主体模拟的编程平台，由美国西北大学网络学习和计算机建模中心开发，基于 Java 语言编写，能够在多种主流平台上运行（Mac、Windows、Linux 等）。它简单易用，适合非计算机专业的研究人员使用。NetLogo 的虚拟世界由海龟、缀块（patches）和观察者三类智能主体构成。二维世界划分为正交网格，每个缀块占据一个网格。海龟能够在缀块中连续自由移动。通过观察者主体发布指令实现对海龟和缀块的控制。NetLogo 的仿真推进是通过不断重复执行的某个例程（procedure）实现的，模型的主要逻辑结构是一个循环。

3. Ascape 平台

Ascape 是芝加哥大学社会与经济动态性研究中心开发的基于主体的建模平台，用来设计和分析基于主体的模型，采用 Java 编写，可以提供很大的参数配置选择，并且可利用 Java 中强大的类型定义和习语。Ascape 主要用于建立社会经济系统的模型，具有描述能力强、通用性强、功能强大、高度抽象、易于使用、健壮性高和开发速度快等优点。为更广泛地发挥多 Agent 系统仿真方法在社会科学中的应用以及促进多 Agent 系统建模技术的进一步发展和完善提供了适合终端用户编程的建模工具。具体来说，Ascape 平台为建模任务提供了一套灵活、强大的工具，还提供了开放式的开发框架，供实际建模者或第三方能够开发插件以扩展这些工具库。

4. Swarm 平台

Swarm 平台是圣塔菲研究所开发的软件工具集，用来帮助科学家分析复杂适应系统。1999 年版的 Swarm 平台提供了对 Java 的支持，从而使 Swarm 越来越有利于非计算机专业的人士使用。用户可以使用 Swarm 提供的类库构建模拟系统，使系统中的主体和元素通过离散事件进行交互。Swarm 可以广泛应用于各个研究领域，如生物学、经济学、物理学、化学和生态学等。Swarm 的基本思想是提供一个执行环境，在这个环境中，大量的对象能够"生活"，并以一种分布式的并行方式互相作用。Swarm 支持分级建模方法，具有递归结构。Swarm 提供了面向对象的可重用组件库，用来建模并进行分析、显示以及对实验进行控制。

5. MASON 平台

MASON 是在 Swarm 平台基础上进行改进得到的一个仿真模拟器。它试图提供一个既可用于社会科学也可用于其他基于 Agent 建模领域的核心基础设施。MASON 是一个通用的、单进程的离散事件仿真模拟器,并支持跨社会领域以及不同科学领域的不同多 Agent 系统。MASON 平台具有以下几个特点:平台是独立的;平台基于 Java 语言实现而不是基于解析语言,因此速度比较快;平台具有通用性,而不是仅针对特定应用领域,研究人员可以进行灵活的扩展并将其应用到不同的应用领域;具有良好的可视化图形用户界面(graphical user interface, GUI);易于嵌入其他的类库中,从而和其他的类库进行集成。

6. RePast 平台

RePast(recursive porous agent simulation toolkit)是一种在 Java 语言环境下,设计生成基于主体的计算机模拟软件架构,它是由芝加哥大学的社会科学计算研究中心开发研制的。RePast 具有使用方便、学习周期短,以及良好的可扩展性等优点。它提供了一系列主体生成与运行,以及数据显示与收集的类库。RePast 还能够对运行中的模型进行"快照"从而生成模型运行的影像资料。RePast 从 Swarm 模拟工具集中借鉴了不少的设计结构和方法,可以说,它是一个"类 Swarm"的模拟软件架构,其设计思想是建立一个像状态机的模拟模型,这种核心状态由它所有成员的集体性状态属性组成。这些成员可以被划分为底层结构和表层结构。底层结构包含各种各样的模拟基本运行软件块、显示和收集数据软件块;而表层结构是指那些模拟模型设计者创立的模拟模型。

7. KD-ACP 平台

通过对具体和典型的突发事件应急管理案例的分析,同时深入研究突发事件应急管理人工社会计算实验对建模的需求,本课题组借助于人工社会的元建模理论,开展了人工社会构建工具 KD-ACP 平台的研究。该工具兼顾通用性和专用性,既能够满足一类突发事件应急管理人工社会建模的需要,又能够在进行配置后,方便用于特定突发事件应急管理人工社会建模以及后续的动态仿真。工具采用可视化,描述能力强,具有足够的表达能力和良好的可扩展能力。后续章节将对该工具研制涉及的理论、方法和技术进行详细的介绍。

第 3 章

社会性突发事件的平行应急管理

一般突发事件发生和发展的时间尺度较短、空间尺度较小、涉及面相对较窄、演化机理的研究相对成熟，因此其建模与仿真相对容易。而大规模社会性突发事件的发展和转换迅速、模式多变、涉及面广，其发展有空间上的扩展和烈度上的变化，同时一个事件的发生将可能诱发其他事件，因此面临诸多挑战。大规模社会性突发事件的类型很多，其应对具有强烈的情景依赖性。平行应急管理方法通过的人工社会计算实验，产生事件演化的情景，对事件发展的一系列情景进行量化描述，为开展此类突发事件应急管理研究提供了新的方法支撑。基于"情景-应对"思想，本章以两类社会性突发事件为背景，在分析平行应急管理面临的问题与挑战基础上，介绍平行应急管理的技术途径、系统架构与应用前景。

3.1 社会性突发事件

3.1.1 概述

大规模社会性突发事件是指在社会生活中突然发生的、涉及范围大、严重危及社会秩序、给社会局部或整体造成重大损失的事件，如重大恐怖袭击事件、经济安全事件、社会影响严重的疫情以及舆情突发事件等（闪淳昌和黄敏，2010）。随着人口与财富向城市及特定区域高度集中，国家重大安全与经济命脉要素以极端复杂的网络联结方式密切关联。发达的交通网络使世界变成了地球村，万维社会媒体的出现与广泛应用更是急剧放大了人为影响的不确定性。因此，这类突发事件的出现更容易、传播更迅速、影响更深远、危害更巨大。

以大范围社会恐慌事件为例，社会恐慌的原因通常是某种不实的言论、舆论或谣言。初起时，小股谣言并不会对社会造成严重影响，这时如果有关部门及时出面澄清事实，就可以避免大规模谣言和社会恐慌的产生（曹杰等，2007）。现代社会中，网络成为信息传播最快捷的方式，同时也给谣言传播提供了工具。由于网络谣言传播范围广、交互性强、更新速度快，信息的正确性及传播范围都无法得到有效控制，导致任何人都可以在网络上发布言论和观点，并且发布者往往不必考虑所发布言论的真实性以及其可能带来的社会影响。然而，正是这种开放性与自由性使网络成了谣言酝酿的温床。由于网络信息通常难以核实，往往出现"三人成虎"的现象，即某种观点或言论被重复达到一定程度，就很容易使更多人轻信，而忽视了言论本身的正确与否，也就是心理学所谓"羊群效应"或从众心理。因此，网络谣言一旦达到一定规模，其发展速度是相当惊人的，很容易引发大规模社会恐慌和动荡。

大规模社会性突发事件以社会中的人群作为主要承载体。典型的如疫情传播事件和舆情传播事件，往往涉及人员生命安全，且社会与经济代价甚巨，它的一个重要特征是其传播和演化与个体及群体的行为有密切的关系（朱力，2007）。人的日常行为和心理行为具有极大的不确定性，因此难以采用随机过程的理论进行分析研究。其应急管理问题异常复杂，因此需要引入新的研究思路和方法。而网格计算、对等计算、分布式计算和云计算等信息技术的发展，进一步丰富和发展了利用人工社会研究社会问题的思想，使复杂社会事件应急管理问题的计算实验成为可能。随着人类社会的发展，社会性突发事件在要素、行为、关联以及环境等方面的复杂性也在不断增加，这同时促使相应的研究方法不断发展和完善。

早期此类问题主要采用定性研究方式。社会学家依赖研究者的个人主观经验和理论思辨，用理论解释其演化规律，关注事件的基本理论和机制，而且这些理论存在较大的主观性，难以对事件的现象或问题进行量化表达（武晓萍和刘红丽，2010）。随着经典自然科学走向成熟，人们开始尝试使用数字、数学符号或数学语言对此类事件进行定量研究。其基本思路是从一系列假设出发，通过数学建模来描述事件动态演化过程，运用数学演算、推导等方法得到一般性结论。例如，早期的意见传播研究借鉴了传染病模型（SI，SIS，SIR），通过微分方程来构建意见传播的动力学过程。该模型假设人群混合均匀，更多地关注意见传播的宏观现象描述，简化了舆情传播的动态变化过程。与此同时，在社会学的研究中也引入了调查与数据统计方法。通过借助量表测量、问卷调查、结构式访问等手段，采用统计学知识获取对社会现象一般规律的认识。但在信息的收集和处理过程中，往往忽略了信息交流的社会属性，难以全面刻画和反映事件的演化过程。

社会性突发事件发生的时间突然、地点难以预测，其传播和转换迅速、模式多变，其形成和演化是一个非常复杂的动态过程，具有多成因关联、高度不确定性以及演变复杂等特征，已远远超出当前定性研究、统计分析和数理建模的能力范畴，而且这些方法局限于静态描述层面，很难刻画个体差异引起的社会系统动态变化。利用人工社会计算实验方法构建社会事件演化和形成的"情景"，被认为是解决社会性突发事件量化研究的有效途径（王飞跃，2004）。

社会性突发事件的应急管理需要启动国家应急反应资源以保护人民生命财产安全和公众健康与安全，要求决策者在更高的层次上进行多部门协同应对、多部门统一指挥以及相互之间的沟通、交流和协作。王飞跃教授提出要采用ACP方法来解决这类复杂社会系统的管理与控制问题。该方法应用于突发事件应急管理即构成了平行应急管理，其思想是利用人工社会来构建虚拟的社会情景，利用计算实验来进行应急心理培训、应急响应措施评估与应急辅助决策，为应急响应措施的动态优化提供技术方案。

在国家自然科学基金重大研究计划"非常规突发事件应急管理研究"中，2010年立项的"动态模拟仿真系统与计算实验方法研究"课题选择了两个典型案例：2009年北京市"甲型H1N1流行事件"和2009年乌鲁木齐"7·5"事件作为研究的背景。这两个案例分别属于公共卫生事件与社会安全事件，它们都是突然爆发并产生重大生命财产损失，对应急管理研究具有深远影响。流行病的大规模爆发表现形式为传染介质（病毒、微生物等）的物质作用，而谣言传播引发的社会恐慌表现形式为传播介质（微博、短信等）的信息作用。通过两个具体案例的研究，我们较为系统地探索了平行应急管理的方法和技术。

3.1.2 社会性疫情突发事件

"疫情"事件是一种极具破坏力的自然或人为灾害，是指突然发生、造成或者可能造成社会公众健康严重损害的重大传染病疫情、群体性不明原因疾病、重大食物和职业中毒以及其他严重影响公众健康的事件。它具有突发性、公共性、危害性、国际性以及处理的综合性和系统性等特点。

在人类历史进程中，各种疾病（天花、麻疹、鼠疫、霍乱、手足口、艾滋、流感等）的传播与流行一直以来不断地折磨和困扰着整个人类社会。尽管人类文明在不断发展与进步，但疾病的传播与流行还是持续不断地夺走人们的生命，对人类经济、社会等造成重创。人类与疾病的斗争是无止境的。自古以来，在面对各种疾病传播所造成的威胁时，人类采取了多种方法来对抗疾病传播与流行。从"微生物致病学说"的创立，人类逐步通过科学方法认识传染病病毒的致病原理，到1928年英国细菌学教授弗莱明（Alexander Fleming）发现了青霉素，人类逐步掌握了控制和消灭病菌的有效方法，结束了传染病几乎无法治疗的时代，并开辟了抗菌药物的新时代。

随着科学技术的发展，虽然人类逐步消灭和控制了多种在历史上不断爆发的流行病，但是依然无法完全避免疾病传播的威胁。主要有以下几个方面的原因（段伟，2014）：第一，病毒在不断变异，以逃过人体免疫系统的束缚，并且人类大量使用的抗生素极易导致抗药性病菌的出现；第二，人类对生态环境的破坏，对野生动物的滥捕滥杀，可能导致病毒寄主的变化，原先生存在野生动物身上的病毒可能传染到人类并发生变异，导致疾病流行；第三，在当今国际恐怖主义盛行的背景下，恐怖势力及恐怖分子可能利用生物技术制造、散播致命性病菌，以攻击人类；第四，一旦出现适宜病毒滋生、传播的环境，历史上的各种传染病可能死灰复燃，卷土重来，对人类形成重大威胁；第五，当今社会，经济飞速发展，交通日益发达，商旅活动日益频繁，城市化进程不断推进，人与人之间的联系愈发紧密，社会的网络化促进了人员与物资流动日益频繁和便捷，从而极大地加快了疾病的扩散速度。由于经济、交通、教育、医疗等社会各方面紧密联系，一种新型病毒的出现极可能造成全国的，甚至全世界的疾病大流行，同时对经济和医疗卫生造成重大威胁。

2003年的SARS、2009年的甲型H1N1流感以及2013年的甲型H7N9等新型病毒的出现，反映了21世纪疾病流行和爆发的特征。首先，新型病毒和变异病毒易于逃避人类的各种监控手段和预警系统，使人们对病毒的存在和流行的意识往往在首次疾病爆发和流行之后。其次，疾病爆发初期人们对疾病的传播规律和流行模式缺乏认识，且缺少有效的疾病预防与控制等应对方法。此外，由新型流行病爆发导致的社会问题具有突发性和非常规特性，并且难以从历史上找到与其相似的流行病爆发案例，而无法借鉴历史经验来对新的社会问题进行有效管理。为克服新型病毒或者变异病毒所导致的疾病爆发与流行的不可预测性，支持对新型疾病的预防与控制，解决疾病流行导致的社会管理问题，需要一种能够对未来疾病爆发进行预测，对未来疾病预防与控制措施、社会管理措施进行实验分析，支持决策和评估的新方法。

人们在与传染病的斗争中，不断地对疾病的特性以及人群的健康状态进行研究和分析，逐渐形成和产生了流行病学。起初流行病学以人群现象为研究对象，主要研究疾病的致病机理、传播途径和传播方式，以及人群健康状态的分布统计特征。随着生物医学（尤其是分子生物学）的发展，人们逐渐找到致病的病原体，对疾病的致病机理、传播途径和方式有了一定的认识。之后，人们将研究对象扩展到影响疾病传播的因素上来，包括病毒生存和繁衍的自然环境（温度和湿度等）、疾病传播的社会环境、人的行为和习惯，以及人的心理问题等。

随着社会、经济、交通和通信的发展，人们对流行病的研究不仅仅满足于疾病传播的预防与控制，更要对疾病传播所导致的各种社会问题、人群管理，以及医疗保障等进行有效的决策和管理（曹志冬等，2011）。例如，1994 年 9 月消沉多年的鼠疫悄然袭击印度的苏拉特市，为了逃避可怕的瘟疫，人们利用一切交通工具出逃，进而很快将可怕的鼠疫传播到印度各地，包括首都新德里、孟买、东部工商业中心加尔各答等。由人群大规模的迁移导致鼠疫的扩散，致使印度全国各地的医院立即人满为患。2003 年 SARS 流行期间，中国香港地区的"封港"谣言造成了人民的恐慌，人们开始抢购食物和日用品，某些投机人员开始哄抬物价，导致了社会的不稳定。此外，疾病流行期间，感染者数量的地区性爆发极易对医疗资源形成重大冲击。因此，合理地部署和调度医疗资源是及时治愈患者和控制流行病的有效措施。

　　流行病学的研究范畴逐步延伸到疾病传播与流行而导致的社会管理、医疗资源部署与调度、人群恐慌和人群心理，以及有效地应对和干预措施的决策与评估。随着流行病学研究范畴的延伸，流行病学逐渐与数学、社会学、管理学、复杂性科学、计算机科学等学科相互交叉融合。人们对流行病的研究方法也从病例对照、流行现场勘查、流行病统计等多种传统的研究方法，逐步扩展到数学方法建模、复杂网络分析，以及计算机建模与仿真等多种新方法。对流行病进行分析可以发现，流行病之所以具有巨大的破坏力，除了流行病本身能够导致很高的死亡率之外，其易传播感染的特性也是一个重要的因素。因此，一些将研究的重点放在流行病传播机制上，希望能够通过研究认识流行病传播的普遍规律，从控制流行病的传播入手来降低流行病对人类的威胁。

　　病毒与各种事物相互作用，且传播因素多种多样，使疾病传播成为一个复杂的动态过程。其所带来的预测、控制以及社会管理问题已经超出了观察实验、统计分析和微分方程建模的能力。而借助计算机仿真技术构建流行病事件发生、发展、转变和演化的人工社会情景，基于各种人工社会情景进行流行病演化计算实验的平行应急管理方法可以满足流行病爆发的应急演练、心理培训、预案评估、在线决策及自适应情景模拟等更高需求。

3.1.3　社会性舆情突发事件

　　舆情是指公众对各种社会事务的态度、情绪、行为倾向的集合。社会舆情事件通常指人们对某一事件或某种社会现象发表看法、发泄情绪，通过媒介的作用自发或有组织的大规模意见聚集活动，具有典型的复杂社会系统特征。其在要素、行为、关联以及环境等方面的复杂性随着人类社会的发展在不断增加，促使相应的研究方法不断发展和完善。

　　有关舆情的研究，最早始于西方。20 世纪 20 年代，Lippmann 在所著 *Public Opinion* 一书中首次对社会舆情进行了全面阐述，该书也被公认为是社会舆情研究的奠基之作。之后，Neumann 基于对 1965 年德国大选选情的思考提出了"沉默的螺旋"（the spiral of silence）理论，该理论建立在心理学中从众心理和趋同行为基础之上（Neumann and Zauberman，1965）。国内直到 20 世纪 80 年代后期刘建明所著的《基础舆论学》一书问世后，才逐渐兴起社会舆情的研究。然而，上述研究大都停留在定性分析上，主要关注社会舆情的基本理论和演化机制，而且这些理论过多地依赖研究者的个人主观经验和理论思辨，存在较大的随意性和主观性，难以对社会现象或问题进行量化表达。

随着移动互联技术的发展，网络成为舆情的主要载体。突发事件网络舆情研究是自然学科和社会学科交叉的新兴研究领域，属于复杂社会系统研究领域。近年来，突发事件一旦发生，就会被媒体或者网民报道，短时间内就会引起大量网民关注，不同的情绪、态度和行为倾向随着报道信息而迅速传播，成为热点话题，形成突发事件网络舆情。一旦处置不当，会造成巨大的负面影响和负面群体性事件，使政府公信力受损，公共安全遭受严重威胁。典型案例包括"7·23 动车事件""郭美美炫富事件""美炫打砸抢烧事件""药家鑫案"等。因此，网络舆情引起了广泛的关注，对网络舆情的引导和控制成为社会治理的重要方面。

网络舆情是一种特殊类型的舆情，其定义尚未统一，总体上分为广义和狭义两类。广义上，网络舆情是在网络环境中形成或体现的舆情即民意情况，它是各种社会群体基于网络平台呈现的多种情绪、意见和态度。狭义上，网络舆情为"在一定的互联网空间内，围绕中介性社会事项的发生、发展和变化，作为舆情主体的民众对国家管理者产生和持有的社会政治态度"，重点强调民众对国家管理者的态度和看法。

网络舆情是舆情与网络结合的产物，是社会舆情在互联网上的表现形式。网络舆情除了具有舆情的一般特征外，其依托平台的特殊性也使网络舆情还具备其他特征，如自由性、交互性、隐匿性、情绪化、多元性、个性化、群体极化性等（陈月生，2005）。突发事件和网络舆情会相互影响，也可以说网络舆情成为突发事件的一部分。一方面，突发事件引起网络舆情，即突发事件发生后，通过新闻报道、网民爆料等方式在网络上呈现或传播的关于事件真相、过程、原因以及事件政府处置、事件背后的社会道德、体制等问题的各种言论，而网络上呈现的舆情会影响公民对事件的认知、判断，甚至影响政府和当事人的行为、态度等。另一方面，网络舆情衍生突发事件，即事件产生的网络舆情数量大、争议多、影响广等，因舆情中的动员、号召、模仿、激发等而产生或诱发的新的突发事件。

由网络舆情诱发的突发事件或事件后的衍生网络舆情是近年来出现比较多的现象，如各种谣言、虚假报道、网络动员等引发的群体性行动。例如，在各种地震谣言中，网民获知网络上的地震谣言信息，然后在现实社会中上演大规模的"等地震""逃地震"等行动。在某些情况下，互联网舆情引发的各种群体行动又会在短期内通过新闻报道、网民热议等方式产生大量舆情。例如，对民众集体无意识的分析，对政府处置或应对迟缓、失当等的质问，出现衍生舆情。

突发事件网络舆情既反映了网民对突发事件的心理状态，反过来又影响着突发事件的发展过程。如不及时掌控其发展态势，适当进行有效干预，则可能导致突发事件事态扩大、失控，极易引发新的突发事件，造成政府管理工作的被动和处置难度的增加。近年来，我国突发事件频发，突发事件和舆情相互作用，给政府应急管理处置决策带来极大挑战。

目前，对突发事件网络舆情有不少从不同侧面进行的研究，如公众情绪、意见、态度的演化，信息的传播，媒体和意见领袖作用机制，网络拓扑结构的影响等角度。但复杂社会系统建模仿真视角下的突发事件网络舆情研究相对缺乏，不利于整体上对突发事件网络舆情进行预测和导控，难以应用于分析具体问题。随着复杂系统研究的不断深入，人们意识到基于Agent的建模方法对于描述舆情的演化和形成具有天然的优势，能够较全面地展现由个体观点的交互作用而涌现出的宏观舆情现象。而网络时代的到来为获取、收集舆情数据带来了契机。网民在网络世界里对于各种社会问题发表看法和意见，他们的态度、情感以及行为通常被记录下来，形成海量的网络数据。这些数据在某种程度上可以看做社会舆情的重要度量方式，可以使舆情的分析和测量达到个体级的水平，也能及时展现宏观的社会舆情态势，这也是几年来网络舆情成为研究热点的原因。

3.2 情景与"情景-应对"

"情景"一词在古今中外多个领域都有运用。例如，社会学中的社会网络媒介情景研究，教育学中的情景教学。然而，各领域中情景的形式和对情景的理解有一定差异。目前，国内外尚没有对情景统一而权威的定义。

1967年，Kahn和Wiener合著的《2000年》一书认为：未来是多样的，几种潜在的结果都有可能在未来出现；通向这种或那种未来结果的途径也不是唯一的。对可能出现的未来以及实现这种未来的途径的描述构成了情景，即对未来情形以及能使事态由初始状态向未来状态发展的一系列事实的描述（Kahn and Wiener，1967）。这里情景描述的内容既包括对各种态势基本特征的定性和定量描述，也包括对各种态势发生可能性的描述。

情景通常可以分为狭义情景和广义情景。狭义的情景是静态的，是对不确定环境中的突发事件在具体时刻上的属性状态描述，对应着突发事件在某个时刻上的集成表现；广义的情景是动态的，含情景发生、发展的上下文，涵盖事件情景相关的自然、社会、组织等结构因素和人的知识、经验、心理等感知驱动因素，连接起一系列的事件情景。

将情景理论和情景分析方法应用在突发事件应急管理中的研究起步不久。重大突发事件情景分析与规划对应急准备规划、应急预案管理和应急培训演练等一系列应急管理工作实践具有不可或缺的支撑和指导作用。大连理工大学的王旭坪教授在分析突发事件应急管理特点及研究现状基础上，构建了非常规突发事件情景构建与推演方法体系，具体研究了如何对关键要素及其作用机理进行表达与提取、如何构建应急情景链、面向"情景-应对"的应急情景推演和情景推演结果评判与应对实效评估，是目前国内较有实际意义与应用价值的研究成果（王旭坪等，2013）。

3.2.1 情景分析法

基于情景的分析方法，起源于兰德公司（Rand Company）的赫尔曼·凯恩在20世纪50年代引入计划、规划、战略等领域的"情景分析"方法（王肃等，2011）。后来，凯恩将"情景分析"这一方法拓展应用在社会预测分析和公共政策研究领域。70年代，荷兰壳牌公司基于情景分析法成功应对了石油危机，使欧美政府和很多跨国企业与公司开始重视这一"软系统方法"，情景分析法开始成为一种重要的策略分析工具。这种方法原用于政治和军事问题的系统分析，后来扩展到用于经济和科技的预测，能使研究人员较为容易地处理那些技术、经济以及其他社会事物交织在一起的复杂体和不确定的事物。80年代，国际上对情景分析法的关注与应用有所下降。而进入90年代，随着海湾战争、苏联解体等重大事件的发生，情景分析法又得到了广泛的重视。目前，国际上有关情景分析法的研究仍然保持增长的趋势，发表的文章主要集中在 *Future*、*Technological Forecasting and Social Chang* 和 *Long Range Planning* 三个杂志上。

国内对情景分析法的研究起步较晚。在90年代前仅发表过几篇有关情景分析的论文，而后，国内学者开始逐渐重视并系统地介绍情景分析法。进入21世纪，国内开始从多角度对情景分析法的理论、方法进行研究，得到了一定的成果，如上海海运学院的宗蓓华教授运用情景分析法对港口发展进行研究（宗蓓华，1992）。非常规突发事件具有不可预测性、多成因关联性、广泛影响性及演变复杂性等内在特点，致使其应急管理问题变得非常复杂，传统的"预测-应对"应急管理模式难以适用。由于非常规突发事件往往具有很强的"情景依赖"，国内外很多专家学者对新的应急管理模式进行了探索，提出了"情景-应对"型的非常规突发事件决策范式。"情景-应对"思想是对情景分析法的重要发展。

情景分析的基本观点是承认事件未来的结果和实现这种未来结果的途径都是不确定的，但可以将可能出现的未来以及实现这种未来的途径描述为情景。情景分析过程的实质是完成对事物所有可能未来发展态势的描述，其结果包括三大部分内容：一是对可能在未来出现的发展态势的确认；二是对各种可能态势的主要特性及其发生可能性的描述；三是各种可能态势的发展路径分析。

传统情景分析的手段主要是人工想象和推理。例如，包昌火先生在《情报研究方法论》中对情景分析的定义：情景分析法，又叫情景描述法（scenario）、未来图景草拟法、脚本法（包昌火，1990），它是以部分事实和逻辑推理为基础，用主观构思来预测事物的发展趋势，描摹事物的图景全貌或若干细节的一种创造想象法。而利用计算机仿真的方法与技术构建事件发生、发展、转化和演变的"情景"，使情景分析法引入了定量的手段。

量化的情景分析，期望按照情景的相互转化关系形成一定的情景序列，确定情景要素与情景变化的关系，并获得深层次的情景关联关系（刘铁民，2012a）。为此，情景分析过程中需要关注情景结构要素内部状态的变化，通过情景转变分析而获得情景之间逻辑变化关系，来不断形成情景关联，即关注由起始情景不断延续发展，直到到达终止情景，从而形成情景序列的内在逻辑。在情景作用因子活动的作用下，情景之间的转换概率受到影响，情景之间可能产生选择性关联转变。

关于情景的形式化定义有很多种。从情景要素及其时空特点的角度，可将情景描述为

$$S=(t,r,K_m) \tag{3.1}$$

其中，S 是情景；t 是情景的具体地点；r 是对情景范围的界定；K_m 是情景中包含的客观事物。同时，也有学者重点从情景的发展与演化规律出发，将情景描述为一个七元组（仲秋雁等，2012）。

$$S=(Tr,Des,Actor,In,Action,Out,ES) \tag{3.2}$$

其中，Tr 是指情景启动的触发条件；Des 是对情景的简要语言描述；Actor 是情景中涉及的参与人员；In 是从外界环境得到的数据或者条件，随着外界环境变化而改变；Action 是情景启动后执行的行为或动作；Out 是情景行为执行过程中产生的数据；ES 是发生异常情况时的替代情景。

3.2.2 突发事件情景

情景分析方法引入并应用到应急管理领域的时间不长，因此突发事件应急管理中对情景的定义还没有统一。突发事件情景可以认为是代表整个突发事件演变过程中所有相关要素的集合，这些要素包括突发事件中的致灾因子、承灾体、孕灾环境及相互作用形式等。从静态视角分析，突发事件情景是对不确定环境中突发事件在某个时刻点上的属性状态描述；从动态视角看，突发事件情景是突发事

件发生、发展的上下文空间,是突发事件按照发生与演变规律,从发生的初始状态经由不同状态点而产生新的状态的演化过程。

在应急管理中,随着事件的孕育、发生、发展,各个情景要素的基本属性随着时间的推移而变化。应急管理的情景分析工作重点在于预测未来可能发生的情景,以便研究人员根据可能情景进行应对;未来情景的预测是对处理突发事件的方法、措施及可能性进行分析的基础,因此对情景的研究是应急管理的一项重要的基础性工作。应急管理中突发事件情景分析可用于:支持决策、支持应急预案制定、支持事件演化研究、支持事件与应急预案匹配,以及指导社会性突发事件的建模与仿真(吴广谋等,2011)。

社会性突发事件的情景具有层次性。现代社会系统的结构复杂,尤其是对大规模突发事件来讲,其影响范围涉及一个城市、地区、国家甚至全球,系统内部嵌套不同级别的子系统。因此,社会性突发事件的情景总是呈现出一种多层次、交错的网络结构。当面向不同决策层次的决策者时,需要在情景网络中划分出不同的情景层次以形成各自有针对性的情景参考(刘宗田等,2009)。例如,对于事件的高层决策者,更关注事件整体可能造成的风险性和破坏性,因此研究重点在事件链情景层次上的要素变化所带来的情景切换;而对于现场决策人员,更多关注于包含具体环境、应对资源等要素在内的决策细节,因此需要更关注事件状态,即由事件状态层次的情景元素变化所带来的情景切换;而对于事件的分析人员,主要关注导致事件状态变化的因素,即在因素情景层次上展开更多的决策和分析工作。因此,对于来自于不同部门的不同领域的决策者,可能需要分别为其定制情景层次,并呈现包含不同层次的情景网络。

各类大规模社会性突发事件的发展过程都是事件自身和应对措施综合作用的内外状态变化过程。影响突发事件情景演化的要素有事件自身的,也有应对措施的,两者共同推动事件不断发展和演化。这个过程中,不同孕灾环境、承灾体、应对措施等要素的状态对事件的发展可能起到阻碍或推动的作用,或引发衍生次生事件的扩展性演化、或逐渐衰减直至事件结束,因此会发生不同的演化路径。情景的演化会随着事态的自然发展和用户的决策行为而向前交错发展,事件系统每一阶段可能出现的状态是随机或不确定的。因此,事件情景也是动态时间序列相关的,其生命周期各阶段情景互相影响。一个情景的变化将导致后续情景的逐级变化,使整体事件的情景发展呈现出完全不同的路径。影响社会性突发事件情景演化的要素变量可以区分为长变量(与民族、文化、宗教相关的变量)、中变量(与地理、规划、经济、社会相关的变量)、短变量(与信息、气候、环境、交通等相关的变量)、随机变量(与心理、行为以及未知因素相关的变量)(陈雪龙等,2011)。

突发事件的情景分析,既要求描述社会性突发事件发展经历的情景状态,也要归纳引起一种情景向另一种情景转变的自然发展和主观应对措施,更要求获得这一过程中所体现出的事件情景之间所蕴含的动态性和关联性（李勇建等，2013）。对社会性突发事件动态情景进行清晰、准确的描述是辅助相关决策人员了解事件状况，对事件理解达成共识的重要条件；也是分析情景之间的因果情景关联，进行情景重构的首要基础。

在自然发展和应对措施作用下，动态情景中相关联的前后情景形成因果关系，分别称为前因情景和结果情景。一系列"前因情景"和"结果情景"构成的有序对可称为情景序偶。不同情景序偶中的情景状态可能互为因果，即一个序偶中的结果情景有可能成为另一个序偶中的前因情景；同一个情景也可能自为因果，即存在着在一定时空条件下始终保持某种情景状态的情景序偶（王旭坪等，2013）。

突发事件应急管理情景构建的核心工作主要有两方面：应急管理情景要素及其作用机理的提取与表示，即"突发事件-承灾载体-应急管理"情景要素的提取与表示、情景要素作用关系识别与表示（李建伟，2012）。

2005年美国国土安全部发布了《国家应急准备指南》（2007年再次修订），提出了国家应急准备的典型情景（刘铁民，2012b），并提供了基于能力的应急准备规划工具，明确了国家应急准备工作重点。其中，美国国家规划情景设计了15种假想情景，用于国家、联邦、州和地方的国土安全准备活动，指导针对重大事件潜在脆弱性和后果（或影响）的全国性应急准备规划工作。每一种情景的描述都遵循同样的框架，即包括一个详细的情景描述、规划应考虑的因素和可能的影响。应急准备规划人员还可以设定自己的规划情景，作为国家应急准备规划情景的补充。这种预先设定的事件典型情景主要有以下三个方面的作用。

（1）完善国家应急预案体系。国家应急预案体系是应急管理工作的重要基础。事件典型情景代表了当前所面临的最严重危险，因此在国家应急预案体系中理应被置于最优先的地位。政府各部门应针对一套各层级共享的情景编制相应的应急预案，提供一套确定如何实现预期目标的共同标准。

（2）基于能力的规划方法。这些事件典型情景可以作为分析应急准备规划目标、通用任务和目标能力的基础。基于能力的规划方法在不确定条件下识别适用于大范围挑战和情况的能力，也是在一个经济合理的框架中分出轻重缓急和进行选择的规划方法。作为基于能力规划过程的第一步，这些事件典型情景虽然不是无所不包，但提供了对必须应对的潜在威胁的一种说明。这些典型情景在设计时考虑了应用的广泛性，它们通常不指定事件发生的具体地理位置，其影响后果可以根据不同的人口和地理条件做相应的调整。

（3）开展应急演练设计。这些事件典型情景可被用做应急演练设计的依据。作为演练开发的一种共同基础，这些典型情景减少了不同机构在演练同一种事件时面对全然不同的后果的可能性，从而避免导致截然不同的能力要求和准备期望。这些事件典型情景提供了构成非常规或重大突发事件的基本集合，可被应用在国家层面或者地方各层级的应急演练。当演练包括在这套情景的基本事件时,这些情景提供了应急演练设计的一个共同起点。针对某些地区有自己特殊风险的情况,在开发制定这些情景时,事先考虑了应用时允许根据当地条件进行调整。当然,相关机构也可以不局限于这套情景,演练那些没有包括在典型情景中的其他情景。

社会性突发事件应急管理情景分析工作,具体包括资料收集与整理、以事件为中心评估与收敛、突发事件情景集成描述三个方面。其中,以事件为中心评估与收敛主要包括两项工作,一是描述事件发生、发展的过程,分析事件发展的动力学行为;二是在复杂的"事件群"中,通过归纳与梳理,整理出若干要素和事件链,寻找不同事件的共同点,建立同类事件的逻辑结构。突发事件情景的集成与描述是指将事件情景按照优先级排序后,进行整合与补充,以最少数和共性优先的原则,筛选出若干突发事件情景,并提出情景草案,经过专家评审等过程,广泛征求意见,形成突发事件典型情景集。情景重构需要事件信息处理、情景描述等方法提供支持。

3.2.3 "情景-应对"

上述的突发事件情景分析,属于传统的"预测-应对"型模式。对于复杂的社会性突发事件应急管理,这种模式难以满足需求。由于复杂的社会性突发事件发生突然、传播迅速和形式多变等,因而难以预测,应急决策者需要根据实时发生的关键情景做出合理的决策,即采用"情景-应对"型应急管理模式。

"情景-应对"可以认为是情景分析方法在应急管理领域的一种创新性发展。采用"情景-应对"方式,决策行为主体对已经拥有的信息、知识和数据进行提取,并与实时信息综合集成构建即时情景,再基于即时情景,通过计算实验预测未来情景演化,为应急管理人员提供将出现什么样的事件情景、出现这些情景的可能性以及这些情景造成的危害程度等信息,帮助他们进行社会心理认知,进而生成应对方案。综合利用计算机仿真技术与动态数据驱动技术构建、预测突发事件的发生、发展、转化和演变的"情景",是应用"情景-应对"模式处理重大或非常规突发事件应急管理问题的重要途径。

因此,基于"情景-应对"的平行应急管理是建立在对突发事件情景等概念的深刻认识基础之上,要求综合历史、仿真以及实时信息建立事件情景描述。在这种模式中,事件情景是应对准备的前提,更是应对决策的基础和依据。"情景-应对"中情景可通过情景变量来加以描述,这些变量可以是定性的,但主要是定量的。定性变量的值需要通过模糊数学方法转换成定量数值。情景变量的值是时刻变化的,它们可以通过传感器、物联网、互联网等手段实时获得,即可以对关注的情景变量的值进行实时监控,从而不断认识真实世界情景,逐步完善我们对某一特定情况下的真实社会的认识，找出所要解决的问题，明确构建人工社会情景所需要包含的内容与要素。

"预测-应对"侧重建立静态和抽象概略的情景，通常是一个最小数量的典型情景，然后基于这些情景要求建立和测试预防、保护、响应和恢复所需的应急资源。而"情景-应对"是在"预测-应对"的基础上，实现临机应对，要求基于动态变化和具体细致的情景进行应对。因此，相对"预测-应对"，"情景-应对"有以下两个方面的工作：一是事前扩大典型情景的范围并细化，并建立情景树，预测典型情景的典型发展可能性，对预案进行进一步的评估；二是在处置过程中，具有超实时对情景演化进行评估的能力，并要求在对多种实时的细化情景多样本分析的基础上，进行一定程度提炼概括，得到具有一定适应度的处置方案。

如果缺乏定量手段的支持，"情景-应对"决策方式会有很强的主观性，很大程度上依赖决策行为主体对情景认知的宽度和广度（曾大军和曹志冬，2013）。突发事件应急决策的时间紧迫性、资源有限性和信息不完全性，往往使决策行为主体基于对情景的定性分析进行决策，定量分析不足，使其所制定的应急活动行为规程具有经验性，缺乏原理性的理论支撑。为此需要针对"情景-应对"的需求，发展平行应急管理的方法。平行应急管理使"情景-应对"能够将定量与定性方法更深入地结合，适合解决重大或非常规突发事件应急管理问题。

社会性突发事件应对的情景依赖性，要求基于ACP方法的平行应急管理系统具有提供事件发生、发展与演化相关的人工社会情景的能力。在"情景-应对"模式下，决策的基础是含实时信息的情景，人工社会的研究可以根据人工社会、计算实验与平行执行的特点，对决策所关心的情景进行描述，以支持应急决策。如果将人工社会看做一个控制系统，那么人工社会情景就可被看做人工社会的输出。人工社会情景的重构，即实现真实社会情景在计算机中的重现，亦即实现人工社会内部所有构成要素演化运行的结果与真实世界一致。

除了事件发展的客观因素之外，应对决策活动也是驱动事件情景发展的关键性因素之一，应当包含到情景的驱动要素当中。而且社会性突发事件的"情景-应对"需要更多关注决策行为在事件发生、发展过程中与事件的交互作用，因为突发事件的各个阶段都可能由于应对措施的采用而对事件情景演化产生影响。因此在分析社会性突发事件的情景要素时，应当将决策主体的决策活动包含到要素构成当中。

3.3　平行应急管理

平行应急管理引入建模与仿真技术构建人工社会，在人工社会之上开展计算实验，再将计算实验的结果用于应急管理研究或者直接用于应急管理辅助决策。本节将介绍平行应急管理期望的目标、实现的思路、面临的问题与挑战，然后提出实现平行应急管理的基本技术途径，给出平行应急管理系统的框架，最后概述其应用。

3.3.1 基本思路

社会性突发事件应急管理是一个开放的复杂巨系统，其复杂性大大超出观察实验、统计分析和微分方程建模的能力。传统的"预测-应对"型应急管理模式难以应对这类突发事件的建模、分析、管理和控制等方面的挑战，更无法满足基于突发事件情景的应急预案评估、在线应急响应等更高层次的需求。平行应急管理通过构建事件发生、发展、转化和演变的人工社会情景，针对人工社会情景进行应急决策、演练、培训与预案评估，其实质是利用人工社会产生的情景来获得应对突发事件的措施与方案，是"情景-应对"思想在应急管理领域的一种实现方式，也是社会性重大或非常规突发事件应急管理研究的重要途径。平行应急管理技术为"情景-应对"思想融入突发事件应急管理提供了具体途径。

社会性突发事件平行应急管理的基础是，采用人工社会计算实验产生与真实社会中突发事件相一致的情景。人工社会在运行中，每一时刻的情景是由上一时刻情景和人工社会情景演化机制决定的。因此，这种情景的一致性取决于人工社会初始情景与真实社会初始情景的一致程度，以及导致人工社会情景演化的 Agent 个体行为规则与真实社会个体的行为规则的一致程度。从工程实现角度，保持这种情景的一致性，一是要将构成真实社会情景的各要素及其状态准确映射到人工社会中，二是要正确地构建人工社会 Agent 的行为模型。其中对情景作用因子的分析和描述是关键。情景作用因子（简称作用因子）是情景演化的驱动要素，即对情景转换起主导作用的影响元素，表征了前因情景和结果情景的关联。作用因子既包含事件客观发展的影响元素，也包括决策者主观应对措施。作用因子的存在表明事件的情景之间不是孤立的，而是存在着一定的因果关联关系，这种关联关系推进了事件的发展变化。作用因子通过各种活动加速或减缓情景之间的转换并且本身常常带有一定的约束条件（如作用时间、活动成本等）。

由情景的概念和特性可知，在不同分析层次上，都可以将突发事件的演化描述成一系列包含众多要素的、按发展顺序而构成的情景序列。平行应急管理的目标是通过人工社会计算实验产生所需层次的、具有一定平行度的情景系列，从而在应对准备和实时应对阶段辅助决策人员对事件的演化方向路径、各种关键情景和衍生次生事件的出现概率与时间进行动态预测、分析与预警；对综合应急响应行动等决策行为与事件自身发展的交互演化进行定性与定量分析。在事件应对后的学习阶段，支持决策者对突发事件的情景和情景的表达要素和构造、描述方法进行分析验证，进一步分析突发事件演化进程中作用因子的内在逻辑关系和演化规律并总结应对得失。

人工社会计算实验产生的情景系列应具有以下性质。

（1）完备性：事件情景应该包括事件演化过程中的主要因素，能够产生对事件决策有影响的关键情景，能够支持对情景之间的转换起到关键作用的决策措施和作用因子的分析。

（2）精炼性：考虑到决策者在决策时所面临的各种极端环境和压力，情景序列应最大化删除与事件演化不相关的分支和节点。

（3）动态性：情景序列的动态性表现为在时间成本可接受的前提下，情景产生过程中可通过不断修正某些关联规则和知识而重新形成整个情景序列。

依据 ACP 方法，产生上述要求情景的基本思路是，以人工社会形式融合人们对突发事件细化、分化和简化的知识，通过计算实验和动态监测数据驱动产生多种情景系列，从中提炼出关于现实社会、突发事件和应急管理的新知识，可视化地展现事件与应急全过程的整体情景，揭示内在机理，向用户动态展现事件演化相关的条件、背景和环境等。这个过程既包括相关的物理、社会、业务等外部环境、背景因素，也包括人的认知、经验、心理等内部因素；既考虑各种因素综合作用的当前态势，也考虑历史的图示和发展趋势。

因此，平行应急管理方法的核心是为突发事件应对提供各种情况下事件演化的动态情景，从而向管理人员揭示事件形成的原因及演变过程、不确定要素对所关注问题的影响，全面把握各种关键要素；理解和发现复杂现象背后的各类变量之间重要的关系，获得对应急全过程的全面认识，找到灵活、高效且适应性强的问题解决方案。与传统的基于模型的分析方法比较，平行应急管理方法通过进行大量的计算实验来提供更全面的信息，具有宏观性和全局性。

平行应急管理的一个突出特点是通过获得实时的实际数据来改进人工社会。这样在突发事件应急管理中，可以根据最新的态势快速推演各种行动方案，及时预测事件的演化，根据推演过程及结果，分析和评估行动方案，动态匹配、优选、调整和制订行动方案，进一步实现无预案条件下行动方案的快速动态制订，辅助应急管理人员进行决策和实施相应行动。

互联网的快速发展，使平行系统演化技术在社会性突发事件管理中有实际应用的可能。万维社会媒体突破了传统的信息感知，逐渐延伸到与突发事件本身进行强烈的社会化互动，互联网能够大范围、实时地感知网络人群的心理与行为特征，能直接服务于事件应急的实时监测。而物联网等技术的发展，将使平行应急管理的应用更加广泛。

3.3.2 问题与挑战

面对社会性突发事件应急管理这样错综复杂的社会巨系统,如何做出客观准确的判断和推测,单独依靠某一学科的研究、定性的研究、传统手段的研究、分门别类的研究、各部门及个人单独研究都难以提供全面可靠的决策依据。特别是大规模社会性突发事件导致衍生、次生、伴生、共生事件发生,多事件之间耦合,危害涉及面广、影响力大,可能是一个地区甚至于整个国家及全世界,往往引发"多米诺骨牌"效应,超出了一般社会事件的发展规律并呈现出易变性特征,有时甚至呈"跳跃式"发展(范维澄等,2013)。相对于特定类型的小规模事件,这种多样性、复杂性、连锁性(次生、衍生和耦合)的综合性突发事件的建模对象有了很大的变化(表 3.1),因此在引入人工社会计算实验中面临诸多问题和挑战。

表 3.1 不同类型事件建模对象的比较

类型	一般性小规模事件	社会性大规模突发事件
突发事件	特定类型突发事件	综合性突发事件
	一般或较大突发公共事件	重大或特别重大突发公共事件
	特定灾害的动力学演化机理	多事件耦合、连锁、并发和突变演化机理
承灾体	个体、组织或社区	全社会、跨地域、跨领域
	微观、宏观分离	微观、宏观综合关联
应急管理	单个预案	预案群
	单个专业行动	多部门多专业联合行动
	操作训练、部门训练	部门训练、全面训练
	专业的应急救援	综合应急救援

大规模社会性突发事件是一个涉及人、物和环境等诸多因素并受到这些因素共同制约的复杂大系统,系统的随机性明显,动态演化尤为复杂。对事件动态情景进行清晰、准确的描述是辅助相关决策人员了解事件状况,对事件理解达成共识的重要条件,也是分析情景之间的因果情景关联、进行"情景-应对"的重要基础。当前,在大规模社会性突发事件的信息集成以及情景的描述和动态情景产生上,还缺乏通用、有效的方法,这影响了对事件的识别和分析,给应对决策造成很大的困难。在采用人工社会计算实验方法进行"情景-应对"时,面临以下的问题。

(1)事件的多样与关联:不仅要对原生事件进行研究,而且要研究由原生事件引起的社会影响以及原生事件与社会的相互影响,即事件链中的次生事件和衍生事件。

(2)事件环境的同一性:同一空间区域的各类事件涉及共同物理自然环境、

人类社会环境等，但各个研究方向关注的角度和层次不同。

（3）事件环境的层次性：层次性来源于对人类社会的认识，不同层次下的个体模型关联着不同的事件传播方式和影响范围。

（4）仿真对象关系的网络化特征：最典型的组织特征就是个体之间的社会关系网络。社会关系网络决定了社会性事件传播的路径。

（5）仿真对象的数量巨大：需要关注海量的个体对象，如一个中等规模的城市至少有近百万常住人口。

（6）仿真对象的动态性和演化性：人类社会随着时间的发展不断演化和发展，并表现出不同的特征和性质，需要关注系统的动态演化特性，以及由此而来的系统涌现性。

传统的应急管理仿真方法主要是面向具有良好定义和结构的系统，在一些发生和发展的时间尺度较短、空间尺度较小、涉及面相对较窄、其发生与发展机理研究时间长、模型建立有较好的理论基础的突发事件处置中得到广泛应用。而具有上述问题特征的社会性突发事件应急管理，对平行应急管理研究和相应系统设计提出了许多新的挑战，包括以下内容。

（1）多学科建模。根据"简单的一致"原理，从行为生成的角度出发，自下而上地建立复杂综合的人工社会，涉及自然、人口、社会系统、社会组织和个体心理及行为等许多方面。由于层次多、节点多、关系复杂，难以用单一的形式化方法去描述。采用多智能体仿真时也要有多种类型的智能体，不同类型的智能体在属性和行为规则方面会有明显差别。因此需要研究协调一致的多学科、多领域建模方法，解决动态不确定性关系的建模问题。

（2）多层次异质模型综合集成。由于社会性突发事件发生复杂多变，常常无规律可循，需要研究非线性、多层次、多节点、异质、不同尺度及多种分辨率模型的集成方法，来集成自然人文环境、灾害性事件（人为的或自然的）、承灾体和应急指挥等模型，支持"情景-应对"中的情景预测和应对评估。

（3）多类模拟资源的集成。社会性突发事件的多样性和用户需求的广泛性，要求采用高质量的、灵活的、可扩展的计算实验软件框架，实验数据（监测数据、试验数据或仿真数据）、模型、算法、实验设施、计算资源以及其他资源（如专家知识）的集成。

（4）大规模人工社会计算实验的仿真引擎设计。社会性突发事件应急管理的研究需要建立大规模的人工社会，其中无论是智能体的个数，还是复杂网络中节点和边的数量，都可以达到百万甚至上亿的规模。同时，模型的分辨率也越来越细，复杂度越来越高，这对仿真的执行速度和效率带来了极大挑战。

（5）在线决策支持。信息化使突发事件的转化与演变加速、不确定性加强和社会化程度加剧，社会性突发事件的各个环节充满了不可预测性，因此要求平台具有很强的在线决策支持能力，能够适应万维社会媒体给突发事件应急管理带来的挑战。为此需要研究以实时监测数据为驱动源的应急仿真技术，如实时网络信息的动态驱动方法、仿真模型组件随情景动态重组的方法和人工社会的协同演化方法。

（6）资源共享。社会性突发事件的多个环节都需要计算实验的支持，包括应急预案的可行性和有效性评估、应急管理机构设置和资源配置的合理性验证、决策指挥与处置流程的科学性评估、应急资源保障的联动性评估、灾情/灾害后果仿真、实时应急反应辅助决策、应急反应训练、事件辨识与监测、政府应急行为与事件处置需求的动态一致性检验等。因此，要求平台支持资源共享，提高使用效率，降低开发费用。

应对这些挑战，需要新的思路来综合利用各项方法和技术来设计平行应急管理系统，包括多范式建模、人工社会中社会网络建模、疫情事件建模、舆情事件建模、人工社会初始情景构建、建模与仿真标准化、计算实验资源库管理、动态数据驱动、高性能仿真引擎等，ACP方法为整合和集成这些技术提供了新的思路和框架。

3.3.3 平行应急管理系统

平行应急管理系统是一种以ACP方法为基础，基于应急管理领域知识，支持人工社会构建与计算实验的工具（王飞跃，2007）。其基本思想是基于"情景-应对"的思想，采用多Agent建模技术，构建突发事件的人工社会；通过对人工社会的控制与管理实现对突发事件情景演化全过程的追踪与在线分析，借助计算实验过程对处置策略进行分析评估；通过平行执行来控制和管理正在演变发展的突发事件，为突发事件应急管理提供系统化的解决方案。它是一个综合集成的突发事件应急管理平台，要求能够建立高度综合复杂的人工社会模型，具有高质量的、灵活的、可扩展的建模环境，具有集成异质智能体和多源异构数据的能力，同时具有智能化的、自动化的、情景化的决策支撑能力。归纳起来，系统应具备以下功能。

（1）具有支持高性能、开放式、可扩展的模拟仿真环境，提供基础的自然、社会与人文环境的标准化建模支持。

（2）支持智能体在可计算的自然、社会与人文环境中交互和自适应调整，实现构件的互操作与协调。

（3）能够实现对设定情景的主动培育，支持单一模式下用于逼近某一现实场景的仿真，以满足不同情景需求的成批仿真。

（4）支持实时感知信息的自动获取与多源异构数据的语义聚融，实现虚实空间信息的互动与互补。支持智能体的自我学习，实现人工社会与真实事件系统的交互与协同演化。

（5）能够基于在线监测信息，实现对非常规突发事件的在线风险评估与预警。

（6）在仿真计算实验过程中，具有对群体涌现行为进行有效标定与回溯的能力，以便通过计量化方式科学合理地评估应急预防、准备与防控等措施。

（7）人机结合的动态可视化展示与交互功能，支持基于标准化的构件来对模拟仿真平台进行计算实验操作。

（8）提供基于模拟仿真平台的综合集成决策支持，能够通过对多种涌现过程与结果的标定分析与统计分析，实验结论能够以多样化的方式呈现。

（9）提供计算实验所需要的各类资源的管理功能，根据非常规应急管理涉及的模拟仿真过程、仿真对象、实验方法和展现方式等的不同，支持构建不同的实验应用系统。

针对以上的功能需求，图 3.1 描述了一种能够集成各种资源，对不同类型的突发事件进行计算实验的平行应急管理系统框架。该框架采用 ACP 思想设计，包含计算环境、可重用资源库、计算实验环境、情景展示与交互可视化系统、平行执行器和真实事件系统信息采集处理系统（王飞跃等，2010）。

计算环境采用"云计算"方式，可充分利用其计算和存储能力，应对大规模数据的快速分析与计算。可重用资源库汇集构建人工社会、进行计算实验和实施平行执行等所需要的可重用工具、模型和数据。这些资源主要来自其他领域研究的成果，通过标准化和严格测试后加入库中。计算实验环境支持人工社会构建、演化，并根据来自真实事件系统信息与预案，生成场景加载到人工社会上，然后按用户意图开展计算实验。情景展示与交互可视化系统是平台为应急管理用户提供的应用接口，它提供多种方式展示人工社会和真实事件系统的情景，并为用户提供可视化的管理控制手段。平行执行器依据对平行系统状态的分析评估，进行实时决策（或方案选择）、控制、干预或诱导平行系统的运行。真实事件系统信息采集处理系统通过开源、闭源两种方式获取动态信息：一方面通过计算建模的方法，支持人工社会重构与协同演化；另一方面通过情景展示为平行执行器提供真实事件系统的信息。平台在可重用资源的支持下，可以构建多种类型人工社会，也可以基于一个基本人工社会，生成多个副本。

平行应急管理系统是 ACP 综合解决方案在突发事件应急管理领域的具体应用，是基于人工社会方法进行突发事件应急管理的一种尝试。平行应急管理系统的核心思想就是将突发事件分析与应急心理和能力的培养有机结合，将应急过程的仿真与实施一体化、实时化、智能化，最终使应急管理科学化、实用化。从根本上来看，平行应急管理系统是一种基于 ACP 思想的新型仿真系统，而平行应急管理系统理论的提出也充分反映了利用计算机模拟与仿真的方法构建突发事件的

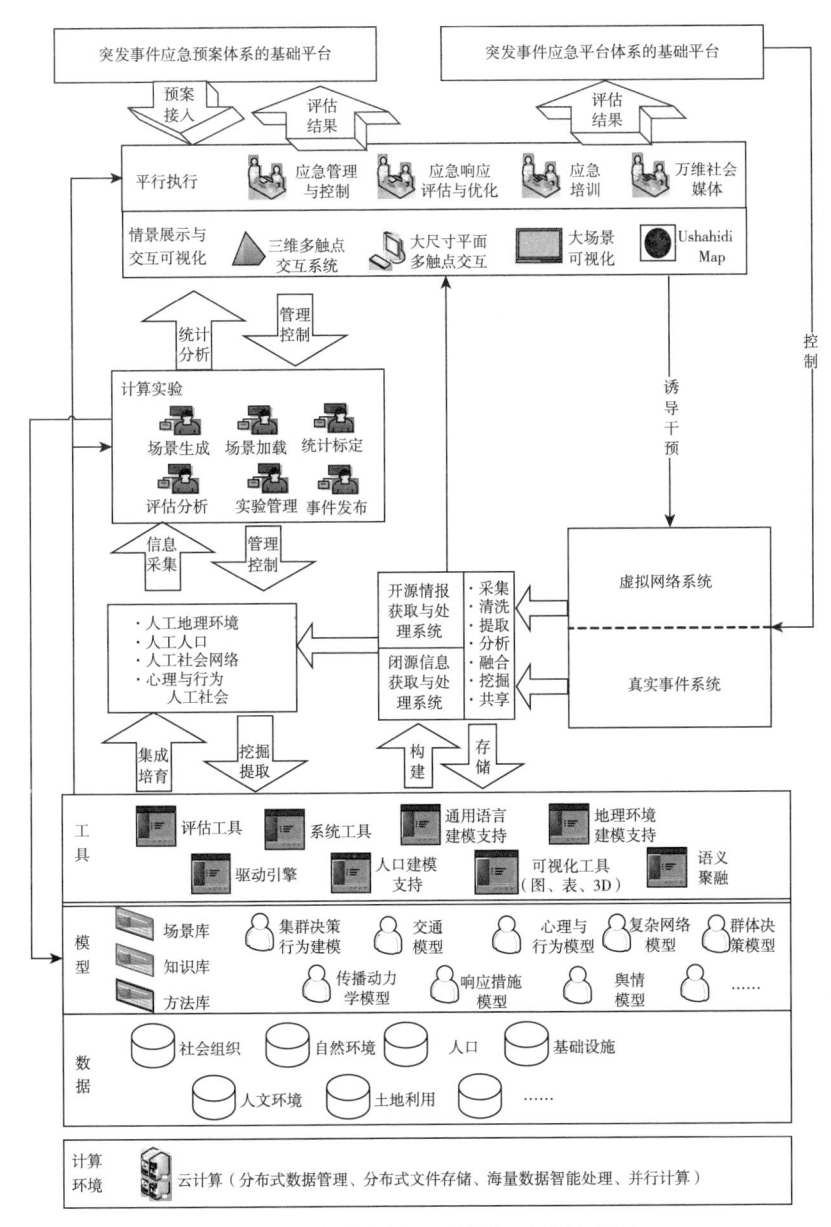

第 3 章 社会性突发事件的平行应急管理

图 3.1 平行应急管理系统的一种框架结构

发生、发展、转化和演变的情景,是一种解决"情景-应对"型非常规突发事件应急管理问题的重要途径。

平行应急管理通过将实际社会的情景与人工社会的情景并列,构成平行情景,利用实际与人工情景的参考对比和关联分析,对各自未来的状况进行"借鉴"和

"预估",通过平行情景之间的互动交叉等相互作用,相应地调节各自的管理与控制方式,有效实现对实际情景的管理与控制(王飞跃,2007)。平行应急管理的三种应用模式如图 3.2 所示。

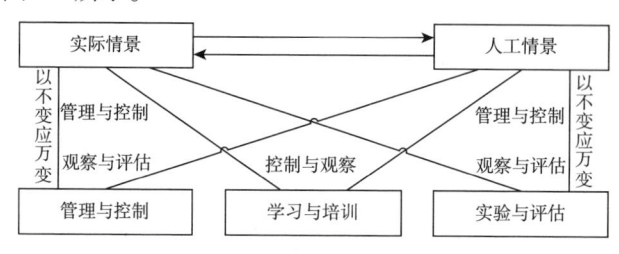

图 3.2 平行应急管理的应用模式

(1)学习与培训:人工情景主要是被用来作为一个学习和培训应急管理的中心。将实际与人工情景适当连接组合,可以使处理危机的有关人员迅速地掌握突发事件的各种状况以及对应的方案。在条件允许的情况下,应以与实际相当的管理系统来处理人工情景,以期获得更佳的真实效果。同时,人工情景的管理系统也可以作为实际情景的备用系统,从而增加其运行处理的可靠性和应变能力。

(2)实验与评估:人工情景主要被用来进行计算实验,分析了解各种不同的突发情况下人与社会的行为和反应,并对不同的解决方案的效果进行评估,作为选择和支持管理决策的依据。

(3)管理与控制:人工情景试图尽可能地模拟实际情景,对其演化进行预估,从而为寻找实际情景的有效处置方案或为修正改进当前方案提供依据。进一步,通过观察实际情景与基于人工情景所预估的状态之间的不同,产生误差反馈信号,对人工情景的预估方式或参数进行修正,减少差别,并开始分析新一轮的优化和预估。

平行应急管理管理系统通过计算实验产生多种情景,从中提炼出关于现实社会、突发事件和应急管理的新知识,可视化地展现事件与应急全过程的整体情景,揭示内在机理,可望在学术上作为应急管理理论研究的实验工具;在应用上作为突发事件在线监测、预警与应急辅助决策的技术参考手段。

3.3.4 小结

社会性突发事件显现出动态性、快速性、开放性、交互性与数据海量性等特征,这使其应急管理异常复杂,以至于传统的研究方法无法发挥有效作用。平行应急管理方法是一种基于人工社会的应急管理计算实验,目前的研究主要是针对社会性突发事件,在复杂网络建模技术和真实社会信息获取技术的基础上,引入智能体描述大规模社会中的群体和个体,模拟社会接触网络的演化和突发事件中人群的行为与交互。该方法通过网络开源情报采集和融合技术获得实时数据而改进人工社会和计算实验，这为再现社会系统的复杂性，逼近突发事件发生、演化的社会背景提供了良好的技术基础，从而可更好地在虚拟世界再现事件的演化过程，可为突发事件应急演练、预案评估和处置提供实验的手段。平行应急管理方法在社会性突发事件应急管理中将有广泛的应用前景。

  人工社会构建是实现平行应急管理的基础。可以根据"简单的一致"原理，从对简单对象及其相互作用基本一致的认识出发，充分考虑简单对象的主动性和随机性，通过综合集成，从行为生成的角度出发，自下而上地建立复杂系统的综合人工社会模型。以下章节将对构建面向应急管理人工社会的主要建模方法进行系统的介绍。

第 4 章

人工社会中个体 Agent 建模

人工社会利用复杂网络模型、数学模型和概率模型来描述人口个体的行为和交互，构造具有一定自主决策能力的 Agent。目前，已有许多可用于 Agent 建模的软件包或仿真平台，如 Swarm、AnyLogic、NetLogo、RePast 等。但是这些平台在模型构建时必须严格在预设的框架下进行，这降低了 Agent 开发的灵活性及可拓展性。本章基于人工社会构建的需要，提出了人工社会中 Agent 的建模与仿真方法，对 Agent 元模型框架、个体时空地理行为以及心理行为模型进行详细的阐述。

4.1 人工社会中 Agent 建模思路

基于 Agent 的建模与仿真方法（Agent-based modeling and simulation, ABMS）是智能行为建模的主要方法。ABMS 最初起源于人工智能领域对复杂自适应系统的研究。复杂自适应系统是用来研究生物系统的适应性和涌现行为的系统，它由相互作用的个体组成，会产生适应性机制，以适应不断变化的外部环境。

Agent 技术是 ABMS 的核心技术。在 ABMS 中，Agent 更多的是一种行为的代理，其表示的对象可以是人，也可以是任何类型的独立组件（软件、模型、个体等）。只要它的行为具有自适应的能力或者涵盖响应式的决策规则，就能称之为 Agent。通过构建组成系统的不同组件的 Agent 模型，刻画不同组件 Agent 之间以及 Agent 与环境之间的交互来表示整个系统的行为。

ABMS 把复杂自适应系统中的基本元素看做仿真实体，对各个仿真实体用

Agent 的方式建模，复杂自适应系统基本元素间的联系与作用被看成各个仿真 Agent 实体之间的交互，通过这种 Agent 实体及其之间的交互，来刻画复杂自适应系统的微观行为和宏观"涌现"现象。因此，Agent 被定义为在一定的环境下能独立自主地运行，作用于自身生成的环境也受到外部环境的影响，并能不断地从环境中获取知识以提高自身能力，且将推理和知识表示相结合的智能实体。

从人工社会的基本思想可以看出，Agent 的行为对系统的涌现特性举足轻重。个体模型是人工社会中最重要的 Agent，本章中的 Agent，在没有特别说明时是指人工社会中的人口个体模型。这类 Agent 最重要的一点是自主活动，即使不加外界指引，也会对外界环境的变化做出反应。虽然，学术界对人口 Agent 的定义没有一个统一认识，但对一些共同特点有一致认同，包括以下方面。

（1）自包含，Agent 是一个模块化，独特地可以被识别的个体。

（2）自主性，Agent 能在其所处的环境空间中独立地活动，通过与其他 Agent 或环境的交互得到感兴趣的信息。

（3）社会性，能够和其他 Agent 进行交互，可感知其他 Agent 以及环境状态。

（4）自适应性，Agent 拥有记忆、学习和适应能力。

（5）异质性，Agent 是人在模型中的映射，所以 Agent 在行为、目标等方面往往不同。

从建模角度上看，人工社会中 Agent 最重要的特征是它的自主决策能力，即能够根据环境情况，在不受外部指导的情况下，自主地产生相应动作。一般而言，Agent 是主动的，它自身受外部目标所驱动，而不仅仅是被动地响应其他 Agent 和环境变化（Fujimoto，2000）。它的一个典型结构如图 4.1 所示。

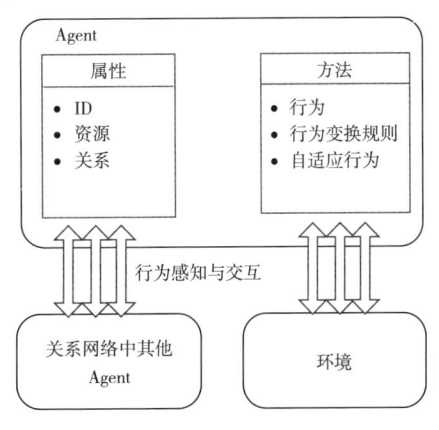

图 4.1 Agent 典型结构

因此，作为一个完整的人工社会 Agent 模型，它应由以下三个要素构成。
（1）Agent 集合，包括它们的属性和行为。
（2）Agent 之间的关系集合，以及这些关系上的交互规则。
（3）Agent 的环境，即除了其他 Agent 以外的环境信息。

Agent 之间的关系集合及交互行为可以认为是 Agent 的感知能力和执行能力的一部分，因此可以将人工社会 Agent 模型(M)抽象为一个二元组表示，即 Agent 集合 A，以及环境模型 E：

$$M=<A,E>$$

每个 Agent 可用六元组形式化表示（葛渊峥，2014）：

$$A=<\text{Info},S_a,\text{Body},\text{Rules},\text{Act},\delta_a>$$

其含义如下：①Info 表示 Agent 感知的信息集合。它由两个部分构成，一部分为从其他 Agent 接收到的信息，用 Info_r 表示；另一部分为 Agent 通过自身感知到信息，用 Info_d 表示。②S_a 表示 Agent 的状态集合。③Body 表示 Agent 的物理能力属性，它包含 Agent 的所有感知器属性、感知决策能力以及 Agent 大小等信息。④Rules 表示 Agent 的行为规则，这些规则可以是 Agent 本身的知识库，也可以是决策推理逻辑，即由目标与状态产生的行为决策。⑤Act 表示 Agent 所产生的行动集合，它由两个部分 Act_s 和 Act_I 构成，Act_s 表示 Agent 本身的行动集合，Act_I 表示 Agent 发送给其他 Agent 的交互行动集合。⑥δ_a 可形式化表示为 $\text{Info} \times S \times \text{Rules} \rightarrow \text{Act} \times S$，即每个 Agent 根据自身感知信息以及自身状态，在行为规则的指导下产生新的状态和下一步动作。

环境模型 E 为 Agent 提供了地理空间信息，以及与之相关的其他 Agent 信息。它可由一个三元组表示如下：

$$E=<S_e,X,\delta_e>$$

其中，S_e 是环境的状态集合；X 是外部更新的事件集合；δ_e 是根据当前环境状态与更新事件产生新的环境状态，形式化表示为 $S_e \times X \rightarrow \delta_e$。

在进行人工社会 Agent 建模时，首先，将社会系统中的大量自主个体抽象为 Agent，每个 Agent 都驻留在特定的环境中，包括社会环境、物理环境、时间和空间环境等。每个 Agent 的行为以及不同 Agent 之间的交互受环境影响。该抽象有助于独立于具体的实现技术，在一个较高的抽象层次来分析人工社会系统的构成以及他们之间的相互关系。其次，将借助于社会组织学的概念和思想来理解、描述和分析人工社会，即人工社会实际上是一个社会组织，组织中存在多样化的角色，对每个角色规约和抽象其 Agent 的行为，不同角色之间存在多样化的关系，这些关系将影响和制约扮演 Agent 之间的交互。再次，提炼出面向突发事件和应急管理的人工社会系统模型，抽象出一组元建模概念，分析这些概念之间的关系。

最后，在元模型基础上建立人工社会模型。

4.2 人工社会的 Agent 元建模框架

　　复杂社会系统建模与仿真要求能够进行多领域、不同尺度、多种分辨率模型的集成，同时要求有高质量、灵活、可扩展的建模与仿真软件框架，能够快速建立面向不同规模、不同用户和不同目的的应用系统。

　　人工社会构建过程中，模型开发是一个核心环节。如何建立模型开发环境，实现模型的准确性、轻便性、可重用性、互操作性以及可拓展性是建立人工社会计算实验平台的重要研究内容，其中的基础是胜任复杂社会系统建模需求的建模方法。

　　统一建模语言（unified modeling language，UML）和模型驱动架构（model driven architecture，MDA）（Frankel，2003）的流行，使模型成为软件开发的核心制品，提升了软件开发的抽象层次，从而提高软件开发效率和软件的可维护性、代码风格的一致性。但是，UML 作为一种通用建模语言以至于过于通用、复杂，这带来两个问题：一是领域用户在构建模型时必须面对对象、类、继承、多态等面向对象建模思想的专业术语，而不是应用系统的问题域内的术语，这导致 UML 中的概念与问题域中的概念存在一定的差距；二是 UML 的通用性导致现在还难以从 UML 模型直接生成完整的应用系统。到目前为止，UML 建模工具，包括最常用的 Rational Rose、IBM Rational Software Architect、Enterprise Architect 等，所能生成的代码都还是程序框架而已，与生成完整应用系统（主要是语义实现）还有相当的差距（刘辉等，2008）。而且，UML 虽然是通用建模语言，但是它也不是万能的，不同的研究领域可能需要不同的特定建模语言。人们通常根据研究领域的需要建立领域特定的建模语言及其建模环境，这样的建模语言称为领域建模语言（domain specific language，DSL）。

　　元建模技术是构建领域建模语言的方法之一，其核心思想是由领域专家基于领域知识，提炼领域元模型，按需定制领域建模语言，然后通过代码生成技术自动获得支持该领域建模语言的建模工具。研究表明，基于元建模的领域建模要比基于 UML 的效率高出 5~10 倍。基于元建模的领域建模之所以如此有效，主要得益于如下两个优点（张烙兵，2014）：首先，领域建模语言的语法由领域元模型构成，贴近问题域，对领域用户来说，这样的建模语言更加容易掌握和使用；其次，因为领域建模语言被限定于较为明确的特定领域，并且以元模型的形式进行了高度抽象，所以从领域模型自动生成程序代码相对会比较顺利。

　　元模型是用来刻画建模语言的。建模语言包括抽象语法、具体语法（表示法）和语义。抽象语法一般包括构造块和通用规则，构造块可以通过元模型构造块表示，通用规则通常由某种约束语言表达，如 MDA 的对象约束语言（object constraint language，OCL）；具体语法一般采用图形化的表示方法；语义的表示方法主要通过模型变换来实现。

人工社会元模型体系应具有以下的特点：①通用性，能够满足一类突发事件应急管理人工社会系统建模的需要；②描述能力强，具有足够的表达能力；③有语义基础，具有形式或者半形式的语义基础，支持模型的自动或者半自动的分析，以及模型转换；④可扩展，可以根据研究和应用的需要对建模语言进行必要的扩展。此外，还希望可视化表示元模型以及提供专用的软件工具来支持元模型的使用。

图 4.2 给出了人工社会元模型的一种基本建模框架。图 4.2 左边部分列出了人工社会元模型的基本框架和相互之间的关联关系，从具体语法层次上完成了对元模型的构造。在该元模型框架中 Agent 的元模型处于核心位置，Agent 元模型包含基本人口要素、地理位置要素、社会关系网络要素、基本活动要素等。在研究具体领域的应急管理问题时，根据需要可将突发事件或者应急管理对应的要素添加入元模型，形成一个灵活的模型描述机制。图 4.2 右边部分针对公共卫生事件的研究需要，加入了疾病要素和针对疾病的干预控制要素，同样，针对公共舆情事件的研究，也可以加入响应的舆情相关要素和防控要素。Agent 元模型各个要素的具体语法描述如表 4.1 所示。

表 4.1 完成了对于 Agent 元模型的具体语法建模，并均可利用图形化的方式表达。同理，针对人工社会的各个组成元素，在语法建模层次上逐步构造出完整的人工社会元模型框架。值得注意的是，这种表达与 UML 的描述方法类似，但 UML 是在模型层，而 GME 是在元模型层。UML 描述的模型通过在实例化后直接形成系统实体，而 GME 刻画出的元模型则对应 MDA 的元对象设施（meta object facility，MOF）标准的 M2 层。结合应急管理领域问题研究的需要，以元模型为核心耦合相关要素就能构造出逼近领域的模型。疾病要素根据公共卫生事件应急管理研究的需要耦合入 Agent 元模型，从而形成对其问题研究的支持。

地理信息要素中包含了人工社会个体生存、行为的虚拟环境。其中 Region 表示真实世界中一块较大的区域，内部包含了诸多环境实体；Env 表示真实世界中的环境实体，如教室、图书馆、办公室等，一栋楼也属于一个环境实体。值得注意的是，部分 Env 的类型可以是交通工具，在 Agent 从一个地方移动到另一个地方的时候，期间会处于交通工具环境中。

第 4 章 人工社会中个体 Agent 建模

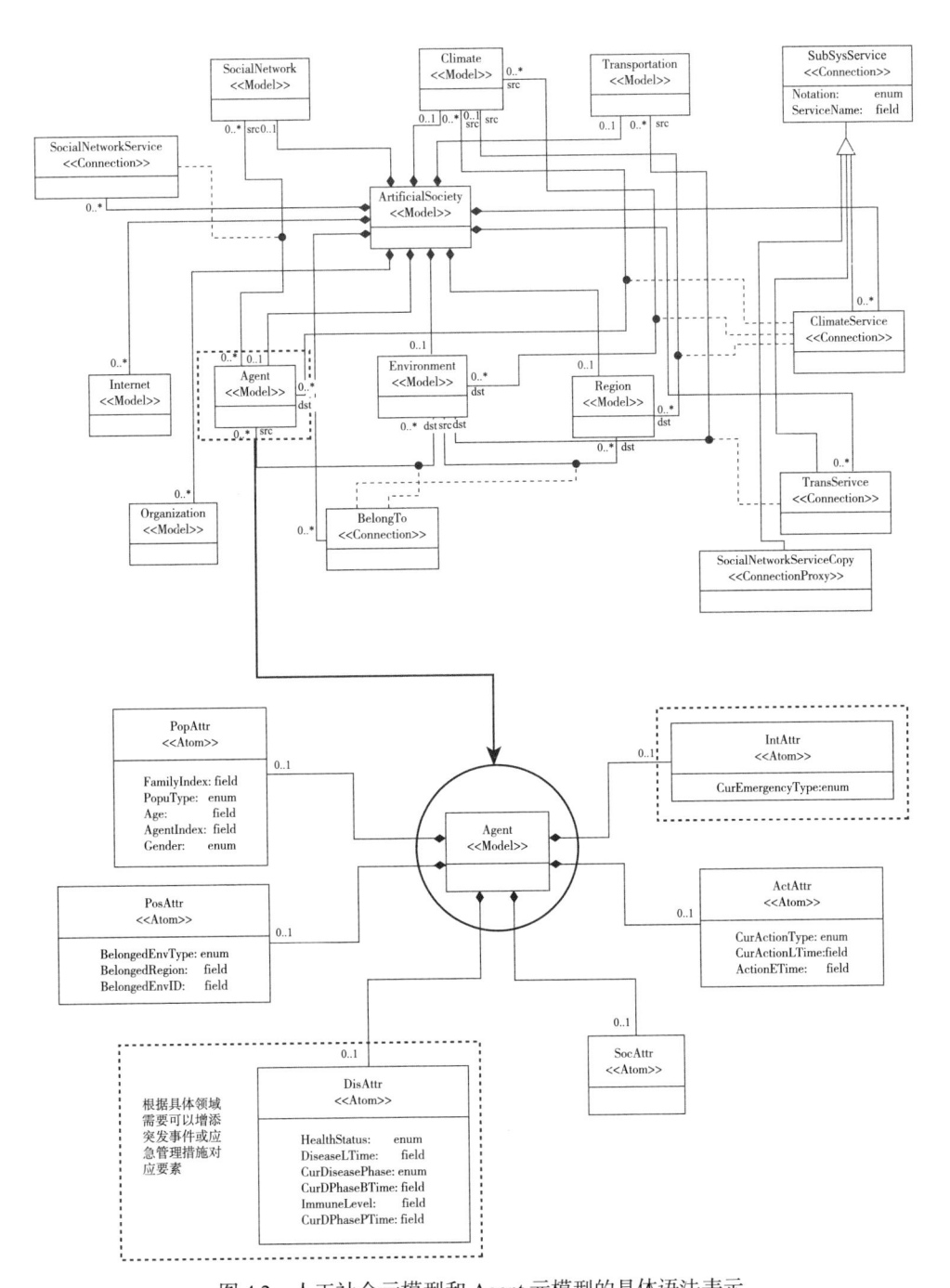

图 4.2 人工社会元模型和 Agent 元模型的具体语法表示

0..1 表示"0 到 1"，0..*表示"0 到多个"，src 表示连线出发端，dst 表示连线到达端

表 4.1 人工社会 Agent 元模型中的基本要素

要素类型	属性	数据类型	抽象语法约束	备注
基本人口要素	AgentIndex（I_{Ai}）	无符号整型	$I_{Ai} \in N+$, $I_{Ai}<20\,000\,000$	个体编号
	Gender	枚举型	{Male, Female}	性别
	Age	无符号整型	（0, 90）	年龄
	PopuType	枚举型	{Baby, Student, Worker, Retired, …}	人口类型
	FamilyIndex（I_{Fi}）	无符号整型	$I_{Ai} \in N+$, $I_{Ai}<10\,000\,000$	所属家庭编号
地理位置要素	Latitude	浮点型	（0, 180]	纬度坐标
	Longititude	浮点型	（0, 180]	经度坐标
	BelongedRegion（I_{Ri}）	无符号整型	$I_{Ri} \in N+$, $I_{Ri}<10\,000$	所属网格
	BelongedEnvID	无符号整型	$I_{Ei} \in N+$, $I_{Ei}<1\,600\,000$	所属环境实体编号
	BelongedEnvType	枚举型	{House, School, Community, …}	所属环境实体类型
社会关系网络要素	SocialNetworkSize	无符号整型	[0, 200]	社会关系网络数量
	SocialNetworkIndexes	无符号整型数组	{（I_{A1}, Friend），（I_{A2}, Classmate），…}	个体节点编号列表
基本活动要素	CurActionType	枚举型	{Sleep, Work, Eat, …}	当前活动类型
	CurActionLTime	浮点型	（0, 86 400]	当前活动时间（秒）
	ActionETime	浮点型	（0, 86 400]	当前活动结束时间
疾病要素	HealthStatus	枚举型	{Health, Infected}	健康状态
	CurDiseasePhase	枚举型	{Suspectible, Incubation, …}	当前疾病阶段
	CurDPhaseBTime	浮点型	（0, 86 400]	当前疾病阶段开始时间（秒）
	CurDPhasePTime	浮点型	（0, 86 400]	当前疾病阶段周期
	DiseaseLTime	浮点型	（0, 86 400]	染病持续时间（秒）
	ImmuneLevel	枚举型	{Immune, NotImmune}	免疫能力
干预措施要素	CurEmergencyType	枚举型	{Normal, Emergnt, …}	当前干预措施类型

4.3 人工人口时空地理行为模型

人工社会对 Agent 个体行为时空特性建模的研究主要集中在人类行为动力学和交通工程学两个领域。人类行为动力学的研究着重对人类行为的定量化分析，特别是时空统计规律的挖掘和建模，当前统计物理与复杂性科学对人类行为的时间和空间特性进行了大量实证分析与建模研究（徐任婷，2007）。实证分析从大量实际数据出发，分析人类行为的时空统计规律，通过分析模型的输出与实际数据的统计特性，探究人类行为的内在原因和演化机理（周涛等，2013）。随着对人类行为的深入研究，人们对若干复杂的社会经济现象有了进一步了解，对疾病防治、交通规划、舆情监控等方面具有重要应用价值。而在交通工程学领域，研究者很早就采取调查问卷等方式收集城市居民的日常出行数据，建立交通流量预测模型。根据城市的行政区划结构，针对人类的交通出行行为建立基于层次性交通系统的人类运动模型。例如，基于活动的需求分析方法，以人的出行行为决策过程为理论基础，强调出行的目的性。该方法注重分析一系列按照先后顺序连接起来的有序的出行全过程，其分析对象是出行链。出行链由不同出行目的活动串联起来，不同类型的人群对应不同的出行链。基于活动的分析方法从分析具体的个人出行行为入手研究交通现象，从个体层面对出行活动的选择、活动地点选择、活动持续时间、交通方式选择进行刻画。基于效用最大化行为假说，个人在目的地选择、交通方式选择、路径选择等方面有众多选项时，会选择效用最大的分支。

4.3.1 人工人口时空地理行为建模分析

在现实社会中个体有许多社会属性。因此，人工社会中的个体 Agent 应被赋予现实社会中个体的诸多相关属性。但是在生成人工社会中的个体 Agent 即人工人口时，建模者易于得到的是人口调查统计数据，是群体层面的数据，建模者需要通过对数据合理的清洗，采用合适的算法生成能够还原整体统计特征的人工人口。同理，现实社会中的环境同样在人工社会中也有对应模型，环境数据相比于人口数据更易于获得，如地图、网络等途径。通过这些环境数据可以得到小区、学校、医院等环境实体的空间分布以及其他更加详细的信息。人工人口和人工环境是建立真实人工社会的基础。人工环境建模相对容易，更多的是对环境类型的梳理，在不同环境类型中个体 Agent 能够进行不同的活动，如在办公室上班、在学校上课等，考虑交通方式出行的情况下还需要对道路进行抽取。个体 Agent 活动需要与环境实体对应，在生成人工人口时需要使人口的空间分布符合现实情况，存在活动地点与人工环境匹配的问题。

Agent 的空间运动模式都是非常相似的，即每个 Agent 都在以家和工作地点为中心的有限范围内活动，距离家或工作地越近的地点被 Agent 访问的频率就越高。按照活动地点的类型，可以将 Agent 的活动分为以下两类（张烙兵，2014）：①固定地点活动（location-specified activity，LSA），这类活动地点通常是固定的，较长时间内变化的可能性非常小，如办公室上班、学校上课、回家休息等；②随机地点活动（location-random activity，LRA），这类活动地点通常是随机选择的，如餐馆吃饭、商场购物、电影院看电影。

固定活动地点的分配在人工人口生成时完成，将环境实体编号作为 Agent 属性与固定活动场所形成映射。随机地点的选择主要考虑距离和道路的拥挤程度两个因素。距离即为当前地点与目标地点的交通路网距离，拥挤程度定义为活动地点承载的 Agent 数量与活动地点容量的比值 β。在心理上，Agent 对活动地点的拥挤程度有一个最大承受限度 β_{max}，它与人口类型、活动类型及活动地点类型相关，确定仍需要大量统计数据的支撑。Agent 活动位置的选择过程见图 4.3，先判断活动地点是否固定，如果是则可以直接得到，如果不是则按照距离最近原则选择拥挤程度在可接受范围之内的一个活动地点。

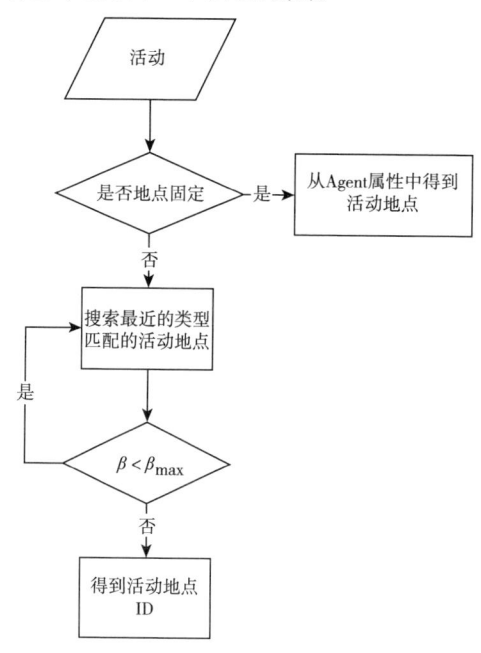

图 4.3 活动地点分配过程

环境被划分为若干种类型，如居住场所、教育机构、工作场所、消费场所、娱乐场所及医疗场所。当然这些大类下可以继续划分为若干小类，如教育机构可以划分为幼儿园、中学、大学等，消费场所可以再细分为餐馆、超市等。环境分类越细致代表所建模型粒度越细、真实度越高，环境分类的细致程度是由可得到数据的粒度决定的。由于个体 Agent 的活动具有明显的周期性和规律性，如学校和工作场所是学生上学及工人上班的地方，且相对较为固定，因此要在人与环境的匹配过程中为每个 Agent 分配居住场所。如果是学生应分配上学地点，如果是工人应分配工作场所，以及为其他不同类型人口类型分配比较固定的活动场所。大部分 Agent 受一日生活规范的驱使，除了在上述固定地点活动，还会在其他因素约束下去其他非固定地点从事诸如娱乐、吃饭等活动。

4.3.2 人工人口时空移动行为建模

在人工社会中，个体 Agent 的行为依靠预先设定的行为日志驱动。行为日志明确规定了个体 Agent 在任意时间段可选择的行为集，同时 Agent 与各类环境实体之间的匹配关系又为每个 Agent 在活动过程中的时空迁移提供了依据。因此，需要将个体 Agent 的行为日志和 Agent 与环境实体的关联关系融合起来。

行为日志表作为 Agent 行为执行的核心，是一个可编辑的结构。根据个体 Agent 的行为规律按时间顺序对每个 Agent 在各个时段的行为进行定义。图 4.4 是学生 Agent 的日常行为日志表，该日志表在仿真过程中以天为单位重复。在该日志表中，每个时间段都定义了相对应的行为、该行为发生的地点，以及发生的概率。

在行为日志表中，个体 Agent 的日常行为由多个时间段的活动组合而成。每个活动具有持续时间（以及允许的波动范围）、终止时间等属性，需要注意的是，上一个活动终止的时间加上空间移动所需的交通时间便是下一个活动开始的时间，因此不再定义活动开始时间。个体活动的推进按行为日志表中的时间顺序实现，即在完成了一个活动之后调度下一个活动。在该过程中，关键的步骤如下：①根据行为日志表，生成可行的活动链；②为 Agent 的空间移动计算可行的交通方式。

活动链生成需要解决以下两个问题（马亮，2015）：①按照"活动"时间要素中开始时间、持续时间和结束时间三方面的约束，利用相应的数学分布产生数值上前后相接的活动执行顺序，交通活动的时间约束由交通活动生成器生成。②进行"活动"优先级分类，时间约束按照主干活动、从属活动、交通活动优先满足级别依次提高。这要求 Agent 在活动规划时应该具有自适应性，如当学生 Agent 起床较晚时，会自主地缩短洗漱吃早饭时间从而保证按时上课。

将初始活动链按照主干活动进行分割，形成一个个单元行为模式。在 Agent 一天的行为模式中，第一个活动和最后一个活动一般都是"睡觉"这一主干活动。因此可以保证在初始活动链中，每个活动都处在一个单元行为模式中。只要合理规划每个单元的行为模式，那么单元行为模式的组合就可以生成执行活动链。初始活动链的分割过程见图 4.5。它以单元行为模式为规划单元，经过前向规划和后向反馈两个过程就能得到可执行活动链。

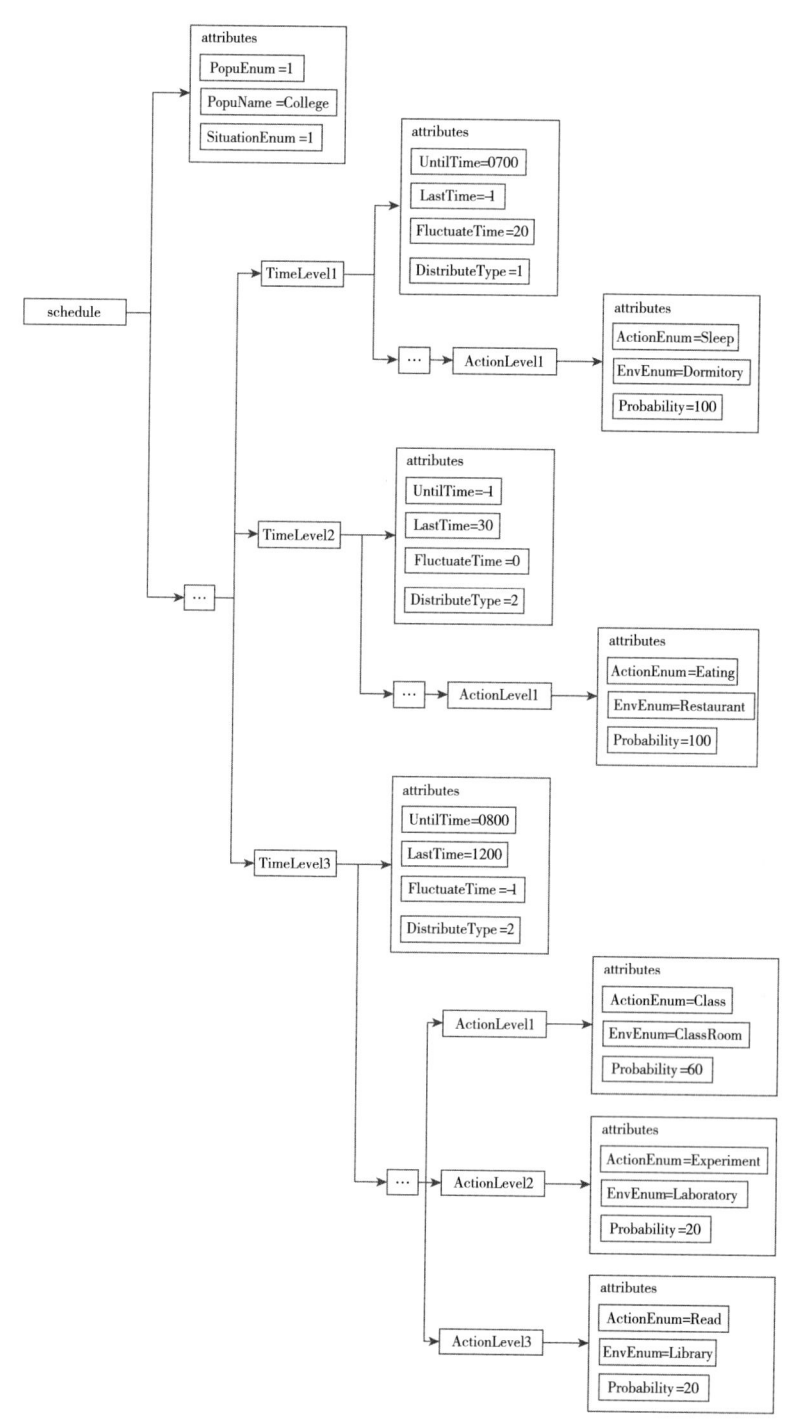

图 4.4　个体行为日志表

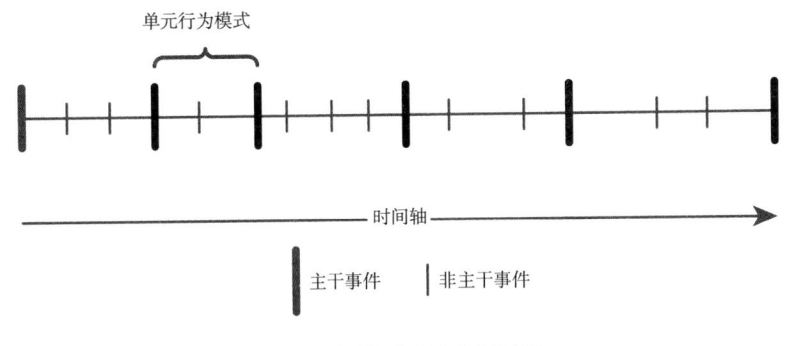

图 4.5 初始活动链分割过程

（1）前向计算。按照单元行为模式中活动前后相接关系，将时间约束分布按对应的数学分布计算出来，前一活动的结束时间应该为后一活动的开始时间，当前一活动的结束时间晚于后一活动的开始时间时，利用后项反馈算法对单元行为模式进行重新调整。

（2）后向反馈。经过前向计算，单元行为模式中的每个活动确定了活动开始时间，持续时间以及结束时间，但有可能会发现主干活动时间约束不被满足，这是因为在前向计算过程中，并未考虑到前后事件的关联关系，如第二天清早要赶火车，那么当天就应早起一些，吃早餐快一些，甚至不吃早餐，这是 Agent 的自适应行为。使用后向反馈算法弥补前向计算无法考虑活动前后关系的缺陷。后向反馈算法基于这样一个社会经验，人们遇到时间紧迫的事情时，会优先优化相邻的活动时间安排。因此越靠近主干活动的事件被主干事件影响的可能性越大，即在时间分配上不能满足主干活动要求时，越靠近单元行为模式后端主干事件的从属事件的活动时间调整越多，考虑到现实情况，完成每个从属事件具有一个最短时间限制。如果每个从属事件都被调整到最短时间限制还不能满足主干事件的时间约束，则需要重新进行前向计算，反复迭代直到单元行为模式中各活动满足各个类型活动的定义。合理地配置能保证此算法在有限次数迭代后得到符合主干活动从属活动定义的可执行活动链。当然也可以设置一个最大迭代次数（N），在迭代次数内获得可执行活动链是理想的结果，当迭代次数超过时就以第 N 次的迭代结果作为可执行活动链，此时会有因主干活动约束而没有得到满足的情形，在现实中对应工人上班迟到、学生上课早退等情形。

交通活动生成过程主要解决以下两个问题（张烙兵，2014）：①交通方式的选择，主要考虑步行、骑自行车、开私家车、乘公交车、乘地铁、打的这几种交通方式；②出行时间的确定。定义交通方式组成的集合为交通方式选择的影响因素包含交通性因素、出行者属性、出行时间、出行地区特性。

考虑出行方式选择时主要考虑交通性因素与出行者属性，决策过程见图 4.6。

它描述了 Agent 选择交通方式的决策过程，每个带有概率值的选择分支代表一种概率选择行为，具体的概率值来源于实际统计数据。

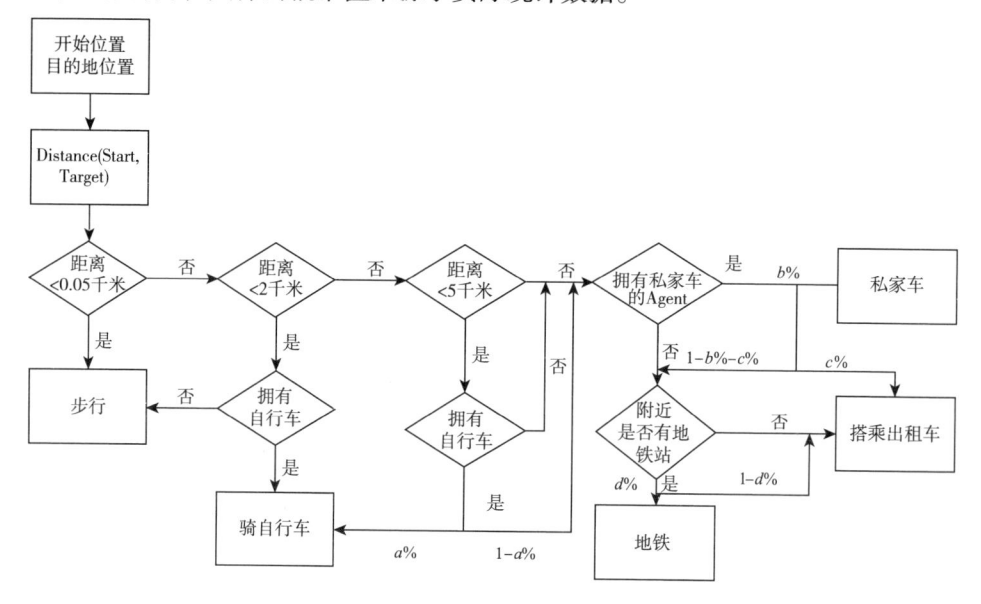

图 4.6 交通方式的选择

4.3.3 行为切换机制

一般情况下，个体 Agent 按照以天为单位的日常行为日志执行活动。然而，个体 Agent 的行为日志在两种情况可能会发生改变：①在面对突发事件时，个体 Agent 需要根据自身的状态改变日常行为，做出应对；②干预措施强制改变个体 Agent 的日常行为，需要相应地重新规划自己的行为。

仿真过程中所有的行为日志都是预先设定的，个体 Agent 行为模式的改变可通过切换行为日志来实现（马亮，2015）。图 4.7 是人工社会中"工人"的行为日志文件，以甲型 H1N1 流感传播突发事件为例，预先设计了三种流感爆发后的控制策略。该文件共包括"正常"、"送医院"、"隔离"和"场所关闭"四种日志表。没有发生突发事件时，工人调用"正常"活动日志完成一日的各项活动；在发生突发事件时，根据个体 Agent 的状态和实际措施调用不同的行为日志。而在实际的社会计算实验操作中，可以根据实际需要或实验结果在下一次实验前修改、添加或删除该类 Agent 的行为日志表。

个体 Agent 的行为日志文件是一个静态的日志表集合，在仿真实验推进的过程中，个体 Agent 通过调用不用的行为日志表来实现其对自身行为的控制。一个 Agent 同一时间只能执行一个行为日志表，其所执行的行为日志表从一个转换到

第 4 章 人工社会中个体 Agent 建模

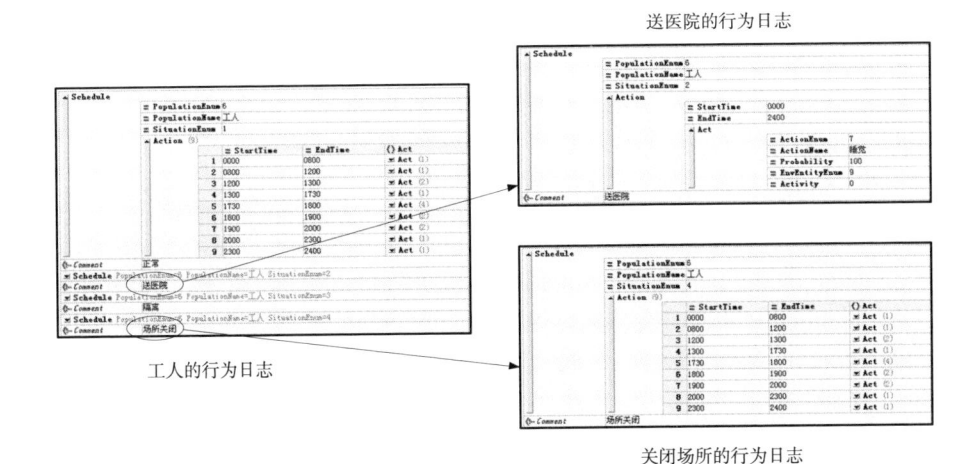

图 4.7 工人行为日志文件结构

另一个称为行为日志的切换。日志的切换需要一个触发机制，在仿真运行过程中，一旦该机制被触发，驱动个体 Agent 的行为日志就会发生改变，而具体调用备用的哪一个日志，同样需要在触发机制中做出明确的定义。行为日志的切换有以下三个关键要素。

（1）日志切换的触发条件。在仿真实验推进过程中，个体 Agent 根据行为日志执行动作，任何可能引起 Agent 打破当前行为规律的事件都可被设置为日志切换的触发条件。如图 4.8 所示，以甲型 H1N1 流感的计算实验为例，讨论两种日志切换的触发条件（段伟，2014）。

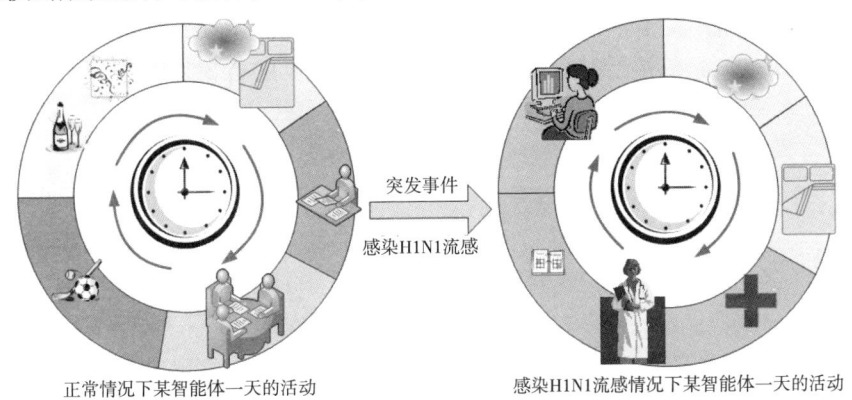

图 4.8 个体 Agent 感染甲型 H1N1 流感后行为的转变

Agent 的健康状态。在个体 Agent 根据行为日志执行活动的过程中，每一项活动完成之后 Agent 的状态都会被更新，而 Agent 状态和人口属性的更新就是一个可能会引起 Agent 行为改变的触发机制。例如，在研究甲型 H1N1 流感的计算实验中，Agent 行为日志切换的触发条件之一就是 Agent 的健康状态。

干预措施的影响。除个体 Agent 自身状态改变引起的日志切换，干预措施的实施也是激活行为改变的一种触发机制。干预措施从宏观的角度对 Agent 实施强制的行为约束，按照干预措施改变个体的日常行为。由于干预措施最终必须落实在 Agent 的行为上，因此干预措施的实施方法以行为日志的形式预先在实验前设定。干预措施的实施以人工社会的统计特征或时间节点为触发条件，在仿真推进过程中，通过判断是否满足干预措施设定的触发条件来切换个体的行为日志。实际上，行为日志切换与具体研究案例密切相关，触发条件的设置也与具体案例研究所关注的个体特征关联，是研究人员对个体 Agent 行为转换进行控制的关键机制。

（2）日志切换触发后的日志选择。在个体 Agent 的行为日志文件中，定义了多张行为日志表，Agent 的行为从一张日志表切换到另一张表，除了需要定义满足触发切换的条件，还需要对触发条件满足后触发的行为日志表进行规定，即触发条件必须有明确的切换指向，或者有明确的推演规则以确定下一步切换的行为日志。

（3）被调用日志持续时间。从日常行为日志切换到突发事件条件的行为日志之后，行为日志同样以天为单位。突发事件行为日志与日常行为日志的不同之处在于，突发事件行为日志需要规定日志的结束条件或结束时间。无论是个体 Agent 状态更新引起的行为切换还是干预措施强制的行为改变，当 Agent 状态再次更新或干预措施结束后，其行为需要从当前的突发事件行为日志切换到日常行为日志。

图 4.9 显示了个体 Agent 行为日志切换的全过程，以 Agent 正常的行为日志为起始，首先判断是否满足日志切换触发的条件，然后切换到指定的突发事件行为日志，在该日志的执行时间结束后，再切换回日常的行为日志。

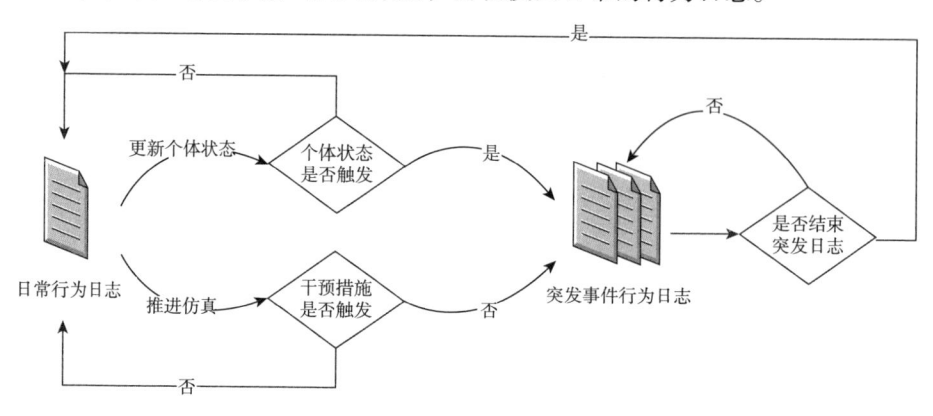

图 4.9　个体 Agent 行为日志切换过程

4.4 人工人口心理行为模型

人工社会中个体 Agent 会根据自身的认知能力对所感知的信息做出行为反应,如传播信息,其行为反应也会对其他人的心理和行为产生影响。本节主要基于微博平台描述 Agent 是否发帖和发帖观点两种行为,首先介绍模型的整体框架;其次重点阐述 Agent 的意图模型,即认知模型,并将信息认知 Agent 的意图模型划分为基于心理特征的判断模型和基于 Markov 链的观点决策模型。

4.4.1 Agent 信息处理模型框架

Agent 自身的建模通常采用 BDI[①]框架。BDI 框架的建立受 Bratman 的心理学理论启发,采用了三个基本的模态算子描述信念、愿望、意图,认为在人的实际推理思考过程中,意图发挥了重要作用,不能仅仅考虑信念和愿望以及它们的规则。BDI 建模方式是以类人的方式进行建模的,因此能以较高的可信度对人类行为在精神心理层面进行模拟,可以模拟出 Agent 的自主性、社会性、环境适应性、合作性等特征。

基于心理学理论,Agent 的心理行为模型如图 4.10 所示。由于网络的匿名性,Agent 往往会将所想的表达出来,而不会刻意地隐瞒。在该假设前提下,本节将 Agent 的意图和愿望合在一起,认为愿望就是意图。其中,Agent 的信念模型为历史发帖行为、历史观点、他人观点和自己关于事件已发表的观点。Agent 的意图模型包含是否发帖和发帖的观点。意图模型和信念模型通过一定的映射关系结合在一起。

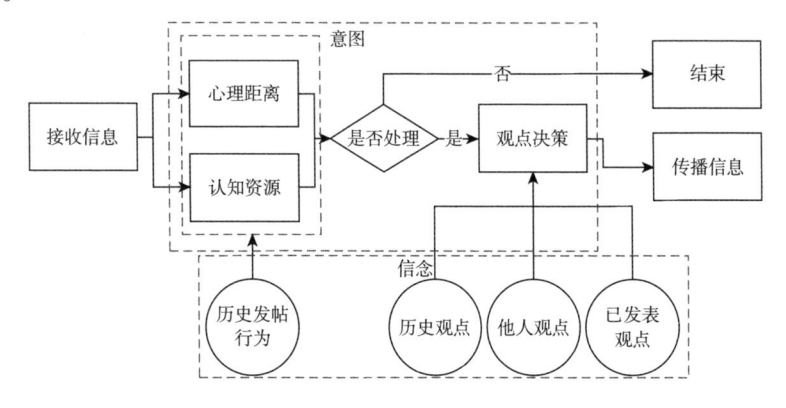

图 4.10 Agent 的心理行为模型

---

① 其中,B 代表 belief,信念;D 代表 desire,愿望;I 代表 intention,意图。

一个人的行为规律和心理特征往往体现在历史数据中，因此可以通过学习历史的发帖行为，得到 Agent 对不同突发事件的心理距离和认知资源，再根据心理距离和认知资源判断 Agent 是否会处理该信息。如果 Agent 不处理信息，则该流程结束；反之则再考虑发表帖子的观点。根据社会影响理论，在决策发帖观点态度时，Agent 不仅仅只考虑自己的想法，而是综合历史观点、他人观点和自己是否发表过类似言论。此时可以借鉴 Markov 链模型，并根据实际数据对 Markov 链转移概率进行赋值（何凌南等，2015）。

4.4.2 基于心理特征的判断

Agent 的心理距离可以通过心理距离量表确定，但实际互联网中难以使用心理距离量表。在互联网中，每个用户都是匿名的，一是无法保证每个用户都填写，二是无法保证填写的正确性。因此有必要从其他角度考虑用户对不同事件的心理距离。心理距离是用户内部的状态，一般难以把握，但用户的行为规律和心理特征往往反映到自己所发表的帖子中。也就是说，如果能够从所发表的帖子入手，发觉其中的规律，那么将能在一定程度上保证模型的正确性。可以这样认为，如果用户对某事物不感兴趣，没有利益关系，即心理距离自身很远，那么用户处理该信息的可能性就很低；反之则很高。当然也有一些特殊情况，即如果不在网络中发表言论，而只是作为"沉默的大多数"接收信息，那么是无法根据网络数据提取出他们的心理距离的。其实没有必要提取出沉默用户的心理距离，这类用户不发表任何观点，因此也不会对其他用户乃至网络舆情产生任何影响。

认知资源理论指的是人们在认知加工活动中所需要的能量。人必须拥有心理资源才能顺利地完成各种认知任务，如控制注意力、更新记忆和情绪调节等。在现实社会中，并没有对认知资源定量的建模方法，它是一个宏观的概念。在考虑微博环境中信息传播时，认知资源可定义为用户某时刻会处理与自己心理距离较近的突发事件微博的可能性。认知资源越大，那么其处理突发事件微博信息的概率也就越高；反之则越低。心理距离与心理容量的区别在于，心理距离更加注重事物与自己的关系远近，而心理容量更加注重是否有精力去处理事物。

在判断是否处理的过程中，如果在心理距离和认知资源允许的范围内，则该用户个体会处理消息，反之则不处理消息。此处处理即表示传播，而不处理就表示不传播。在处理信息的基础上，用户才确定所传播信息的观点是积极的还是消极的。

4.4.3 基于 Markov 链的观点决策模型

基于 Markov 链的观点决策是一种常用的方法。这里先简要介绍 Markov 链的基本思想，然后描述基于 Markov 链和社会影响模型对用户的观点决策进行建模的思路。

Markov 链是离散时间离散状态的 Markov 过程。Markov 过程的特点是，当随机过程在时刻 t_0 所处的状态为已知条件时，过程在时刻 $t(>t_0)$ 所处的状态仅与时刻 t_0 所处的状态有关，而与过程在 t_0 时刻之前的状态无关。这个特性称为无后效性。无后效性用通俗的话来说，就是已知过程当前时刻的状态，过程将来的状态只与现在的状态有关而与过去的状态无关。

Markov 链本质上是概率转移模型，是对事物演化过程的一个简化，在很多领域都有应用。通常而言，事物当前的状态不仅仅与之前某个时刻有关，而且与之前所有时刻都有关。然而，如果考虑因素过多就会导致模型极为复杂，往往难以深入地进行研究。Markov 链只考虑与之前某个状态相关，而不考虑其他时刻状态，这就大大减少了工作量，使模型简单易行同时具有一定的适用范围。

Markov 链核心思想主要包括两部分：第一，对研究对象进行建模，即提取研究对象的状态，并构造状态与状态之间的转换关系；第二，计算转化关系的概率，其中必须满足每个状态的输出的概率之和等于 1。

根据社会影响理论，三种观点将会影响自己观点的形成，即他人观点、自身观点和政府与媒体观点。自身观点分为历史观点和已发表的观点。他人的观点是外部作用，能够影响自己的观点决策行为。毕竟在一定程度上，人都不可忽略众人的意见而只关注自己的想法。因为一旦与众人意见不一致，那么就可能被孤立。用户对微博所承载的突发事件信息的历史态度通常会形成刻板印象。刻板印象相当于每个人的经验，会对当前的决策有指导作用。已发表的观点往往能够对当前的观点具有直接的影响作用。大多数人都希望自己能够说服他人使自己得到认同，而不是被他人说服。因此，人们都不会轻易否定自己已经发表的言论。已发表观点与历史观点的不同之处在于，历史观点是用户对其他突发事件的观点态度，而已发表观点是用户对正在研究的突发事件的观点态度。

可以将用户的观点决策过程分为两个部分，即首次处理信息和第二次及以后处理信息。二者的不同之处在于，首次处理信息时并没有已发表观点，影响用户观点决策的因素为历史观点和他人观点；第二次处理信息后才有已发表观点，影响用户观点决策的因素为历史观点、他人观点和已发表观点。如果用户发表了关于事件的观点，那么该观点就是用户关于该事件的已发表观点；如果有后续发表的观点，那么则用后续发表的观点更新已发表的观点。这些心理行为的基本原则在后面的舆情 Agent 建模中得到了具体应用。

第 5 章

人工社会网络建模方法

人工社会模拟复杂的社会系统，人工社会网络建模直接关联社会系统结构特性及其内部演化机理。人工社会网络模型描述整个人工社会的关系结构，是人工人口感知环境、决策、行动的主要依赖，对人工社会的初始化构建、动态演化至关重要。目前，在人工社会应急管理的主要应用领域——公共卫生事件和公共安全事件中，智能体之间的社会关系网络、接触关系网络以及地理环境中的交通网络是人工社会中最重要的三种网络。本章先介绍复杂网络的基本概念和典型模型，然后结合流行病在人工社会中的传播控制，重点讨论社会关系网络、接触关系网络以及交通网络的建模方法。

■ 5.1 复杂网络基本概念和典型模型

复杂网络具有复杂的拓扑结构和动力学行为特性，大量的实证实验研究表明现实世界中的很多系统都可以用复杂网络来描述，如朋友关系系统、接触关系系统、交通系统等。本节先对复杂网络的一些基本概念进行说明，然后对复杂网络典型模型进行介绍。

5.1.1 复杂网络基本概念

一般而言，网络可抽象为一个由点集 V 和边集 E 组成的图 $G=(V,E)$。对于任意的点对 (i,j) 和 (j,i)，如果指的是同一条边则称此网络为无向网络，否则就称之为有向网络。复杂网络理论建立在图论基础之上，下面对复杂网络的一些基本概念进行说明。

度（degree）是节点属性中的重要概念，节点的度越大就意味着该节点在某种意义上就越重要。节点 i 的度 k_i 是指与该节点连接的其他节点的数目。网络中所有的节点 i 的度 k_i 的平均值被称为网络的平均度，通常用 $<k>$ 来表示。一个网络中的节点度分布可以用分布函数 $P(k)$ 来描述，其含义是一个随机选定节点的度恰好是 k 的概率。度的另一种表示方法是累积度分布函数：

$$P_k = \sum_{k'=k}^{\infty} P(k') \quad (5.1)$$

网络中节点 i 和节点 j 之间的距离 d_{ij} 是指连接两个节点的最短路径上的边数。网络中两个任意节点之间距离的最大值称为网络直径，通常用 D 表示。网络的平均路径长度 L 是指任意两个节点之间的距离的平均值，也被称为网络的特征路径长度，可以用来描述网络中节点之间连接的特征关系。

$$L = \frac{2\sum_{i \geq j} d_{ij}}{N(N-1)} \quad (5.2)$$

假设网络中的节点 i 有 k_i 条边与其相连接，则这 k_i 个节点就称为节点 i 的邻居。复杂网络理论将这 k_i 个节点之间实际存在的边数 E_i 和总的可能的边数 $k_i(k_i-1)/2$ 的比值称为节点 i 的聚类系数 C_i。从几何特征来看，节点 i 的聚类系数 C_i 可以等价地定义为与点 i 相连的三角形数量和与点 i 相连的三元组数量的比值。其中，与节点 i 相连的三元组指的是包括节点 i 的三个节点，并且至少存在从节点 i 到其他两个节点的两条边，如图 5.1 所示。整个网络的聚类系数 C 是指所有节点 i 的聚类系数 C_i 的平均值。

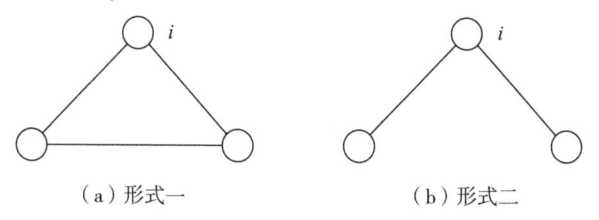

（a）形式一　　　（b）形式二

图 5.1　以节点 i 为顶点之一的三元组的两种可能形式

$$C_i = \frac{2E_i}{k_i(k_i-1)} \quad (5.3)$$

如果在一个网络中任意两个节点 i 和 j 均可通过一条线路相连接，则这个网络是连通的网络。

5.1.2 复杂网络典型模型

网络的拓扑结构影响甚至决定着网络的行为,因此网络模型的研究至关重要。人们从不同的角度出发提出了网络拓扑结构模型。下面简单介绍规则网络、随机网络、小世界网络、无标度网络和指数随机图五种模型。

1. 规则网络模型

规则网络是最简单的网络模型,它是基于人们对简单的社会关系的认识提出来的模型。常见的规则网络包括全连接网络、最近邻耦合网络和星形耦合网络。全连接网络中的每两个节点之间都存在直接相连的边。最近邻耦合网络也是一个得到大量研究的规则网络模型,在最近邻耦合模型中每一个节点只和它周围的邻居节点相连。另外一个常见的规则网络是星形耦合网络,它有一个中心节点,其余节点都只与整个中心点连接,而相互之间不连接。规则网络模型虽然简单,但是能够反映现实社会中的一些关系。规则网络如图 5.2 所示。

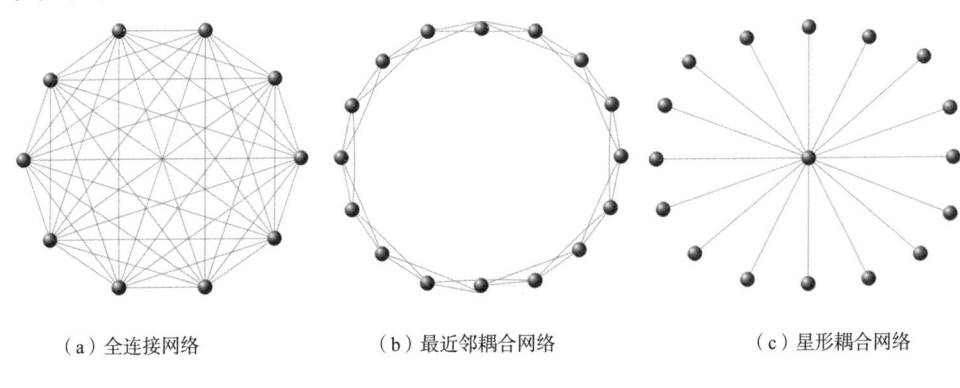

(a) 全连接网络　　　(b) 最近邻耦合网络　　　(c) 星形耦合网络

图 5.2　规则网络

2. 随机网络模型

在小世界网络和无标度网络理论提出之前,ER 随机网络理论一直是复杂网络研究的主导理论和方法。随机网络理论是由两位数学家 Paul Erdös 和 Rényi 在 1960 年提出的,他们并没有太多地考虑随机网络与真实网络的相符程度,更多的是从数学的角度来看待和研究问题(Erdös and Rényi,1960)。随机网络理论对真实世界的网络做了高度的抽象和假设:①网络由边和节点组成(V,E);②网络的每个节点都是平等的,被连接的概率是相同的;③连接所选取的节点是随机的。同样,随机网络模型能够描述现实社会中的一些关系。

3. 小世界网络模型

现实世界中的很多网络都具有小的平均路径和高聚类的特点，复杂网络中将这种特点称为"小世界"特性。1967 年，美国社会心理学家米尔格拉姆（Stanley Milgram）通过"小世界试验"，提出了"六度分离推断"，即地球上任意两人之间的平均距离为 6，也就是说只要中间平均通过 5 个人，你就能联系到地球上的其他任何人。之后，电影演员的"Bacon 数"（Bacon number）游戏、数学家的"Erdös 数"（Erdös number）项目，都进一步证实了一些真实网络具有小世界效应。1998 年，瓦茨（Duncan J. Watts）和斯托加茨（Steven H. Strogatz）提出了小世界网络模型（一般称为 WS 模型），实现了从完全规则网络到完全随机网络的过渡，该模型既具有规则网络的高聚类性，又具有类似随机网络的小的平均路径长度（刘怡君等，2015）。最近邻耦合网络具有高聚类特性但平均路径较大，ER 随机网络虽然具有小的平均路径但却没有高聚类的特性，因此，这两类网络都不是小世界网络，不能再现真实网络的"小世界"特征。

4. 无标度网络模型

1999 年，巴拉巴西（Albert-László Barabási）和艾伯特（Réka Albert）利用机器人技术对互联网上的网页之间的连接情况进行统计，发现尽管万维网具有类似于小世界网络的短平均路径，但其分布规律不同于随机网络所预计的那种正态分布，而是呈现幂律分布，且这种现象与网络规模无关。幂率分布相对于指数分布其图形没有峰值，大多数节点仅有少量连接，而少数节点拥有大量连接，不存在随机网络中的特征标度。而且，人们还发现除了万维网以外，许多现实网络如社会网络、互联网和生物网络都具有这样的度分布特征。这类网络的度分布没有明显的特征度，因而称为无标度网络。从此，无标度特性也成为刻画复杂网络的一个重要特征。

巴拉巴西等的贡献在于在此基础上提出了新的网络拓扑结构模型，一般称为 Barabási-Albert 模型，简称 BA 模型。BA 模型建立在两个基本假设之上，即增长性和偏好依附。小世界网络模型考虑了边的变动，节点的数量还是固定的；而 BA 模型则进一步假定网络的节点数目是不断增长的，这显然更符合互联网和其他具有社会属性的网络的实际情况。更重要的是第二个假定：在新增加进来的节点与已有节点建立连接的时候，具有一定的"偏好"倾向。例如，在互联网中，新建立的网站显然倾向于与已经有相当知名度的网站相连接；又如，在演员合作关系的网络中，新演员当然更愿意与明星合作拍电影。巴拉巴西等证明了在这两个基本假定的基础上，网络必然发展成无标度网络（刘怡君等，2015）。

5. 指数随机图模型

指数随机图是一类典型的随机社会网络分析（social network analysis，SNA）模型。其最早的模型来源于 ER 随机图模型。1981 年，Holland 和 Leinhardt 对社会网络领域流行的模型从随机测试、模式探测、结构度量三个方面进行系统分类（Holland and Leinhardt，1981）。随后 Frank 和 Strauss（1986）充分发展了指数随机图模型。进入 20 世纪 90 年代后，以统计物理学派为主的多个研究团队对指数随机图模型从不同角度进行充分论证和发展，为指数随机图模型走向应用奠定坚实理论和实践基础。

根据不同依赖假设，指数随机图模型有以下几类（Robins et al.，2007）：第一类是 Bernoulli 模型。Bernoulli 随机图基于最简单的依赖假设，假设所有网络中的弧都是相互独立的。ER 随机图属于 Bernoulli 模型。第二类是二元模型。二元模型针对有向网络，假设物理中部分节点对是互惠的，即假设二元关系相互独立。第三类是 Markov 随机图模型。Bernoulli 模型和二元模型不论在理论还是实践上都是不切实际的。Markov 随机图模型基于条件依赖假设，即如果两条或多条边有共同的节点，则它们之间是条件依赖的。第四类是在 Markov 随机图模型基础上进行扩展的模型。由于 Markov 模型具有对真实社会网络建模的能力，又相对简单（数学上易推导证明，工程上易实现），是目前指数随机图模型中应用最广泛的模型。

5.2 社会关系网络建模

目前，社会关系网络建模工作主要围绕如何生成某种特定类型网络而展开。虽然在某些特性方面（如小世界特性、无标度特性）与真实世界的模型有相似之处，但是很难全面刻画出现实世界的网络特性，尤其是在考虑社会群体多样性和多层次性之后，很难出现期待中的群体现象和涌现行为。传统的复杂社会网络分析主要研究描述性的统计量（如度分布、聚类系数、社团结构等），智能体的空间地理特性很难和社会关系网络联系起来，其交互行为受到限制，尤其是当网络规模或者智能体的数量达到一定程度后，与真实社会网络以及群体行为出现较大偏差。人工社会中社会关系网络规模大、节点属性异构且时空相关。本节着重介绍社区结构网络模型和加权社会网络模型。

5.2.1 社会关系网络描述方法

社会关系网络指的是社会角色（social actor）及其间关系（relation tie）的集合。也可以说，一个社会关系网络是由多个点（社会角色）和各点之间的连线（角色之间的关系）组成的集合。社会关系网络的基本描述方法有两种，分别是图示法和矩阵法（图5.3）（刘怡君等，2015）。

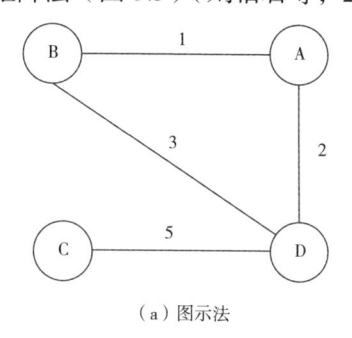

行为者	A	B	C	D
A	—	1	0	2
B	1	—	0	3
C	0	0	—	5
D	2	3	5	—

（a）图示法　　　　　　　　（b）矩阵法

图 5.3　社会网络分析方法示例

图示法是通过一组点、点与点之间的连线所构成的网络图形，直观地展现社会网络的概貌，并可利用图形进行简单的关系分析。点表示社会学的分析单位，如个人、群体、组织、社区、制度等。点的特征就是这些分析单位所具有的特征。网络中的点可以分为三类：一是有直接关系的点；二是孤立点，它不与任何点发生关系；三是有间接关系的点。根据关系的内容，可分为工具性的关系（如工作上的往来）、情感性的关系（如朋友关系）、咨询关系等。

矩阵法先将社会网络用矩阵表示出来，然后利用矩阵解析技术来分析复杂社会网络中关系的分布与特征。一般采用计算机来处理。统计分析中的相关分析和因素分析等，也被引入社会网络分析。

图 5.3（a）为图示法，表示行为者 A、B、C 和 D，以及它们之间的联系，其矩阵的表示如图 5.3（b）所示。该社会网络是一个加权网络，A 与 B 之间联系强度为 1，即连边的权重为 1，A 与 C 之间没有联系，A 与 D 之间的联系强度为 2；同理，B 与 C 之间没有联系，B 与 D 之间的联系强度为 3；C 与 D 之间的联系强度为 5。

5.2.2 社区结构网络模型

人与人之间的关系是多种多样的，他们形成的社会网络不仅仅是单一的某个小世界网络模型或者无标度网络模型，而是具有一定社区结构的复杂网络。在人工社会建模中对多个社会组织建立模型时，其中的人群关系就形成了具有一定社区结构的社会网络。可建立具有一定社区结构的人工社会网络来描述不同组织机构中人群之间的社会关系。

社区结构网络模型构造方法是根据社会组织和机构，将人分为不同的群体，单一群体的人员之间社会关系可使用具有普遍特性的小世界网络模型或者无标度网络模型来描述。而不同群体之间人员的社会关系可采用随机加边法来构建。与群体间的社会连接相比，群体内部人员之间社会网络具有相对较小的平均路径长度和较高的聚类系数。人群内部个体间的连接概率 p_{in} 比人群外部个体间的连接概率 p_{out} 大。社区结构网络的构造方法一般有以下两种。

1. 群体间随机加边法

群体间随机加边法生成的网络服从群组内部节点连接紧密，而群组间节点连接稀疏的原则。先将整个网络中的所有节点分成不同群组，使用基本网络模型（小世界网络或者无标度网络）在独立的群组内部建立网络连接；然后使用随机加边法在不同群组之间建立连边，使独立的多个群组形成连通网络。

社区结构社会网络的随机加边法有两种方式。假设存在两个已经构造好的独立群体社会网络 $G_1(V_1, E_1)$ 和 $G_2(V_2, E_2)$，则有以下两种方式。

第一种方式：对于任意的节点 $v_x \in V_1$ 和任意节点 $v_y \in V_2$，以概率 $p_{out} \in [0,1]$ 进行连接，且群组间节点连接概率 p_{out} 远小于群组内节点连接概率 p_{in}，即 $p_{out} \ll p_{in}$。

第二种方式：根据网络生长的优先连接原则，分别选择两个独立群组内部的节点建立连接。

在真实社会网络中连接度较大的节点在网络中处于重要位置，同时也可能是代表群组与外部群组进行交流和工作的节点，该节点与外部节点连接的可能性较高。此外，在真实社会网络中与外部节点有连接的内部节点数量与群组内部节点总数成一定比例。因此，事先确定与外部节点有连接的节点个数，可以更好地设计网络结构。

假设 100 个节点的社会网络，将所有节点平均分为两个独立的群组。在每一个群组内部使用 NW 小世界网络模型建立节点连接，群组内部随机加边概率 $p_{in} = 0.3$。然后在两个群组之间使用随机加边法建立连接，且随机加边概率 $p_{out} = 0.01$。可生成社区结构网络模型如图 5.4 所示。

2. 重叠节点连接法

重叠节点连接法是指通过某些同时属于多个独立群组的节点来构建社区结构网络。在真实社会中，某些节点扮演了多个角色，且隶属于不同群体。例如，大学教师在校园内扮演了老师，同时在办公室扮演了同事，而回到家中又是家

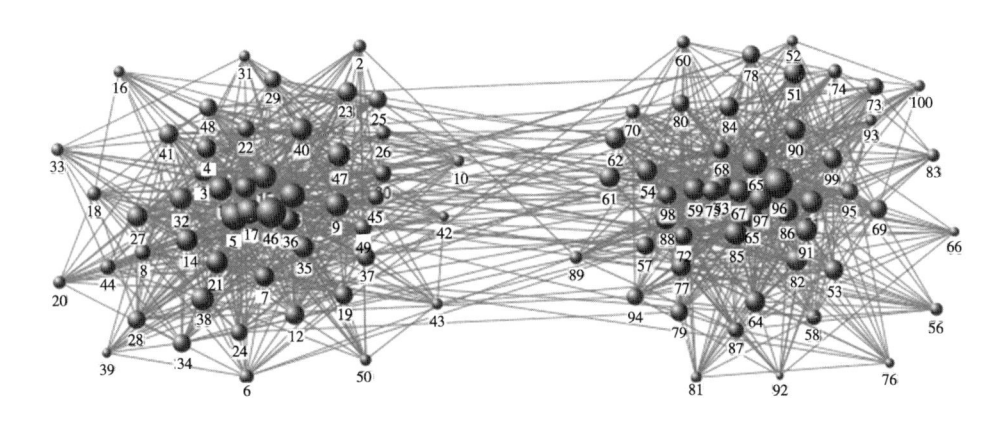

图 5.4 群体间随机加边法的社区结构网络

长角色。三种不同角色连接了三个独立的网络。该方法要求先确定重叠节点及其所属群组,然后使用复杂网络基本模型(小世界网络或者无标度网络)分别为独立的群组生成网络连接。重叠节点同时连接多个群组内的节点,形成社区结构网络模型。

假设 100 个节点的社会网络,节点标号为 $k=1,2,3,\cdots,100$。选择编号从 41 到 60 的节点为重叠节点,然后将剩余的 80 个节点平均分为两个独立的群组(重叠节点同时属于两个群组)。对于两个群组内的节点分别生成 NW 小世界网络模型,随机化加边概率为 $p_{in}=0.3$,可生成如图 5.5 所示的社区结构网络。图 5.5 中圆圈符号表示网络中的重叠节点,其连接了两个独立的群组。

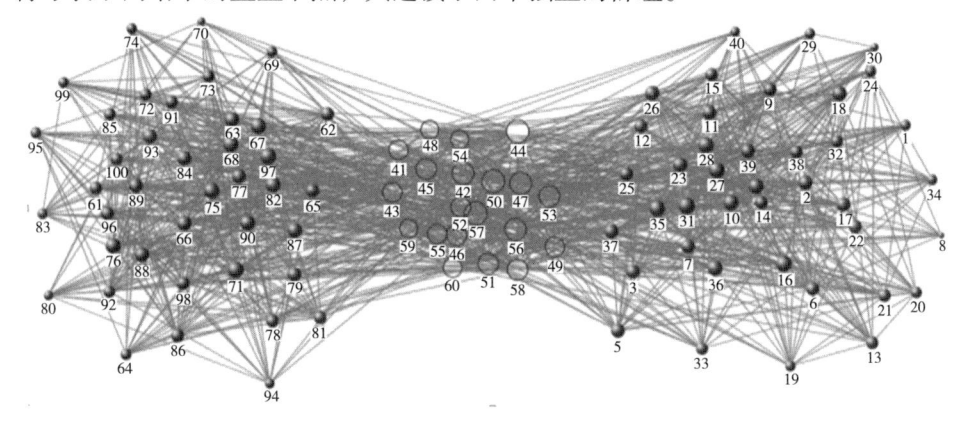

图 5.5 基于重叠节点连接法的社区结构网络模型

5.2.3 加权社会网络模型

加权社会网络可以描述社会人口结构,不仅能够体现个体连接度的异质性,而且可以体现个体之间连接强度的异质性。加权社会网络的生成方法一般可分为两种，即动态演化生成模型和静态生成模型。

1. 动态演化生成模型

动态演化生成模型根据节点强度优先连接机制来生成加权网络，即加入网络的新节点优先连接到具有较大强度的节点。在加权网络的动态生成过程中，节点强度和连边权重不断地演化增长。BBV[①]网络是最常用的动态演化加权无标度网络。它的构造方法如下：每一个时间步长，向网络中添加一个新节点，且新节点的连接度为 m。新节点的连边根据节点强度连接到网络中的节点，连接机制描述如下：

$$p_i = \frac{s_i}{\sum_j s_j} \quad (5.4)$$

其中，p_i 是网络中节点 i 的连接概率；s_i 是节点 i 的强度。新节点建立的连边权重系数固定为 w_0。如果新节点 j 与节点 i 之间建立了连边，那么节点 i 的连边权重系数将按照以下规则进行调整。

$$w_{ij} = w_{ij} + \delta \frac{w_{ij}}{s_i} \quad (5.5)$$

其中，δ 是节点 i 的强度增长量，且增长量按照权重系数比例分配给节点 i 的已有连边。当 $\delta = 0$ 时，得到无权 BA 无标度网络。

BBV 网络中节点连接度、节点强度和连边权重均服从幂率分布，且分布指数是参数 δ 的函数。图 5.6 描述了 δ 的不同取值下 BBV 网络的权重系数分布，其中 BBV 网络的节点个数为 $N = 10^4$，参数 $m = 3$，$w_0 = 1$。

2. 静态生成模型

静态生成模型先构造无权网络，然后再给每一条连边赋予权重，以形成加权网络。在真实世界中某些加权网络的连边权重与节点连接度之间具有一定的关联关系。因此，可以使用已经生成的网络节点连接度来表示连边权重。例如，可以将连边权重与节点连接度的关系描述为

$$w_{ij} = w_0 \left(k_i k_j\right)^\sigma \quad (5.6)$$

其中，w_{ij} 是节点 i 和 j 之间的连边权重系数；k_i 和 k_j 分别是节点 i 和 j 的连接度；w_0 是尺度参数；σ 是相关关系参数。

[①] Barrat, Barthélemy, Vespignani。

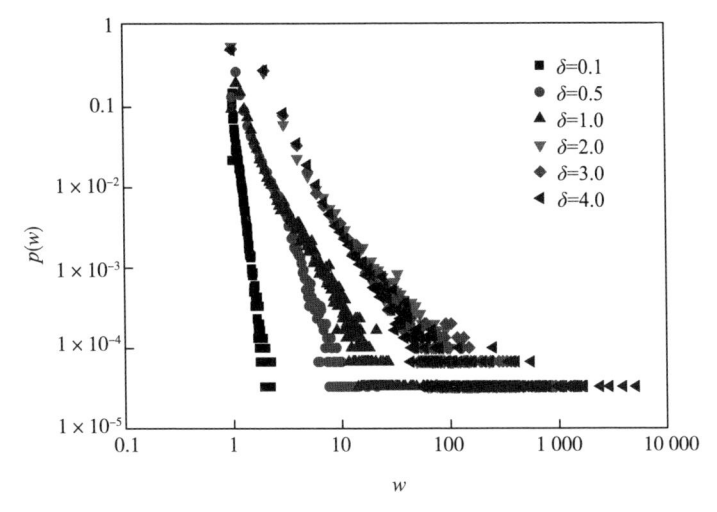

图 5.6 BBV 网络的连边权重系数分布

图 5.7（a）、（b）和（c）分别描述了根据以上方法生成的加权 BA 无标度网络、加权 NW 小世界网络和加权 ER 随机网络的权重系数分布，其中网络节点个数均为 $N=10^3$。在加权 BA 无标度网络中参数 $m=5$，当 $\sigma>0$ 时 $w_0=0.01$；当 $\sigma<0$ 时 $w_0=10^{13}$。在加权 NW 小世界网络中参数 $m=6$，加边概率为 0.005，当 $\sigma>0$ 时 $w_0=0.01$；当 $\sigma<0$ 时 $w_0=10^8$。在加权 ER 随机网络中节点连接概率为 0.008 4，当 $\sigma>0$ 时 $w_0=0.01$；当 $\sigma<0$ 时 $w_0=10^8$。

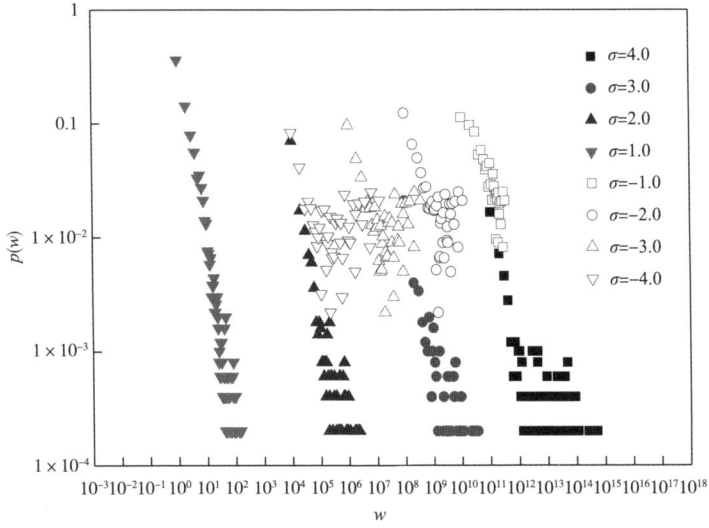

（a）加权BA无标度网络的权重系数分布

（b）加权NW小世界网络的权重系数分布

（c）加权ER随机网络的权重系数分布

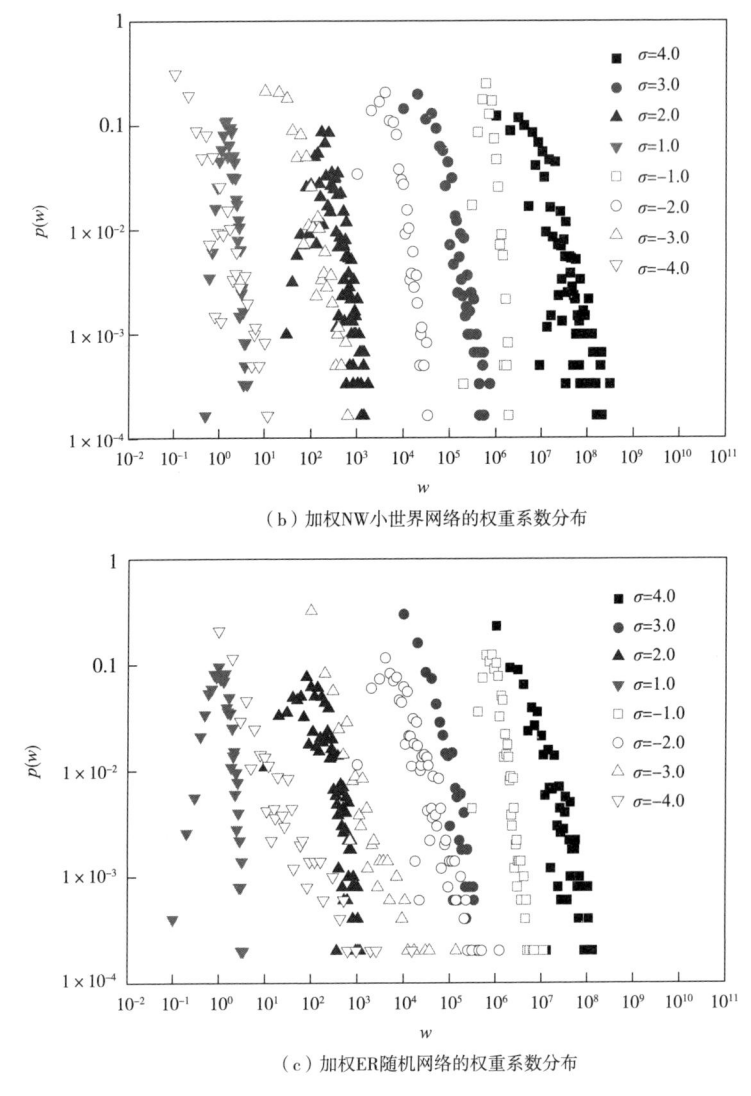

图 5.7　加权无标度、小世界和随机网络的连边权重系数分布

5.3　接触关系网络建模

公共卫生事件传播仿真是人工社会的重要应用领域，而接触关系研究是流行病研究的关键，接触关系网络构建的准确与否决定着流行病传播研究的正确性。
在过去的一些关于流行病传播接触关系的研究中，通常采用问卷调查等方式进行。然而，调查问卷的研究方式需要花费很大的人力、物力和财力，而且从调查问卷的设计、修改到通过数据分析得到最终可用的信息之间所需的时间周期都会比较长。另外，随着研究区域的扩大，调查问卷的设计难度、工作量和所需要付出的代价都会不断增加，当研究区域的范围增大到一定程度时，调查问卷的方式就无法适应实际应用的需要。

近几年随着计算机技术和计算科学的日益发展，通过社会计算方法来认识和研究人类社会已经被众多的专家学者认同。Singer 等对社会关系中的朋友关系进行了研究，通过 Agent 建模与仿真的方法对学生之间的相遇进行了仿真实验，得到与调查统计结果相一致的仿真结果（Singer et al.，2009）。本节从强连接关系网络、一般连接关系网络和弱连接关系网络三个方面对接触关系网络建模方法进行描述。

接触关系网络主要可分为强连接关系网络、一般连接关系网络和弱连接关系网络（葛渊峥，2014）。接触关系中的强连接关系描述的是家庭关系、室友关系和好友关系等导致发生概率非常高的社会关系。这类社会关系比较规则也比较稳定，能够通过一些已有的复杂网络模型进行表示。例如，全局耦合网络可以描述生存空间一致而导致的家庭关系、室友关系、同事关系等，而小世界网络模型很好地表示了人们之间的好友关系。一般连接关系是人们的生活习惯、工作需要和生活空间相邻等因素导致的。这种关系的构成比较复杂，具有很强的不规则性，目前也没有相应的网络模型构建方法。为了解决这一问题，可以通过 Agent 接触实验的方法实现对一般连接关系的构建。弱连接关系表示的是日常生活中的偶然接触，这类关系具有不可预测性和很强的随机性。因此，对于任何一个 Agent 来说，整个人工社会中除了与之有强连接关系和一般连接关系之外的所有 Agent 都可能与之发生接触行为，我们把这样的关系称为具有潜在的弱连接关系。

以下案例根据 2010 年北京市第六次全国人口普查数据中乡村家庭户规模分布，基于 MATLAB 构建了一个拥有 10 000 个 Agent 规模的人工村落。在研究中侧重考虑人们之间的接触对流行病的传播的影响。Agent 之间的不同只表现在接触关系方面的相异，由于接触关系被分为三个层次，所以每个 Agent 的社会关系列表就被分为三种类型，即强连接关系列表、一般连接关系列表和弱连接关系列表。

5.3.1 强连接关系网络建模

强连接关系网络是整个接触关系网络的初始网络，构建过程如下。

（1）根据统计数据的人口分布规律（图 5.8），利用全局耦合网络模型构建出人工村落的每一个家庭。为了构建具有 10 000 个 Agent 规模的人工村落，根据人口分布的规律按照比例计算，对人工村落的家庭分布进行了如表 5.1 所示的设置，然后利用全局耦合网络模型的规则将相应的 ID 信息填入每个 Agent 的强连接关系列表中，并将与其对应的相遇次数和相遇概率进行初始值的设定形成接触网络的初始化模型。强连接关系网络是基本层，并令其固定不变，所以将此处的相遇次数设为无穷大，而相遇概率设为 0.8。

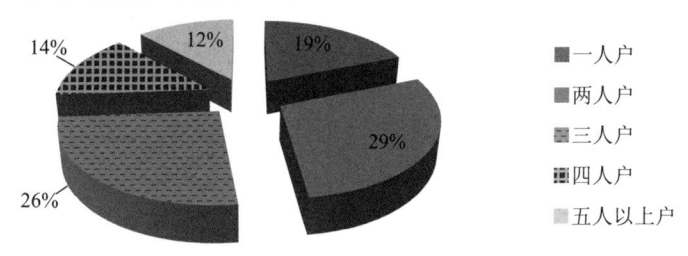

图 5.8　北京市乡村常住人口户规模

表 5.1　人工村落家庭分布设置

类型	一人户	两人户	三人户	四人户	五人户	六人户
人数	1 870	2 900	2 640	1 420	690	480
户数	1 870	1 450	880	355	138	80

（2）人工村落中的强连接关系网络还包括好友关系或工作关系等导致的强连接关系，这类关系的随机性比较大而不能通过全局耦合网络进行模拟。不过 NW 小世界网络的构建方法为建立强连接网络提供了思路，即在第一步生成的初始化网络模型的基础上让每个 Agent i 以一定的概率 P_i 与其强连接关系列表之外的 Agent 相连来生成完整的强连接网络，得到每个 Agent 完整的强连接关系列表。为了确保整个网络的连通性，以免出现孤立节点的情况，假设某个 Agent 在随机连接过程中没有成功连接到其他 Agent，那么就要在其强连接列表之外随机选择一个 Agent 作为其好友关系。

强连接关系网络的度分布（图 5.9）与 NW 小世界或 WS 小世界网络模型所呈现的 Possion 分布非常接近，不同之处仅仅是峰值左右两边不是特别对称。这是由于强连接网络中的随机连接是在很多不同类型的规则网络基础上进行的，而 NW 小世界网络和 WS 小世界网络模型都是基于最近邻耦合网络模型进行随机重连或随机加边来实现的，因此可以说强连接网络是一种均匀网络且具有小世界的特性，而这样的特性与实际也是相符合的，即在一个村落中人们除了和家人之间的特定强连接关系，还会和其他的人因为工作学习等产生强连接关系，并且这种关系的分布应该是均匀的，大多数人的强连接关系是类似的，只有少数人的强连接关系很小或者很大。

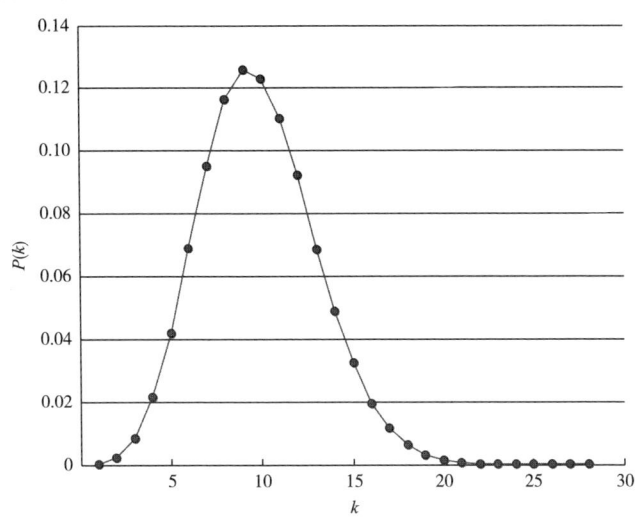

图 5.9 强连接关系网络的度分布

5.3.2 一般连接关系网络建模

一般连接关系的构建是通过 Agent 接触实验来实现的，接触实验的主要设计思想是模拟实际中人们之间的接触，通过人们之间接触次数的多少来确定每个 Agent 的一般连接关系。生活经验告诉我们，如果一个人的家庭成员或好友很多，那么他接触到其他人的概率就会比较大，同理如果一个人的社交圈子很小，那么他和其他人的接触概率也会比较小。为了体现这一因素在接触实验中对关系生成的影响，将相互接触的两个 Agent 的强连接关系列表长度平均值在所有 Agent 中所占的比值作为接触概率的基本组成部分。然后通过这一概率进行随机接触，如果 Agent i 与 Agent j 之间发生接触，那么意味着 Agent i 与 Agent j 之间更有可能发生下一次接触，所以令 Agent i 与 Agent j 之间的接触概率随着 Agent i 与 Agent j 之间的相遇次数不断增加而增大，基于这种思想得出式（5.7）。最后通过一定次数的接触实验以后，就可以得到 Agent i 与其他所有 Agent 之间的相遇次数，根据其相遇次数进行筛选就得到了 Agent i 的一般关系列表（樊宗臣，2015）。

$$P_{ij}=\frac{N_i+N_j}{2N}+\frac{n_{ij}}{T} \tag{5.7}$$

其中，N_i 和 N_j 分别是指 Agent i 与 Agent j 中强连接关系列表中接触对象数量；N 是网络的总节点数 10 000；n_{ij} 是 Agent i 与 Agent j 的实际相遇次数；T 为总的重复运行次数。具体的实现过程如下。

步骤1：为每个Agent i创建初始的一般连接关系列表，其接触对象ID设为Agent i强连接关系列表之外的所有Agent的ID，相遇次数为0。

步骤2：对所有的Agent进行如下操作：对其自身一般连接列表中所有的Agent按照相应的接触概率P_{ij}进行接触行为的仿真，在每次接触行为发生后更新发生接触关系的两个Agent时间的相遇次数n_{ij}。

步骤3：将步骤2重复进行T次。

步骤4：将一般关系列表中相遇次数n_{ij}小于设定的阈值c的接触对象有关的所有信息删除，最终得到接触关系网络中的一般连接关系。

步骤5：当T次实验运行结束后将相遇概率记录在相遇列表里。

重复运行次数T设为500，相遇次数阈值c设为25，生成一般关系网络的度分布，如图5.10所示。

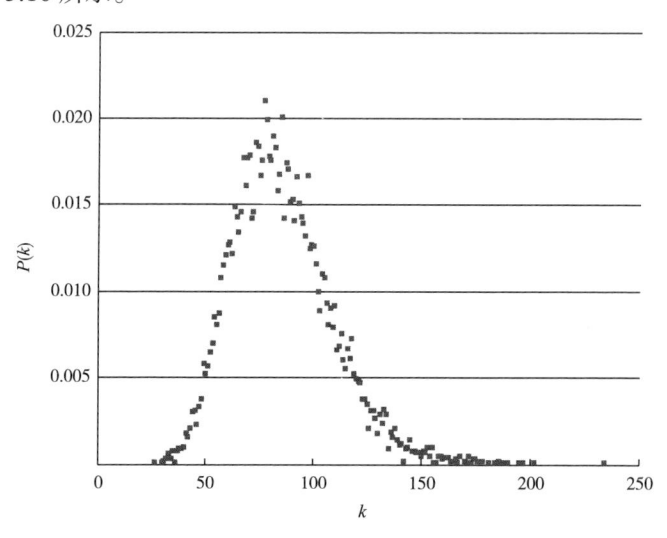

图5.10 一般连接关系网络的度分布

5.3.3 完整接触关系网络建模

将每个Agent强连接关系列表和一般连接关系列表以外的所有Agent都做Agent潜在的弱连接关系。为了分析和检验所构建的整个接触关系网络的拓扑结构，将强连接关系、一般连接关系进行合并，并且对每个Agent潜在的弱连接关系进行随机选取的操作，获得整个接触关系网络所需的所有层次的网络，并构造出整体的接触关系网络。图5.11则是利用Pajek软件生成的整个接触关系网络的拓扑结构图（宋智超等，2014a）。

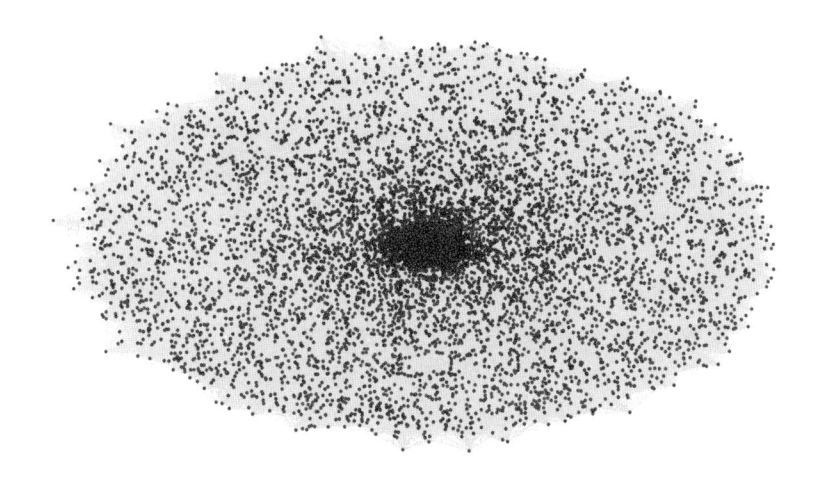

图 5.11 接触关系网络的拓扑结构

Pajek 软件中生成拓扑图的算法与网络节点的聚类系数和度分布有关。构建的具有 10 000 人口的人工村落的接触关系网络没有出现很明显的分簇现象,有众多的节点集中在中心,表明有很多节点的度是相接近的。结合整个接触关系网络的度分布(图 5.12),也可以发现这一点,整个接触关系网络呈现出均匀网络的特性。通过对整个网络进行各个节点与其他节点之间的最短路径、平均路径长度和聚类系数的计算,得到整个接触网络的平均路径长度为 2.335 1,网络的直径为 3,聚类系数为 0.011 7,可以说构建生成的接触关系网络是一种小世界网络。

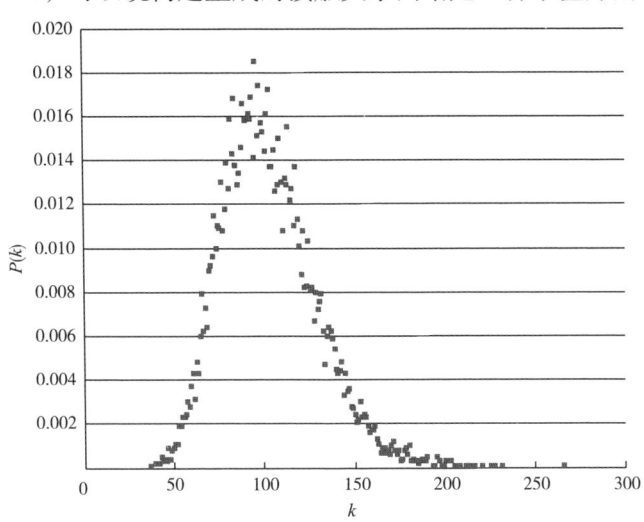

图 5.12 整个接触关系网络的度分布

5.4 交通网络建模

人工社会主要由人工人口和人工环境组成，而交通网络模型是人工环境的重要组成部分。路网模型是交通模型的基础，它是对真实世界中道路网络的拓扑、形状及特征等方面的抽象描述。本节将先讨论道路建模方法，然后在此基础上讨论交通建模问题。

5.4.1 道路网络建模方法

目前，出现了许多具有代表性的道路网络数据模型，如节点-弧段模型、线性数据模型、GIS-T 数据模型、交通数据模型等，这些模型都反映了道路交通的线性特征与道路的组织结构。然而，在不同的应用领域，系统需要的道路网络信息不尽相同。例如，城市三维显示与虚拟显示领域主要需要道路网络的几何特征和纹理属性；路径规划与车辆导航领域则更多地关注道路网络的拓扑结构特征；而军事作战仿真领域不但需要道路网络的拓扑结构特征，还需要道路网络的路面材质、道路承重、坡度、运动阻力系数及附着系数等与军事装备特性相关的道路属性。

1. 路径规划与车辆导航领域的路网模型

在路径规划与车辆导航领域，研究人员主要基于地理信息系统对道路网络进行模型描述，并运用 Dijkstra、Floyd、A* 及其改进型等算法实现计算服务（盛凯等，2014）。地理标记语言（geography markup language，GML）规范通过层次结构的 GML 对象定义了不同类型的实体，如要素、几何、拓扑等。GML 提供了一系列的 XML 模式来描述空间数据，包括要素模式、几何模式、拓扑模式等，这些模式提供了构建地理要素的基本组件。GML 的作用是通过提供一种机制让用户定义具体的地理要素。基于地理信息系统的道路网络模型操作简单、使用广泛，便于进行网络分析和地图显示，且解决了数据共享问题。总体上讲，基于地理信息系统的道路网络模型虽然也可以支持路径规划，描述道路网络的拓扑结构与形状特征，具有较高的数据存储与组织性能，且能够支持多种计算服务，但是对道路属性的描述不足，不能较好地满足人工社会领域中智能体的信息感知、智能计算等对道路模型的需求。

2. 交通运输仿真领域的道路网络模型

为了解决道路拥堵及环境污染的问题，早在 20 世纪 60 年代就有研究人员进行交通运输仿真。早期的交通运输仿真主要是集中在宏观和中观层面，随着计算机性能不断提高，仿真粒度越来越细，现在交通运输领域的仿真主要在微观层面开展。

微观交通仿真模型对交通系统中的每个车辆、行人、道路甚至交通灯等交通实体及其交互作用进行单独建模和描述，并通过所有实体的动态运行反映出复杂的宏观交通现象。典型的微观交通模型包括跟车和换道模型、元胞自动机模型以及多 Agent 系统模型。微观层面上的交通仿真软件典型的代表有美国的 CORSIM 和 TRANSIMS、英国的 PARAMICS 等。这类仿真系统的优势在于能够支持建立融合了智能交通系统的细节模型，但在进行大规模仿真计算时耗时往往较长，其微观仿真系统的实用性难以得到保证。总体上讲，该领域适用的道路网络模型主要用于日常活动的交通行为模拟和分析研究，道路网络模型和系统演化规则较为简单，并能够在一定程度上满足并行计算的需求，但是对于道路网络拓扑结构的描述并不明确，对道路网络属性描述也比较少。

3. 军事作战仿真领域的道路网络模型

在军事仿真领域，针对城市复杂环境条件下智能行为建模和仿真应用，美国军方和洛克希德马丁公司针对军事领域计算机生成兵力开发了 CTDB（compact terrain data base）数据库格式，用于描述复杂城市地形中的地形、建筑物、道路、公共设施以及拓扑等信息，为智能行为模型的推理、规划、决策等提供高性能的环境数据和信息查询、分析计算支持。美国 SAIC 公司针对下一代半自主兵力仿真的需求，在 CTDB 的基础上又提出和开发了 OneSAF 地形数据格式（OneSAF terrain format），支持更广范围和更高性能的智能系统模型开发应用。此外，美国国防部仿真与建模办公室（Defense Modeling and Simulation Office，DMSO）提出并制定了综合环境数据表示与交换规范（synthetic environment data representation and interchange specification，SEDRIS），通过 SEDRIS 标准中的特征表示类图模型和特征拓扑类图模型来描述道路网络模型。该模型能够详细地描述道路网络的拓扑结构及道路属性，且为数据的存储与交换提供了一套高效的机制。总体上讲，该领域的道路网络模型对道路网络的拓扑结构和道路属性的描述均比较细致，同时还能够支持路径规划、属性感知等多种计算服务，但是建模需要的数据量非常大。基于 SEDRIS 技术的道路网路模型能够较好地满足人工社会中大规模智能体的感知、规划、决策等智能行为模型需求，因此可以根据 SEDRIS，采用面向对象的方法对城市道路网络进行建模。

5.4.2 基于 SEDRIS 技术的道路网络建模

SEDRIS 计划由美国国防部仿真与建模办公室于 1994 年发起，并最终成为

ISO/IEC[①]国际标准。它的目标是提供一种强大的方法来完整地表示环境数据,提供访问环境数据模型的方法和一种无歧义、无损耗、高效率的数据交换机制,从而支持环境数据的描述、表示、重用、交换和共享。

1. SEDRIS 的组成

SEDRIS 由数据表示模型(data representation model,DRM)、空间参考模型(spatial reference model,SRM)、环境数据编码标准(environment data coding specification,EDCS)、应用传输接口(transmittal access API,TAAPI)和 SEDRIS 传输格式(SEDRIS transmittal format,STF)五个技术组件组成。DRM 是 SEDRIS 技术的核心,它提供了一个通用的环境数据表示方法和标准的交换机制。SRM 提供了一种统一的方法来描述空间位置信息,把通用的坐标系统集成在一个统一框架中,将不同的空间位置准确地关联在一起,并提供了一种精确和有效的坐标转换方法。EDCS 提供了一种环境对象分类(命名、标志等)的方法,同时将这些环境对象的属性关联在一起。TAAPI 和 SEDRIS 传输格式为用户提供操纵环境数据的方法和一个与平台无关的信息格式,实现跨平台的交换。通过集成的 API,使应用程序、数据表现模型和环境数据库的物理存储结构分离开来,从而使这三者相互独立而互不影响,确保了无损失的数据交换。

总体来说,SEDRIS 中的这五个技术组件有机组合在一起,解决了综合环境数据的表示和交换问题。DRM、SRM 和 EDCS 提供了一种环境数据的描述机制,实现了综合环境数据完整的表述方法,TAAPI 和 STF 提供了强大的交换功能,实现了环境数据无歧义、无损耗的交换。

2. SEDRIS 数据表示模型

针对人工社会中的道路网络建模主要对道路网络的拓扑结构和道路的宽度、长度、道路类型和速度限制等属性进行描述和表示,因此主要用到 SEDRIS 中 DRM 提供的特征表示类图(feature representation)描述和特征拓扑类图(feature topology)描述。

DRM 提供的特征表示类图描述主要通过聚合和派生的方式来表示和组织数据。其中,DRM 特征表示类泛化为 DRM 原始特征类和 DRM 特征层级类;DRM 原始类泛化为 DRM 点、线、面、体等特征类,然后将各个特征类的属性通过聚合的方式组合在一起;DRM 特征层级类泛化为时间、多细节层次、状态等特征类。特别重要的是,特征表示与特征模型实例、特征拓扑层次等类关联,提供相

[①] ISO(International Organizational for Standardization,即国际标准化组织); IEC(International Electrotechnical Commission,即国际电工委员会)。

应的模型信息和拓扑信息。在面向人工社会的道路网络建模中，特征表示类图可以用来描述道路网络中道路节点的地理位置、道路的宽度、长度等属性。

特征拓扑类图定义了特征拓扑的表示方法，特征拓扑主要通过派生特征点、特征边、特征面、特征体表示，并依次聚合形成较高层次的特征拓扑元素。特征拓扑元素还与相应的特征关联，且通过面内的环、体中的腔等支持对复杂特征拓扑的表示。特征拓扑信息适合于各种环境信息的感知、推理、学习、决策等与人工智能相关的应用。在面向人工社会的道路网络建模中，特征拓扑类图可以用来描述道路网络的道路拓扑特性。

3. 面向人工社会的道路网络模型描述和表示

根据 DRM 提供的特征表示类图模型和特征拓扑类图模型，可结合面向人工社会的应用需求，使用 UML 描述道路网络的特征和拓扑关系，如图 5.13 所示。其中，Transmittal Root 是一个传输文件中所有对象的根层次，并由它定义该传输文件的名称，使用的 DRM、SRM 和 EDCS 的版本等；Identification、Transmittal Summary、Absolute Time 和 Data Quality 的对象分别描述了该传输文件的使用目的、包含环境数据概况、创建数据的时间及数据质量等方面内容；Environment Root 是所有具体环境数据的根层次，并由它确定环境数据所使用的坐标系和数据单位等；Spatial Extent 定义了该环境根所描述地区的空间范围，它由西南点和东北点两个 Location 对象所确定。

人工社会中的道路网络的所有数据均可聚合到 Union of Features 中。路口、换乘站点等均可抽象为点特征，由 Point Feature 表示，Classification Data 定义了该点特征的类别，而 Property Value 描述的该点特征的属性值，如路口的类型、换乘站点的名称等；路网中的路线、地铁线、公交线等均可抽象为线特征，由 Linear Feature 表示，同样由 Classification Data 定义其线特征的类别，Property Value 描述其属性，如长度、宽度、限制速度、允许通行的车辆类型等。另外，Feature Topology 描述了路网的拓扑结构，其中 Feature Node 和 Point Feature 相关联，并由一个 Location 对象确定该点特征的位置坐标；Feature Edge 与 Linear Feature 相关联，表示线特征中的路段，并且每个 Feature Edge 对象和两个 Feature Node 对象相关联，若路段是曲线，可由一个或多个 Location 对象描述路段弯曲处的坐标；若某路段是单向通行的,其允许通行方向可由关联对象 Edge Direction 表示。

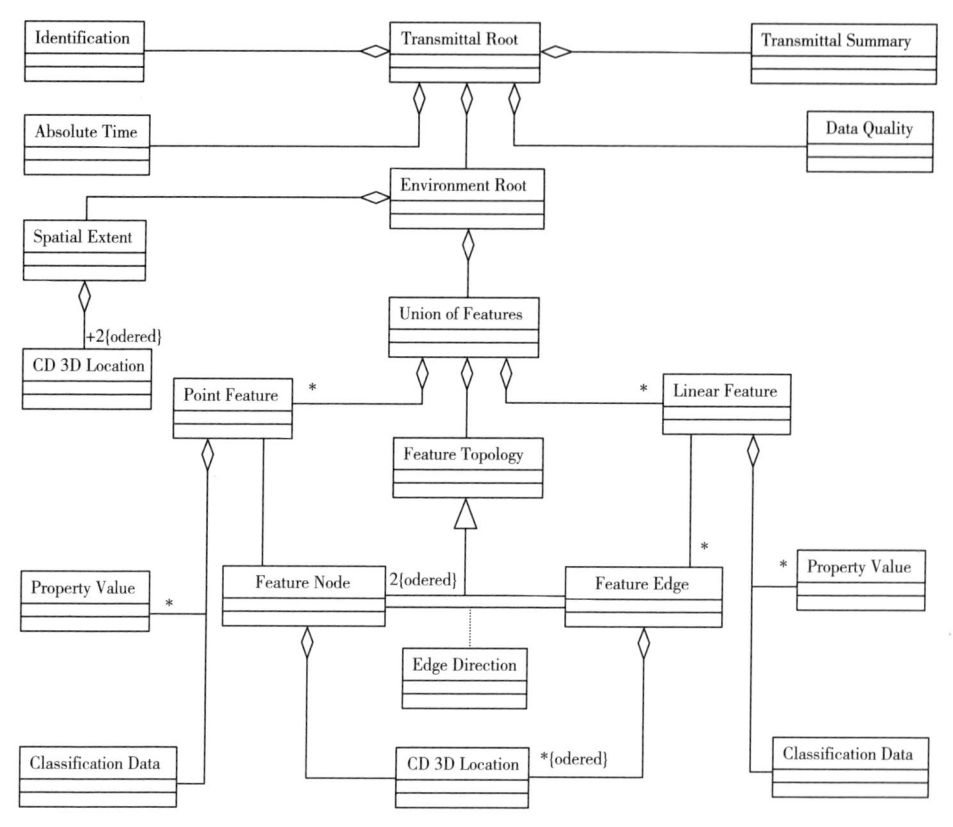

图 5.13　基于 SEDRIS 的道路网络特征和拓扑关系
*代表多个，是 UML 图中的标准符号

5.4.3　交通系统建模方法

通过仿真模型可以动态地、逼真地仿真交通流和交通事故等各种交通现象，复现交通流的时空变化，深入地分析车辆、驾驶员和行人、道路以及交通的特征，有效地进行交通规划、交通组织与管理、交通能源节约与物资运输流量合理化等方面的研究（陆化普等，2009）。

1. 宏观交通模型

此类模型试图以车流的平均密度 $\rho_{(x,t)}$、平均速度 $v_{(x,t)}$ 以及路段流量 $Q_{(x,t)}$ 等宏观性指标对交通流进行刻画，其中 x 和 t 分别代表位置和时间参数，模型主要的优点在于计算简单，能够从宏观层面刻画整个交通系统的动态特性；主要问题是简化中带来与真实系统的偏差，特别是当研究者关注系统中个体行为特征时，宏观模型无法满足研究需求。随着复杂网络技术的兴起，包括网络的度关联性、聚集系数、介数等复杂网络指标越来越受到学者的关注。

2. 微观交通模型

以单个车辆为仿真基本单元，车辆在道路上的跟车、超车和车道变换都可以得到模拟。此类模型以单个车辆为研究对象，能够对整个系统内的微观现象进行模拟，故称之为微观交通模型。车辆跟驰行为主要分为三类（盛凯等，2014），即安全距离模型、"刺激-反应"模型、"心理-物理"间距模型。

1）安全距离模型

模型的最初设想是为了保证安全，与前车距离至少一个车身，那么此时的安全距离为

$$D_n(v) = L_n(1+v/16.1) \tag{5.8}$$

其中，L_n 是车长；v 是车速。特别的，Leutzbach 将驾驶员反应时间分解为认知时间、决策时间和制动时间，改进后的模型制动最大安全距离为

$$D_n(v) = L_n + Tv + v^2/(2\mu g) \tag{5.9}$$

其中，T 是决策时间；μ 和 g 分别是路段表面摩擦系数和重力加速度，而式（5.9）的三项依次表示认知距离、决策距离和制动距离。

2）"刺激-反应"模型

"刺激-反应"模型认为跟驰车辆的加速和减速行为是在 T 秒的反应时间后做出的，且驾驶员所受的刺激主要来自于前后车的速度差。Chandler 等提出了著名的速度差车辆跟驰模型：

$$a_n(t+T) = \lambda(v_{n-1}(t) - v_n(t)) \tag{5.10}$$

其中，λ 是敏感参数。后来，学者对 λ 进行了具体的函数设定，使模型更新为

$$a_n(t+T) = c(v_n(t+T))^m \times (v_{n-1}(t) - v_n(t))/(x_{n-1}(t) - x_n(t))^l \tag{5.11}$$

其中，c 是驾驶员对速度进行调整的意愿强度；该模型的缺陷是它不能很好地反映自由流行驶状态，无论前后车距多大，在速度差为零的状态下，后车不再做出调整，这与现实不符；没有考虑不同类型车辆参数 c 的差异性，故该模型是将所有个体做同质化处理后的简化模型。上述两个缺陷决定了该模型只适合于交通拥挤状况下的小范围的交通跟驰行为模拟。

3）"心理-物理"间距模型

"心理-物理"间距模型提出以下两点假设：①当前后车辆相距较远时，后车的行驶不再受前车的制约（此时的期望行驶速度具有一定的随机性）；②当间距较小时，在某一些相对速度与相对距离的组合模式下，由于车辆动能非常小，后车驾驶员也不必做出反应（相对速度来决定驾驶员的期望车速）。

驾驶员行驶中受到的刺激：①前车的速度和相对距离；②道路上出现异常情

况，紧急制动（出现道路损坏、红绿灯和行人横穿马路等）。驾驶员将自身需求和状态预期值的相对误差作为判定标准做出决策。

3. 中观交通模型

1）车头时距分布模型

车头时距分布模型假设前后车辆间车头时距由两部分构成，一部分是服从某种分布 $g(t)$ 的随机变量（最小车头时距），而另一部分则是超过该部分且服从参数为 λ 的指数分布的随机变量 $h(t)$。因此，车头时距模型为两者的加权：

$$f(t) = \varphi g(t) + (1-\varphi) h(t), 0 < \varphi < 1$$
$$h(t) = \lambda e^{-\lambda t} \int_0^t g(z) \mathrm{d}z / B \qquad (5.12)$$

其中，B 表示来自于 $h(t)$ 的车头时距超过最小车头时距的概率；φ 表示最小车头时距占有比重。虽然该模型可以描述车辆排队与随机分布的现象，但是却因为忽略了对车辆的动态性描述而受到质疑。

2）聚类模型

聚类模型将路段上运行的车辆按照一定的规则划归为一个个独立的单元，将对微观车辆的研究转换为对车辆单元的研究。通常对车辆单元内的车辆仿真有两种处理方式（刁阳等，2009）：以 CONTRAM 为代表的离散包模型；以 MesoTS 为代表的连续包模型。二者的区别在于，前者将组内的车辆集结在某一点处进行仿真，而后者中的车辆则均匀分布于交通单元内。

3）"排队-服务"模型

"排队-服务"模型的基本思想是以单个车辆为仿真对象，但车辆的运行不是独立的，而是受宏观"速度-密度"函数控制，在路段下游节点处建立一个排队服务器用来模拟信号控制等对排队车辆所形成的延误。根据密度在不同范围内的界定，可分为全密度排队服务模型和各向异性中观仿真模型，后者则接近于微观仿真。可以将队列分为行驶部分和排队部分，对单位车辆的控制是通过宏观的速度-密度方程完成的，对于单个个体应该定义其速度影响域模型，因为个体一般只对当前可视范围内的情况进行分析和决策。

5.4.4 交通建模软件 TRANSIMS

TRANSIMS 是由美国主持开发的一款集出行需求预测、交通流量仿真和交通污染评价于一体的微观交通仿真建模平台（朱庆和李渊，2007）。其采用自底向上的方法基于元胞自动机技术对交通需求进行建模，为交通规划者进行交通评价、堵塞分析、空气污染，以及对突发事件的处理提供精准的决策参考信息。它能够以高时空分辨率的方式模拟研究区中居民的出行行为，进而分析交通运输系统的性能。TRANSIMS 能够对整个城市社区建立虚拟的模拟环境，从而对城市社区中土地使用情况、居民分配情况、各类出行活动、突发事件，以及城市路网进行精准的描述；能够记录每时每刻系统中个体和车辆的状态，经过统计分析获得整个交通系统的当前状况。

如图 5.14 所示，TRANSIMS 框架包括人口合成、活动产生、路径规划、微观仿真、反馈控制和可视化输出等模块（乐阳和龚健雅，1999）。系统输入数据主要是为了支撑路网数据表设计，需要的输入数据包括路网数据、人口统计数据、出行活动调查数据和车辆信息数据，将不同类型的数据分别建立关联表格，为下一步出行计划提供地理信息数据。人口合成模块利用人口普查数据产生研究区域内的合成家庭，用土地使用数据将合成家庭放置到相应的交通网络上。活动产生模块按照出行者所具有的特性生成出行者一天当中的出行活动清单，详细到出行活动的类型及优先级、起始时间、交通方式和目的地。路径规划模块根据活动模块产生的活动列表产生每个个体的路径规划，个体出行仿真计算即依据此表执行。微观仿真模块用于模拟所有出行者在整个路网系统中的运动及交互作用。反馈控制使模拟系统中构建的人具有学习能力，信息反馈机制不断修正出行计划，使仿真系统输出更加逼近现实。

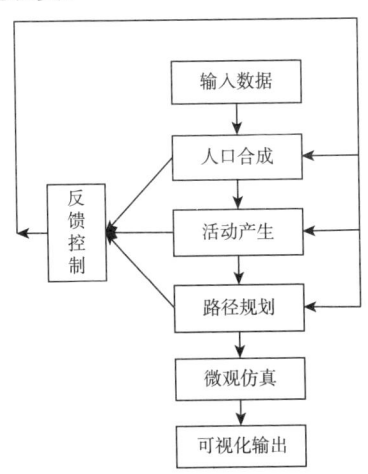

图 5.14 TRANSIMS 系统结构图

TRANSIMS 实现了人口与交通的紧密关联关系和交互作用，基于元胞自动机技术能够展现交通系统的宏观和微观现象。但是，由于其出发点是研究交通行为对环境的影响，因而它的系统模型中没有把传染病传播相关要素考虑在内，也就无法分析交通对传染病传播的影响。尽管如此，TRANSIMS 通过合成人口来研究个体交通行为，依然能够提供很好的借鉴。

5.4.5 面向传染病传播的人工交通系统建模实例

交通系统因其对个体时空接触条件的深刻影响,也必然改变传染病传播特性。ACP 理论以及多 Agent 建模方法在交通和传染病建模中的成功实践,为构建面向传染病传播的人工交通系统提供理论支撑(程子龙,2012)。本小节在对建模对象、需求和步骤系统分析的基础上,介绍了一个面向传染病传播的人工交通系统建模的例子。

人工交通系统由提供人口信息的人工人口系统和提供环境信息的交通环境系统组成。经过分析,需要构建的 Agent 包括环境 Agent、个体 Agent 和交互 Agent。

1. 环境 Agent

环境主要是指交通系统,基于复杂网络理论将路段简化为复杂网络中的边,它的权值代表了道路交通拥堵感染指数;交叉口简化为复杂网络中的点,其具有的属性主要包括以下内容:速度,表示交通流畅性;流量密度,表示交通系统的拥堵程度;方向性,明确交叉口的转向性。其中传染病在交通系统中感染指数随着拥堵程度的提高不断增加。实际上,短期内环境智能体往往不会发生质的改变(即不会引起出行比例大的变动),主要是个体根据可获得信息进行出行决策,是一个个体适应环境的过程;长期的社会运转过程中,个体会根据自身需要,不断地更新环境,从而引起交互行为的改变。这些改变可以通过个体 Agent 出行方式选择概率的改变而实现对真实场景的近似模拟,通过计算实验来为更加完善、可靠的交通系统建设与规划提供技术支持。

2. 个体 Agent

个体的主要特征参数有性别、年龄、初始位置、感染状态等。按感染状态可以将个体划分为易感个体、感染个体和免疫个体。易感个体即没有携带病毒病原体的个体,会因接触其他病原体携带者而成为感染个体。感染个体即携带有病原体的个体,会将病原体传播给周围的易感个体。免疫个体即感染病毒后已经治愈或者是注射了疫苗的个体,具有对该病毒的免疫力,不携带有病毒病原体,也不再接受该病毒的感染,将从计算模型中被剔除。个体的出行方式选择是基于统计数据的概率值,一般情形下,个体根据自身属性参数按照统计概率选择公共交通出行方式;在非常规情境下,则需要根据事件特征修正公共交通出行概率。基于统计数据,借助计算实验来研究不同情境下交通系统中的传染病传播特性。

3. 交互 Agent

交互 Agent 是我们从真实的社会系统中抽象出来的,用来控制和管理个体与环境交互的"虚拟"Agent，虽然它们实际上是不存在的，但是却有着十分重要的系统功能。为了实现交互功能，可以将其划分为接收、处理和执行三大模块，交互 Agent 的存在有利于实现交通系统和人工人口系统的通信和相互操作，为人工社会中多源异构信息的高效获取和转换提供保障。

人工交通系统的建模需求主要包含以下几个方面：①体现个体的异构特性；②体现系统演化过程中的多层次适应性；③体现网络级联效应的多级性；④兼顾个体异构性和系统整体性的多角度建模。

针对上述建模需求，面向传染病传播的人工交通系统建模步骤如下。

（1）分析、归纳传染病和交通系统的建模方法，研究其中会对传染病传播产生影响的实体，提取其影响模型，确定模型的范围、粒度等关键信息，基于 Agent 建模技术设计实现初始化、环境、个体和交互智能体对象。

（2）基于统计数据和社会学原理，构建和真实社会相似的人工人口系统模型，对个体 Agent 的各项属性参数初始化。

（3）设计人工交通系统中的交互规则、传染病传播机制和感染计算模型。

（4）提取城市交通基本数据，设计交通出行决策模型，包括出行目的、路径、方式、时间等，定义个体特征与其交通出行行为的关联规则。

（5）基于多 Agent 建模方法，根据建模需求设计实现人工交通系统；根据研究目的，计算实验研究交通系统对传染病传播特性的影响。

针对人工社会的应用需求，对北京市五环线及五环之内主干道和北京市地铁网络进行建模，如图 5.15 所示。

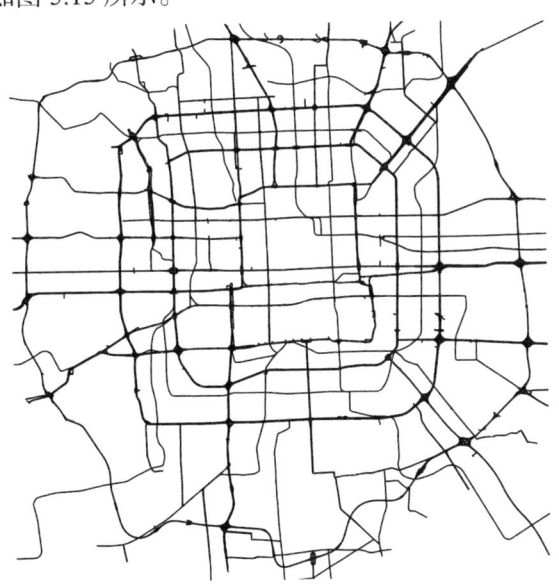

图 5.15 北京主干道和地铁线路图

此实例的道路网络节点描述的要素包括节点名称、节点类型、节点位置等，如表5.2所示。节点名称可作为创建的 Point Feature 对象的其中一个属性，属性类型为 NAME，属性值为长整型数据；节点类型在创建的 Classification Data 对象中体现，并根据 EDCS 中的环境对象分类方法，公路网络的交叉口标准名称为 ROAD_INTERCHANGE，地铁站点的标准名称为 RAILWAL_STATION；而节点位置由经纬度坐标表示，并将表示位置的对象聚合到与该 Point Feature 对象相关联的 Feature Node 对象中。

表 5.2 道路节点描述要素

节点名称	节点类型	节点位置（经纬度）
201	ROAD_INTERCHANGE	X: 115.356 115 3 Y: 39.943 831 29
202	ROAD_INTERCHANGE	X: 115.371 822 4 Y: 39.948 503 23
XiZhiMen	RAILWAY_STATION	X:115.355 171 2 Y:39.940 541 00
JiShuiTan	RAILWAY_STATION	X:115.373 024 0 Y:39.948 963 82
...	...	...

道路网络中边描述的要素包括线路名称、线路类型、路段编号、路段长度、路段相关联的节点、路段限速等，如表 5.3 所示。线路名称可作为创建的 Linear Feature 对象的一个属性，属性类型和节点名称的属性类型相同；线路类型同样在创建的 Classification Data 对象中，公路网络的线路类型为 ROAD，地铁的线路类型为 RAILWAY；线路中的每个路段均要创建为 Feature Edge 对象，路段编号、路段长度和路段限速均可作为路段的属性，聚合到 Feature Edge 对象中，并且和对应的 Feature Node 对象相关联。

表 5.3 道路边描述要素

路段编号	所在线路	线路类型	路段长度/米	关联节点	限速/(米/秒)
02001	2Huan	ROAD	3 615.05	201、202	20
02002	2Huan	ROAD	2 822.28	202、203	20
90201	R2	RAILWAY	3 810.85	XiZhiMen、JiShuiTan	—
90202	R2	RAILWAY	2 738.73	JiShuiTan、AnDingMen	—
...	...	...	...	...	...

根据 SEDRIS 中 TAAPI 提供的接口，将该实例中的道路网络数据存储为.stf

数据格式，并可通过 SEDRIS 官网上提供的 SEDRIS Focus 工具检查、查看创建的.stf 文件，同时用户可根据需要利用 TA API 标准接口方便地使用这些数据，如图 5.16 所示。

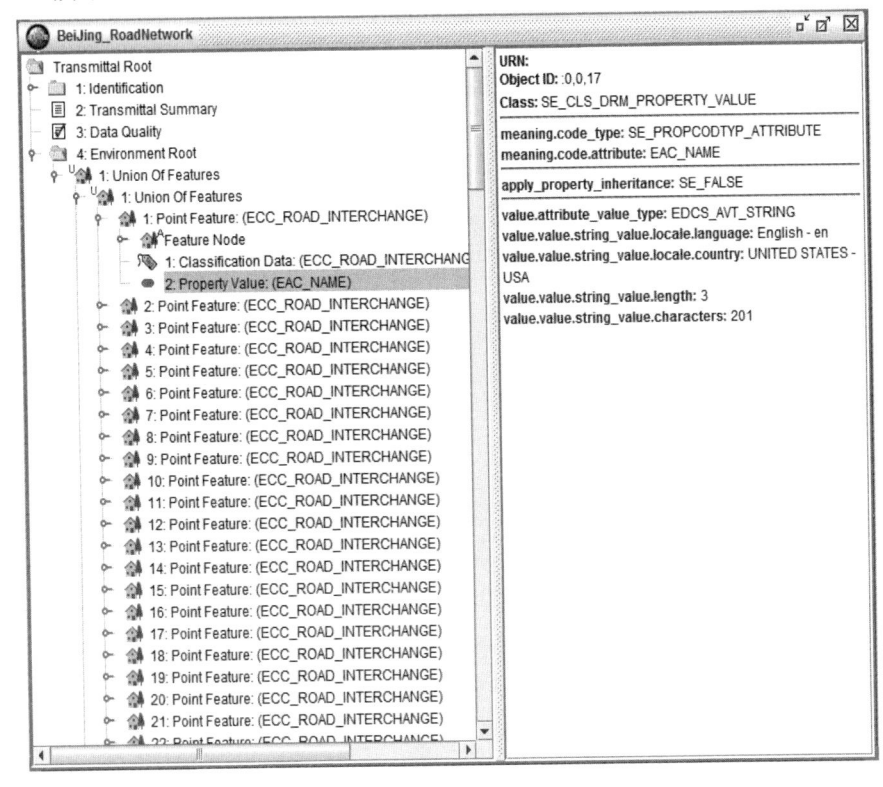

图 5.16　道路模型建模模型

利用这种方法描述和表示道路网络的特点如下。

（1）能够完整地表示所需的道路属性特征及拓扑结构特征，而且结构简明清晰。

（2）适合大范围、高分辨率的道路网络建模，信息重用率高，需要的存储空间相对较小。

（3）模型扩展性较好，数据易于维护。道路网络的节点和连接可以任意增加或减少，且节点和连接的属性值变更等数据维护工作易于开展。

（4）可以有效提高路径搜索、数据信息查询等应用的算法效率。

因此，该建模方法能够较好地满足人工社会对道路网络模型的需求，进一步的工作是集成道路网络与城市环境建模的其他组件之间的具体关联方式、路径搜索的优化算法以及数据信息查询算法。

第6章

社会性疫情突发事件建模

疫情传播对人类健康和生命安全构成严重威胁，其大规模流行可能引起社会的恐慌和动荡，并对医疗卫生和社会管理形成巨大挑战。特别是，新型病毒引起的疫情传播具有不可预测性，其导致的社会应急管理问题日益凸显。传统的流行病研究方法难以解决疫情传播所带来的预测、控制和社会管理等复杂问题。信息技术与流行病学的交叉融合，为研究新型疾病的传播与控制提供了新的思路和方法。针对以上问题，通过构建疫情传播事件发生、发展和演化的人工社会情景，对各种情景进行疫情传播计算实验，辅助在线应急决策和预案评估。

6.1 经典疫情事件传播模型

从机理层面，传染病毒由某个时空点上的感染者体内排出，通过直接或间接接触的某种传播途径，渗透到另一时空点上的易感者体内，易感者以一定概率被感染，并感染处于一定时空范围内的其他易感人群。在此过程中，传染病传播主要由感染者的传染性和易感者的易感性两方面共同决定，这二者又受各自的生物学特征、接触行为和环境因子等要素控制。

6.1.1 经典系统动力学模型

传统疫情传播的研究方法主要是数学方法，一般用微分方程来描述个体状态的变化关系，分析均衡解的特征及参数之间的关系，得到传染病在人群中的传播规律。系统动力学模型根据人群个体的疾病健康状态将人群分为不同群体，同时假设同一群体内个体属性是混合均匀的，然后使用微分方程来描述不同群体间个体数量的动态演化过程。在微分方程中，个体状态转换参数描述了个体在不同群体之间的转移，如感染速率、发病速率、恢复速率等。经典的 SIR 系统动力学模型的微分方程可描述为

$$\begin{cases} \dfrac{\mathrm{d}s(t)}{\mathrm{d}t} = -\beta s(t)i(t) \\ \dfrac{\mathrm{d}i(t)}{\mathrm{d}t} = \beta s(t)i(t) - \gamma i(t) \\ \dfrac{\mathrm{d}r(t)}{\mathrm{d}t} = \gamma i(t) \end{cases} \quad (6.1)$$

其中，$s(t)$、$i(t)$、$r(t)$ 分别是 t 时刻人群中易感个体密度、感染个体密度、移除个体密度，且 $s(t)+i(t)+r(t)=1$；$\beta>0$ 是疫情传播速率；$\gamma>0$ 是感染者恢复速率。感染个体密度与疫情传播速率成指数关系，$i(t) \sim \beta^t$。

根据式（6.1）可得 $\dfrac{\mathrm{d}i(t)}{\mathrm{d}t} = \left(\dfrac{\beta}{\gamma}s(t)-1\right)\gamma i(t)$，又因 $s(t) \in [0,1]$ 和 $i(t) \in [0,1]$，所以当 $\dfrac{\beta}{\gamma}>1$ 时，$\dfrac{\mathrm{d}i(t)}{\mathrm{d}t}>0$，即疾病可在人群中传播开来，从而得到基本再生数的概念。当 $R_0 = \dfrac{\beta}{\gamma}>1$ 时，一个感染个体能够将疾病在易感状态的人群中传播开来；当基本再生数 $R_0 = \dfrac{\beta}{\gamma}<1$ 时，感染个体不能将疾病在易感状态人群中传播开来。此外，流行病的最终感染个体数量可表示为 R_0 的函数，如

$$r(\infty) = 1 - s(0)e^{-R_0 r(\infty)} \quad (6.2)$$

其中，$r(\infty)$ 是流行病的最终感染数量；$s(0)$ 是初始时刻的易感数量。

6.1.2 Reed-Frost 随机模型

Reed-Frost 模型根据个体的疾病状态将人群划分为易感者（susceptible）、感染者（infectious）和移除者（recovered），同时将个体间的接触行为按一定概率划分为无效接触和有效接触。个体间的有效接触定义为易感者与感染者之间的接触行为，且接触行为使易感者被感染者传染病毒。该模型的具体内容描述如下：在个体数量为 N 的封闭人群中个体间相互接触的机会均等，易感者与感染者充分接

触之后，按一定的概率变成新感染者。而感染者在传染期具有传染力，经过一定时间之后成为移除者，失去传染力，同时具备免疫力。

在初始条件下，假设封闭人群中仅有一名感染者 $C_0=1$，初始的易感人数 $S_0=N-1$。在 t 时刻易感人数为 S_t，感染人数为 C_t。假设两个个体间的有效接触概率为 p，那么两个个体间的无效接触概率为 $q=1-p$。在 $t+1$ 时刻一位易感个体没有与封闭人群中的感染者进行有效接触的概率为 $Q_{t+1}=q^{C_t}$，至少与一位感染者进行有效接触的概率为 $P_{t+1}=1-q^{C_t}$。那么，$t+1$ 时刻新增感染人数的期望值是

$$E(C_{t+1}|C_t,S_t)=S_t\left(1-q^{C_t}\right) \tag{6.3}$$

Reed-Frost 模型是应用最广泛的疫情传播随机模型。在疫情传播随机模型的研究中人们结合随机过程、Markov 链、蒙特卡洛方法，以及数值仿真方法对 Reed-Frost 模型进行扩展和应用。

6.1.3 经典模型的问题与改进

传统疫情传播数学模型对疫情传播复杂过程和传播因素进行简化，只关注疫情传播的宏观规律描述，建模过程相对简单。但是合理的假设和简化同时带来了局限性，使数学模型难以对疫情传播的复杂过程进行详细描述。首先，人群混合均匀假设使得疫情传播数学模型难以描述个体微观行为和交互的差异性。其次，较少的参数难以描述与疫情传播相关的各种各样的因素，尤其是人类的复杂行为。最后，微分方程中赋予平均值的参数难以描述疫情传播过程的异质性，如感染个体的异质传播能力和疾病病程发展的异质时间尺度。

在疫情传播的研究中，人们针对各种局限性对数学模型进行扩展。首先，为了改进系统动力学模型在描述个体属性和行为差异时的局限，人们对人群的分组进行了扩展。对人群的分组不再限于个体的疾病状态，而是考虑个体的属性状态差异。例如，在超级传播事件的研究中，根据个体的传播能力将感染人群再划分为一般传播人群和超级传播人群。此外，根据感染个体的多种健康状态对人群进行分组，形成了多种系统动力学模型。例如，SEIR 模型、SI 模型、SIS 模型以及考虑部分隐性患者的模型。其次，为了对影响疫情传播的各种因素进行描述，人们对微分方程中的参数进行扩展，即引入更多的物理变量以描述其他因素对疫情传播过程的作用。例如，为了研究疫情传播过程中人的行为变化对疫情传播过程的影响，将人的接触行为集成到参数"平均传播速率"。而为了描述个体疾病病程发展的时间异质性，对病程发展参数，如发病速率和康复速率进行异质处理。

但是，目前这些扩展模型仍然有局限性。一是数学方法对传染病传播过程的动态演化研究不足；二是传播扩散行为与人群的个体行为密切相关，而数学模型一般假设个体行为属性均相同，很难体现个体异质性对传播过程的影响；三是随着自由变量和约束条件的增加，模型复杂性增加，解的形式复杂，无法进行解析分析。随着对传染病传播原理深入研究的需要增加，传统的系统动力学建模面对海量的数学模型和参数显得力不从心，相关学者开始采用元胞自动机、人工神经网络、遗传算法来模拟传染病的传播机制。近年来，以 Watts、Strogatz 和 Barabási 为代表的学者揭示了复杂网络的"小世界性"和"无标度特性"，揭开了复杂系统研究的新篇章。相关学者开始研究网络的拓扑结构对传染病传播的影响，但其在微观个体描述能力上的欠缺，使其在对个体结构异化的传染病分析上存在很大的局限性。基于 Agent 建模方法的提出，使对传染病传播的定量仿真成为可能，众多学者尝试采用 Agent 方法分析传染病传播机制，取得了一系列重要的成果。

6.2 面向人工社会疫情传播建模方法

采用人工社会计算实验研究流行病的传播是在对单个 Agent 日常接触行为仿真的基础上进行的。当 Agent 之间发生接触时，启动流行病仿真模型，通过一系列的判断来决定流行病的传播是否发生。伴随着人工社会中个体 Agent 之间的不断接触，以及基于个体接触的流行病仿真，将会呈现出宏观的流行病传播，甚至可能涌现出新的现象。

6.2.1 疫情传播过程建模

接触性传播疾病通常以个体之间的时空交互为依托，为了实现个体之间接触行为的高分辨率建模，在人工社会中采用了多层级社会关系网络驱动的交互模式。就单个个体而言，其日常生活中涉及的多种社会关系是相对固定的，即强相关的社会关系。这些社会关系作为个体的固有社会特征在人工社会生成的过程中形成社会关系网络数据库，每个个体 Agent 的每种社会关系对应一条社会关系列表。在疾病传播计算实验中，为了降低计算消耗，在一个仿真步长内只关注感染者 Agent 在人工社会中与其接触关系列表中 Agent 之间的接触，即只有在 Agent 为染病者的情况下仿真接触和流行病的传播才会进行。染病 Agent 的状态更新过程如图 6.1 所示。

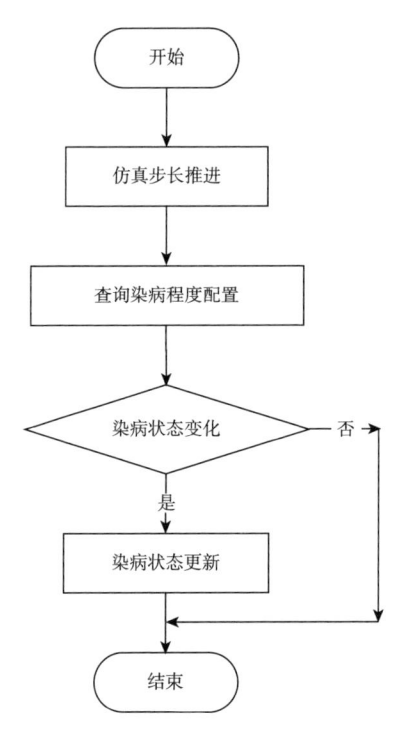

图 6.1　染病 Agent 的状态更新过程

每个染病 Agent 在仿真时间推进后，自身的染病计时器开始计时。与此同时，Agent 根据自身的染病状态分布设置来进行 Agent 染病状态的更新。整个流行病传播与控制的仿真过程如图 6.2 所示。

该仿真流程中，需要先设定流行病传播控制仿真实验的仿真时间步长。模型启动后先根据流行病的具体类别确定流行病传播模型，然后对流行病特征参数、实验参数及控制策略进行设置，最后进行流行病传播或控制实验。在设定的仿真时间到达之前，模型按照用户的设置将染病 Agent 的 ID 放入染病列表，在每个仿真时间步长里只允许处在染病列表中的 Agent 按照其接触关系列表进行接触判断，一旦接触发生则调用流行病模型判断此次接触流行病的传染是否发生。如果流行病的传染事件发生，流行病传播模型将会把相应的属性赋值给被感染的易感 Agent，并在染病列表中加入新的感染者以实现在下一步仿真中的接触传播。最后，当仿真时间到达，对所获得的仿真数据进行处理得出相应结论。

如果一个人被流行病感染，通常需要经过一段时间流行病的症状才能够显现出来，这段时间就被称为疾病的潜伏期。当流行病的症状出现后，通常也要隔一段时间才去医院寻求治疗，这一段时间称为流行病的发病期。一旦染病者被诊断为已患病，就会接受治疗进入恢复期。恢复期是指染病者从被诊断为已患病到其

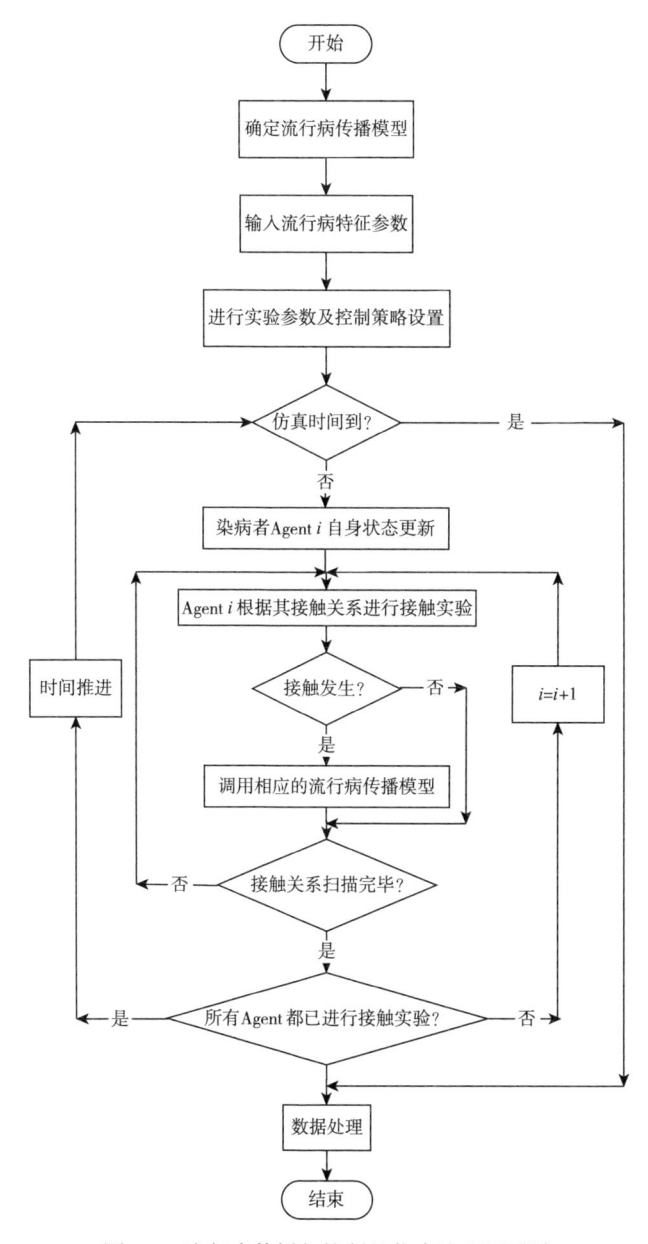

图 6.2 流行病传播与控制的仿真流程图设计

恢复健康或者因患病而死亡的时间。由于染病者在染病后不同时期对他人的传染能力具有明显差异，在流行病传播模型中为所研究的流行病设置了不同阶段的时间分布用来实现对流行病感染者 Agent 在染病不同阶段对其他 Agent 传染的不同程度的描述，见图 6.3（段伟，2014）。

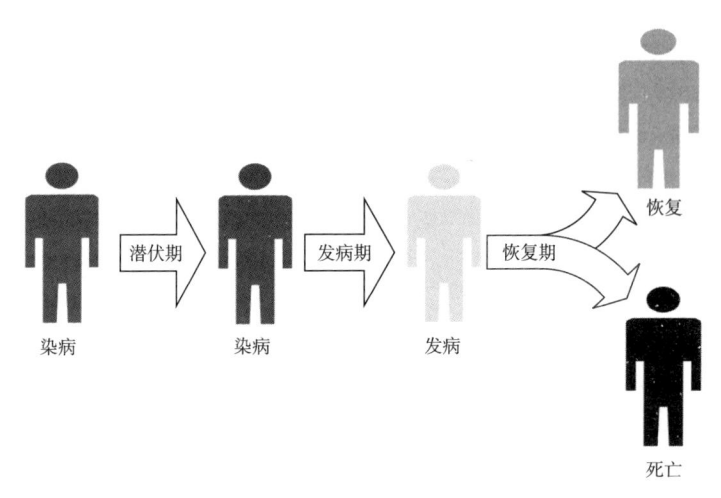

图 6.3　流行病状态更新

由于个体行为具有适应性，所以当得知其朋友身患传染病后就会采取一定的自我保护行为。在这种情况下，流行病传播的概率非常小，而当个体无法获得其朋友染病的信息时，自然就不会产生适应性的行为。也正是因为如此，流行病才在人们没有防范的情况下更加迅速传播。可以说，流行病主要是在这三个阶段进行传播的。其中，处在发病期的流行病患者最具传染性，而患者在潜伏期和恢复期对易感者的传染性会小一些。

前面从概念和传播动力学的角度上介绍了两种常见的流行病传播动力学模型，即 SIS 模型和 SIR 模型。此外，还针对模型的适用范围和模型的拓展思路对一些流行病传播动力学拓展模型进行了概括和总结。可以说，利用这些模型能够描述当前绝大多数的流行病传播。但是，这些模型都无法直接应用在人工社会的流行病传播与控制仿真中。通过对这些流行病传播动力学模型的理解和对流行病传播的基本认识，在按照接触关系网络进行仿真接触的基础之上，需要对流行病传播动力学模型进行仿真模型的设计。

流行病传播仿真模型在流行病传播与控制仿真实验中所起的主要作用是实现流行病模型与人工社会的结合与交互。在仿真过程中，流行病传播仿真模型需要根据不同流行病的特征规律，给出在 Agent 之间发生接触事件时流行病传播的概率、Agent 感染流行病以后的潜伏期时间、发病期时间、恢复期时间，以及恢复期结束时的恢复状态（免疫状态、易感状态、死亡状态），见图 6.4。

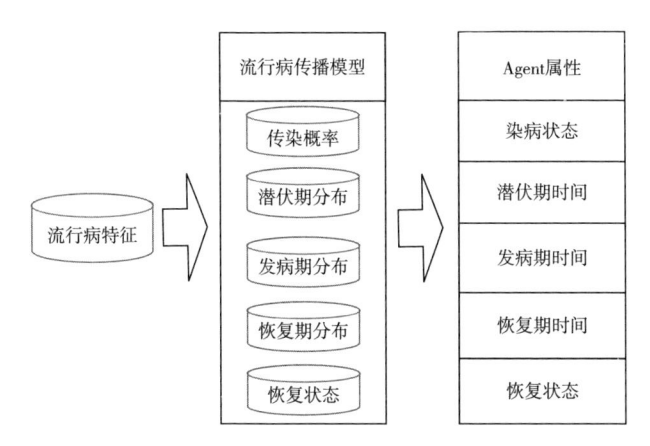

图 6.4　流行病传播仿真模型

当染病 Agent 和易感 Agent 之间发生接触事件后，系统就会调用流行病传播模型。流行病传播模型通过查询流行病的特征和已输入的参数及控制策略对 Agent 进行属性的配置。在接触事件发生后，系统通过查询染病 Agent 具体所处的感染状态令流行病传播模型给出相应状态下易感者感染流行病的概率。如果满足所给的概率条件，那么就认为与染病 Agent 接触的易感 Agent 感染流行病，进而将染病状态设置为染病进入潜伏期状态。同时，流行病传播模型根据流行病在各个阶段的分布情况给出被感染 Agent 在各个阶段的时间，即潜伏期 q、发病期 f、恢复期 h。最后，根据流行病造成的死亡率对其恢复后的状态进行设定，从而易感 Agent 进入染病 Agent 的状态更新过程。

6.2.2　传染病元建模

公共卫生事件应急管理领域中，突发事件模型以传染病的病程模型为主。因此，根据应急管理专家的需要，在构建领域模型同样围绕病程模型展开。在 SEIR 模型基础上，我们在描述公共卫生事件这一特定领域元模型时，也考虑了传染病事件的病程状态。此外，还对传染病的病程持续时间以及传染性的异质化进行了建模。针对突发传染性疾病模型的需要，提炼出了三类必备的语法要素，即病程状态、病程持续时间分布以及病程传染性分布，如图 6.5 所示。利用这些语法要素，可构造出任意一类传染性疾病模型。

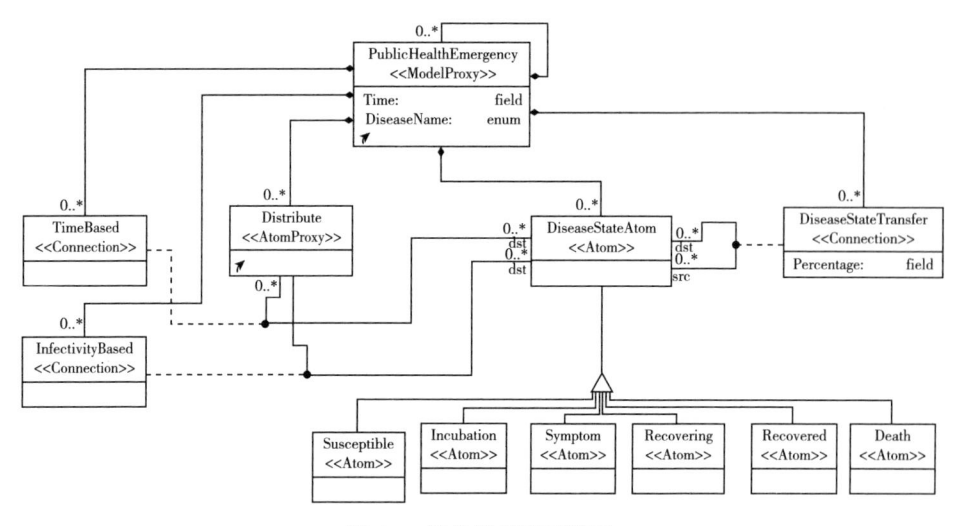

图 6.5 传染性疾病元模型

0..*表示"0 到多个",src 表示连线出发端,dst 表示连线到达端

传染病的元模型以疾病病程为核心,各语法元素含义如表 6.1 所示。病程中集成了易感期、潜伏期、凸显期、康复期、康复状态、死亡共六类疾病病程,病程之间可以进行转换。根据文献,基于多 Agent 的社会仿真系统重点是对 Agent 个体异质性的描述。那么,传染性疾病元模型的病程可以通过病程持续时间、病程内传染性等参数进行异质化。

表 6.1 突发性传染病元模型各语法元素

语法元素	元素含义	备注
PublicHealthEergency	公共卫生事件	基类元素,其他语法元素包含于卫生事件
DiseaseStateAtom	疾病病程	基类,集成有易感期、潜伏期、凸显期、康复期、康复、死亡六种病程状态
DiseaseStateTransfer	疾病病程转移	任意两种疾病状态以一定概率进行转移。可以通过 OCL 约束转移的方向,如死亡状态不可向其他任何状态转移
Distribute	随机数元模型	集成第三方的随机数模型,这里属于引用
TimeBased	持续时间分布	连接某一随机数分布模块和病程模型
InfectivityBased	传染力分布	同 TimeBased,通过连线的属性来区分

6.2.3 传染病管控元建模

根据应急管理专家的需要,抽取公共卫生事件应急管理措施的共同模式构造领域特定元模型。这些共同模式包括触发条件、作用对象、干预措施、对 Agent 状态的影响、对 Environment 环境状态的影响等,如表 6.2 所示。这些元素均抽象

第 6 章 社会性疫情突发事件建模

为应急管理元模型的语法元素，模式之间的关联耦合关系抽象成元模型中的抽象语法。基于这样的应急管理元模型，即可以在公共卫生事件的应急管理研究中构造任意常见的应急管理措施进行研究分析。

表 6.2 公共卫生事件应急管理模型的基本元素

元素类型	元素内容	抽象语法约束（取值）	备注
触发条件	TriggerTime	$(0, +\infty)$	按时间触发
	TriggerPortion	$(0, 1]$	按比例触发
作用对象	PopulationType	{Baby, Student, Worker, Retired, ⋯}	干预措施作用人口类型
	EvironmentType	{House, Workspace, Community, ⋯}	干预措施作用环境类型
干预措施	EffectTimeDelay	$(0, +\infty)$	干预措施效果延迟
	EffectPortion	$[0, 1]$	干预措施效果比例
对 Agent 状态的影响	CurEmgcyType	{Norml, Emerget, ⋯}	当前应急类型
	CurActionScheduleType	{Normal, Isolation, SentHospital, ⋯}	当前活动日志状态类型
对 Environment 环境状态的影响	CurEnvironmentStateType	{Normal, Closed, PartTimeOpened, ⋯}	当前环境实体状态类型

图 6.6 所展示的公共卫生事件干预措施元模型（张烙兵，2014）包含什么时间（when）、发生什么事（what）、作用于哪些人（who）、作用于哪些环境实体（where）、效果如何（how）。首先，任何干预措施的实施都有一个触发条件，主要考虑了依据时间触发和依据疫情触发两类触发器。依据时间触发表示仿真到了一定的时间系统给人工社会加载该干预措施，用户只需要设置这个加载时间，依据疫情触发表示根据疾病疫情的发展阈值来触发。任何干预措施都会有相应的实施地点，如关闭场所措施。因此，需要指定关闭哪几类场所，用户只需要拖入相关的环境实体类型，作用人口类型也是同样的道理。而效果延迟元素则认为，任何的干预措施加载到人工社会，都不会立即发生效果，而是要经过一定的延迟。例如，接种疫苗要延迟一段时间易感个体才会产生抗体，隔离措施要延迟一段时间才能有效找到隔离对象进行隔离。

图 6.7 给出了隔离接触者的应急管理措施。众所周知，当传染病在社会传播并对社会造成一定危害时，应急管理部门便会对与患者具有密切社会关系的个体进行隔离，以防止疾病的无限制传播，隔离的个体一般会被限制活动（陈彬等，2014）。

图 6.6 公共卫生事件应急管理元模型

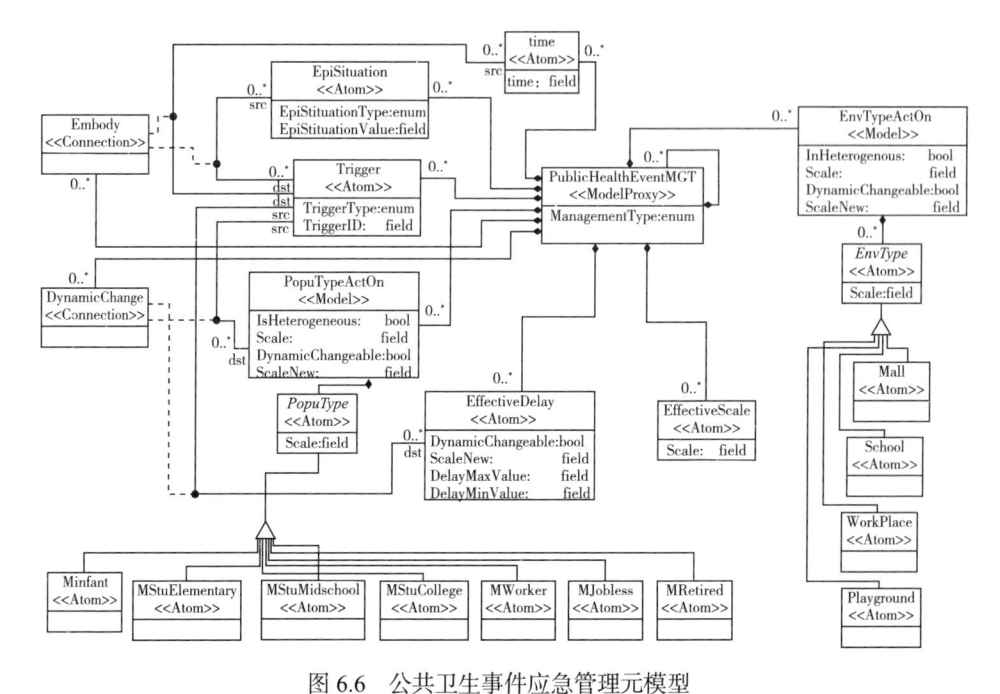

0..*表示"0 到多个"，src 表示连线出发端，dst 表示连线到达端

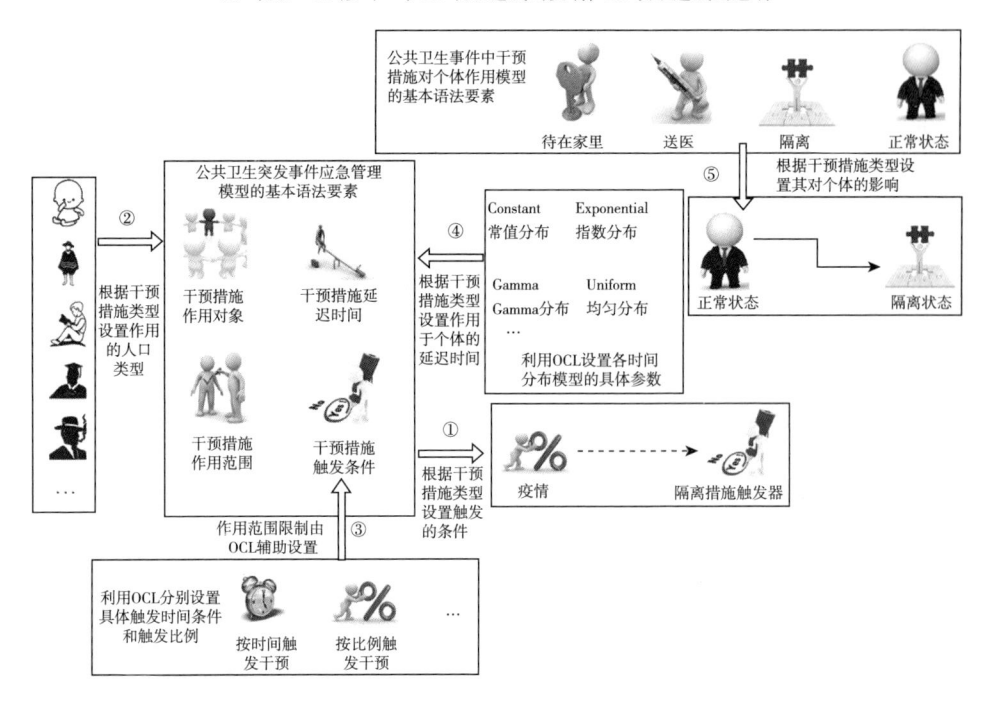

图 6.7 隔离接触者措施模型

按照图 6.7 的设计,在构建应急措施模型时,一般遵循以下步骤。

(1)设置应急管理措施的触发条件,选择疫情比例作为触发条件,具体的疫情比例由专家利用 OCL 设置。

(2)设置作用对象,专家在作用对象元素中选择需要隔离的与感染者具有社会关系的个体,选择同事和家人为作用对象。

(3)设置不同类型作用人口的比例,如对同事的隔离比例是 80%,而对家人的隔离比例是 100%。

(4)设置追踪隔离者的延迟时间,该元素刻画了应急管理机构在寻找待隔离个体并将其有效隔离所需要的时间。

(5)设置该措施对 Agent 个体的影响,将其由正常状态转入隔离状态,表明在加入措施后,作用对象的状态将由正常状态迁移到隔离状态。

完成上述步骤后,就完成了对隔离接触者这一应急管理措施的建模。同理,还可以对接种疫苗、关闭公共场所等常用的公共卫生突发事件应急管理措施进行建模。

6.3 疫情传播的人工社会模型

面向疫情传播的人工社会模型主要考虑自然环境、社会组织、人群个体的属性及其交互关系对疫情传播过程的作用。本节先概要描述面向疫情传播的人工社会模型构成,然后介绍主要模型的建模方法。

6.3.1 面向疫情传播的人工社会模型

在面向疫情传播的人工社会建模中,将社会系统抽象为三个主要层次,如图 6.8 所示。第一层描述人工社会的环境组成,包括生态环境、建筑群、道路和交通、环境气候等。第二层是人工社会地理空间信息模型,主要对地理空间建立网格坐标体系,以确定每一实体的空间位置。第三层是人工社会中人群个体和组织,以及它们相互间的关联关系,同时包括疾病病毒要素(段伟,2014)。

根据人工社会的三个抽象层次,面向疫情传播的人工社会包括环境模型、社会组织模型、社会网络模型、人口统计学模型、Agent 模型、个体行为模型以及疾病模型,它们的逻辑结构描述如图 6.9 所示。其中,行为模型是对个体的日常生活行为、空间移动行为、接触行为,以及自适应行为变化的描述,注重对行为的时间和空间的异质性和随机性描述,可借助复杂网络、离散事件、随机过程等方法来建立模型;社会网络模型是对人工社会中实体对象之间关系的描述,主要

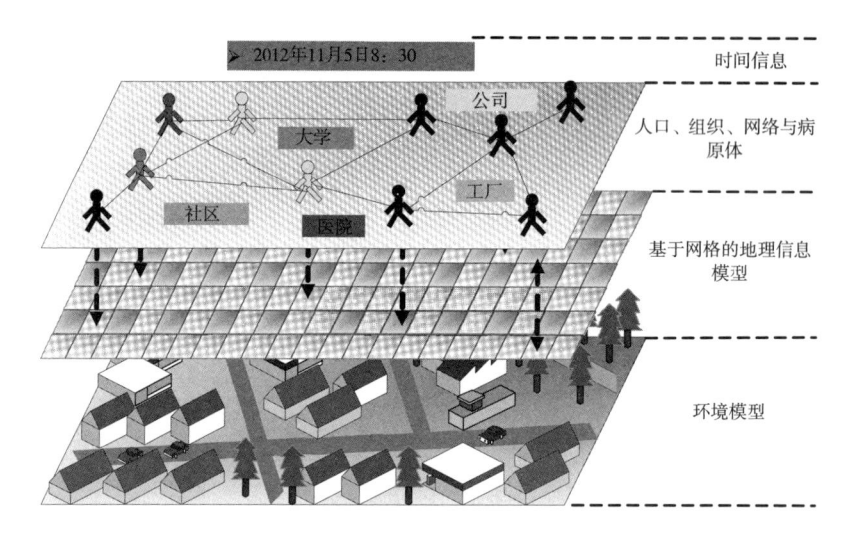

图 6.8 社会系统的三个抽象层次

用于描述个体之间的接触模式和空间移动模式；疾病模型是对疾病属性、传播特性、传播概率、病程发展的描述。该模型支持 Agent 个体接触过程中传播概率、健康状态演化，以及死亡概率的计算。

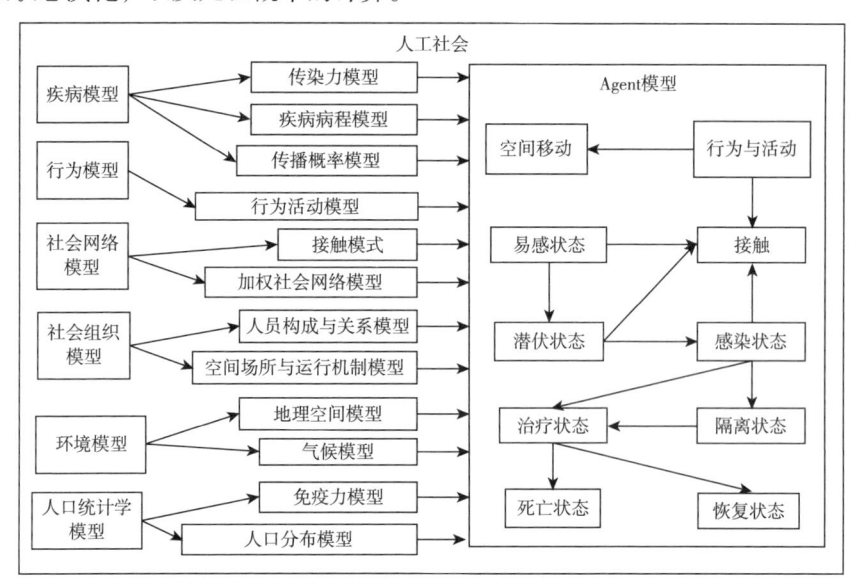

图 6.9 面向疫情传播的人工社会逻辑结构

环境模型主要描述环境中生态信息、建筑物、道路交通和气候条件等。由于人工社会场景规模大小不同，环境场景要素的模型粒度不尽相同。在大规模人工社会场景仿真中,如疾病的全球空间传播分析,或城市级的疾病传播仿真,环境模型的粒度相对较粗,一般主要考虑交通网络,如航空网络。在小场景的人工社会中环境模型的粒度相对较高,可对自然环境、建筑物和道路交通建立细致的模型。根据人工社会场景可视化技术的不同,地理空间信息的建模方法也不同。对于规模较大的人工社会场景,通常使用地理信息系统来建立地理空间模型。对于小规模的人工社会场景可采用二维或三维显示技术建立可视化场景,同时采用网格技术建立地理空间的坐标体系,以确定地理空间的相对位置。

社会组织是指由某些特定人群个体组成的,具有一定社会功能的团体。社会组织模型可对 Agent 个体进行组织和管理,同时也是 Agent 个体之间社会关系形成的重要依据。社会组织机构因社会场景而异。例如,学校场景人工社会的组织机构包括院系、班级、研究室、行政部门、校医院、校食堂、物业管理等;社区场景的人工社会组织机构包括公司、街道办、商店、家庭、建筑区、社会管理部门等。社会组织模型需要真实数据的支持,如组织内部人员的数量、部门的设置,以及运行机制等。

人口统计学模型是对社会人群个体及其属性分布规律的描述,是通过人口普查数据分析而获得的统计模型。该模型支持人口异质性的建模,同时支持 Agent 个体和社会组织的建模。

Agent 模型是对人工社会中具有一定自主能力的实体对象的描述,可用于描述人群个体和社会组织。面向疾病传播的人工社会中可以采用反应型 Agent 来建立人群个体模型,同时对 Agent 个体的属性、行为和交互实现异质性和随机性描述。反应型 Agent 可以观察外部环境,根据外部信息输入做出判断,输出行为,并影响外部环境,同时 Agent 个体还可以通过观察外部环境获取信息,然后对自身的知识和信念进行更新。

行为模型是对人群个体的日常生活行为、空间移动行为、接触行为,以及自适应行为变化的描述。个体行为模型注重对行为的时间和空间的异质性和随机性进行描述,同时可借助复杂网络、离散事件、随机过程等方法来建立模型。

社会网络模型是对人工社会中实体对象之间关系的描述,主要用于描述个体之间的接触模式和空间移动模式。

疾病模型是对疾病属性、传播特性、传播概率、病程发展的描述。该模型支持 Agent 个体接触过程中传播概率、健康状态演化,以及死亡概率的计算。

在 Agent 疫情传播仿真系统中,人们使用 Agent 建立人群个体模型。结合复杂网络以描述个体之间的社会关系结构和接触行为模式,使用数学模型描述 Agent 的行为和交互规则。同时,采用地理信息系统技术来描述地理空间信息以及展示虚拟社会场景。因此,疫情传播的 Agent 模型不仅可以发挥数学模型和复杂网络模型的优点,而且可以充分利用计算机技术来建立疫情传播仿真系统。但是，相比数学模型和复杂网络模型，疫情传播的 Agent 模型建模过程较复杂，且对计算能力和计算资源要求较高。

目前，疫情传播的人工社会在应用中还存在不足。首先，大多疫情传播的 Agent 模型没有对人群个体的行为和交互建立完整详细的描述。在大规模 Agent 疫情传播仿真中，个体的行为空间移动行为和接触行为一般是较为抽象的模型描述，并未考虑个体行为的时间演化过程。其次，大多疫情传播 Agent 模型没有充分考虑个体属性和行为的异质性，没有描述个体之间的异质接触模式，即个体接触行为因时间和场合，接触频率和接触对象不尽相同。再次，大多疫情传播 Agent 模型没有考虑流行病爆发期间个体行为的自适应变化，Agent 的自适应行为变化和社会控制措施只能通过修改模型参数值来反映。最后，大多疫情传播 Agent 模型没有建立疾病病程发展的异质时间尺度模型，感染个体的潜伏期、传染期、移除时间等在模型中被设计为常数。

6.3.2 疾病对象模型

疾病一般由病毒、细菌或者其他微生物引起，对人体健康起到破坏作用的生理现象。病原体在人群个体之间不断地改变寄主，使疾病在人与人之间传播并形成传染病。疾病能够持续地在人群中传播，形成一定的规模，并形成流行病。疾病的种类不同，传播途径也不尽相同。例如，SARS 和甲型 H1N1 流感以人群个体之间近距离接触、谈话所释放的气雾或者飞沫，以及被病原体污染的物体进行传播。而艾滋病毒 HIV 以个体的性接触、静脉毒品注射，以及被污染的血液进行传播。此外，疾病种类的不同决定了个体感染后的症状表现和病程发展不同。对于相同疾病，不同个体感染后的病程也不尽相同。例如，不同种类的疫情传播能力不同，且致命率也不同。一般流感患者会经历易感状态、潜伏状态、感染状态和康复状态四个阶段；而艾滋病患者是无法治愈的，其只经历易感状态、潜伏状态和感染状态三个阶段。且艾滋病患者的潜伏期相对较长，个别患者的潜伏期可达数年或者数十年。

$$Attr_{Epi}=<ID,Nam,Md,L_P,I_P,A_T,Ifct,Fpro,DeaT,DisT> \quad (6.4)$$

疾病对象模型是对疾病属性、传播特性、病程发展的描述。该模型支持疾病特性的描述，同时为 Agent 个体提供接触行为的传播概率计算、病程发展过程、疾病状态时间参数，以及死亡概率等。疾病对象模型的属性描述如式（6.4）所示，其中，ID 是疾病的类型编号；Nam 是疾病的名称；Md 是疾病的传播途径标志；L_P 是疾病潜伏期的分布及其参数；I_P 是疾病感染期的分布及其参数；A_T 是疾病患者确诊时间的分布及其参数；Ifct 是疾病患者的传播能力分布及其参数；FPro 是疾病死亡概率；DeaT 是疾病患者的死亡时间分布及其参数；DisT 是疾病患者治愈时间的分布及其参数。

基于 Agent 的疫情传播建模与仿真是一种自底向上的建模方法，能够对人群个体的微观属性和行为，以及疫情传播的微观过程进行详细描述，并通过个体之间的行为和交互实现复杂宏观社会现象的涌现。此外，该方法能够对人群个体的属性、心理和行为，以及疾病的生物特征进行详细的描述，同时很好地描述疫情传播过程的异质性和随机性。近年来，基于 Agent 的模型已经被广泛地用于疫情传播机制和传播模式的研究。国内外开发了多个大规模 Agent 的疫情传播仿真系统，以对城市或社区的疾病爆发进行仿真和分析。这些系统集成了 Agent 模型、复杂网络模型和地理信息系统技术。他们使用复杂网络模型描述 Agent 个体之间的社会关系结构，建立 Agent 个体之间的交互和接触模式，通过地理信息系统技术展现虚拟社会场景。

目前，在流行病建模与仿真的研究中，人的行为已经成为一个重点研究内容。在早期的疫情传播模型中，没有描述人群个体行为的参数或者变量，因而没有描述个体行为对疫情传播动态过程的作用。例如，仓室模型没有人群个体行为的参数，仅使用传播速率、恢复速率来描述人群个体的疾病状态的动态变化过程。为了研究人的行为对疫情传播动态过程的影响，人们对模型参数进行了扩展，将传播速率扩展为一个时间步长内，人的接触次数和每一次接触行为传播概率的乘积。疫情传播的数学模型和复杂网络模型在描述人群个体的行为时，往往对个体行为进行抽象或者简化，描述个体行为异质性和随机性时存在一定局限性。而基于 Agent 的疫情传播模型以人群个体为建模对象，可对个体的异质随机行为进行详细的描述。在基于 Agent 的疫情传播模型中对人类行为的建模主要包括个体的空间移动行为和接触行为。为了定量化地研究人群个体之间的接触行为模式及其对疫情传播动态过程的作用，研究者采用社会问卷调查的方式来获取人群个体的接触行为数据，然后对接触行为数据进行分析，以获取人类接触行为规律和模式的认识。

6.3.3 个体行为模型

应急管理涉及的个体数量比较庞大，因此采用了日志的形式来刻画具有不同社会角色的各类 Agent 的日常行为。因为通过简单的自主交互很难刻画 Agent 的规律性的活动，如上班、上学和睡觉。此外，这种方式一般基于规则来运算执行，会带来很大的计算开销，不利于涉及大规模实体的仿真和实验控制。而行为日志按照统计规律和生活常识规划了个体的日常活动行为，即什么时间（ΔT）、在什么地方（En）、从事什么活动（Ac）。

根据对活动时间的要求，设计了两种类型的日志，即时间固定类日志

（StartEndForm，SE）和时间浮动类日志（HeterogeneityTimeForm，HT）。其中，时间固定类日志指的是活动的开始时间（start time，ST）和结束时间（end time，ET）是确定的。例如，正常的上班、上课在相对固定的时间段进行。

时间浮动类日志指的是活动时长（ΔT）相对比较确定，而活动开始和结束的时间在一定的范围（δ）内浮动，如健身、运动等临时性活动。

日志的设计主要考虑两个方面的因素，即人口的社会角色（r）和当前所处的应急状态（S）。其中，社会角色主要是指个体的职业，本部分主要将职业划分为学生、医生、老师等；而日志模式主要设计了正常模式、突发事件模式，以及应急干预模式。在面向应急管理的计算实验中，可以根据个体当前输出的应急状态来切换其行为日志模式，从而实现对突发事件的人为干预。

如图6.10所示，学生一天的活动轨迹可能为"睡觉—吃早饭—上课—吃午饭—上课—吃晚饭"，而工人的活动轨迹可能是"睡觉—吃早饭—上班—吃午饭—上班—吃晚饭"。当然，每个个体在某个时间段可能会参加不同类型的活动。例如，学生下午有可能在学习，也有可能在运动，对于具体进行哪项活动，可以通过概率函数进行控制（Chen et al.，2015）。

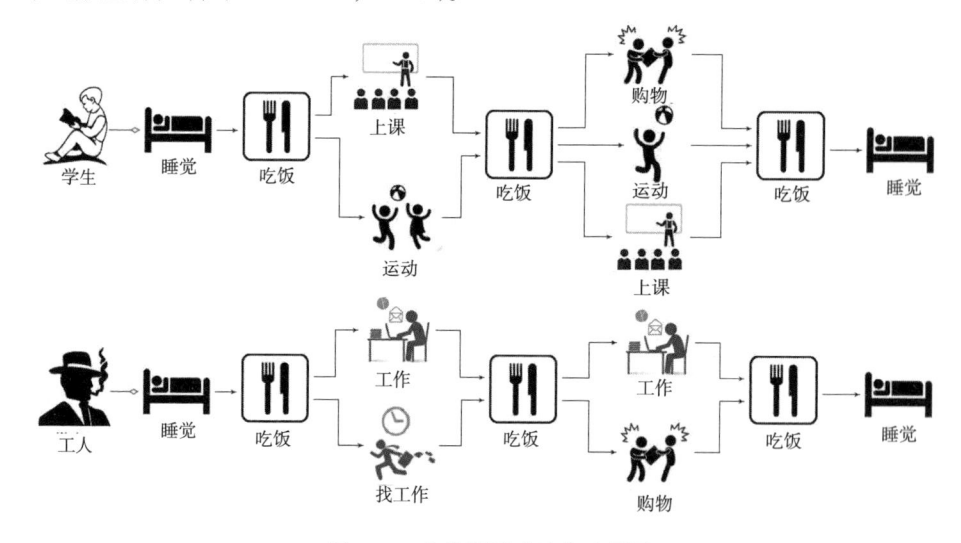

图 6.10 个体的活动日志示意图

6.3.4 个体接触模型

假设人工社会中所有 Agent 的集合为 Ω，且 Agent 总数是 $N \in \mathbf{Z}^+$，$N \geqslant 2$。对于任意 Agent 记为 a_i，且其邻居个体集合为 $M_i \subseteq \Omega$，邻居个数为 $N_i \in \mathbf{Z}^+$。假设 a_i 可以与其所有邻居个体进行接触，那么 a_i 与邻居个体 $a_j \in M_i$ 的接触概率为

$$p_{ij} = \frac{w_{ij}}{s_i} \quad (6.5)$$

其中，w_{ij}（$w_{ij}=w_{ji}$）是a_i与a_j之间的连边权重系数；$s_i = \sum_{k}^{N_i} w_{ij}$是$a_i$的节点强度。假设每一个Agent（$a_i$）的每天输出型（$a_i$主动寻找邻居个体进行接触活动）接触行为次数为$\theta_i$，那么$a_i$与$a_j$之间的每天接触次数的期望值为$\theta_i \frac{w_{ij}}{s_i} + \theta_j \frac{w_{ij}}{s_j}$。$a_i$的每天总接触次数可描述为

$$N_i^C = \sum_{j}^{N_i} \left(\theta_i \frac{w_{ij}}{s_i} + \theta_j \frac{w_{ij}}{s_j} \right) \quad (6.6)$$

其中，N_i是a_i的邻居节点个数。相反，在a_i的一次输出接触行为中，a_i没有选择a_j进行接触的概率为$1 - \frac{w_{ij}}{s_i}$。那么，在一天中a_i与a_j之间至少进行一次接触行为的概率为$1 - \left(1 - \frac{w_{ij}}{s_i}\right)^{\theta_i} \left(1 - \frac{w_{ij}}{s_j}\right)^{\theta_j}$。从而可得$a_i$的每天接触对象个数的期望值为

$$N_i^{CO} = \sum_{j}^{N_i} \left[1 - \left(1 - \frac{w_{ij}}{s_i}\right)^{\theta_i} \left(1 - \frac{w_{ij}}{s_j}\right)^{\theta_j} \right] \quad (6.7)$$

由于Agent接触行为受时间、空间，以及社会干预措施的限制，Agent不能在所有邻居个体中选择接触对象。例如，Agent与其邻居个体不在可接触范围的同一空间内，或者感染邻居个体可能被确诊隔离等。因此，将a_i的可接触邻居个体集合定义为$M_i' \subseteq M_i$，且可接触邻居个数是$N_i' \in \mathbf{Z}^+$。那么a_i与可接触邻居个体$a_j \in M_i'$的接触概率为$p_{ij} = \frac{w_{ij}}{s_i'}$，其中，$s_i' = \sum_{k}^{N_i'} w_{ik}$是动态变化的，因为$a_i$的可接触邻居个体集合是随时间、空间和社会干预措施而动态变化的。

6.3.5　干预措施模型

在应急管理中，人工干预和突发事件是一对相伴的概念。一般而言，针对各种突发事件都有相应的应急干预措施，使处于失衡状态的人工社会重新回到平衡状态。干预措施模型包含触发条件（trigger condition，TC）、作用人口对象（PopuTypeActOn，PT）、作用环境对象（EnvTypeActOn，ET）、影响范围（EffectiveScale，ES）和时间延迟（EffectiveDelay，ED）。因此，干预措施可以形式化表达为

$$In=<TC,PT,ET,ES,ED> \quad (6.8)$$

针对公共卫生事件，干预措施作用的环境对象包含学校、工作场所、广场等；而作用的对象对象包含学生、老师、工人等；干预措施的具体行动包含关闭场所、人群免疫、医院治疗、隔离等。如图 6.11 所示，每个措施包含触发条件、实施参与者、作用对象以及措施内容（张鹏，2016）。例如，在疫情敏感时期，个体的体温达到 38 摄氏度时，可能会触发隔离措施，此时个体会被卫生人员强制隔离进行住院观察。同时，系统支持多个干预措施的组合。例如，同时采取隔离、送医、免疫和消毒等措施。实际上，正是一系列干预措施的共同作用，才使疫情得到有效的控制。

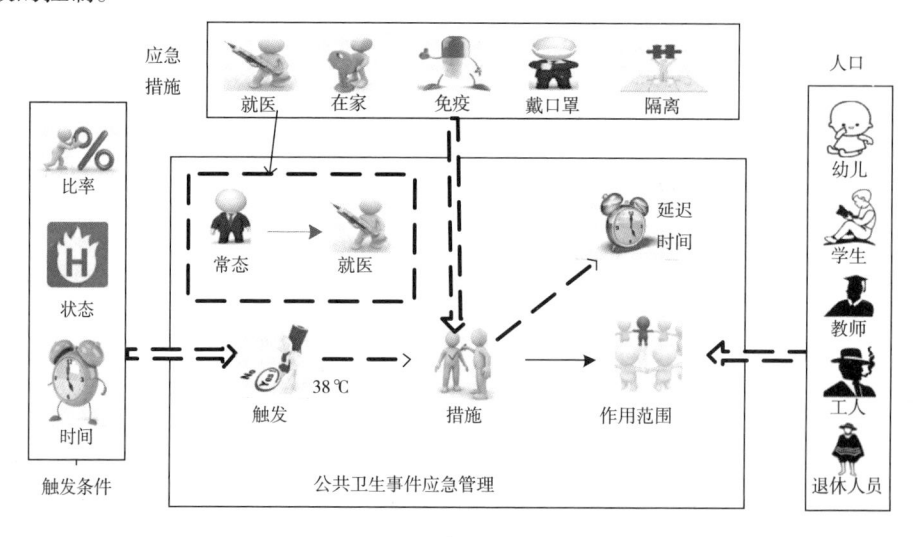

图 6.11　干预措施示意图

6.4　疫情传播的复杂网络模型

最近十年，疫情传播的复杂网络模型得到了广泛的研究与应用。复杂网络中，节点代表了流行病系统中的个体，而连边描述了个体之间的交互。疫情传播复杂网络模型可划分为复杂网络数值仿真模型和复杂网络传播动力学模型。

6.4.1　网络拓扑结构对疫情传播的影响

复杂网络数值仿真模型注重使用连边对人群个体之间关联关系进行描述，通过关联关系真实地刻画疫情传播的路径和规律，根据个体之间接触行为来定义连边的疫情传播概率,然后以数值仿真方法来计算疫情传播的时间演化过程。复杂网络数值仿真方法可结合 Reed-Frost 模型来定义疫情传播过程。

复杂网络传播动力学模型采用平均场理论对仓室模型进行解析,根据个体在网络中的连接度对人群进行分组,将连接度相同的个体作为一个子群体。平均场将个体受到其他个体的影响平均化,并用平均结果来描述个体受到的影响。Pastor-Satorras 和 Vespingnani 使用平均场理论建立了均匀网络(随机网络和小世界网络)上的 SIS 传播动力学模型(Pastor-Satorras and Vespingnani, 2001),即

$$\begin{cases} \dfrac{\mathrm{d}s(t)}{\mathrm{d}t} = -\lambda \langle k \rangle s(t) + \gamma i(t) \\ \dfrac{\mathrm{d}i(t)}{\mathrm{d}t} = -\gamma i(t) + \lambda \langle k \rangle s(t) \end{cases} \quad (6.9)$$

其中,$s(t)$ 和 $i(t)$ 分别是人群中易感个体密度和感染个体密度;λ 是疾病的平均传播速率;γ 是感染个体恢复为易感个体的平均速率。

在无标度网络中由于节点连接度的非均匀性,Pastor-Satorras 和 Vespingnani 根据节点连接度将个体进行分组,得到无标度网络上的 SIS 传播动力学模型:

$$\begin{cases} \dfrac{\mathrm{d}s(t)}{\mathrm{d}t} = -\lambda k s_k(t) \Theta(i_k(t)) + \gamma i_k(t) \\ \dfrac{\mathrm{d}i(t)}{\mathrm{d}t} = -\gamma i_k(t) + \lambda k s_k(t) \Theta(i_k(t)) \end{cases} \quad (6.10)$$

其中,$\Theta(i_k(t))$ 是任意一条给定的边与一个感染节点相连的概率。

起初,疫情传播的复杂网络模型主要用于研究网络拓扑结构对疫情传播过程的作用。最近几年,为了使用复杂网络模型来研究更加复杂的疫情传播现象,人们开始研究加权网络上的疫情传播动力学、自适应网络上的疫情传播动力学。人类社会网络普遍具有小世界特性和无标度特性,因此人们通常使用小世界网络和无标度网络来描述人群之间的社会关系,以及疾病在这些网络上的传播过程以及接种免疫策略。

在式(6.9)中,假设平均恢复速率 $\gamma=1$,可求得疫情传播临界值 $\lambda_c=1/\langle k \rangle$。当传播速率大于临界值 λ_c 时,疾病感染个体能够将病毒传播扩散,并使整个网络感染个体总数最终稳定于某一平衡状态,否则感染个体数将呈指数衰减,无法大范围传播。同样,从式(6.10)中可推出无标度网络上疫情传播临界值 $\lambda_c=\langle k \rangle/\langle k^2 \rangle$。然而,节点连接度异质性使无标度网络上不存在正的传播临界值。在无标度网络中,由于存在某些连接度较大的节点,与规则网络和小世界网络相比,前期传播过程中病毒传播速度快,易形成大规模的疾病爆发,而在后期传播

过程中感染者多为连接度小的节点，因此传播速度相对缓慢。随着人们开始研究疾病在城市和社区中的传播模式，人们开始关注社区结构、层次结构、模块结构等网络结构对疫情传播过程的作用。

6.4.2 加权网络上的疫情传播

加权网络上的疫情传播问题，逐渐也引起了人们的关注。Yan 等（2005）研究了加权无标度网络上疫情传播问题，并发现加权无标度网络上传播速率和新感染节点平均强度均表现出时间幂率分布特性。Fournié 等（2013）将越南的活鸟交易市场抽象描述为加权有向网络，以分析 H5N1 流感的传播。Eames 等（2009）和 Deijfen（2011）研究了加权网络中的免疫策略，并证实熟人免疫策略优于随机免疫策略。在大部分的研究中，人们关注加权网络中疫情传播临界值、疫情传播规模和最终感染人数。此外，人们也研究不同权值分布以及不同连边对疫情传播的作用。例如，连边权重与节点连接度的关系、社区结构的加权网络中内部连边权重和外部连边权重，以及加权网络中强连接和弱连接。

在加权网络上，可以建立疾病传播概率模型。假设：初始时刻随机选择一个 Agent 为感染个体；Agent 个体拥有两种健康状态，即易感状态（susceptible）和感染状态（infected），且易感 Agent 被疾病感染后不能再回到易感状态；Agent 的接触行为不受时间、空间，以及社会干预措施的约束，即 Agent 的邻居个体均是可接触的；Agent 个体的每天输出型接触行为次数相同，且为常数 $\theta = 8.4$；在易感 Agent 与感染 Agent 的单次接触过程中疾病传播概率相同，且为常数 $\lambda = 0.01$。

根据式（6.11）描述的疾病传播概率和式（6.12）描述的 Agent 个体每天接触次数，可以得到易感 Agent（a_i）每天的疾病感染概率为

$$P_i^{\text{inf}} = 1 - (1-\lambda)^{\sum_j^{N_i^{\text{inf}}} \theta \left(\frac{w_{ij}}{s_i} + \frac{w_{ij}}{s_j}\right)} \quad (6.11)$$

其中，N_i^{inf} 是 a_i 的已感染邻居个数。此外，将疾病传播速度定义为

$$V_{\text{inf}}(t) = i(t) - i(t-1) \quad (6.12)$$

其中，$i(t)$ 是 t 时刻人群中感染个体的密度。

6.4.3 自适应网络上的疫情传播

在疫情传播过程中，易感个体可能会出于自我保护与其感染邻居节点中断接触，从而改变接触网络的拓扑结构，同时对疫情传播过程产生影响。相对于结构不变的静态网络，这种随着疫情传播动力学过程产生结构变化的网络称为自适应网络。自适应网络的特征是在疫情传播动力学过程与网络自身结构动态变化过程

之间存在一个反馈回路。目前，连边的重连接是自适应网络改变结构的最常用方法，即在每一个时间步长内，易感个体将以某一概率切断与感染邻居节点的连边，并随机地重新连接到其他易感个体。

最近两年，人们开始使用自适应的连边权重系数来描述个体自适应的行为变化。Gross 和 Levenson（1997）研究了自适应网络上的 SIS 传播动力学模型，并发现感染速率和连边重连接概率的不同比例可导致不同的疫情传播现象。Shaw 和 Schwartz 利用 SIRS 传播动力学模型，研究了自适应网络上的免疫策略。鲁延玲等（2013）使用 SIS 模型，研究了自适应网络上疫情传播的稳定性和分叉行为。大部分自适应网络上疫情传播动力学研究主要关注疫情传播的稳定状态和动力学特征，而 Marceau 等研究了自适应网络上疫情传播的时间演化过程。Yang 等（2011）研究了社区结构自适应网络上的疫情传播过程及其控制策略。在大部分研究中人们仅使用自适应随机网络。然而，宋玉蓉和蒋国平（2010）研究了不同拓扑结构自适应网络上的疫情传播动力学，包括最近邻网络、小世界网络和无标度网络。Jolad 等（2005）研究了连接度优先自适应网络上疫情传播动力学。

人们通常使用疫情传播规模作为反馈信息，以控制网络结构的自适应变化。然而，van Segbroeck（2003）使用网络中局部信息作为反馈信息，并研究自适应网络上 SI、SIS、SIR 疫情传播动力学模型。Kevrekidis 等（2008）使用人群对疾病感染风险的自我意识作为反馈信息，以研究自适应网络上疫情传播过程，并发现疫情传播和网络结构变化的双重振荡现象。

此外，人们还研究了自适应网络的不同结构变化规则。Zanette（2002）使用了不同的边重连接规则，即感染个体和易感个体均可自行切断连边，并重新连接到其他节点。因此，他们使用连边断开与恢复连接的规则来研究自适应网络上疫情传播动力学。

6.4.4 小结

疫情传播的复杂网络模型的优点在于，可以使用网络拓扑结构来描述社会人口结构。数学模型假设人群个体之间均相互连接，且任意个体之间的接触机会相等。然而，复杂网络模型可以描述人群个体之间连接度的异质性，加权网络更进一步地描述了个体之间连接强度的异质性，从而更真实详细地描述了个体之间的接触行为模式。

复杂网络可以结合平均场理论，建立网络上疫情传播动力学模型，从而执行疫情传播规律的数学理论分析。同时，复杂网络可用于建立基于个体的疫情传播模型，通过数值仿真来研究疫情传播过程。但是，在疫情传播建模过程中对疫情传播的复杂过程，以及各种复杂的影响因素建立详细描述时，复杂网络模型依然存在一定的局限性。例如，复杂网络模型难以详细地描述个体的年龄、职业、日常行为活动，更难以描述地理空间与时间信息，以及影响疫情传播的气候条件，如温度、湿度和风速等。

第 7 章

突发事件网络舆情传播建模

舆情研究始于社会科学领域。在进行调查和分析之后，众多研究者认为传统的舆情传播理论研究往往定性地描述某类具体的舆情现象，而不能准确地对其定量化建模。近年来随着新技术的出现，研究者开始对突发事件网络舆情进行深入研究。虽然对于突发事件网络舆情的研究已经取得了一定成果，但总体来说，目前的研究成果并不能较准确地预测舆情发展和演化趋势，还有很多问题亟待解决，如定量把握舆情演化整体趋势和预测网络舆情整体趋势。

本章首先回顾突发事件舆情形成、传播及演变的研究现状，然后提出公共舆情仿真的模型体系。目前，突发事件网络舆情研究主要集中在两个方面：一是针对网络舆情数据的实证分析；二是采用自底向上的方法对网络舆情的传播过程进行建模仿真。为了解决信息传播的生命周期模型缺少定量描述的问题，7.3 节从定量和定性相结合的角度观察舆情传播过程，提出突发事件网络舆情的"四段五点"模型；为了解决以往基于多 Agent 系统的模型往往比较简单且难以较好预测突发事件的问题，7.4 节基于社会心理学、观点动力学、信息传播模型和统计方法，提出了基于多 Agent 系统的网民"心理–行为"信息处理模型。

7.1 突发事件舆情形成、传播及演变

对突发事件网络舆情形成、传播、演变机制的研究是建立相应模型的基础。本节先简要综述网络舆情形成与传播研究、网络舆情监测与导控研究的基本情况，然后概述突发事件网络舆情的三种主要研究思路。

7.1.1 网络舆情形成与传播研究

博客、微博、论坛、新闻网站、微信等网络应用的广泛使用，在一定程度上改变了我国网络舆情的主体偏向、传播路径和趋势。近年来，微博舆情成为研究热点，上海交通大学舆情研究实验室对微博舆情的研究起步较早，至今已连续四年发布了中国微博年度报告。现有文献对微博舆情的研究包括微博舆情的特征、形成条件、影响和应对措施。此外，政务微博、微博谣言传播、微博舆情监测、微博意见领袖、微博舆情导控策略都是微博舆情传播研究的重要影响因素。论坛是我国第一个真正意义上的舆情公共平台，传播面较广、开放性较高。有学者将论坛舆情分为三种类型（商世民等，2011），即与传统媒体互动形成的"双重循环模式"、民意不断汇集升温形成的"蒸汽模式"、由政府进行议程设置的"向日葵模式"。论坛的舆情生成过程中，公众、传统媒体和政府力量相当，处于三方博弈状态。还有学者从心理接近性方面进行分析，认为地方论坛中的公众由于地理接近性和社会心理趋同性所以能够快速形成一致意见，因此地方论坛上的个人意见能够迅速形成民意，同时地方论坛的群体极化现象也较为明显。

按照舆情形成、传播及演变的过程进行分阶段研究，可以将舆情研究分为两类（陈月生，2007）。第一类是针对某一特定阶段进行小而精的研究，如有的学者研究网络舆情扩散阶段传播态势，也有学者研究网络舆情出现后的应对处理阶段。第二类是对舆情形成演变全过程的研究，从突发事件网络舆情演变阶段角度观察，目前学者已提出了三阶段、四阶段、五阶段甚至多阶段模型。在建立这些模型的过程中，通常关注网络舆情形成、传播演变的多种参与要素，微博、论坛等舆情传播载体，以及舆情传播节点等。

网络舆情参与要素包括网民群体、舆情事件、传播通道和政府引导干预等。舆情事件中网民的研究内容主要包括网民的自然属性、行为特征以及心理状态，如对网民的地区分布、情感态度等的分析；或基于一起舆情事件对网民心理、情感、态度进行分析。有学者关注舆情演化的微观组成，即子话题、焦点话题等属性特征。也有学者侧重研究媒体作用对舆情事件演变的影响程度，还有学者侧重对政府干预引导的策略研究。

网络舆情通过网络节点传播，网络节点的媒介素养、经济社会地位以及拓扑结构对舆情传播影响很大。有些研究基于社会网络分析方法认为处于舆情网络中不同中心位置的节点具有不同的传播力，而那些掌握较多资源、处于中心位置的个体或组织便是舆情传播中的"意见领袖"。对于意见领袖的研究，多数文献依据舆情发生、演变的生命周期，分阶段对意见领袖进行构成类别和影响作用的研究分析。学者王国华和戴雨露（2010）以"药家鑫案"为例对舆情传播中的意见领袖，从知识背景、社会地位、媒介使用三个维度进行类型划分。"六度分离理论"

"弱连接理论"等理论和社会网络分析方法被较多使用。此外,也有学者关注特殊的群体"网络水军"。在李彪和郑满宁(2014)的研究中,他们基于 26 个网络水军参与的重大舆情事件,对其影响力进行分析,认为网络水军具有有限的舆情影响力,议程设置能力弱,无法主导社会话语场域,尤其是在一些时事类网络事件传播时作用减退。

7.1.2 网络舆情监测与导控研究

网络舆情是目前最重要的舆情形式,论坛、微博等成为舆论汇聚的平台。突发事件网络舆情监测、预警、导控、仿真是政府处理舆情事件的有效流程和必要手段。网络舆情监测是指对舆情各组成部分,以及对网络舆情出现、发展和消亡等重要影响因素进行动态监测、度量、信息采集。网络舆情监测包括对内容的采集分析、对舆情主体的采集分析两个方面。对舆情信息内容采集分析主要包括舆情主体挖掘、网络舆情主题挖掘和网络舆情情感挖掘。

(1)网络舆情主体挖掘。对网络舆情主体进行信息挖掘有利于找到舆情传播的中心节点,为舆情引导提供参考。舆情主体是一个整体概念,不同事件的舆情主体具有不同的特征,主体之间的传递路径也不相同。部分研究者采用社会网络分析方法,按照社会网络中的重要指标"度""密度""中心性""群聚系数""直径"对单独事件的舆情主体进行研究。这些研究分析事件发展的不同阶段中的舆情主体变化,即分析事件的中心节点。但是该类研究只是对公众传播行为的描述,缺乏与舆情信息挖掘的结合;同时舆情主体挖掘往往针对一起事件,缺乏聚类整合,不利于普遍规律的探析。

(2)网络舆情主题挖掘。目前,国内外的舆情监测系统多使用网络爬虫技术获取网页信息。有学者提出基于网络舆情主题采集框架,设计了网络舆情主题爬虫,通过研究网络舆情的相关特征及其演化机制,以内容的主题选择策略为基础,引入时间维和空间维的主题因子进行建构而成。此外,大量使用 Web 挖掘技术对舆情主题挖掘同样具有重要作用,Web 内容挖掘可以有效地对大量文本内容进行总结、分类、聚类和关联分析,从而进行多形式舆情主题挖掘。

(3)网络舆情情感挖掘。情感是舆情的重要部分,对用户情感的挖掘成为舆情信息搜集与分析的关键。网络中公众情感的表达方式较复杂,情感词典的构建是情感分析的关键。情感词典的构建在国外的开发和应用较成熟,由于汉语语法、词义较多,网络新词不断出现,因此汉语中网络舆情情感词典的构建难度较大。有研究者通过对网络新词的构造规律进行分析,引进 HowNet 手工收集部分网络新词,引入同义词表,补充新词极性判断,提出基于模式的新词极性判断方法,设计了自动识别表达情感的网络新词的方法,提高情感分析的精度。此外,网络舆情情感分析还可借助情报学中的网络情报内容分析法，这种分析法针对舆情应用进行词频分析和语义分析，研究网络舆情倾向性。

有效的舆情应对与引导建立在有效的舆情信息搜集、监测、预警基础之上。国内关于舆情应对与引导的研究在网络舆论兴起后大量出现，目前的研究成果多集中于网络舆情管理，研究多采用定性方法。具体导控策略包括以下内容：根据事件类型进行引导；健全信息及时发布机制；完善法律法规和道德引导；发挥媒体议程设置作用。舆情导控是一个系统工程，不仅建立在舆情信息采集、监测、分析基础之上，而且需整合各方资源。作为舆情管理重要主体的政府，应充分利用新媒体资源，主动联合传统媒体进行信息发布，通过意见领袖培养有效引导舆情走势，完善法律体系建设，加强网络舆情管理。

微博平台的快速发展和较强的公共平台性质使其成为舆论发生、舆论传播、舆情形成演变的基地，具有强大的社会动员能力。积极有效地进行微博舆情应对与引导是防止群体极化出现的重要举措，同时也是考验政府舆情应对能力的重要指标。围绕微博舆情应对与引导的策略包括如下三个方面：微博舆情应对与引导有效时间点研究；微博舆情应对与引导方式研究，包括法律制度、信息发布、意见领袖、技术检测等；政务微博在网络舆情引导中的重要作用。

7.1.3 网络舆情仿真研究

目前，关于社会舆情演化的研究主要基于传播和交互两个视角，传播描述了信息或意见在人群中的动力学变化过程，交互则描述人与人之间交互作用下的观点变化过程。网络舆情的实证分析为舆情仿真提供了数据支撑。

下面从传播动力学和观点动力学两个领域来说明社会舆情演化的量化研究状况。舆情传播是一个复杂的动力学过程，近年来国内外学者从不同角度对传播动力学进行了研究，并提出了一系列模型，归结起来可分为三大类，即经典类传染病模型、谣言模型和影响力模型，如表 7.1 所示。

表 7.1 传播动力学模型分类

类别	名称	方法
经典类传染病模型	Susceptible-Infected（SI）模型 Susceptible-Infected-Susceptible（SIS）模型 Susceptible-Infected-Recovered（SIR）模型 Reed-Frost 模型	微分方程、随机过程、蒙特卡洛方法、Markov 链、元胞自动机、复杂网络
谣言模型	Potts 模型 Spreader-Ignorant-Stifler（SIR）模型 Daley-Kendal（DK）模型 Maki-Thompson（MK）模型	相变理论、微分方程、随机过程、蒙特卡洛方法、Markov 链、元胞自动机、复杂网络

续表

类别	名称	方法
影响力模型	线性阈值模型（LTM） 独立级联模型（ICM）	随机过程、蒙特卡洛方法、元胞自动机、复杂网络

社会物理学的发展得到了人们的广泛关注，其旨在用统计物理学、计算机科学等理论与方法研究现实社会中存在的现象与问题，解释和分析这些现象的形成机制与原理。针对舆论形成这一复杂性问题，观点动力学已成为社会物理学研究的一个重要方面，它认为舆论是通过个体之间、个体与环境之间相互作用，最终形成的群体性意见。研究人员将舆论演化的过程类比为物理学中粒子交互的过程，在此基础上提出了基于粒子交互模型的观点动力学模型，用于解释与分析舆论的形成与演化。根据意见的描述形式不同，可将观点动力学分为离散观点动力学和连续观点动力学两大类，如表 7.2 所示。

表 7.2 观点动力学模型分类

类别	名称	方法
离散意见动力学模型	Ising 模型 Sznajd 模型 Voter 模型 多数原则（Majority Rule）模型	磁性理论、随机过程、蒙特卡洛方法、复杂网络、社会心理学
连续意见动力学模型	Deffuant 模型 HK 模型 社会判断理论模型	社会心理学、阈值模型、决策理论、随机过程、蒙特卡洛方法、复杂网络

网络舆情仿真往往综合了元胞自动机模型、多 Agent 系统模型、复杂网络理论模型、概率统计模型、隐 Markov 模型等多学科的理论与方法。借鉴国外观点动力学的研究思路，黄飞虎等（2014）提出基于信息熵的社会网络观点演化模型，它是对社会影响模型的扩展。苏炯铭等（2014）通过扩展的 HK[①]模型，引入个体间的信任度和观点间的相似度，将有限信任假设扩展为有限影响假设，建立带权重的观点更新模型，以研究社会群体中少数的偏执个体和权威个体对观点形成、演化以及共识构建过程的影响。从复杂网络角度出发，借鉴疾病传播经典的 SIR 模型，研究话题、谣言的传播。丁学君和梁昌勇（2016）基于 SCIR 模型研究微博舆情话题传播。张芳等（2011）对演化博弈理论进行了人际谣言传播仿真研究。基于多 Agent 建模仿真方法，余永阳等（2008）详细描述了媒体 Agent 影响力以及个体 Agent 立场演化致因两类模型，给出了个体 Agent 立场演化依据以及规则，提出了一种舆情演化仿真思路。狄国强等（2012）进行了网络舆情事件的系统动

---

① HK，Holme and Kim。

力学模型与仿真的研究，给出了网络舆情危机预警策略与对策建议。周芳和王瑞（2013）提出了一种基于平行系统的网络舆情试验方法。李本先和李孟军进行了基于平行系统的恐怖突发事件下恐惧传播的仿真研究。

7.2 面向舆情仿真的人工社会模型体系

舆情仿真是指通过建模仿真的技术手段，综合复杂系统与复杂网络、社会物理学、人工智能、机器学习、认知心理学、虚拟现实等领域的方法，对网络舆情的孕育、发生、发展、扩散、变换、衰减的整个过程中舆情事件的参与主体（政府、媒体、网民等）的行为、情绪、观点、态度等进行建模和仿真的活动，从而建立面向舆情仿真的人工社会。通过建模和仿真某一热点舆情事件（或者某一普遍关注事件）在人群（网民）中的发生、传播、演化、消亡整个过程，研究人的行为对舆情传播的影响，研究人群的态度、情绪变化规律，研究不同网络结构对传播的影响，研究关键节点的作用，评估舆情引导控制措施的效果作用。

舆情仿真系统需要舆情监测系统提供动态的数据支持。舆情监测系统采集真实舆情系统的数据注入舆情仿真系统中，构成平行系统。运用平行控制理论，基于ACP框架进行计算实验，能够更好地综合集成各学科的研究成果，为突发事件网络舆情的导控提供决策支持。社会舆情事件所涉及的对象规模大、要素多，且各个对象和要素间的关系错综复杂，交互频繁，这要求在模型构建过程中既要考虑宏观因素的作用，又不能忽视微观个体行为的影响，并将两者有机结合起来，反映个体与群体、个体与环境、群体与环境之间的相互作用过程。实际上，微观与宏观相结合的建模视角是由社会舆情事件本身的特性决定的。

采用人工社会的方法建模时，一般根据多层次、多分辨率的建模思想，将公共舆情事件的模型体系分为三类，即人口、事件和环境。如图7.1所示（樊宗臣，2015），人口主要是指个体人及通过各种社会关系联结而成的群体或组织；事件与信息绑定，即事件的爆发意味着反映事件特征的信息在社会中扩散传播；环境包括通信环境、舆论氛围以及社会文化等，如人与人之间可以通过网络进行信息的传递和分享。

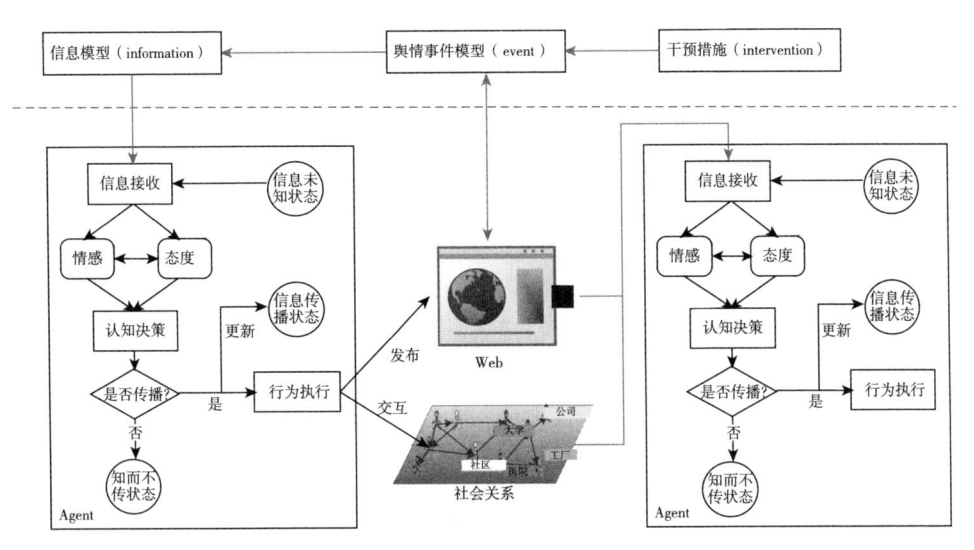

图 7.1 概念模型体系框架

7.2.1 个体模型

Agent 模型描述了真实社会中的个体，也可描述一个由个体组成的社会群体或组织，通常被视为人工社会中具有一定自主认知、学习和适应能力的实体，即主体能够根据环境的变化不断调整自身的行为。一个个体通常隶属于多个社会组织或群体，并受组织内部结构和规则的制约。个体 Agent 模型一般由属性和行为两部分组成，属性表示个体的状态，行为表现为个体与其他个体、群体和环境的交互，以及与事件的互动活动。个体在参与舆情事件的过程中具有信息接收、认知决策和行为执行能力，心理行为产生的态度、情感状态为从微观的角度观察宏观的舆情演化态势提供了依据（王甦和汪安圣，2006）。

7.2.2 事件模型

事件模型对应于真实社会中的事件，通常从宏观的角度描述了事件的类型、时空状态、内容、过程和影响范围等，可以视为一种特殊的环境，作用于社会人口，同时又受人的影响。一个事件可以衍生出其他事件，形成一个动态演化的主次事件链。在人工社会建模中，事件可视为一条或若干条信息，通过信息的人际传递来实现事件与社会的互动，如人们在社交媒体上通过某个话题展开的讨论即可认为是一种舆情事件的演化方式。另外，从应急管理的角度来看，政府或应急管理机构可以施加干预措施引导舆论，控制舆情演化的走势。

舆情事件以人为载体，其演化的主要过程与人的心理行为密切相关，而人在心理行为上的不确定性和自适应能力使舆情演化变得异常复杂。同时，舆情事件的演化总是受一定的社会结构制约，而社会结构反映了人与人之间的关系。实证研究表明，社会关系具有异质性和动态性特征，能够对人的心理行为产生重要的影响，促进或抑制舆情的演化。

舆情事件状态涵盖了社会系统的众多方面。着眼于本节所研究的问题，我们将舆情事件的状态限定在与诱因事件（或原始事件）内容和信息密切相关的范围内，包括可以观察和识别的状况、态势等属性特征。事件的状态可以采用能够刻画这些属性特征的一组状态变量进行描述，如事件发生的时间、地点、性质、关注度、人的参与度、意见分布等，状态变量的每一组具体数值则代表了事件演化的一个具体状态。

然而，影响舆情事件演化的因素众多、成因复杂，事件本身又存在着转化、蔓延、耦合、衍生等多种演化途径和方式，这给舆情事件演化问题的量化研究带来了较高的难度。这里，我们认为事件的演化是一个状态变换的序贯过程，时间上具有先后性，逻辑上具有因果性，而且只考虑单一事件的演化构成，并研究由该事件（可称为"主事件"）引发的若干衍生子事件。在此基础上，引入人为注入事件（如决策主体采取的舆情管控措施），进一步考察注入事件对舆情演化走势的影响和作用效果。实际上，这种考虑一个主事件、若干衍生事件和注入事件的思路，构成了一个"事件链"，如图 7.2 所示。

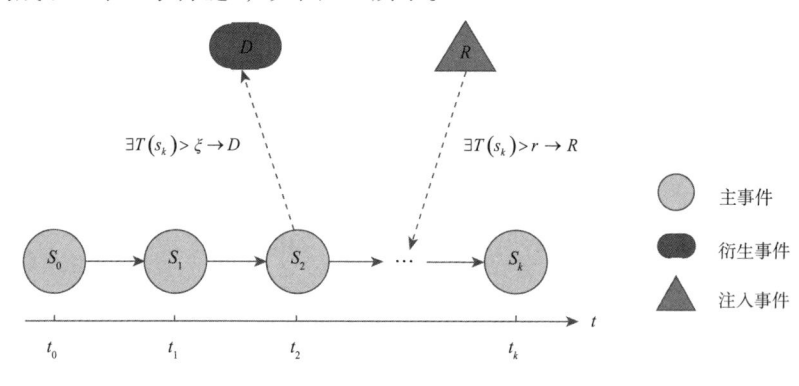

图 7.2 舆情事件的演化机制

7.2.3 环境模型

一般认为，环境可分为自然物理环境和社会人文环境，前者是客观存在，后者则看不见、摸不着，但同样能对社会产生重大的影响。现代通信技术的发展使人与人之间的信息传递、意见交互摆脱了地理空间的限制，人们不再拘泥于面对面的交流。考虑到这一点，本节弱化自然物理环境，重点关注社会文化、社会规范对人口心理行为的作用。在人工社会中，环境表现为一种规则服务，处于各种规则的最高优先级，限制或约束人的心理行为。同时，这也说明了社会舆情事件的演化过程以及各个模型之间的逻辑关系，即事件的发生产生相关信息，信息经过若干传播途径又作用于人，人通过对信息的认知发表自己的观点或态度，又通过行为的执行作用于事件，社会中个体的心理行为变化从某种程度上反映了舆情演化的态势。

7.2.4 网民群体行为模型

群体行为建模仿真是社会复杂系统建模仿真的重要研究内容，网民群体行为建模仿真是突发事件网络舆情仿真建模的基础。网民群体行为研究以理论探索为主，网民群体行为领域的主要研究方法包含 Web 日志分析法、神经网络分析法、IP 地址分析法及点击率分析法。

群体仿真中的群体行为模型就是针对这些问题的解决方案，用于群体仿真系统中对群体中个体行为进行建模，展示仿真过程中 Agent 感知、与环境交互、决策、行为选择等一系列过程。总体来看，群体行为建模方法的发展经历了"单纯几何模型—基于动力学和运动学的模型—基于物理规则的模型—基于行为规则的模型—基于认知感知的模型"这样一个发展阶段。其中结合 Agent 技术，深入研究人的认知、心理行为是群体仿真群体行为建模的主要发展趋势。

在发展过程中，研究者不断提出新的模型和方法，其中基于 Agent 的建模方法、Act-R 模型、SOAR 模型、PMFServ 集成框架、BDI Agent 模型具有一定的代表性，受到研究者的广泛关注。张丽军和梁鸿（2015）提出将各模型运用到突发事件网民群体行为研究中的思路：可以考虑在 ABM 方法的基础上，将突发事件中的网民映射为 Agent，将每个网民的特性映射为 Agent 的属性，将网民的个人行为映射为 Agent 的方法，Agent 便与突发事件中的网民群体建立起联系；使用 Act-R 模型进行网民对网络舆情的认知行为建模，以及在网络舆情演变的不同阶段进行舆情传播行为仿真；使用 SOAR 模型生成舆情演变规则库，将网民群体的认知行为看做相应舆情问题空间中状态随时间的连续转换过程，并进行智能体的学习、推理，得到突发事件网络舆情演变状态图和规则库；基于 PMFServ 集成框架建立网民群体情感主观效用的决策模型，综合考察网民在网络舆情演变过程中行动目的、行为标准、行为偏好和情感状态之间的关系；基于 BDI Agent 模型研究网民群体在突发事件网络舆情演变过程中的信念-愿望-意图，对网民的心智状态的转换过程建模仿真，从而揭示网络舆情演变的内在动因。

7.3 网络舆情传播阶段建模

在现实社会中，网络舆情的产生往往依托于现实社会中的某些事件。根据《2014年中国互联网舆情分析报告》，舆情热点事件分为社会矛盾、公共管理、公共安全、吏治反腐、企业舆情、公众人物、涉外涉军和其他八个大类，其中个别热点舆情事件可能分属不同类别。

基于信息传播的生命周期理论，对突发事件网络舆情传播阶段进行建模，提出突发事件网络舆情传播的"四段五点"模型。该模型能够较好地模拟只有一个高潮期的舆情传播过程。它先提取突发事件网络舆情的特征，然后从数值特征的角度出发将网络舆情传播过程划分为四个阶段，并对其进行定性和定量描述。该模型弥补了突发事件网络舆情定量建模分析研究的缺乏。

网络舆情的传播演化与众多因素有关：网民的自身因素、网络环境和政府对突发事件的态度等。网民的自身因素，如性格、兴趣、时间精力、利益关联和阅历等，都会影响其参与事件讨论的程度。例如，时间精力因素，如果网民有许多闲暇时间，那么该网民可能会参与某个热点事件的讨论；反之，如果网民没有足够的时间精力，那么自然而然也就不会参与该事件的讨论。此外，网络因素对事件的传播影响巨大。大众传播媒体，无论是官媒还是自媒体，无论是传统电视、广播和报纸三大传播平台，还是新兴网络平台，如新闻网站、微博和微信等，它们的出现都极大地加速了事件的传播速度。在一定程度上，政府可以导控网络舆情的传播扩散方向，决定该网络舆论能否延续扩散。如果政府认为事件过于敏感，且可能给社会带来严重负面影响，那么政府可以采取措施阻碍事件的传播扩散。总体来说，影响舆情传播的因素很多，本节重点通过宏观统计特征对舆情进行描述建模，而不从底层的因素描述建模。它并不关注网络舆情的整体特征，而是将粒度限定在微博平台中关于某突发事件的发帖情况。之所以这么限定，除了数据可获得因素之外，另外一个重要原因是整个网络舆情过于复杂，影响因素过多，不方便处理分析。因此，将研究对象定义在一个较小的范围内。鉴于此，本节研究的突发事件舆情阶段性规律特指微博中关于某突发事件随时间变化的发帖量的阶段规律。

7.3.1 建模前提条件

在借鉴信息传播的生命周期模型基础上，我们提出了网络舆情阶段规律的定量描述。在研究突发事件网络舆情的阶段规律时，往往对已经发生过的事件进行总结，也就是说获知了舆情演化的全过程。结合信息传播的生命周期，给出模型的几个前提条件。

(1)在研究突发事件网络舆情的阶段规律时,以单个突发事件网络舆情为对象进行研究。每个突发事件所产生的网络舆情都有一个生命周期过程,即从诞生到衰亡。其中根据不同的划分,每个生命周期过程包括不同阶段。

(2)在定性研究突发事件网络舆情的阶段规律时,往往是以舆情热度最高点作为划分各阶段的标准。也就是说,各阶段的划分是相对的而不是绝对的。

(3)在定量研究突发事件网络舆情的阶段规律时,需要结合网络舆情的具体表现形式,如发帖量、点击量、转发量或者综合各个指标。换句话说,对不同统计量的研究可能得出不同的规律。

(4)在定量研究突发事件网络舆情的阶段规律时,需要设定时间粒度,不同时间粒度可能得出不同的规律。时间粒度越精细,统计结果就越真实,数据波动可能就很大,规律就越不明显。

根据以上假设,对真实数据的数值特征进行分析,发现舆情变化情况更符合四阶段模型。因此,采用了四阶段模型基本框架,并将整个舆情的发展过程分为产生阶段、扩散上升阶段、扩散下降阶段和消亡阶段。

需要强调的是,本节提出的四阶段模型与一些文献中提出的四阶段模型有所不同,是根据舆情热度的顶点将三阶段模型中的第二阶段一分为二。在以往的四阶段模型中,考虑的是第一次舆情高峰之后可能会产生第二次或者多次舆情高峰。而通过观察数据特征发现,一方面根据众多突发事件的微博发帖量变化曲线中,较少出现二次高峰的现象,常常只有一个高峰,因此更加符合三阶段模型;另一方面,为了量化各个阶段的特征,根据发帖量和发帖量变化率数值特征,将舆情演化过程分为四个阶段。因此,这里提出的"四段五点"模型主要模拟只有一个高潮期的舆情传播过程。

7.3.2 各阶段数值特征

在对网络舆情各阶段的定量描述中,主要有以下几个具体指标:参与讨论的网民数量、与事件相关的发帖数量、网民数量变化率、发帖数量变化率和持续时间。网民是讨论的主体,统计每个阶段参与事件讨论的网民数量可以评估网民对此事件的参与程度;发帖数量从某种程度上反映了网络舆情的热度;变化率从某种程度上反映了网络舆情的波动情况,可以作为划分网络舆情阶段的指标;持续时间反映了阶段的长短。

1. 产生阶段

突发事件产生后通过媒体的广泛报道,开始被广大网民了解。它既可能传播扩散，引发广大网民的关注和热议，也可能很快地销声匿迹。该阶段表现出来的特征是由多方面原因造成：一方面是媒体的因素，毕竟事件刚刚爆发，事件还不能广为人知；另一方面是网民自身的因素，没时间、没精力或者对事件不感兴趣等，都可能导致对事件的关注度很小。随着事件的传播扩散，关注事件的人开始慢慢增多，但也可能出现减少的情况，因此总体保持震荡上升。通过观察微博发帖量的变化情况，发现该阶段有以下几个数值特征。

（1）参与讨论的网民数量和与事件相关的发帖数量总体偏少，随时间缓慢增加。

（2）网民数量随时间变化率和帖子数量随时间变化率总体为正，提升缓慢。

（3）持续时间因不同事件而不一致，但普遍极短。

2. 扩散上升阶段

很多文献将扩散上升阶段和扩散下降阶段统称为变化阶段，然而本节根据数值特征将此阶段一分为二。该阶段网民的参与程度极大提高，主要原因是媒体对事件的广播使网民大多获知事件的来龙去脉。虽然存在很多对事件不感兴趣的网民，但网民基数很大，因此也存在很多对事件感兴趣的网民。感兴趣的网民可在不同平台上发表观点和抒发感情，这种观点和感情以发表的帖子为载体也能一定程度上刺激其他感兴趣的网民继续发表评论。该阶段与产生阶段有很大的区别，主要表现在数量和变化率两方面。综上，这一阶段的数值特征主要有以下方面。

（1）参与讨论的网民数量和事件相关的发帖数量随时间迅猛增长。

（2）参与讨论的网民数量和帖子数量随时间变化率总体为正，且绝对值很大。

（3）持续时间因事件的不同而不同，但普遍较短。

（4）舆情热度随时间逐步达到最高。

3. 扩散下降阶段

与扩散上升阶段类似，扩散下降阶段的舆情热度很高。两者最主要的区别在于扩散上升阶段舆情总体保持上升，而扩散下降阶段舆情总体持续下降。这是由多方面的原因造成的，一方面随着事件的发展，事件水落石出或者新闻媒体报道不足，就会导致事件离开人们的视野。另一方面，网民对已知的事物都有厌倦心理，对某一事物的认知资源都是有限的，除非与自身利益有很大关系或者对该事件很感兴趣，一般就不会再反复发表言论。因此，舆论热度也就随之下降了。这一阶段的数值特征主要有以下方面。

（1）参与讨论的网民数量和事件相关发帖数量随时间迅速下降。

（2）参与讨论的网民数量和帖子数量随时间变化率总体为负，且绝对值很大。

（3）持续时间因不同的事件而不同。

（4）舆情热度从最高值迅速下降。

4. 消亡阶段

随着事件的发展，如果事件已经水落石出、没有任何疑点，或者事件受到了严重的干扰和阻碍，事件就随之进入衰亡阶段；如果还有后续事件，那么事件将会被持续关注，舆论的热度会有较大波动。消亡阶段主要有两方面具体的表现形式，其一是媒体对事件的报道减少，其二是网民对事件的评论减少。对于媒体而言，如果事件本身没有更多可以挖掘的地方，媒体就会转向其他事件。同样对于网民而言，即便是闲暇的网民，其时间精力都是有限的，对同一件事也会产生疲劳感。因此在这样的情景下，突发事件也就渐渐被人们忘记。这一阶段的数值特征主要有以下方面。

（1）参与讨论的网民数量和事件相关的发帖数量随时间缓慢减少。
（2）网民数量变化率和帖子数量变化率总体为负，且接近于0。
（3）该阶段存在长尾效应，持续时间较长。

7.3.3 "四段五点"模型定性描述

网络舆情传播四阶段模型如图7.3所示，曲线描述了事件热度随时间的变化趋势，横坐标为时间，纵坐标为事件的舆情热度，刻度单位依据具体情况而定。网络舆情热度的含义是，当非常规突发事件爆发后，互联网上网媒对该事件的报道、网民对该事件的讨论，以及政府疏导事件在网络上所形成的非常规突发事件舆情高涨程度。对网络舆情热度的评价需要建立综合的评价体系，不同的网络平台，如百度、新浪和腾讯等，通过分析关键字的转发和点击浏览数量，综合判断该关键词所关联事件的舆论情况。本节所指的舆情热度特指关于某突发事件的微博发帖数量。

曲线一共分为四段，分别是产生阶段、扩散上升阶段、扩散下降阶段和消亡阶段。此外还有五个值得关注的特征点，称其为发生点、爆发点、高潮点、回归点和消亡点。发生点表示现实社会中突发事件发生的时刻；爆发点是产生阶段与扩散上升阶段的分隔点，爆发点之前舆情热度上升缓慢，爆发点之后舆情热度上升迅速；高潮点是舆情发展的顶点，在高潮点来临之前舆情热度呈震荡上升趋势，在高潮点来临之后舆情热度呈震荡下降趋势；回归点是扩散下降阶段与消亡阶段的分隔点，回归点之前舆情热度下降很快，回归点之后舆情热度下降缓慢；消亡点表示突发事件网络舆情的舆情热度可以忽略不计，或者可以认为关于事件的微博信息完全消失。

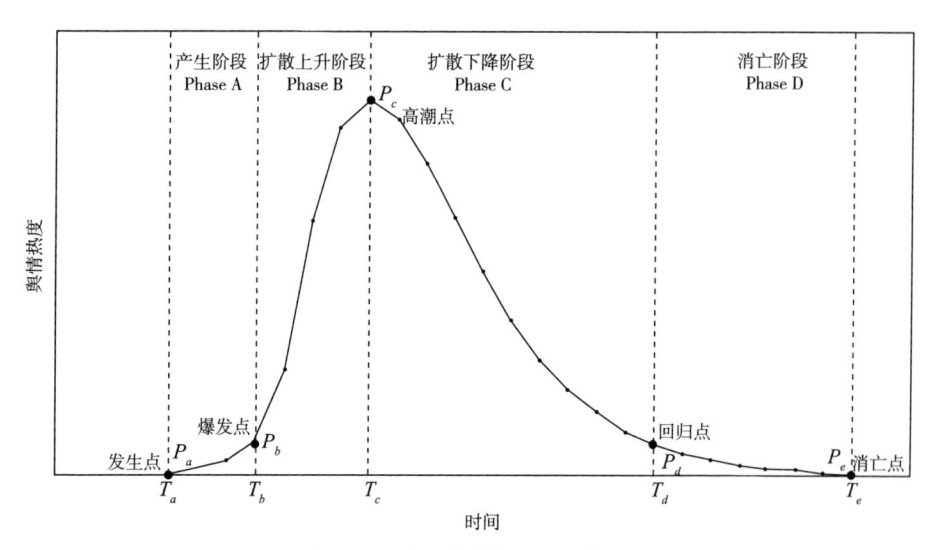

图 7.3 网络舆情传播四阶段模型

值得说明的是，如果能很精确地对发生点、爆发点、高潮点、回归点和消亡点五个点进行定位，那么也就能对产生阶段、扩散上升阶段、扩散下降阶段和消亡阶段进行划分。这也方便之后进一步的处理。此外，这五个点还具有相应的现实意义。发生点即是突发事件发生的时刻，也是网络舆情发生的时刻。突发事件网络舆情的发生到其爆发是有一段时间间隔的，如果舆情在爆发点之前能够得到控制，那么其就很可能直接趋向消亡；如果任由网络舆情随意发展，那么其很可能进入扩散上升阶段。高潮点是舆情热度的最高点，高潮点来临之前需要做好预防措施，以备网上的舆情演化为现实社会中的暴力冲突；高潮点来临之后，舆情态势自然下降，如果没有后续衍化事件，舆情态势一般很难再走高。回归点表示安全点，过了回归点之后，突发事件网络舆情接近尾声。消亡点表示突发事件网络舆情结束时刻。因此，如何鉴别发生点、爆发点、高潮点、回归点和消亡点五个点，预测舆情的发展趋势，以便为政府的管理决策提供辅助信息，是舆情研究的重点和难点。

7.3.4 "四段五点"模型定量描述

根据"四段五点"模型，为了对定性的网络舆情传播过程进行定量描述，主要有以下两个步骤：首先识别五个特征点，并通过特征点划分出四个阶段；其次提取四个阶段的数值特征。具体步骤如下。

1. 识别特征点

本节根据前文提出的数值特征识别五个特征点。首先识别最为明显的发生点、高潮点和消亡点。然后再根据一定规则计算出爆发点和回归点。需要说明的是，在确定五个特征点的过程中，发生点、高潮点和消亡点都有明显的划分准则，而爆发点、回归点并没有明显的划分准则。本节定量描述五个特征点的准则，主要根据突发事件网络舆情传播的生命周期模型中各个阶段的定性描述。总体来说有这样的规律：发生点到爆发点舆情热度缓慢上升，爆发点到高潮点舆情热度迅速上升，高潮点到回归点舆情热度迅速下降，回归点到消亡点舆情热度缓慢下降。这几个过程可以用舆情热度变化率来区分。

1）发生点

发生点就是网络舆情发生的时刻。在实际过程中，突发事件爆发的时刻往往能迅速引发网络舆情，故两者近似相等。同时需要指出，舆情演化的时间粒度为天，对于一些突发事件的发生时间需要进行一定的近似。设定如果爆发的时间超过当晚 23 点，则认为该事件发生于第二天。一方面是因为时间粒度为天，按小时层次上的粒度可以一定程度上近似忽略；另一方面是因为现实中人的作息规律，当超过 23 点时大多数人往往已经入睡，如果按当天统计就有可能造成认识上的偏差。

2）高潮点

高潮点数值特征最为明显，就是舆情热度最大的点。同一事件但不同统计指标的高潮点对应的时刻不一定相同，如点击量的高潮点出现的时刻与发帖量的高潮点就可能不同。在高潮点之前，舆情热度总体上升；在高潮点之后，舆情热度总体下降。

3）消亡点

消亡点表示网络舆情热度基本消失的点。需要指出的是，在距离突发事件爆发的时间较远时，某个具有某些突发事件关键词的微博会时不时出现，有的每天可能出现三五条，有的甚至消失了两个月之后又会出现。其实这很可能已经不是同一个突发事件产生的网络舆情，而是回顾该事件、顺带提及该事件等其他主题的网络舆情。由于本节中并没有做很精确的事件话题提取工作，因此为了避免这种情况，本节设定消亡点为高潮点舆情热度 1%，且之后七天内热度不超过舆情热度 1%的点。

4）爆发点

在以往定性分析中，爆发点往往是舆情热度从缓慢变化阶段到迅速变化阶段的分界点。但大多数文献只是对其定性描述，而没有定量建模。为了便于数学分析，根据网络舆情生命周期模型的定性阶段描述，设定爆发点为，扩散上升阶段舆情热度平均变化率与产生阶段舆情热度平均变化率比值最大的点。数学公式为

$$\hat{P}_b = \max_{T_b \in [T_a+1, T_c-1]} \{y(T_b)\}$$

$$= \max_{T_b \in [T_a+1, T_c-1]} \left\{ \frac{\sum_{t=T_b}^{T_c-1}(P_{t+1}-P_t)/(T_c-T_b)}{\sum_{t=T_a}^{T_b-1}(P_{t+1}-P_t)/(T_b-T_a)} \right\} \quad (7.1)$$

其中，$\hat{P}_b$ 表示最优的爆发点；T_a、T_b 和 T_c 表示发生点、爆发点和高潮点对应的时刻，并将真实时间转化为研究过程中的时间，即发生点时刻为 0，之后以时间粒度为最小单位递进，故 $T_a, T_b, T_c \in \{0,1,2,\cdots\}$；$P_t$ 表示 t 时刻发帖量，而 $P_{t+1}-P_t$ 表示 t 时刻发帖量的变化率；$\max_{T_b \in [T_a+1, T_c-1]} y(T_b)$ 表示取 T_b 在 T_a+1 到 T_c-1 范围内函数 $y(T_b)$ 的最大值。

此外，有两种特殊情况。其一，$T_c-T_a<2$，此时设定爆发点为发生点。其二，如果在任何情况下 $y(T_b)<1$ 或者 $y(T_b)=1$，这表示 $y(T_b)$ 函数是凸函数，变化率越来越小。该情况与阶段的定性分析相背，即舆情热度变化率随时间缓慢增加到随时间迅速增加。本书认为如果出现该情况，就表示整个过程都是扩散上升阶段，设定爆发点为发生点。

5）回归点

回归点与爆发点类似，在定性分析中表达的意思是舆情热度变化率随时间迅速减少到缓慢减少。大多数文献只是对其定性描述，而没有定量的建模。本节设定回归点为，消亡阶段舆情热度平均变化率与扩散下降阶段舆情热度平均变化率比值最小的点。数学公式为

$$\hat{P}_d = \min_{T_d \in [T_c+1, T_e-1]} \{y(T_d)\}$$

$$= \min_{T_d \in [T_c+1, T_e-1]} \left\{ \frac{\sum_{t=T_d}^{T_e-1}(P_{t+1}-P_t)/(T_e-T_d)}{\sum_{t=T_c}^{T_d-1}(P_{t+1}-P_t)/(T_d-T_c)} \right\} \quad (7.2)$$

其中，$\hat{P}_d$ 表示最优的爆发点；T_c、T_d 和 T_e 表示高潮点、回归点和消亡点对应的时刻，$T_c, T_d, T_e \in \{0,1,2,\cdots\}$；$P_t$ 表示 t 时刻发帖量，而 $P_{t+1}-P_t$ 表示 t 时刻发帖量的变化率；$\min_{T_d \in [T_c+1, T_e-1]} \{y(T_d)\}$ 表示取 T_d 在 T_c+1 到 T_e-1 范围内函数 $y(T_d)$ 的最小值。

此外，有两种特殊情况。其一，$T_e-T_c<2$，此时设定回归点为消亡点。其二，如果在任何情况下 $y(T_d)>1$ 或者 $y(T_d)=1$，这表示 $y(T_d)$ 是凸函数，变化率绝对值越来越大。该情况与阶段的定性分析相背。本书认为如果出现该情况，就表示整个过程都是扩散下降阶段，设定回归点为消亡点。

2. 各阶段统计指标

为了对各个阶段进行更为细致的描述，赋予四个阶段以下统计状态特征：总持续时间、总发帖量、参与人数、正增量时间长度、正增量平均值、正增量标准差、负增量时间长度、负增量平均值、负增量标准差。其中，持续时间即该阶段延续的时间长度，时间单位因事件而异，一般按小时或天记；总发帖量是指该阶段内发表帖子的数量；参与人是指在该时期内发表与事件相关的帖子的网民，参与人数即网民的数量，多次发帖的同一个网民计一次；正增量时间长度是指增长率为正的持续时间；正增长量平均值即对增长量按单位时间取平均；正增量标准差即正增量的离散程度，此处假设正增量服从正态分布；负增量的意义与正增量类似。综上所述，可以采用表 7.3 的状态指标对突发事件网络舆情传播阶段进行定量描述。其中，表 7.3 中只列出了产生阶段的状态指标，其他阶段的状态指标与之一样。

表 7.3　突发事件网络舆情各阶段状态指标

阶段	指标							
产生阶段	总持续时间	总发帖量	总参与人数	正增量持续时间	正增量平均值	正增量标准差	负增量平均值	负增量标准差

需要指出的是，对突发事件网络舆情各阶段进行定量建模的方法各异，可以量化的指标也超出了表 7.3 中罗列的参数。当然原则上越精细越好，这样就能更为精确地描述和分析网络舆情传播演化的特征，采用数学方法对网络舆情传播过程进行分析。本节之所以提出这些指标，一方面是根据网络舆情传播过程中各个阶段数值特征；另一方面，本节提出的网络舆情传播阶段的建模方法，是一种定性和定量相结合研究宏观网络舆情传播的思路。

根据网络舆情传播过程中各个阶段的数值特征，将突发事件网络舆情传播阶段划分为产生阶段、扩散上升阶段、扩散下降阶段和消亡阶段，提出了一套定量描述各个阶段统计状态的方法，以便对突发事件网络舆情进行定量分析。总体来说，该模型能够较好地描述只有一个高潮期的舆情传播过程。

7.4　基于"心理–行为"机制的网民信息处理模型

通常而言，心理机理是触发行为的内因，网民的行为往往是心理机理的外在表现形式。这个过程可以用"心理–行为"模型进行描述。通过对网民个体的建模来研究网络舆情，可得到"心理–行为"网民用户信息处理模型。根据对事件的参与程度,可以将网民划分为事件相关网民和事件无关网民。基于社会心理学将网民处理信息的行为分为三个阶段,即信息接收阶段、信息认知阶段和信息传播阶段。对于事件相关网民,基于心理学、概率统计方法和 Markov 链对事件相关网民模型各阶段进行定量化建模。对于事件无关网民,基于观点动力学对各个阶段进行定量化建模。

在以多 Agent 理论为基础进行舆论传播研究中,目前主要是基于统计物理学对舆论本质及其内涵进行剖析,为定量的舆论演化建模提供理论依据。例如,观点动力学模型将每个网民看成一个微观粒子(如原子、分子),通过设定简单的交互规则来观测宏观整体现象。通常而言,此类方法从统计意义上研究网络舆情还是有一定说服力的,但如果要分析本质特征,那么就显得不够充分。毕竟人不是微观粒子,远比微观粒子复杂,人与人之间的交互也不仅仅是简单的规则。那么这时就需要一种新的研究思路和方法,既能够在本质上理解舆情演化的规律,也能在宏观上与舆情演化效果保持一致。

心理学、统计学习方法和观点动力学相结合的方法,为该思路提供了理论和方法支撑。心理学模型试图解释心理机能在社会行为中扮演的角色,研究较早,也取得了十分丰富的研究成果。但存在两个显著的问题:一方面,每个模型往往各成体系,不同的模型甚至互相矛盾;另一方面,很多心理学模型通常只停留在宏观概念层次上。统计学习方法在近年发展迅猛,运用广泛。目前,统计学习方法主要的功能是选取最优模型和训练最优参数,并不能直接提供解决问题所需的模型。观点动力学借鉴了统计物理学中的研究方法,将人物个体看做简单的粒子,该模型的优点是规则简单,但缺点也很明显,即无法反映复杂的现实情景。

为了利用三个模型的优点,弥补模型的不足之处,需要做以下工作。首先,对于心理学模型而言,一方面需要融合与研究相关的心理学模型,另一方面对心理学模型进行细化和定量描述;其次,对于统计学习方法而言,应当人为建立能够解决问题的模型。观点动力学一般用于构建较为粗糙的网民模型。

此处需要强调的是,由于心理学中的一些概念很宽泛,至今还未有统一的定义。因此本节基于网络舆情的研究背景,使用了与网络舆情相结合的特有的心理学概念,以免造成概念混淆。

7.4.1 网民信息处理行为特征提取

在网民处理信息的过程中,并不是无章可循的,而是有一定的心理学规律。目前,众多心理学特征只是对个体的某些方面特性进行了定性化描述,没有从定量的方面进行建模,并且所提的概念也不尽相同。本节主要介绍了与网民信息处理过程相关的心理学特征,主要包括媒介素养、心理距离、认知资源和刻板印象。

1. 网民的媒介素养特征

媒介素养的概念起源于英国，提出的目的首先是避免低俗的媒体环境对青少年所造成的不良影响。随着互联网时代的来临，媒体环境日益复杂多样，各类消息交错融合，媒介素养也因此被赋予了新的含义。1992年美国媒介素养研究中心给媒介素养下的定义是"媒介素养就是指人们面对媒介各种信息时的选择能力、理解能力、质疑能力、评估能力、创造和生产能力以及思辨的能力"（陈晓慧等，2012）。通过分析，媒介素养具有以下共同特点。

1) 媒体覆盖

媒介素养是人们融入社会媒体、互联网等媒体中才具有的能力，媒体环境的存在是媒介素养的前提。在当今互联网和传统媒体如此发达的中国，少有人能够脱离媒体的影响。中老年可能更多处于传统媒体的覆盖范围下，而青少年则更多被互联网包围，每个人或多或少地参与到媒体营造的环境中。

2) 一种能力

通常而言，媒介素养更加强调一种辨识信息的能力。从最原始的概念可以看出，媒介素养是为了描述青少年避免低俗风气影响而应该具备的信息辨别能力。在当今社会，媒介素养除了人们传统的听、说、读和写能力之外，还应该包括对各种信息的收集、提取、解读、评价、批判性的吸收和传播的能力。这样是为了使人们辨别是非，去伪求真。

目前为止，媒介素养并没有统一的定义。根据众多定义的共同特点和实际面临的问题，将媒介素养定义为网民处理微博信息时所具有的信息接收能力、信息认知能力和信息传播能力。该定义涵盖了众多定义的共同特点，一方面微博是一种媒体形式，是人们从互联网获取信息的平台，本节将研究的对象聚焦到微博环境；另一方面细化了信息处理的能力，将其分成三个部分。其中，信息接收能力表示该网民是否能够接收到微博信息，更加强调外部网络环境的作用。就微博平台而言，如果该网民关注了其他网民，那么他就能收到关注的网民所发的信息。信息认知能力表示网民愿不愿意处理信息以及如何处理信息，更多地表示主观方面的影响。虽然该网民收到了微博信息，但是时间、精力等因素也可能导致其没有处理微博信息。信息传播能力是指网民有途径传播自己的态度、观点。与信息接收能力一致，信息传播能力是由外部网络环境决定的。

2. 网民的心理距离特征

心理距离是指人们根据某研究对象与参考点的远近不同，内心出现的一种主观判断。参考点主要指自己，心理距离更加强调以自我为中心，其他事物对自己的影响大小。根据不同角度，可以将心理距离分为时间距离、空间距离、社会距离和假设性距离。时间距离表示事物在时间维度上距离自身的远近；空间距离表示事物在地理上距离自身的远近；社会距离表示人与人之间关系的亲疏情况；假设性距离表示在现实社会中某研究对象产生的可能性。

本节所研究的心理距离的粒度聚焦在突发事件层次上，而不是具体到某个事件。同时在构建的网民信息处理模型中，主要是通过在微博平台发帖的状况来判断突发事件与自身的心理距离，而不是通过问卷调查的形式来确定个人对某事物的心理距离。因此假设，网民参与突发事件的讨论越多，那么他认为突发事件与自己的心理距离就越近，下次突发事件爆发时处理的可能性就越大；网民参与的突发事件讨论越少，则认为突发事件距离自己越远，下次突发事件爆发时处理的可能性就越少。换句话说，心理距离不仅仅表示突发事件与自身的关系远近，还表示了表达的意愿。

3. 网民的认知资源特征

认知资源理论指的是人们在认知加工活动中所需要的能量（胥涵等，2013）。人必须拥有心理资源才能顺利地完成各种认知任务，如控制注意力、更新记忆和调节情绪等。心理资源是一种调节自身状态的能量，为人的各种有意识的心理活动和外在行为提供支持。该理论的前提是人们在完成任何活动时都必须拥有认知资源，如果同时完成多项活动就必须共用心理资源。某一时刻人们的心理资源越丰富，那么其进行有意识的心理活动和外在行为的效率也就越高。一些学者认为，因为人们的心理资源是有限的，所以在同一时间内不可能做无限多的任务，但只要做的任务没有超过其心理资源总量，那么他还可以做其他的任务。一个简单的例子是，熟练的司机在高速公路上开车时可以与其他人聊天，而在闹市区开车时就得全神贯注。闹市区车流不息，行人轨迹不定，因此需要占用司机大量的心理资源。

在现实社会中，并没有对认知资源定量的建模方法，而是一个宏观的概念。本节设法定量地描述一个网民在特定环境下的认知资源大小，将认知资源聚焦于微博平台。定义认知资源为，网民某时刻会处理与自己心理距离较近的突发事件微博的可能性。如果认知资源越大，那么其处理突发事件微博信息的概率也就越高；反之则越低。心理距离与心理容量的区别在于，心理距离更加注重事物与自己的关系，而认知资源更加注重处理事物的精力。

需要强调的是，人的心理距离和认知资源都是随时间变化的，每个人在不同时期对事物的心理距离和处理事物的认知资源都是不同的（何凌南等，2014）。但是，心理距离在短时间内变动不大，而认知资源则相反，在短时间内有很大的波动。一个简单的例子是，当一个突发事件爆发后，由于每个人对未知事物的好奇心理，刚开始时还会比较愿意讨论该事件。一段时间之后，人们对已知信息往往会产生厌倦心理,也就渐渐不再关注。换句话说,即便事件与自己很相关,如果没有持续刺激,人们对该事件的认知资源也会越来越少。

4. 网民的刻板印象特征

刻板印象原是印刷术语,1922 年著名记者李普曼用此概念解释人们的错误观念和偏见,特指那些不正确又固执态度的情况,即特定的成见。刻板印象往往比较牢固,妨碍我们对未知对象的认识。但是,刻板印象能辅助人们精简自己的认知活动,以便加快工作进度。刻板印象对人们的认知活动过程具有显著的影响。一些学者认为,刻板印象的作用是减少人们不必要的脑力劳动;而另外一些学者认为,刻板印象能提升人们认知资源的利用程度。也就是说,节余的认知资源可以被用于处理同一时间的其他认知活动。刻板印象对人的认知活动的影响主要有三个模型,即图式过滤器模型、灵活编码模型和联想网络模型。

本书借鉴刻板印象概念,并赋予其特定环境下的意义。这里认为,刻板印象为网民处理微博信息过程中,自己对微博信息所承载的突发事件信息的历史态度。历史的经验会在某种程度上影响当前的状态,因此过去自己对某突发事件的态度也会对当前的态度有一定的影响。

7.4.2 网民"心理–行为"信息处理模型

在对网民个体处理信息行为特征分析的基础上,本小节对网民个体行为进行定量化建模描述。首先,本节将网民划分为事件相关网民和事件无关网民;其次,在网民个体层面上描述信息传播的流程;最后,对事件无关网民进行定量建模,对事件相关网民信息处理模型则单独进行描述。

1. 网民分类

中国互联网信息中心将网民定义为,半年内使用过互联网的六周岁以上的中国公民。网民是个很大的群体,如果只是宏观笼统地对网民个体进行建模,往往就会以偏概全。因此,很有必要根据不同的研究目的对网民进行分类。在对网民分类的过程中,可以根据兴趣爱好、性格特征和年龄性别等个体属性分类;也可以根据社会影响力进行分类,如意见领袖或者普通用户等;也可以根据社团群体或者网络平台进行分类,如微信、微博和天涯论坛等。之所以对网民进行分类,很重要的原因在于同一类别的网民具有某些共同的属性,这是其他类别的网民所不具有的,或者没有明显体现的。

本节以 2014 年突发事件微博数据为基础,如果在微博平台上网民参与了突发事件话题的讨论,那么就将此类网民划分为事件相关网民;如果在微博平台上网民没有参与突发事件话题的讨论，那么就将此类网民划分为事件无关网民。特别需要说明，事件相关网民和事件无关网民都是微博用户。对于事件相关网民，由于可以获知其关于突发事件所发帖子的时间、内容和行为等信息，那么就可以根据其发表的信息提炼出网民个体对于突发事件的心理特征、性格特点和行为规律等网民属性。因此，将此类网民作为建模的重点。而对于事件无关网民，由于无法获知其关于事件的观点、态度和情绪，那么也就无法提炼出网民对于突发事件的特征属性，因此也就难以深入研究。

2. 微观信息传播过程

本节模拟突发事件爆发时，网络舆情的演化发展趋势。网络舆情具体体现在关于所研究的突发事件的微博帖子数量和态度演化情况。总体而言，整个网络舆情传播可以划分为三个部分，即信息、关系网络和网民个体。一般而言，突发事件爆发之后，官方媒体或者网络大V第一时间掌握信息，他们往往根据自身的需求加工信息，并把加工之后的信息向广大网民群体传播；信息是通过众多网络渠道传向网民群体的，其中的网络渠道有各大站点、网络平台和即时通信工具，这些渠道成为网民获知信息和发表意见之处；之后，活跃的网民会接收信息，在处理信息之后考虑是否传播信息。以此不断反复循环，直至网络舆情完全消失。具体过程如图7.4所示。

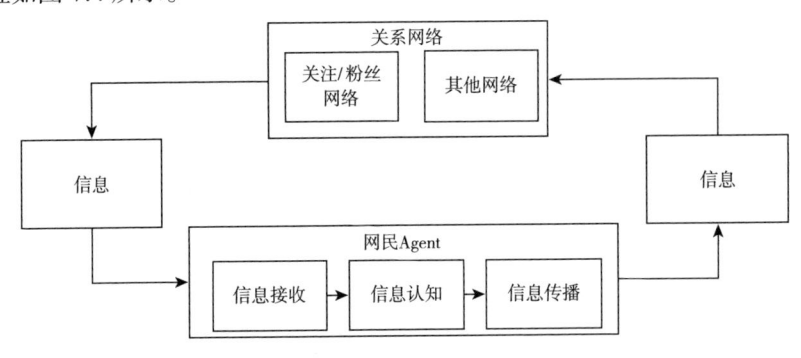

图7.4 网络舆情传播过程建模

1）信息

信息是网民个体处理的对象，也是网络传播的对象。现实社会中，信息泛指传播的一切内容，如文字和图片等。考虑到目前的计算能力，此处主要分析微博中的文字信息。同时为了便于统计分析，且本节的重点是对网民个体进行建模，因此将信息抽象为一个二值观点，积极和消极。

总体来说，积极和消极都是比较抽象的词语，难以直接用于定量计算。目前有很多计算微博文本观点、态度和情绪的方法，主要有基于词典的计算方法和机器学习方法。采用机器学习方法，首先人工将表情划分为积极或者消极，如"笑"就是积极而"衰"就是消极；其次根据表情将微博信息划分为积极类或者消极类，如果微博信息中的表情大多都是"笑"等积极表情，那么就认为该微博信息观点为积极，反之则为消极。

2）网络

网络是舆情传播的媒介，它连接网民并为网民提供了一个信息传播和交流的平台。不同的网络具有不同的结构和性质，一般也会影响甚至改变网络舆情的演化方向。现实社会中的网络多种多样，就信息传播网络而言就不胜枚举。例如，传统三大媒体、政府网站和政务微博等为主的官方舆论网络，该网络的特点是覆盖面极广，信息单向传播；一些互联网公司和网络大V搭建起民间舆论网络，如微博、天涯论坛和博客等，该网络的特点是以兴趣聚类，信息双向传播；此外还有现实社会中的熟人关系网络，该网络的特点是联系紧密。

面对纷繁复杂的信息传播网络，想要完全把握网络态势是十分困难的，需要根据研究重点提炼出相应的网络。网络舆情建模主要考虑微博平台中的关注与粉丝网络，网民的其他关系则称为其他网络。

3）网民个体信息处理模型

本节将网民个体抽象为网民 Agent。根据媒介素养理论，可以将网民处理微博信息行为划分为三个阶段，即信息接收阶段、信息认知阶段和信息传播阶段。无论是事件相关网民还是事件无关网民，他们的宏观行为过程是相同的。不同之处在于具体的每种行为可能不一致，如是否发帖、帖子态度。这是网民间异质性的表现，值得说明的是，网民个体模型的行为参数需要从历史数据训练中得到。

3. 事件无关网民行为建模

正如前文所述，事件无关网民并没有在本节关心的突发事件话题中发表任何言论，也没有任何行为，如评论、点赞和转发等行为，那么也就无法获取他们的心理特征和行为规律。然而这类网民往往占大多数，掌握他们的心理状态是十分有意义的工作。于是，需要用其他方法来模拟他们对突发事件可能的观点态度。本部分结合网民的媒介素养特征和观点动力学模型对事件无关网民进行建模。先介绍观点动力学模型中的 MR 模型，再介绍基于观点动力学和社会心理学的网民行为模型。

1）MR 模型

MR 是 majority rule 的简称，即大多数规则。MR 模型是根据局部多数原则提出的模型，用于研究选举等公共策略问题。MR 模型的基本思想如下：在一个群体内，少数人的观点应当服从大多数人的观点。具体交互规则如表 7.4 所示。其中，设群体数量为 N，每个个体的编号为 i（1≤i≤N），r≤N，每个个体的观点记为 S_i。

表 7.4 MR 模型

步骤	操作
1	为每个个体赋予观点值，观点值 S_i = +1 或 S_i =−1
2	在每个步长中，随机选取 r 个个体编为一个组，该组中的每个个体都采用该组中多数个体的观点。群组的大小 r 并不是固定不变的，可以遵循一定的分布 如果 r 是奇数，则一定会存在大多数的观点；如果 r 是偶数，则需要人为加入一个观点，如在每个步长统计正负观点时加入 S_i = +1

2）基于观点动力学的网民信息处理模型

基于心理学模型的媒介素养特征，将事件无关网民处理信息的过程分为信息接收、信息认知和信息传播三个阶段。

（1）信息接收主要模拟网民的接收信息的能力。网民有两种途径接收信息，一种是从关注的网民处接收，另一种是从其他信息源处接收。如果网民关注的人发帖，则该网民就能读取到其他人所发的帖子；反之，则不能读取。虽然信息传播渠道多种多样，但是为了便于分析，此处假定事件无关网民只能从事件相关网民处获取信息。

（2）在信息认知阶段，本节提出了基于观点动力学方法的信息认知模型模拟此类网民处理信息的行为以及形成的态度。观点动力学模型种类繁多，鉴于本模型的观点是二值观点和观点动力学模型的适用范围，本节采用离散观点动力学模型中的 MR 模型。因为在网络舆情中，网民往往会接触到大量的信息，浏览他人发表的言论，而不仅仅是关注个别人的观点，因此采用 MR 模型是比较合理的。

（3）在信息传播阶段，事件无关网民并不发表与突发事件相关的言论，因此本节设定他们只接收信息而不发表信息。

7.4.3 事件相关网民信息处理模型

基于网民信息处理行为特征和信息传播过程，本节重点对事件相关网民进行详细的建模。本节介绍了模型的整体框架，重点阐述了信息认知阶段，将信息认知阶段划分为基于心理特征的判断模型和基于 Markov 链的观点决策模型。

1. 事件相关网民信息处理模型框架

网民处理信息的逻辑过程如图 7.5 所示（何凌南等，2015）。

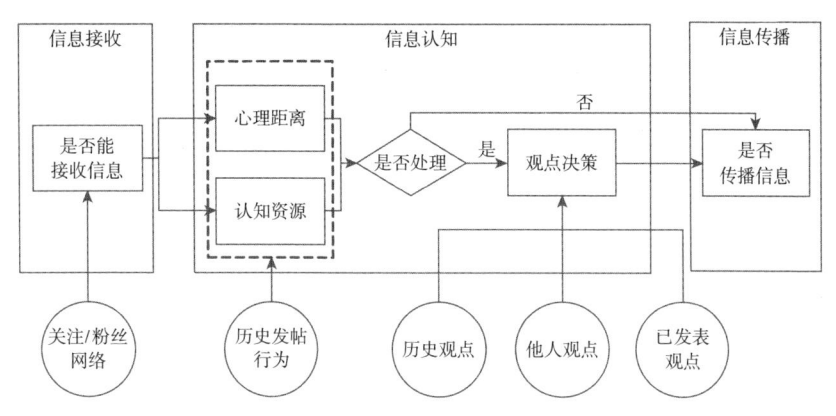

图 7.5 事件相关网民信息处理行为模型

网民个体处理信息时,首先判断网民个体是否能接收到信息,如果其关注的网民发表了信息,那么信息就能通过微博的关注/粉丝网络传播到该网民处,反之则无法接收到。在收到信息之后,网民会根据信息与自己的心理距离远近和当前的认知资源判断是否处理消息。由于前文已经设定,如果网民处理信息就会传播信息,如果不处理信息也就不会传播信息。如果网民处理信息,那么再根据历史对此类事件的态度、其他网民对此类事件的态度和自己已表达的态度共同决定该时刻所发帖子的态度。

在信息接收阶段,主要模拟网民的接收信息的能力。网民有两种途径接收信息,一种是从关注的网民处接收,另一种是从其他信息源处接收。如果网民关注了其他网民,那么只要其他网民发帖,则该网民就能读取到其他网民所发的帖子;反之,则不能获取。值得说明的是,信息传播渠道多种多样,因此网民很可能从其他途径获知消息。

在信息传播阶段,主要描述网民个体传播信息的能力,这与是否愿意传播有所不同,而是更加注重在平台上传播信息。该阶段主要功能是将融合了自己观点态度的信息传播到其粉丝处。此处的信息传播网络是微博网络的关注/粉丝网络,而不是其他网络。

2. 基于心理特征的判断模型

基于心理特征的判断模型主要包含网民心理距离、认知资源和判断是否处理信息三部分,下面将分别进行介绍。

1)计算心理距离

根据网民的心理距离特征,如果网民对某事物不感兴趣,没有利益关系,也就是说心理距离自身很远,那么网民处理该信息的可能性就很低,反之则很高。心理距离是网民内部的状态,一般难以把握。就网络舆情而言,如果不在网络中发表言论，而只是作为"沉默的大多数"接收信息，那么是无法根据网络数据提取出他们的心理距离的。并且也没有必要提取出心理距离，因为这类网民不发表任何观点，因此也不会对其他网民乃至网络舆情产生任何影响。鉴于此，为了表征能对网络舆情产生影响的网民心理距离，即包括突发事件距自己的远近和对事件的表达意愿，本节定义的计算规则如下：

$$P_d = P_n / E_n \tag{7.3}$$

也就是说，心理距离是根据网民对某事件的发帖行为来确定的。其中，P_d是网民的心理距离；E_n是研究的突发事件总数量；P_n是研究的突发事件中该网民参与的突发事件数量。

2）计算认知资源

根据网民的认知资源特征，在事件与自己比较相关的条件下，网民会根据当时的时间精力状态来决定是否处理信息以及传播信息。与计算心理距离的出发点一样，如果网民没有表达出自己的想法，即发帖，那么也就不会对其他网民产生任何影响。同时，人的认知资源是一个随时间变化的量，本节定义认知资源是网民第一次获知消息后愿意处理突发事件微博的概率。因此，为了表征对网络舆情产生影响的网民认知资源，即包括处理信息的时间精力和对事件的表达意愿，本节定义的计算规则如下：

$$C_r(t) = \sum_{r=1}^{M} P_{or}(t) / P_n, t \in (0, N), P_{or}(t) \in \{0,1\} \tag{7.4}$$

其中，$C_r(t)$表示t时刻的认知资源；P_n表示该网民参与讨论的突发事件数量，如果网民在5个突发事件话题中发表了言论，则P_n=5；N表示关注的认知资源时间长度，如果关注30天内网民的认知资源，那么N=30；$P_{or}(t)$表示t时刻该网民在第r个突发事件中是否发表了言论；t表示距离首次获知突发事件的时刻。

3）判定是否处理

在判断是否处理的过程中，本节以概率的形式进行判定，具体规则如下：

$$\begin{cases} \text{if}(p1 < P_d \ \&\& \ p2 < CR(t)) \\ \text{then 执行}, p1, p2 \in U[0,1] \\ \text{else 结束} \end{cases} \tag{7.5}$$

其中，$U[0,1]$服从0到1的均匀分布。

3. 基于 Markov 链的观点决策模型

本节首先简要介绍 Markov 链的基本思想，然后基于 Markov 链和社会影响模型对网民的观点决策行为进行建模。

1）Markov 链模型

Markov 链是离散时间离散状态的 Markov 过程。Markov 过程的特点是,当随机过程在时刻 t_0 所处的状态为已知条件时,过程在时刻 $t(>t_0)$ 所处的状态仅与时刻 t_0 所处的状态有关,而与过程在 t_0 时刻之前的状态无关,这一特性称为无后效性。无后效性用通俗的话来说,就是已知过程当前时刻的状态,过程将来的状态只与现在的状态有关而与过去的状态无关。

根据以上定义可知,Markov 链本质上是概率转移模型,是对事物演化过程的一个简化,在很多领域都有应用。通常而言,事物当前的状态不仅仅与之前某个时刻有关,而是与之前所有时刻都有关。然而,如果考虑因素过多就会导致模型极为复杂,往往难以深入地进行研究。Markov 链只考虑与之前某个状态相关,而不考虑其他时刻状态,这就大大减少了工作量,使模型简单易行同时具有一定的适用范围。

Markov 链核心思想主要包括两部分:第一,对研究对象进行建模,即提取研究对象的状态,并构造状态与状态之间的转换关系;第二,计算转化关系的概率,其中必须满足每个状态的输出的概率之和等于 1。满足以上两种约束的模型都可以称为 Markov 链。

2）基于 Markov 链的观点决策

根据社会影响理论,其他个体观点、自身观点、政府和媒体观点会影响自己观点的形成。本节借鉴社会影响力理论,将影响个体观点形成的因素归纳为历史观点、他人观点和自己已发表的观点。本节提出的模型将社会影响理论中的其他观点和自身观点合并为他人观点,即其他人对事件的观点态度;自身观点分为历史观点和已发表的观点。他人的观点是外部作用,能够影响自己的观点决策行为。因为在一定程度上,人都不可能忽略其他人的意见而只关注自己的想法,一旦一个人的观点与众人意见不一致,那么就可能被孤立。本节中刻板印象即网民对微博所承载的突发事件信息的历史态度,刻板印象相当于每个人的经验,会对当前的决策有指导作用。已发表的观点往往能够对当前的观点具有直接的影响作用。大多数人都希望自己能够说服他人使自己得到认同,而不是被他人说服。因此,人们都不会轻易否定自己已经发表的言论。已发表观点与历史观点的不同之处在于,历史观点是网民对其他突发事件的观点态度,而已发表观点是网民对正在研究的突发事件的观点态度。

网民的观点决策过程可分为两个部分:首次处理信息和后续处理信息。两者的不同之处在于,首次处理信息时并没有已发表观点,影响网民观点决策的因素为历史观点和他人观点;后续处理信息后有已发表观点,影响网民观点决策的因素为历史观点、他人观点和已发表观点。同时定义,如果网民发表了关于事件的观点,那么该观点就是网民关于该事件的已发表观点;如果有后续发表的观点,那么则用后续发表的观点更新已发表的观点。基于上述思想，本节基于 Markov 链对网民观点决策进行建模。首先抽象出网民观点的三个状态，即历史观点、他人观点和已发表观点，分别用 H_O、O_O 和 P_O 表示。其中，$H_O,O_O,P_O \in \{0,1\}$，0 表示负面观点，1 表示正面观点。如果网民接收的所有的其他人的信息中，正面信息数量大于负面信息，那么认为他人观点为正面，即 $O_O=1$；反之则为负面，$O_O=0$。与此类似，如果历史观点中，正面信息数量大于负面信息数量，则 $H_O=1$；反之则 $H_O=0$。一般而言，历史态度在短时间内不随时间变化而变化，因此定义为常值。在采用 Markov 链对网民进行建模的过程中，需要完成两个步骤，第一是确定状态转移的形式，第二是计算状态转移的概率。

首次处理信息时的状态转移形式如表 7.5 所示。

表 7.5　首次处理信息

序号 θ_i	转移条件	转移结果
1	$H_O=0, O_O(t)=0$	$P_O(t+1)=0$
2	$H_O=0, O_O(t)=0$	$P_O(t+1)=1$
3	$H_O=0, O_O(t)=1$	$P_O(t+1)=0$
4	$H_O=0, O_O(t)=1$	$P_O(t+1)=1$
5	$H_O=1, O_O(t)=0$	$P_O(t+1)=0$
6	$H_O=1, O_O(t)=0$	$P_O(t+1)=1$
7	$H_O=1, O_O(t)=1$	$P_O(t+1)=0$
8	$H_O=1, O_O(t)=1$	$P_O(t+1)=1$

同理，后续处理信息时的状态转移形式如表 7.6 所示。

表 7.6　后续处理信息

序号 θ_i	转移条件	转移结果
1	$H_O=0, O_O(t)=0, P_O(t)=0$	$P_O(t+1)=0$
2	$H_O=0, O_O(t)=0, P_O(t)=0$	$P_O(t+1)=1$
3	$H_O=0, O_O(t)=0, P_O(t)=1$	$P_O(t+1)=0$
4	$H_O=0, O_O(t)=0, P_O(t)=1$	$P_O(t+1)=1$
5	$H_O=0, O_O(t)=1, P_O(t)=0$	$P_O(t+1)=0$
6	$H_O=0, O_O(t)=1, P_O(t)=0$	$P_O(t+1)=1$
7	$H_O=0, O_O(t)=1, P_O(t)=1$	$P_O(t+1)=0$
8	$H_O=0, O_O(t)=1, P_O(t)=1$	$P_O(t+1)=1$
9	$H_O=1, O_O(t)=0, P_O(t)=0$	$P_O(t+1)=0$
10	$H_O=1, O_O(t)=0, P_O(t)=0$	$P_O(t+1)=1$

续表

序号 θ_i	转移条件	转移结果
11	$H_O=1, O_O(t)=0, P_O(t)=1$	$P_O(t+1)=0$
12	$H_O=1, O_O(t)=0, P_O(t)=1$	$P_O(t+1)=1$
13	$H_O=1, O_O(t)=1, P_O(t)=0$	$P_O(t+1)=0$
14	$H_O=1, O_O(t)=1, P_O(t)=0$	$P_O(t+1)=1$
15	$H_O=1, O_O(t)=1, P_O(t)=1$	$P_O(t+1)=0$
16	$H_O=1, O_O(t)=1, P_O(t)=1$	$P_O(t+1)=1$

在确定状态转移形式后,采用极大似然估计的思想估计每种情形出现的概率,即已知某个参数使该样本发生的可能性最大,那么就不会选择其他可能性较小的样本,因此也就将该参数作为估计的真实值。因此,每种情况的概率是

$$l(\theta_i)=\frac{|\theta_i|}{\sum_{i=1}^{W}|\theta_i|}, W=\{8,16\} \quad (7.6)$$

其中,$|\theta_i|$表示第θ_i种情况出现的次数;$l(\theta_i)$表示第θ_i种情况出现的概率;W表示首次处理信息或后续处理信息。那么,Markov链转移概率为

$$p^j(\theta_i)=\frac{l(\theta_{i+j})}{l(\theta_i)+l(\theta_{i+1})}, j\in\{0,1\}, i=2k-1, k\in[1,2,\cdots,W/2] \quad (7.7)$$

其中,$p^j(\theta_i)$表示θ_i情形的状态转移条件下,状态转移结果为j的概率。从式(7.7)中可知,$p^0(\theta_i)+p^1(\theta_i)=1$。

第8章

人工社会生成方法

人工社会的生成是 ACP 方法的基础,是进行计算实验的前提。不同用途的人工社会组成结构不同,其生成方法也有所差别,但一般都包括人工人口生成、人工环境生成、社会关系网络生成三个方面。本章首先给出人工社会的形式化描述方法,其次以人工城市为背景,分别讨论人工社会的人工人口迭代生成方法、人工地理环境生成方法和多层社会关系网络生成方法。

8.1 人工社会的形式化描述

对于以多智能体技术为基础构建的人工社会来说,智能体及其所处的环境是人工社会的基本要素。智能体模型,通常被称为 Agent 模型,是真实社会中的"人"或组织在人工社会中的模型映射。该模型的构建一般包含属性、行为和社会关系三个方面。环境模型（Env）是真实社会中"人"或组织活动空间在人工社会中的模型映射,在人工社会中为智能体的各类活动执行提供场所,同时在人工社会运行过程中影响着智能体的属性变化、行为选择和社会关系连接。因此,人工社会（S）就可以形式化地表示为智能体和环境的组合,即

$$S=<\text{Agent, Env}> \quad (8.1)$$

其中,智能体又可以表示为人口（Popu）,行为（B）和社会关系网络（L）的组合,即

$$\text{Agent}=<\text{Popu}, B, L> \quad (8.2)$$

虽然环境包含内容广泛,不同用途的人工社会环境建模的范围和粒度可能不

同,但总体来说人工社会中的环境都可以表示为一系列属性的集合,即

$$Env=\{Env\_Attribute_1, Env\_Attribute_2,\cdots, Env\_Attribute_n\} \quad (8.3)$$

接下来,以面向城市疫情研究的人工社会构建为例,对人口、行为、社会关系网络和环境模型分别进行形式化定义与描述。

8.1.1 人工人口模型定义

在人工社会中,人口模型也被称为"人工人口"模型,是对人口个体社会属性的描述,是人口个体在社会中可辨识的重要依据。人口模型由个体的全局标识符 Ind_ID 和人口属性集 $\{a_i\}$ 构成。

$$Popu=<Ind\_ID, \{a_i\}> \quad (8.4)$$

属性集可以根据实际研究问题的需求进行扩展和缩减。一般情况下,个体 Agent 的人口属性来源于人口普查结果和人口统计学的关键特征,如个体所属家庭编号(House_ID)、年龄(Age)、性别(Gender)、家庭角色(F_Role)、社会角色(S_Role)和关联的环境列表(Env_list)。其中,家庭角色是对个体在家庭成员中的定位,如父母、子女等;而社会角色是对个体在社会中所发挥作用的标识,如婴幼儿、学生、工人等。因此,一个人口个体在人工社会中的基本人口特征可以表示为

$$\{a_i\}=\{House\_ID, Age, Gender, F\_Role, S\_Role, Env\_list\} \quad (8.5)$$

图 8.1 展示了面向城市疫情研究的人工社会中的基本人工人口模型架构,其主要构成是个体相关的各类社会属性和属性值,而这些内容均被包含在人口属性集内。

8.1.2 行为模型定义

行为模型规定了人工人口个体 Agent 在一天中所有时间段内可能的动作和与行为相关的其他模型的关联关系。人工人口行为的形式化定义如下:

$$B=< S\_Role, \Delta t, \{Activity, Probability\}> \quad (8.6)$$

S_Role 是个体的社会角色,同时也是其行为模型的分类标准,不同社会角色的个体将按照其对应的行为模型生成具体行为动作实例;Δt 是个体执行一个动作的持续时间,包括起始时间和结束时间;在Δt 时间段内,个体可能执行的动作由二元组动作集{Activity, Probability}来表示,其中 Activity 是个体可能选择的动作,它是一个复合结构,由动作的类型 Act_Type、动作执行场所类型 Env_Type 和动作执行函数 f(Activity)构成[如式(8.7)所示];Probability 是该 Activity 可能被选择的概率。

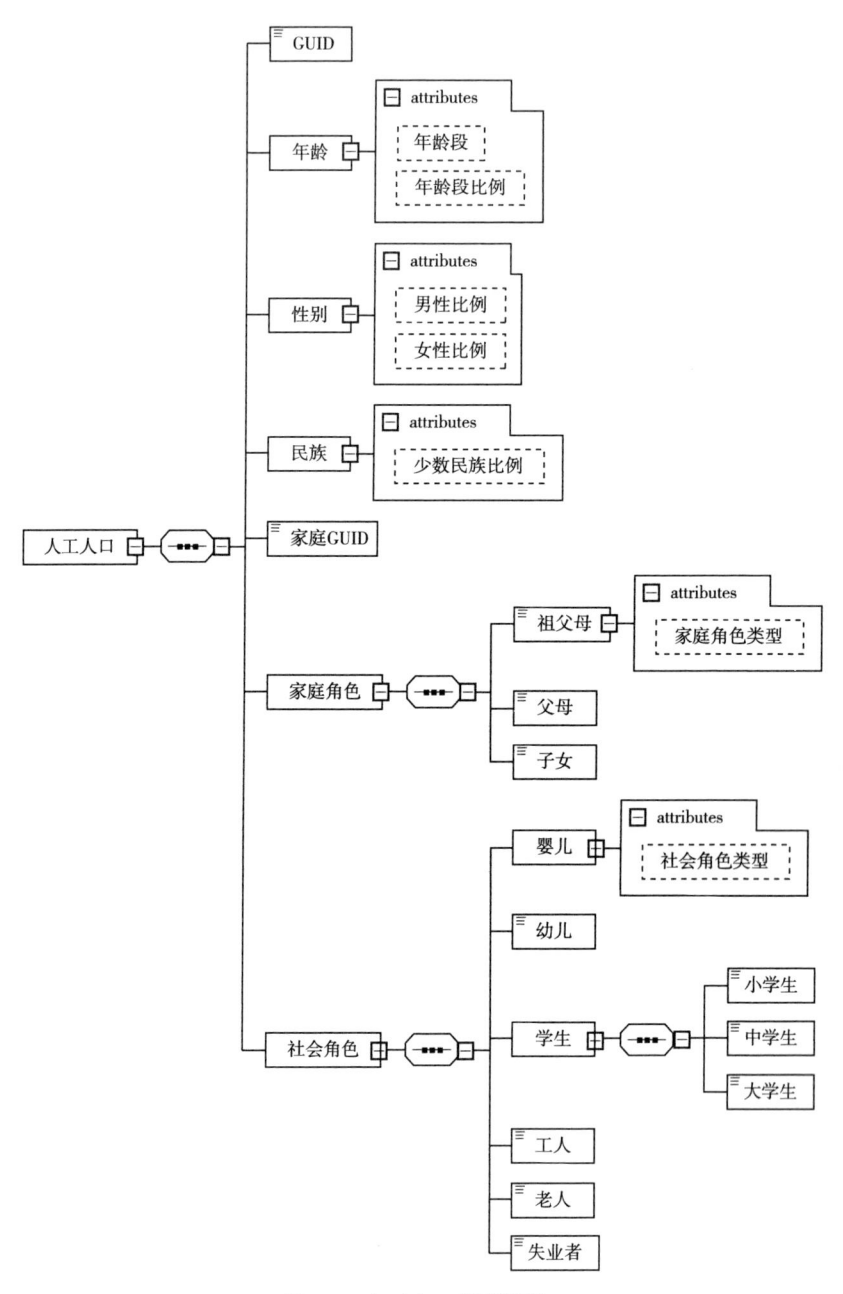

图 8.1 人工人口模型架构

$$Activity=\{Activity\_Type, Env\_Type, f(Activity)\} \qquad (8.7)$$

图 8.2 展示了个体行为模型的架构。在行为模型中，对个体在某一时间段内可能执行的行为、行为执行的地点，以及如何执行做了明确的规范。

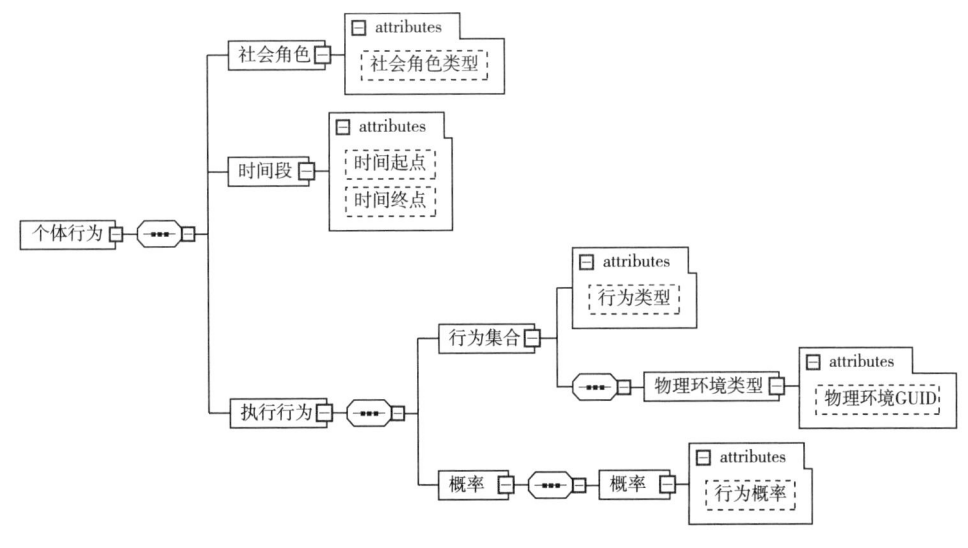

图 8.2 个体行为模型的架构

8.1.3 社会关系网络定义

在人工社会中,对个体多种社会关系的建模可采用多重社会关系网络模型来实现。通过多重社会关系网络,可以将各种种类相异的社会关系集成在一个 Agent 模型框架内。整个人工社会的多重社会关系网络模型,可通过定义每一个 Agent 的社会关系网络来实现。

对 Agent 个体而言,其社会关系网络可以定义为

$$L=< S\_Role, G, \Psi > \tag{8.8}$$

其中,Ψ 是社会关系网络的类型;G 是与该 Agent 具有某种社会关系网络类型 Ψ 的其他 Agent 的集合。

在该定义中,Agent 个体的所有社会关系网络类型 φ_i 构成 Ψ,即 $\Psi = \{\varphi_i\}$。所有与该 Agent 具有某类社会关系 φ_i 的其他 Agent 标识组成该个体的多重社会关系网络。如果将所有 Agent 个体的所有类型社会关系网络取并集,就形成了整个人工社会全局的多重社会关系网络。

上述定义的社会关系网络模型是对个体之间相对稳定的社会关系的建模,属于对强相关的社会关系网络的建模。这种网络的建立以个体的社会特征为先验知识,需要根据个体在社会中的人口特征和行为特征进行生成。除强相关的社会关系网络以外,人工社会中还存在一种弱相关的社会关系网络模型,这种社会关系网络在个体满足相同的时间和空间约束的条件下,临时建立并随约束条件失效而消亡,它动态存在于仿真实验的过程中,是一种随机网络。

图 8.3 展示了个体社会关系网络模型的架构，并列出了人工社会中个体的基本强相关社会关系。

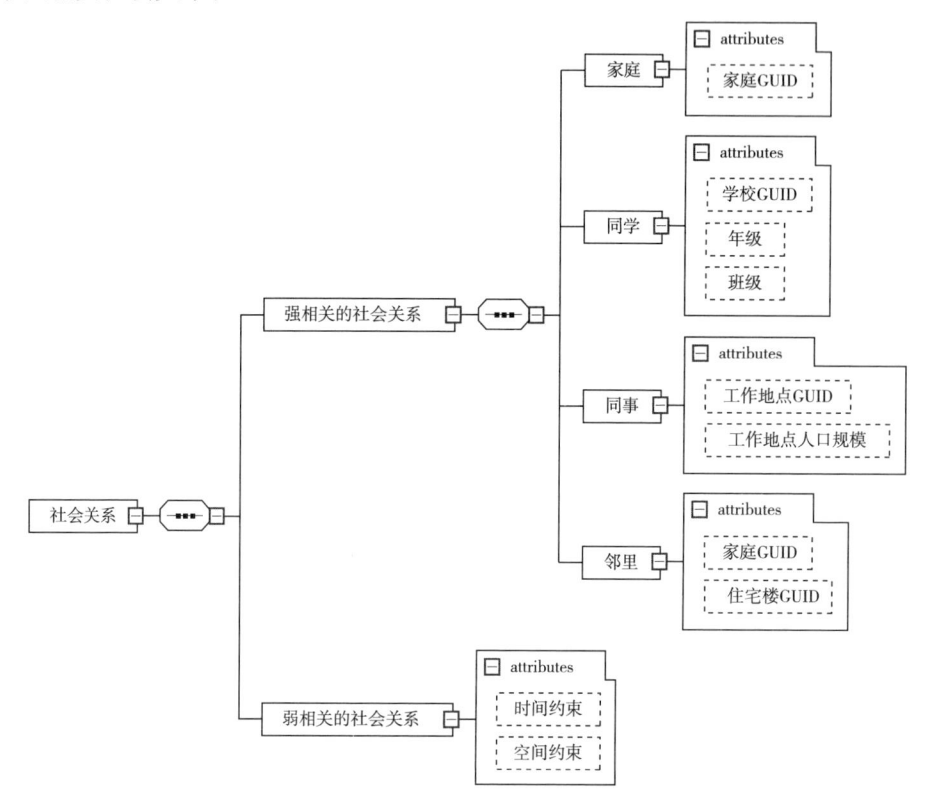

图 8.3　个体社会关系网络模型的架构

8.1.4　地理环境定义

在面向城市疫情研究构建的人工社会中，地理环境建模的重点为城市的物理环境，如各类建筑物和活动场所，如图 8.4 所示。物理环境建模的目的是为 Agent 的活动提供场所，从这点出发，一个独立的物理环境被定义为

$$Env=< Env\_ID, Env\_Type, Env\_Capacity, Env\_Coordinates > \quad (8.9)$$

其中，Env_ID 是物理环境实体的标识；Env_Type 是该环境实体的类型；Env_Capacity 是该环境实体可容纳人口的上限，如学校的在校师生数；Env_Coordinates 是该环境实体的地理坐标，它是一个复合结构，由该环境实体的经纬度坐标构成。对于个体 Agent，其环境模型是与其相关的所有环境实体的集合，以环境实体列表（Env_list）的形式附加于个体模型，环境模型也体现了个体之间空间活动的差异性。

第 8 章 人工社会生成方法

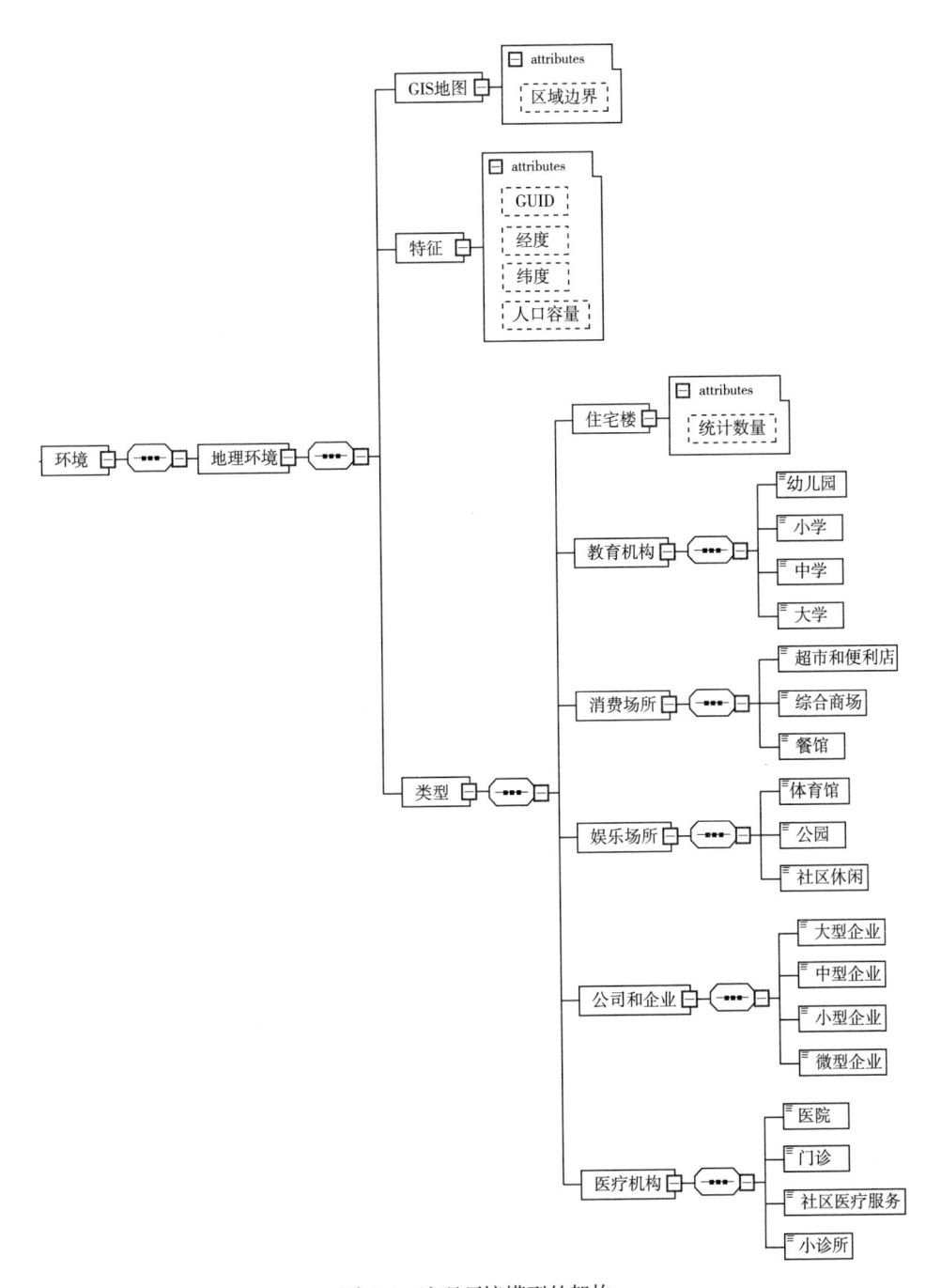

图 8.4 地理环境模型的架构

8.1.5 人工社会初始情景描述

面向突发事件应急管理的人工社会初始情景是人工社会在某一时刻和一定地理空间范围内与突发事件相关的人口、环境和背景的状态、规则的集合。人工社会初始情景通常用于计算实验前对人工社会进行初始化，初始情景应不与真实社会相矛盾。

从系统论的观点出发，分析提炼出面向突发事件的人工社会初始情景的构成要素，进而分析要素的性质，是进行人工社会初始情景构建的关键工作。这一工作既有利于指导人工社会的构建，又有利于突发事件研究人员更好地认识情景，提高人工社会初始情景构建的准确性。面向突发事件的人工社会初始情景应包括以下四个要素。

（1）初始社会：描述人工社会构建时刻的状态，可以是未发生突发事件时的人工社会的状态，也可以是突发事件正在发生或已经发生的人工社会的状态，是静态的描述。

（2）活动规则：对人工社会中各类实体交互与演化规则的描述。将活动规则与初始社会相分离符合仿真中数据与模型分离的思想，更适于初始情景在人工社会的应用。

（3）事件：包括源事件和衍生事件两类，源事件是对最初的非常规突发事件的描述，衍生事件是对次生与衍生事件的描述。

（4）应对措施：在进行人工社会构建时，针对非常规突发事件及人工社会可能的状态所采取的应对措施的集合。

因此，面向突发事件的人工社会初始情景可以形式化表示为

$$\text{Scenario} = \{S, R, E, M\} \quad (8.10)$$

其中，Scenario 表示情景；S、R、E、M 分别表示初始社会（initial society）、活动规则（regular）、事件（event）和应对措施（measure）。

人工社会初始情景描述框架如图 8.5 所示，包括人工社会初始情景综述，以及对初始社会、活动规则、事件和应对措施四个要素的描述。为了便于本情景框架的实现，四个要素的每个属性都设置一个全局 ID。同时，为体现"人"的重要性，发挥情景使用者在应急管理与人工社会研究中的主观能动性，该框架中四个要素的所有属性均可以进行添加、删除与修改。

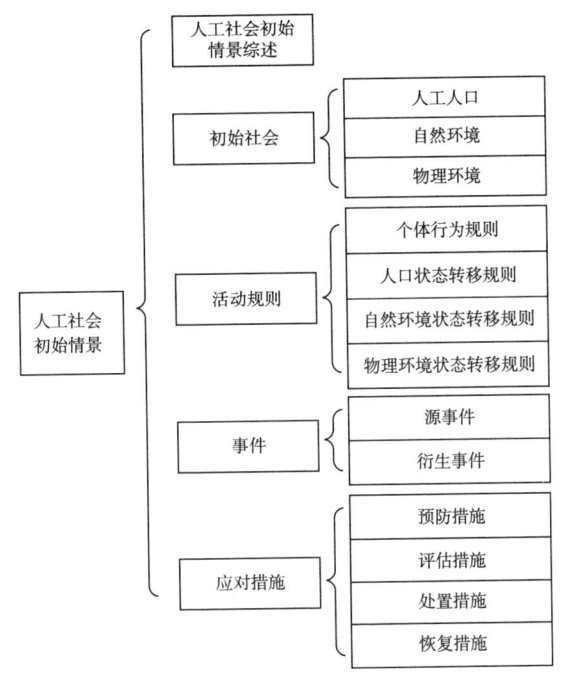

图 8.5　人工社会初始情景描述框架

8.2　人工人口迭代生成方法

人工社会构建的基础是进行人工人口的生成。为了使人工人口具有与实际一致的属性特征，人工人口的生成方法通常是基于实际数据进行的。用于人工人口生成的数据，最理想的是从人口调查机构获取详细的个体级数据，但由于隐私和法律问题，这些数据通常都是难以获取的。在人口统计数据方面，大多数国家如中国、荷兰等只公布宏观性的统计数据，美国、瑞士等虽然公布了去除隐私性信息的样本数据，但样本比例很少，难以进行大规模人工人口模型的映射。

因此，人工社会研究中，通常的做法是利用真实人口的宏观统计数据和样本数据来构建一个与真实人口具有统计一致性的虚拟人口集合。这种方法最早由美国学者 Beckman 提出来进行交通问题的研究，其基本思路就是利用美国国家统计机构公布的宏观统计数据和样本数据，运用迭代比例拟合（iterative proportional fitting，IPF）方法生成个体级的微观数据。之后，不同国家的学者在此基础上进行了改进，针对不同国家或地区的实际数据统计情况提出了不同的方法。

与美国不同，中国没有公布人口样本数据，不能直接利用IPF方法进行人工人口的生成。为此，我们提出了一个以家庭结构为基础的迭代式人工人口生成算法，实现了人工北京的人口生成，并将生成结果与真实数据进行了对比统计分析和逻辑正确性分析。

8.2.1 人口统计数据

用于生成人工人口的数据主要来自于国家统计局和地方统计局公布的人口统计数据和统计公报。统计数据包含月度数据、季度数据、年度数据和普查数据，其中年度数据和人口普查数据是生成人工社会的主要数据来源。

（1）年度数据以"统计年鉴"的形式收录了关于经济、社会等各方面的统计数据，在诸多统计表中，人口数据表提供当年和历年人口方面的基本情况[1]。例如，中国2011年的统计年鉴包括全国及31个省、自治区、直辖市（不含港、澳、台地区）的主要人口统计数据，如全国历年人口、城镇人口、乡村人口；各地区人口数、出生率、死亡率、自然增长率、人口负担系数、家庭户规模、人口受教育程度等。

（2）普查数据是普查标准时点对处在国家境内的自然人，以及处在国境外但未定居的公民信息的搜集、汇总、整理和统计[2]。中国2010年第六次全国人口普查，采用了长、短两种普查表。普查表短表包括反映人口基本状况的项目，普查表长表包括所有短表项目和人口的经济活动、婚姻家庭、生育和住房等情况的项目。人口普查数据的主要统计表包括户数、人口数、性别比、民族、受教育程度、家庭户规模、出生人口、就业情况、婚姻状况、生育状况等。人口普查工作通常几年或者十年进行一次，比年度数据的详细程度要高。然而，年度数据以年为单位对人口数据进行更新，其中一部分统计表为当年的统计数据，一部分是根据最近一次或几次普查数据推算而得出的，比普查数据具有更强的实时性。

无论是年度数据还是普查数据，其公开的数据形式均以行政辖区为基本统计单位，按照国家、省份、市、区、街道办的层级结构对辖区内的人口特征进行统计，如一个城市或省份的人口总数、家庭户总数、男女比例、家庭户分布等。这些数据是人工人口生成的输入。

---

[1] 中国统计年鉴2011. http://www.stats.gov.cn.
[2] 第六次全国人口普查数据. http://www.stats.gov.cn/tjsj/pcsj.

8.2.2 家庭结构生成算法

家庭是社会的基本构成单元。人口普查提供了行政辖区内家庭户数量和家庭户规模分布。家庭户规模是指一个家庭的家庭人口数量 N_h，家庭户规模分布 D_h 是指行政辖区内各种规模家庭户的数量。根据这两个统计量，可采用下面的算法对初始人工人口进行家庭的分配。

算法 8.1 分配 Agent 的家庭 ID

input: $N_h \leftarrow$ the size of a household
$D_h \leftarrow$ the probability distribution of household size
{Ind_ID} $\leftarrow$ agents unassigned households

Begin
    House_ID $\leftarrow$ the House_ID of a household with no family members
    $N_h \leftarrow$ random number that generated under D_h
    Select N_h agents from the {Ind_ID}
    Endow N_h agents with same household ID House_ID
End

家庭结构，即在一个家庭中共同生活的家庭成员之间的关系，是构成一个家庭户的关键。为了重构合理的家庭结构，定义了三种家庭关系，即父母与子女、丈夫与妻子、子女与子女。值得一提的是，丈夫与妻子、子女与子女是一代人之间的关系，父母与子女是两代人之间的关系。

一个家庭，可能由一代人、两代人、三代人甚至更多代人组成。通常，家庭户规模越大，家庭户中人的代数可能越多。根据国家统计局 2011 年的人口普查数据，三代以下包括三代的家庭户在全体家庭户中占 90%以上的比例。因此，考虑到三代人以上的家庭户所占的比例以及结构的特殊性，在重构家庭结构的过程中，只考虑三代以下的家庭结构。如式（8.11）所示，在一个三代人的家庭户中，家庭角色包含祖父、祖母、父亲、母亲、儿子和女儿六种。

$$F\_Role=\{祖父，祖母，父亲，母亲，儿子，女儿\} \quad (8.11)$$

根据家庭户规模生成家庭结构的过程如图 8.6 所示（Ge et al., 2014）。

8.2.3 人口属性的匹配算法

一个家庭户的家庭结构确定之后，将对家庭户中每个不同家庭角色的个体分别赋予相应的人口属性值，包括性别、年龄、社会角色，其赋值过程如图 8.7 所示。

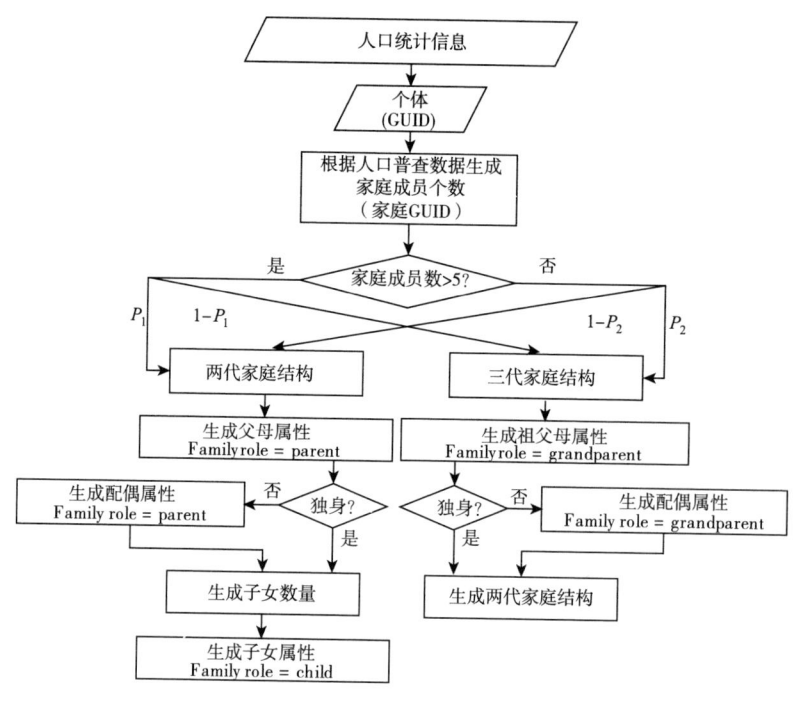

图 8.6　家庭户中个体家庭角色生成过程

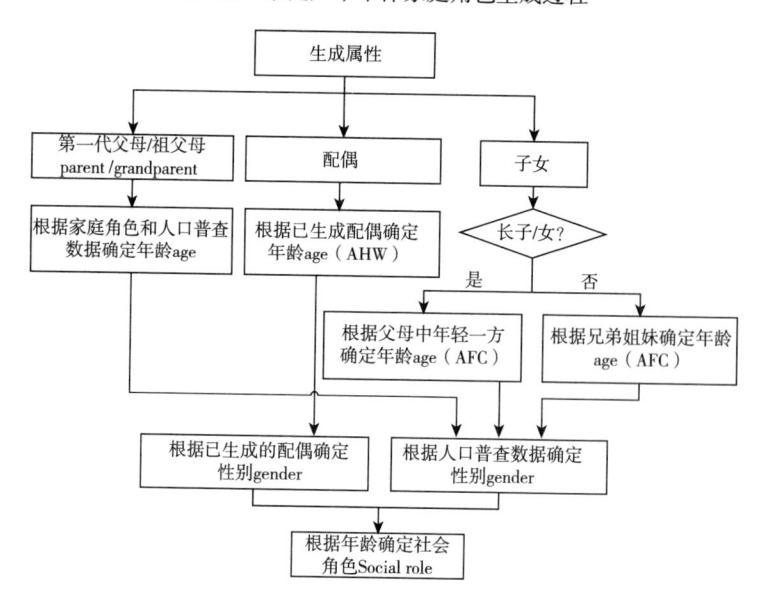

图 8.7　基于家庭角色的个体属性生成过程

在这个过程中，引入了几个可调参数（AHW、AFC 和 ACC），分别定义了不同家庭角色个体之间的年龄约束，如表 8.1 所示。

表 8.1 生成个体社会属性的参数表

参数	值	描述
AHW	$N(\mu_1, \sigma_1) \in [\min_1, \max_1]$	丈夫与妻子之间的年龄差
AFC	$N(\mu_2, \sigma_2) \in [\min_2, \max_2]$	母亲与长子女之间的年龄差
ACC	$N(\mu_3, \sigma_3) \in [\min_3, \max_3]$	兄弟姐妹之间的年龄差

从图 8.7 所示的赋值过程可以看到，家庭户中各个成员的人口属性分别由其家庭角色和人口统计值所决定。根据个体的家庭角色，分三种情况分别赋予个体人口属性值。

（1）父辈或祖辈的个体。先列出个体家庭角色与年龄段的映射关系确定该个体所处的年龄段；然后根据人口统计数据中该年龄段人口数量的分布随机生成该个体的年龄；根据随机生成的年龄所处的年龄段对应的性别比例分布（人口统计数据）赋予该个体性别。

（2）具有夫妻关系的个体。首先需要确定该个体有没有配偶；根据配偶的性别确定个体的性别；在配偶年龄的基础上，根据随机生成的配偶年龄差 AHW 确定其年龄。

（3）家庭中的子女。首先，根据父母的年龄以及随机生成的父母与子女的年龄差 AFC 确定长子女的年龄，并根据年龄对应的性别分布赋予其性别；根据长子女的年龄以及随机生成的子女之间的年龄差 ACC 依次确定子女的年龄，并根据年龄确定其性别。

在家庭户中所有个体的年龄确定之后，根据表 8.2 中的家庭角色与社会角色的映射关系，确定个体的社会角色。

表 8.2 个体年龄、社会角色与家庭角色之间的映射关系

年龄段	社会角色	家庭角色
0~2 岁	婴儿（Infant）	子女（Child）
3~5 岁	幼儿（Kindergarten student）	子女（Child）
6~11 岁	小学生（Elementary school student）	子女（Child）
12~17 岁	中学生（High school student）	子女（Child）
18~20 岁	大学生（University student）	子女（Child）
21~25 岁	大学生/工人（University student/Worker）	子女/父母（Child/Parent）
26~54 岁	工人（Worker）	父母（Parent）
55~59 岁	工人/老人（Worker/Elder）	父母/祖父母（Parent/Grandparent）
60 岁以上	老人（Elder）	祖父母（Grandparent）

8.2.4 人工北京人口生成

根据上面描述的生成算法,这里以北京市 2010 年全国第六次人口普查数据和年度数据为初始输入数据,说明北京市 1 961 万人口模型的生成过程。

北京市统计局和国家统计局公布的人口普查数据以及年度数据是生成北京人工人口基本依据。在这些数据表中,用于生成人工人口的数据表(表 8.3~表 8.5)包括北京市人口年龄性别分布表、中国家庭户规模分布表、北京市各区县家庭户人口和数量分布表。

表 8.3 2010 年北京市人口年龄性别分布(单位:%)

编号	年龄段	年龄分布比例	男性比例	女性比例
1	0~4 岁	3.5	1.8	1.7
2	5~9 岁	2.6	1.4	1.2
3	10~15 岁	2.5	1.3	1.2
4	16~19 岁	5.5	2.9	2.6
5	20~24 岁	13.5	7.0	6.5
6	25~29 岁	12.1	6.2	5.9
7	30~34 岁	9.3	4.9	4.4
8	35~39 岁	8.8	4.7	4.1
9	40~44 岁	8.4	4.5	3.9
10	45~49 岁	8.3	4.4	3.9
11	50~54 岁	6.8	3.5	3.3
12	55~59 岁	6.1	3.0	3.1
13	60~64 岁	3.9	1.9	2.0
14	65~69 岁	2.6	1.2	1.4
15	70~74 岁	2.6	1.2	1.4
16	75~79 岁	1.9	0.9	1.0
17	80~84 岁	1.0	0.5	0.5
18	85~89 岁	0.4	0.2	0.2
19	90 岁以上	0.2	0.1	0.1

表 8.4 2010 年中国家庭户规模分布

家庭户规模	样本百分比
1	24.820 0
2	30.240 0
3	29.080 0
4	9.330 0

续表

家庭户规模	样本百分比
5	4.780 0
6	1.170 0
7	0.350 0
8	0.150 0
9	0.040 0
10	0.020 0
11	0.010 0
12	0.005 0
13	0.005 0

表 8.5　2010 年北京市各区县家庭户人口和数量分布

序号	区县	家庭户人口/万人	家庭户数量/万户
1	东城区	91.9	35.98
2	西城区	124.3	50.51
3	朝阳区	354.5	156.68
4	丰台区	211.2	87.95
5	石景山区	61.6	24.82
6	海淀区	328.1	137.49
7	门头沟区	29.0	11.12
8	房山区	94.5	34.50
9	通州区	118.4	47.79
10	顺义区	87.7	32.96
11	昌平区	166.1	68.31
12	大兴区	136.5	53.47
13	怀柔区	37.3	14.79
14	平谷区	41.6	14.44
15	密云区	46.8	18.85
16	延庆区	31.7	11.39

此外，表 8.6 列出了北京市基本统计量的取值以及可调参数的设置。

表 8.6　北京市各参数的统计值

属性	描述	范围
GUID	人口唯一标识	1 ~ 19 619 000
Gender	男	10 130 000
	女	9 489 000
Age	Agent 的年龄	0 ~ 105
No. of household	家庭唯一标识	4 961 000
Family role	个体在家庭中的角色	{Grandfather, Grandmother, father, mother, son, daughter}
Social role	个体在社会中的角色	{child, student, worker, unemployed, elder}
AHW	夫妻间的年龄差	N（0,3）∈[0,10]
AFC	父母与长子女的年龄差	N（23,3）∈[18,35]
ACC	子女之间的年龄差	*U*（1,5）

根据这些数据及提出的人口生成算法，以家庭户为基本单元，逐个生成每个家庭成员的人口统计学属性。对个体而言，生成的人口属性特征按照其人口标识GUID 逐项存储于人工北京数据库的人口数据表中，如图 8.8 所示。

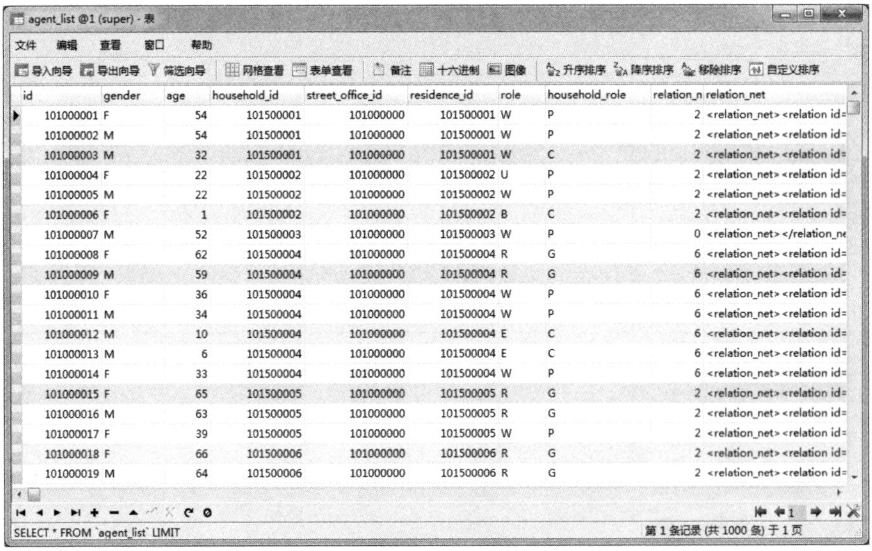
agent_list @1 (super) - 表

文件　编辑　查看　窗口　帮助

导入向导　导出向导　筛选向导　网格查看　表单查看　备注　十六进制　图像　升序排序　降序排序　移除排序　自定义排序

id	gender	age	household_id	street_office_id	residence_id	role	household_role	relation_n	relation_net
101000001	F	54	101500001	101000000	101500001	W	P	2	<relation_net><relation id=
101000002	M	54	101500001	101000000	101500001	W	P	2	<relation_net><relation id=
101000003	M	32	101500001	101000000	101500001	W	C	2	<relation_net><relation id=
101000004	F	22	101500002	101000000	101500002	U	P	2	<relation_net><relation id=
101000005	M	22	101500002	101000000	101500002	W	P	2	<relation_net><relation id=
101000006	F	1	101500002	101000000	101500002	B	C	2	<relation_net><relation id=
101000007	M	52	101500003	101000000	101500003	W	P	0	<relation_net></relation_ne
101000008	F	62	101500004	101000000	101500004	R	G	6	<relation_net><relation id=
101000009	M	59	101500004	101000000	101500004	R	G	6	<relation_net><relation id=
101000010	F	36	101500004	101000000	101500004	W	P	6	<relation_net><relation id=
101000011	M	34	101500004	101000000	101500004	W	P	6	<relation_net><relation id=
101000012	M	10	101500004	101000000	101500004	E	C	6	<relation_net><relation id=
101000013	M	6	101500004	101000000	101500004	E	C	6	<relation_net><relation id=
101000014	F	33	101500004	101000000	101500004	W	P	6	<relation_net><relation id=
101000015	F	65	101500005	101000000	101500005	R	G	2	<relation_net><relation id=
101000016	M	63	101500005	101000000	101500005	R	G	2	<relation_net><relation id=
101000017	F	39	101500005	101000000	101500005	W	P	2	<relation_net><relation id=
101000018	F	66	101500006	101000000	101500006	R	G	2	<relation_net><relation id=
101000019	M	64	101500006	101000000	101500006	R	G	2	<relation_net><relation id=

SELECT * FROM `agent_list` LIMIT　　第 1 条记录 (共 1000 条) 于 1 页

图 8.8　人工北京数据库人口数据表

在生成的人工北京人口中，每个个体都被赋予了相应的人口特征。为了确保生成的人工人口在整体上与样本城市人口特征的统计量保持一致，同时还符合一般家庭结构的内在逻辑。下面对已经生成的北京人口，进行了三个方面的人口特征分析，即基本人口统计学特征分析、家庭结构分析、个体角色分析，来验证生成人工人口的合理性。

年龄段人口数量和性别比例的分布如图 8.9 所示，左侧直方图为生成人口的统计值，右侧直方图为真实社会的人口统计值。生成人口的年龄分布与真实人口统计数据的年龄分布的标准差为 0.982 3，误差标准正态分布 95%的置信区间为（0.703 4，1.351 0）。生成各年龄段人口的性别分布与真实社会各年龄段人口的性别分布之间的标准差为 1.613 4，误差正态分布 N（0,1.5）95%的置信区间为（1.055 2，2.026 5），生成的人口统计特征值与输入的统计数据基本一致。

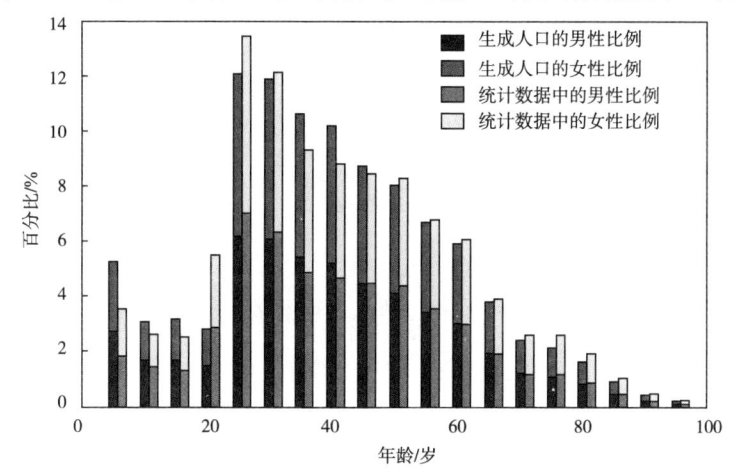

图 8.9　输入人口与生成人口年龄性别分布对比图

各种家庭规模数量的分布如图 8.10 所示，左侧直方图为生成人口的不同规模家庭的统计值，右侧直方图为人口普查数据的统计值。两者之间的标准差为 0.139 0，标准正态分布 95% 的置信区间为（0.064 6，0.143 6）。

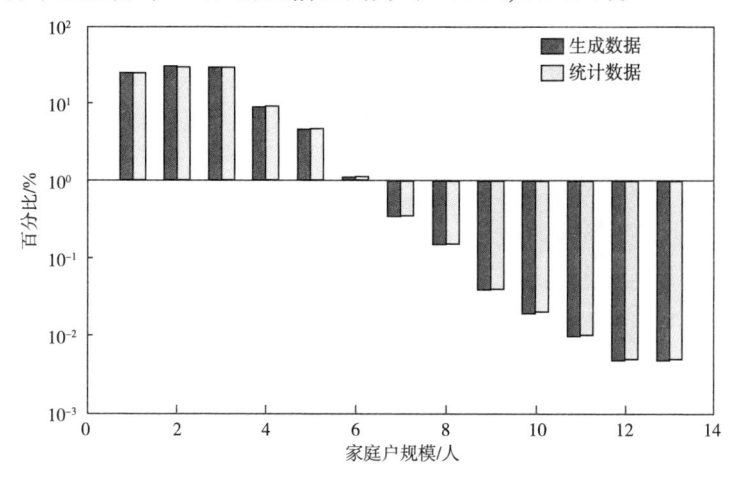

图 8.10　输入人口与生成人口家庭户规模分布对比图

生成的北京市人工人口祖父母、父母和子女这三代人的人口数量分布百分比如图 8.11 所示。

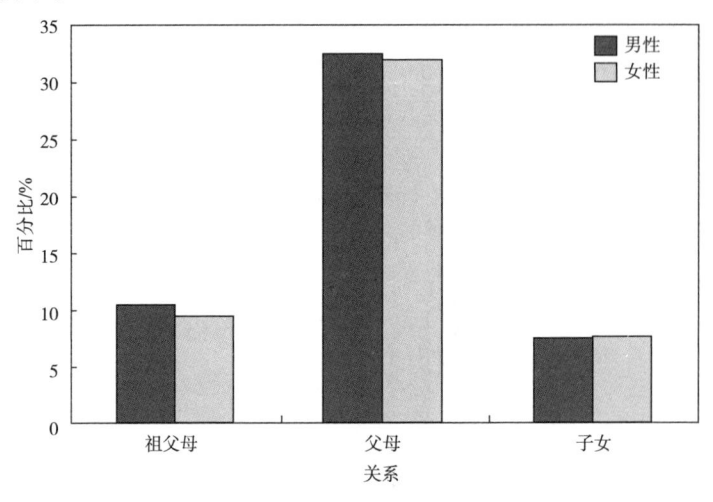

图 8.11 北京市人工人口的家庭角色分布

为了从微观层面上观察生成的不同类型家庭户的内部结构，分别对北京市所有的一人户家庭、三人户家庭和五人户家庭进行统计分析。图 8.12 展示了以 5 年为基本统计单位，人工北京一人户家庭的各年龄段人口数量和性别的百分比分布。可以看到，一人户家庭的年龄分布从 20 岁开始，未满 20 岁的个体其社会角色为家庭户中的子女，不能单独成为一个家庭户。从 20 岁开始，个体具有独立的社会生存能力，可以成为一人户家庭。

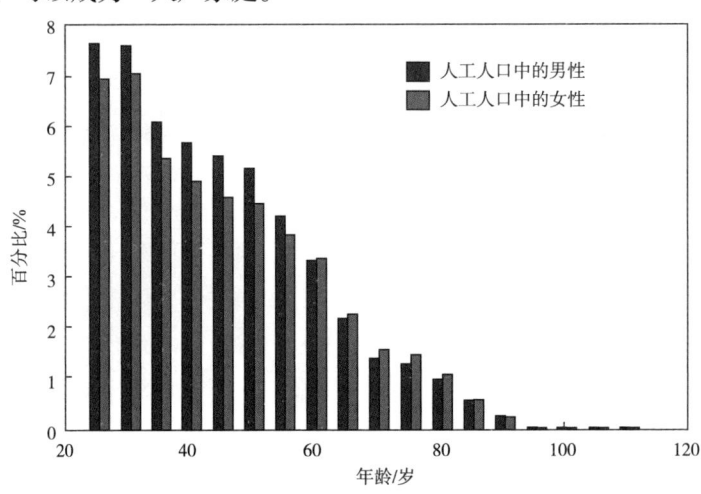

图 8.12 一人户家庭的年龄性别分布图

三人户家庭中三种家庭角色的年龄分布如图 8.13 所示。可以看到父亲和母亲这两种家庭角色的个体年龄分布从 20 岁开始,各年龄段的人口的数量相差很小。表明生成的三人户家庭中有一个父亲和一个母亲。从统计结果来看,父亲和母亲这两类个体的年龄是相当的。从单个家庭来看,父亲与母亲之间可能存在年龄差,但是,从整体上来看,年龄相当的男性和女性组成一个家庭,即所有三人户家庭父亲与母亲年龄的分布是一致的。子女的年龄分布从 0 开始,与父母的年龄分布相比明显左移,符合一般三人户的家庭结构。

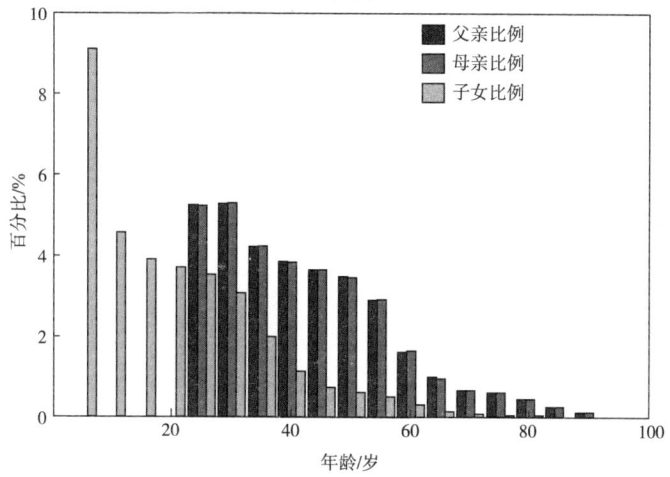

图 8.13 三人户家庭的年龄分布图

生成的北京市五人户家庭的年龄分布如图 8.14 所示,分别为祖父母年龄分布、父母的年龄分布以及子女的年龄分布。可以看到,五人户家庭中,三代人的年龄分布具有明显的年龄差和不同的起始年龄。与实际统计数据一致的是:子女的年龄从 0 岁开始,在 10~20 岁这一年龄段达到峰值;父母的年龄从 20 岁开始,在 35~40 岁这一年龄段达到峰值;祖父母的年龄从 50 岁开始,在 55~60 岁这一年龄段达到峰值。从整体上看,人口主要集中分布在 20~70 岁,低龄人口和高龄人口的数量均较少,在同一年龄段,可能分布有不同家庭角色的个体,即图 8.14 中三种家庭角色分布重叠的区域,说明个体即使有相同的年龄,却并不一定有相同的家庭角色,体现出家庭和个体的异构性。有的个体在 30 岁时是家庭中的子女,有的个体已经成为家庭中的父母;有的个体在 50 岁时是家庭中的父母,有的个体已经成为家庭中的祖父母。

人工北京生成人口中夫妻之间的年龄差统计分布和父母与长子女之间年龄差的统计分布如图 8.15 所示。可以看到,夫妻之间的年龄差主要分布在 0~5 岁,父母与长子女的年龄差主要分布在 18~30 岁,体现了不同辈分个体之间年龄差异的合理性。

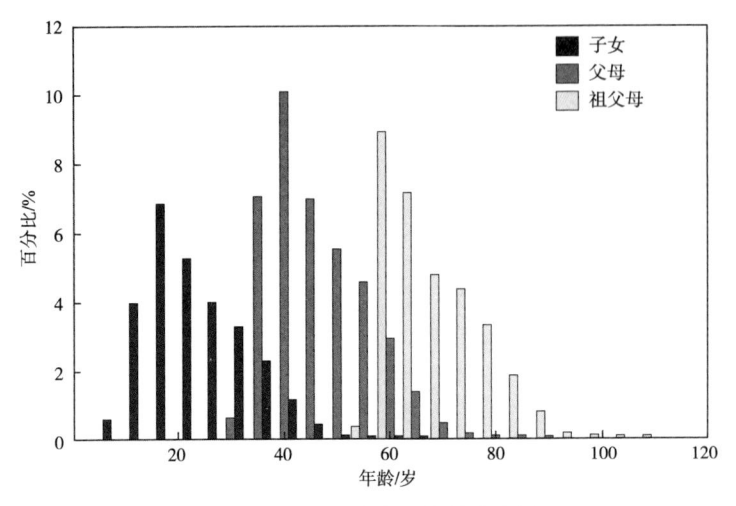

图 8.14　五人户家庭的年龄分布图

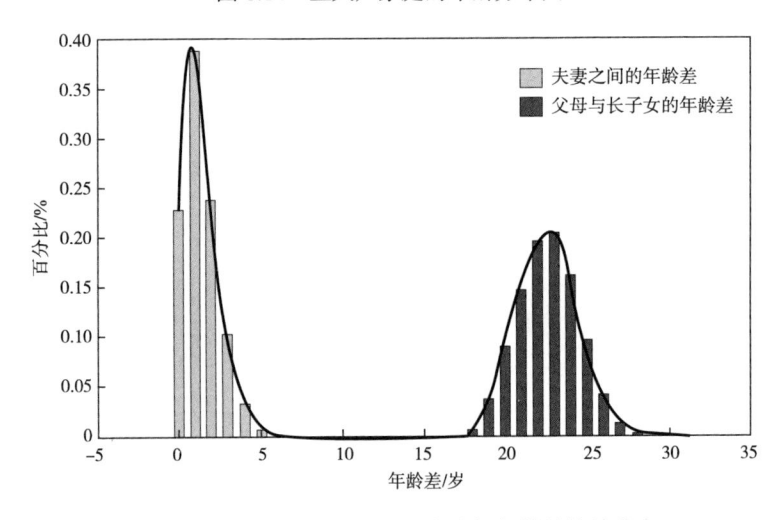

图 8.15　夫妻之间年龄差和子女之间年龄差统计分布

北京市具有不同社会角色个体数量的统计百分比分布如图 8.16 所示。I（infant）为婴儿，K（kindergarten student）为幼儿园学生，E（elementary school student）为小学生，H（high school student）为中学生，U（university student）为大学生，W（worker）为工人，EL（elder）为退休人员，UE（unemployed）为失业者。可以看到，工人是构成整个社会的主体，各类学生次之，与人口的年龄分布一致。

第 8 章 人工社会生成方法

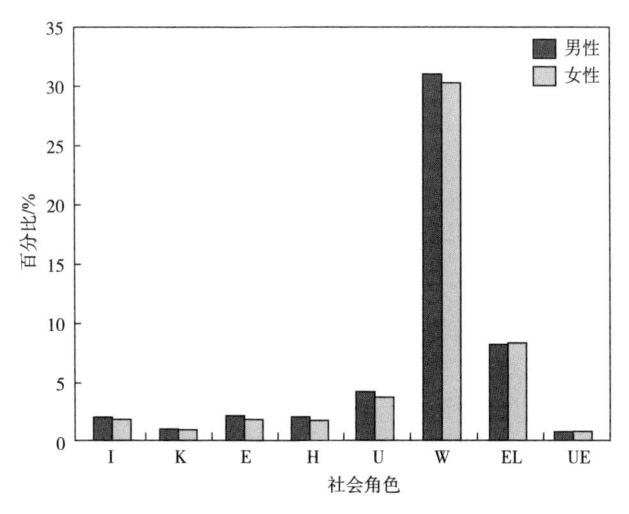

图 8.16 生成人口所具有的社会角色分布

图 8.17 给出了北京市所有一人户家庭中,个体社会角色按年龄段的统计结果。可以看到,一人户家庭中的个体可分为 4 种社会角色,分别为学生、工人、失业者和退休人员。从图 8.17 中可以看到,学生主要分布在 20~30 岁的人群中,其中又以 20~25 岁年龄段的居多,这些学生为大学生。小学生与中学生为未成年人,不属于一人户家庭的范围。20~25 岁的个体中,还有一部分工人和少数失业者。工人主要分布在 25~55 岁的年龄段内,其中都有一小部分失业者。从 55 岁开始,大多数个体为退休人员。

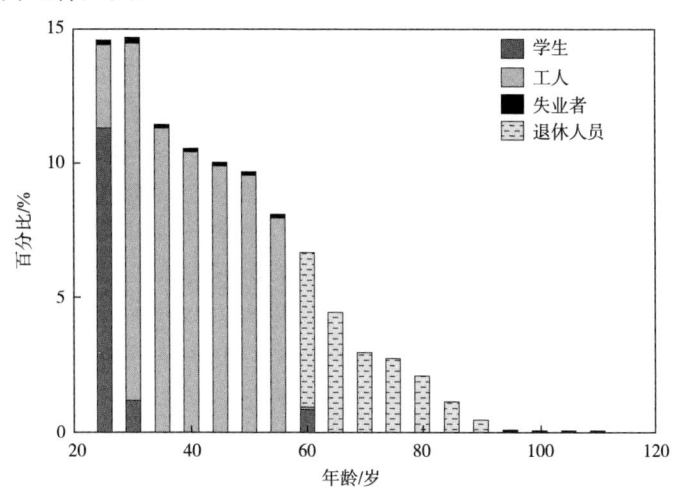

图 8.17 一人户家庭个体的社会角色分布

进一步,随机选取一个三人户家庭和一个五人户家庭进行分析,图 8.18 分别显示了这两个家庭中个体的年龄、家庭角色和社会角色数据。可以看到，三人户家庭中，有一位父亲、一位母亲、一位子女；母亲 37 岁，父亲 40 岁，子女 14 岁；父亲和母亲均为工人，子女为学生。五人户家庭中，有两位祖父母、两位父母和一位子女。其中祖父 65 岁，祖母 62 岁，均为退休人员；父亲 41 岁，母亲 41 岁，均为工人；子女 19 岁，为学生。

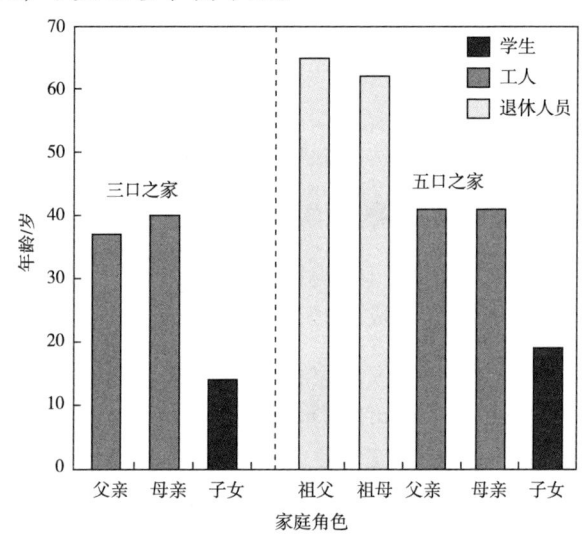

图 8.18　三人户和五人户家庭的家庭结构
虚线两侧代表两个家庭

从以上的结果分析中可以看到，生成的北京人工人口的年龄性别和家庭规模分布上与统计数据保持一致，生成的家庭户个体的家庭角色、年龄、性别以及一个家庭户中各家庭成员之间的关系具有合理性，单个个体的多种属性之间逻辑关系也符合真实社会中的情况。生成的人工人口以家庭为基本单元，家庭成员之间具有合理的家庭关系，以及合理的年龄结构、性别分布和社会角色。人工人口将个体的多重属性统一起来，同时赋予个体以家庭角色和社会角色，使生成的人工人口既具有统计层面上的共同特征，又具有个体之间的差异性，是进行社会计算和模拟实验的基础。

8.3　人工地理环境生成方法

人工地理环境是人工社会的重要组成，本节以城市地理环境为例，介绍城市人工地理环境的生成方法以及人工人口与人工地理环境的匹配算法。其中，人工地理环境的生成涉及层级化地理环境模型、地理空间离散化方法和地理环境实体生成算法。

8.3.1 层级化地理环境模型

真实社会的地理空间数据以行政区域为重要依据，为了更好地理解和运用地理信息数据，同时更好地融合人口数据，将人工社会地理环境设计为按照行政区域划分构建层级化的地理计算模型。该层级化地理环境模型在规模上从大到小依次为全球、国家、省、城市、市辖区、街道办和建筑物这七个层级。

设计层级化地理环境的主要目的有以下两点：①建立一套标准的地理空间分级机制，实现地理信息数据与其他数据在统一框架标准下的融合，充分利用各领域可获取的数据对不可获取的地理数据进行补足，从而构建一个完整且标准化的地理环境计算模型。②通过建立地理层级模型之间的映射规则，实现对地理环境最大程度的复现，将低分辨率的地理信息数据转化、补足、重构为高分辨率的地理环境模型，以支持个体在人工社会中高分辨率的活动。

用于构建人工地理环境的基本相关数据包括不同层级行政区域的地理边界、形状、所处区域人口信息和建筑物信息等。这其中有些信息是可以获取的，如低分辨率的信息，包括国家的边界坐标集、区域内的社会人口统计特征；而高分辨率的地理信息，如各类建筑物的地理空间分布、建筑物内人口的分布特征是不可获取的。更为复杂的情形是，各种统计数据的统计范围可能处于不同的地理环境层级，而基于个体 Agent 的人工社会计算需要一个统一规模和分辨率的数据环境。因此，无论是基于哪个层级规模构建计算模型，都需要将数据统一映射到同一层级，并构建相应的地理模型。

以构建北京市地理环境的计算模型为例，可获取的地理信息数据如表 8.7 所示。可以看到，这些统计量的统计范围涵盖国家层级、城市层级、市辖区层级和街道办层级，其中街道办层级为分辨率最高的层级，而只有地理边界信息和区域内人口数量具有街道办层级的分辨率。因此，重构北京市的地理环境时需要将分辨率统一到一个地理空间层级上来，以高分辨率的数据为依据，先逐级将各项低分辨率的数据重构并补足到街道办层级，再进一步细化物理环境模型。北京市多层级地理数据的映射关系如图 8.19 所示，它给出了如何将国家层级、城市层级、市辖区层级、街道办层级的人口数据转化为个体的人口特征的过程。在由低分辨率的地理层级数据向高分辨率的地理层级数据转化的过程中，采用 ID 编码的索引方式能够在高分辨率的数据中保留所有低分辨率地理层级的基本信息。也就是对于任意一个 Agent，在获取其空间位置（Agent location）的同时，也可以获取该位置所处的城市（city ID）、市辖区（district ID）和街道办（street office ID）。

表 8.7　北京市各项数据统计的地理空间单元

名称	地理层级
行政区域地理边界	街道办层
行政区域人口数量	街道办层
行政区域人口年龄性别分布	城市层
行政区域家庭数量	城市层
行政区域家庭规模分布	国家层
行政区域学校数量	市辖区层
行政区域餐馆数量	市辖区层
行政区域商场数量	市辖区层
行政区域体育场数量	市辖区层
行政区域医疗部门数量	市辖区层

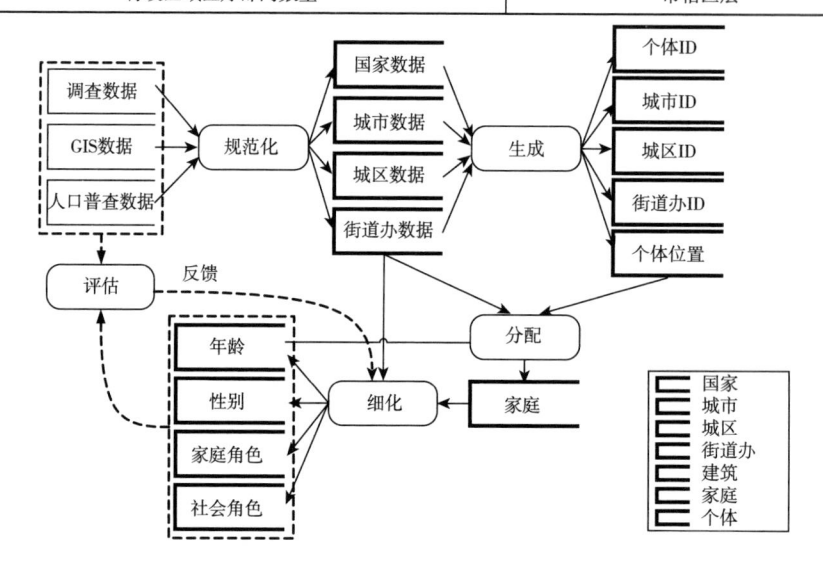

图 8.19　北京市多层级地理数据的映射关系

为了对这些不同层级的地理环境模型进行统一的建模，本部分提出了地理环境实体的概念。在人工社会计算模型中，地理环境实体被定义为基本的地理空间计算单元。它是某一层地理空间模型所包含的所有独立的地理区域或抽象地理位置点，即层级化的地理空间模型中任一层级的基本构成模型，如基于街道办层级构建的人工社会，那么一个街道办就是一个地理环境实体。

8.3.2　地理空间离散化方法

在地理信息系统中，一般以经纬度坐标来标定空间点的位置。在人工社会地理环境模型中，也采取这种方式来描述空间点的位置以及绘制区域边界。这种方式虽然可以明确地表征出环境实体在地图上的地理位置，却并不利于在满足约束条件下对环境实体的搜索。

在人工社会构建过程中，一个具体的案例就是为个体分配工作地点时，要求以个体家庭户的位置为中心，在北京市范围内搜索满足其出行距离的工作地点。在未采取任何优化措施的条件下，简单的搜索方法是，计算该个体家庭户所处空间点坐标与北京市所有工作地点之间的空间距离，从中选择满足要求的点作为其工作地点。而在大规模地理环境实体的计算实验过程中，这样的全局搜索会带来巨大的计算量，大大地增加了计算搜索时间，尤其是在地理环境实体数量巨大的情况下，甚至会使计算时间超过可接受的范围。因此，需要对城市的地理空间进行离散化处理，以优化空间搜索算法的计算效率，图8.20给出了该算法的基本思想。

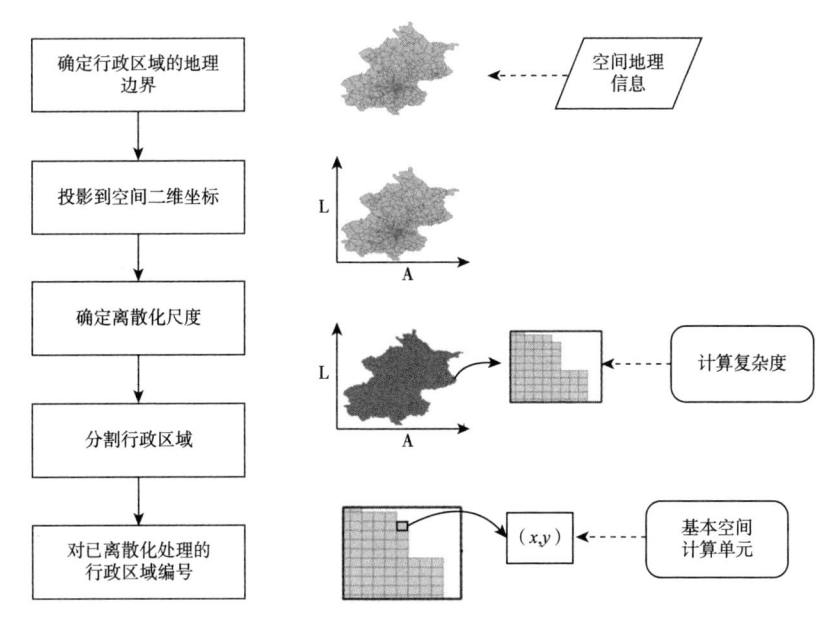

图 8.20 地理空间离散化过程

可以发现，地理空间离散化是一个在行政区域地理信息的基础上，通过设定离散化尺度，对空间进行二维网格分割的过程，其具体步骤如下。

（1）确定需要离散化处理的地理空间区域，从地理信息系统中提取其边界轮廓点列，即获取该区域的边界轮廓。

（2）将该区域投影到经纬度的二维坐标系中。

（3）根据计算资源能够承受的计算复杂度确定空间离散化的尺度，即设定对地理空间划分的最小分割网格尺度。

（4）按照确定的离散化尺度，在经纬度坐标系内对区域进行离散化，得到网格化的地理空间。

（5）对所有网格化的地理空间进行编号，作为一个单独的计算单元用于以后的计算处理。每一个计算单元用一组横纵坐标来表示(x,y)，其中x和y均为整数。

它显示了以1千米为离散化尺度条件下，离散化后的地理空间的距离度量方法。如图8.21所示，若以中心方格（center grid）为度量中心，那么与该方格邻接的八个方格距其1千米，继续向外扩张的邻接方格距中心方格2千米，以此类推。根据该规则，在中心坐标点所在方格的投影坐标(x_r, y_r)确定了之后，与其距离为d千米的方格集合为

$$(x_r-d, y), y \in [y_r-d, y_r+d]$$
$$(x_r+d, y), y \in [y_r-d, y_r+d]$$
$$(x, y_r+d), x \in [x_r-d, x_r+d]$$
$$(x, y_r+d), x \in [x_r-d, x_r+d]$$

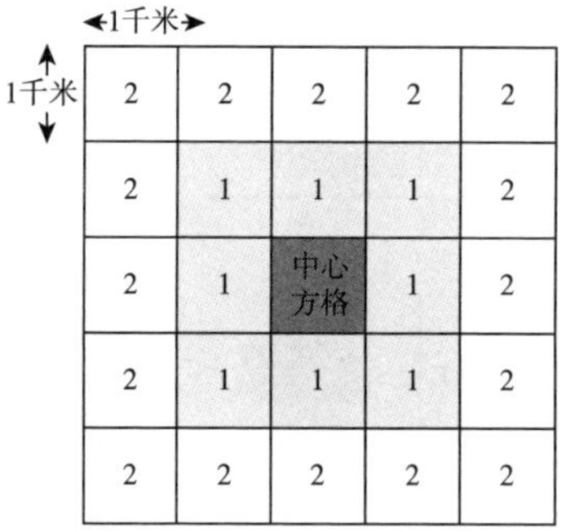

图8.21 离散化地理空间距离度量规则

在完成地理空间离散化之后，还需要将人口、环境实体数据映射到离散化的地理空间内，并按照离散化坐标对其空间位置进行标定，使人口、环境实体与离散化后的地理坐标保持一致，即以离散化后的地理坐标作为所有地理相关信息的标定准则。以个体在城市范围内、满足出行距离约束条件下搜索工作地点为例，离散化后的地理空间模型所需要的计算复杂度远远低于离散化前的模型。图8.22显示了整个城市内所有个体选择工作地点的计算复杂度估计。假定该城市的工作人口数的数量级为10^n，城市内的可供选择的工作地点数的数量级为10^m。在未离散化的地理空间模型中，对于每一个个体，需要计算其当前位置与城市内分布的所有工作地点的距离，计算复杂度为10^m。推算至整个城市所有个体，为其分配工作地点的计算复杂度为10^{n+m}。

第 8 章 人工社会生成方法 ·205·

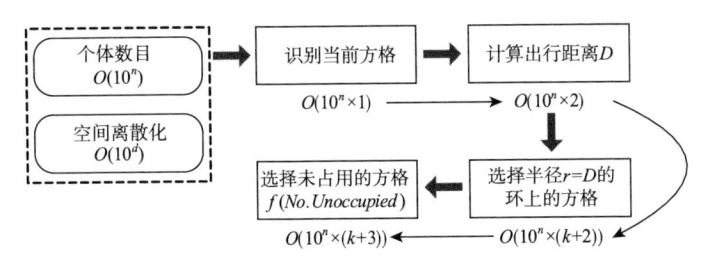

图 8.22 基于地理空间离散化的搜索算法复杂度估计

在离散化后的地理空间内,以 1 千米×1 千米的离散化尺度为例,确定了个体的空间位置的计算复杂度为 $10^n \times 1$,计算个体的出行距离的计算复杂度为 $10^n \times 2$。根据规则,为个体选择满足出行距离为 d 千米的地点的计算复杂度为 $10^n \times k$,k 的含义是以个体当前位置为中心,距其空间距离为 d 千米的方格的数量。从这些方格中为个体随机分配一个未达到工作人员上限的工作地点的复杂度为 $10^n \times 1$,整个分配过程的计算复杂度为 $10^n \times (k+3)$,一般地,$(k+3) \ll 10^m$,计算复杂度迅速下降。

该优化算法在降低计算复杂度的同时,也降低了空间距离度量的精度。非离散化的地理空间中,两个位置点之间的距离是直接度量的直线空间距离;而在离散化的地理空间中,两个位置点之间的距离并不是直线空间距离,而是直线距离的近似。采用基于方格邻接距离度量方法虽然能够快速定位满足距离约束的方格集合,但也不可避免地引入了度量误差。

8.3.3 地理环境实体生成算法

每个地理环境实体需要生成的内容包括环境实体的类型(Env_Type)、人口上限容量(Env_Capacity)和位置坐标(Env_Coordinates)。

在实际生成的过程中,需要进一步根据环境信息数据的可获取程度,分别采取不同的算法来生成地理环境实体。下面分四种情况来讨论地理环境实体的生成方法。

情形 1:有空间分布位置信息和容纳人口数量的环境实体生成。这种情况是最理想的,所有环境实体既有明确的空间经纬度坐标,又有明确的人口容纳数量,这些数据直接就可以作为计算实验的初始数据存储在数据库中作为下一步人口地理匹配的基础。然而,只有少数类型的环境实体具有完整的数据,绝大部分环境实体不具有这样的信息。

情形 2:有空间分布位置信息而无容纳人口数量的环境实体生成。具有空间位置信息的环境实体,即经纬度坐标集(Env_Coordinates)已知,则可以直接明确其在地理空间中的位置。环境实体的容量则根据该类环境实体容纳人口数量的均值和方差,在设定其最大值(capmax)最小值(capmin)的约束条件下随机生成。

情形 3:有空间区域环境实体分布数量但无空间分布位置信息和环境实体容纳人口数量的环境实体生成。在这种情况下,需要确定环境实体的地理空间位置。在这个过程中,首先需要从地理信息系统中读取区域的地理位置信息,获取区域的边界轮廓点集{Lr,Ar},从而在经纬度坐标系中绘制出该区域形状。其次,根据已知的区域内的环境实体的数量,在该区域内随机布散相同数量的点,来标定环境实体中心点所在的位置,并提取这些点的位置信息{Lp,Ap}作为环境实体的地理空间位置(Env_Coordinates)。最后,根据情形 2 中给出的环境实体的容量生成每个环境实体的容纳人口上限(Env_capacity)。

情形 4:既没有空间区域环境实体分布数量,也没有空间分布位置信息的环境实体生成。在这种情况下,需要先生成一定区域内环境实体的数量,其生成过程如图 8.23 所示。

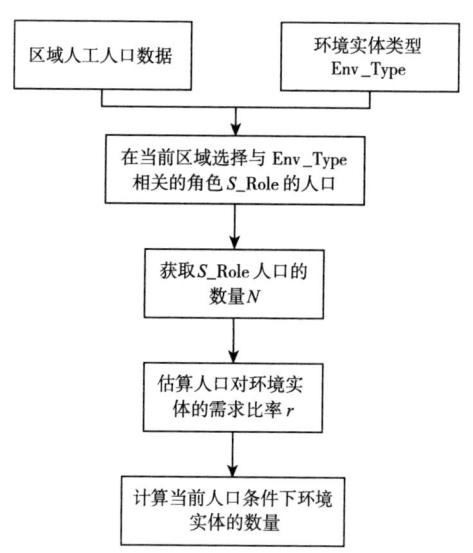

图 8.23 基于人口数据的环境实体数量生成

相比于残缺的地理信息数据,已经生成的人工人口数据具有更为完整的信息。因此,可以利用人口数据来对环境实体的数量进行估算。如图 8.23 所示,首先,根据要生成的区域内环境实体的类型,确定与该类环境实体相关联的人口数量,即确定与环境实体相关的某类社会角色(S_Role)的人口数量。在已经生成的人工人口数据中,每个个体 Agent 都被赋予了一个社会角色(S_Role),在这里只需要统计区域内具有相关社会角色的个体的数量 N。另一个与环境实体数量预估有紧密关联的参数是环境实体与人口的比值 r,即人口数量与环境实体数量的配比。

在人口数量已知的条件下,单位数量人口需要的某类环境实体的数量为 N/r。

在计算得到环境实体的数量之后,可以根据情形 3 的算法生成环境实体的空间位置和每个环境实体容量上限值。

8.3.4 人口地理匹配算法

人工社会中,Agent 个体的日常行为与地理环境有着密切的关联关系。为了进一步明确个体日常固定活动的场所,需要建立起个体与环境实体之间的匹配关系。根据个体社会角色的不同,其活动场所的类型也各有差异。下面将按照个体的社会角色对人工社会中所有的个体分配与之相匹配的环境实体。表 8.8 列出了不同社会角色个体需要进行匹配的环境实体类型。

表 8.8 不同社会角色个体的相关活动场所列表

社会角色	相关活动场所
婴儿	住宅楼、医疗部门、社区休闲区
幼儿	住宅楼、医疗部门、幼儿园、社区休闲区
小学生	住宅楼、医疗部门、小学、餐馆、社区休闲区、公园、体育馆
中学生	住宅楼、医疗部门、小学、餐馆、社区休闲区、公园、体育馆
大学生	住宅楼、医疗部门、大学、餐馆、超市、商场
工人	住宅楼、医疗部门、工作地点、餐馆、超市、商场、社区休闲区、公园、体育馆
老人	住宅楼、医疗部门、餐馆、超市、商场、社区休闲区、公园
失业者	住宅楼、医疗部门、餐馆、超市、商场、社区休闲区、公园、体育馆

人口与环境匹配的初始基准是人口居住地址,因此需要先确定个体的家庭住址。在建筑物层级的环境模型中,个体以家庭户为单元被分配到住宅楼中。然而,在一定区域内住宅楼的数量、位置信息和容量上限是不可获取的,可以根据 8.3.3 节情形 4 的算法生成。结合区域的人工人口数据,人口与家庭住址的匹配算法如下。

算法 8.2 人口与家庭住址匹配算法

input: $H \leftarrow$ all the household in a region

$D_r \leftarrow$ data table of residential buildings

begin:

    for each household House_ID in H

        Select a residential building d_r from D_r randomly:

            {

            $C \leftarrow$ the capacity of d_r

     $N \leftarrow$ current number of household in d_r
    }
   if $C = N$
    Select a residential building from D_r randomly
   else
    Write Env_ID of d_r in the Env_list of all the family members
    N++
   end if
  End
End

  该生成算法是以家庭户为单位实现对人口家庭住址分配的。首先，从人口数据库中读取当前区域内的家庭户数量。与家庭住址关联的环境实体类型为住宅楼，所以接下来从环境实体数据库中读取当前区域内所有的住宅楼。其次，随机从住宅楼中选择一个分配给每个家庭，为了不超出住宅楼的容量上限，在分配的过程中需要进行判断，即选定的住宅楼中是否已经分配了足够多的家庭户，达到该住宅楼的容量上限值。如果已经达到上限，那么就需要重新进行一次随机选择，直到选择的住宅楼可以容纳这个家庭户。循环往复地进行该过程就可以将所有家庭户与住宅楼匹配。最后，将住宅楼的 Env_ID 写入数据库中每个个体的 Env_list 中完成人口家庭地址的生成。

  人工社会中需要为学生个体分配与之相匹配的学校。各类学校环境实体的信息在生成的环境实体数据库表中可以查询到。根据个体年龄的不同，需要分别将各个年龄段的学生分配到幼儿园、小学、中学和大学这四类学校中。一般地，学校的分配需要考虑距离和政策两个基本因素。

  （1）距离就近算法。该算法以家庭所在地的空间位置为基准，在就近的地理空间范围内选择离家庭住址最近的、未达到学生数上限的学校。该算法适用于对幼儿园、中小学学生学校的分配，其分配算法如下。

算法8.3 距离就近算法

input: Popu, Env
begin:
  for each student in Popu
    $Env_r \leftarrow$ Environment entity of the student's residential building;
    $Env_a \leftarrow$ Environment entity of administrative region that the student's residential building locates;
    Mapping student's S_Role to get corresponding Env_Type;

$\text{Env}_T \leftarrow$ Environment entity set of the same type Env_Type in Env_a;
    SelectNearest（Env_T, Env_r）
  end
end
Function **SelectNearest**（Env_T, Env_r）
Begin
$\{\text{Env}_s\} = \emptyset$
while $\{\text{Env}_s\} = \emptyset$ and $\text{Env}_T \neq \emptyset$ do
{**Select** 5 environment entities $\{\text{Env}_s\}$ from Env_T;
  for each selected environment entity
    Calculate distance between Env_r and $\{\text{Env}_s\}$
  end
    while $\{\text{Env}_s\} \neq \emptyset$ **do**
      $\{\text{Env}_m = \min \{\text{Env}_s\}$
    $C \leftarrow$ the capacity of Env_n
    $N \leftarrow$ current number of individual in Env_n
    if $C = N$
      Delete Env_m from $\{\text{Env}_s\}$;
    else
    Write Env_ID of Env_m in the Env_list of the student;
    break;
    end}
    }
end

  在该算法中，需要先确定学生的家庭地址（Env_r）、所在行政区域（Env_a）以及其社会角色（S_Role），并进一步确定与该学生匹配的学校类型（Env_Type）；然后，在该行政区域内随机选择5个该类型的环境实体，并选择其中距离学生家庭最近的，且未达到人口上限的学校作为与之匹配的学校，并写入数据库该学生的环境列表 Env_list 中。

  （2）随机分配算法。在一定地理空间范围内，随机选择一个未达到人数上限的学校分配给学生。这种算法适用于处理大学生的学校分配问题。随机分配算法过程与距离就近算法的过程相似，唯一的不同之处在于：就近算法中调用的选择函数为 SelectNearest（Env_T, Env_r），而随机分配算法调用的选择函数为 SelectStochastic（Env_T），随机分配算法过程如下。

算法 8.4 随机分配算法

```
function SelectStochastic (Env_T)
begin
    Env_s=Null;
    while Env_s=Null and Env_T≠∅ do
        {
            Select an environment entity Env_s from Env_T
            C←the capacity of Env_s
            N←current number of students in Env_s
            if C=N then
                Delete Env_s from Env_T
                Env_s = Null
            else
                Write Env_ID of Env_s in the Env_list of the individual
                break
            end}
        }
end
```

对于人工社会的工人个体，需要为其分配每天上班的工作地点。在工作地点分配的过程中，考虑到人的出行距离对工作地点选择与就近分配原则和随机分配原则略有不同，本节利用真实社会中人的出行规律来为个体分配相匹配的工作地点环境实体。同时，为了降低空间搜索的复杂度，空间距离的计算和度量基于离散化后的地理空间进行。

根据出行距离的概率分布为工人分配工作地点，有两个关键算法，即分配算法和空间距离搜索算法。其中，空间距离搜索算法嵌套在分配算法中，搜索所有与家庭住地之间距离为 d 千米的环境实体的集合。

基于出行距离分布算法的核心是，以家庭住址为基准，根据城市人口的出行概率分布，随机生成每个工作人员的出行距离，并以此距离作为其以家庭住址为原点搜寻工作场所的搜索半径。其分配算法如下。

算法 8.5 出行规律分配算法

```
input: Popu, Env, P_dis← probability distribution of human traveling distance
Begin
    for each worker in Popu
```

    Env$_r$←Environment entity of the worker's residential building;
    (x_r,y_r) ←coordinates of region where Env$_r$ locates in the discrete axis
    Generate d based on P$_{dis}$;
    SearchBelt（(x_r,y_r），d, Env_Type）;
   end
 end
Function **SearchBelt** （(x_r,y_r），d）
begin
   Select regions Env$_T$ that locate at:
   (x_r–d, y），y∈[y_r –d, y_r +d]
   (x_r+d, y），y∈[y_r –d, y_r +d]
   (x, y_r–d），x∈[x_r –d, x_r +d]
   (x, y_r+d），x∈[x_r –d, x_r +d]
   SelectStochastic（Env$_T$）;
end

  该算法包括以下三个主要步骤。
  首先，在个体的 Env_list 中查找到家庭住址的地理坐标，以此为基准点。
  其次，根据出行概率分布函数，随机生成该个体的工作出行距离 d 千米。
  最后，通过调用选择函数 SearchBelt（(x_r,y_r），d）在离散化的地理空间内迅速找到符合出行距离要求的空间网格的集合，并调用随机选择函数 SelectStochastic（Env$_T$），从选定的网格空间内未到达人口上限的环境实体中随机选择一个作为该个体的工作地点。
  在人工北京中，除学校、工作地点外，与个体相关联的环境实体类型还包括消费场所、娱乐场所和医疗机构。这些场所不同于工作场所和学校，它们具有人口流动性强的特点，是没有人口上限要求的。即使许多个体与一个这样的环境实体（如超市、商场）相关联，也不会出现场所无法容纳的情况，因为这些个体不会在同一时间处于该环境实体中。
  下面以超市的分配为例，说明分配的基本思路。
  超市以家庭为单位进行分配,即一个家庭户中的所有个体选择去同样的超市。在这里，根据就近原则为每个家庭分配两个超市作为选择对象，即选择离住宅楼最近的超市。超市的分配算法与学校分配的距离就近算法类似，但是由于区域内超市的数量远远大于学校的数量，将行政区域内所有超市与家庭住地之间的距离计算之后选择距离最近的超市需要的计算量较大。因此，距离的计算以及超市的匹配仍基于离散化的地理空间模型。其匹配算法的流程如图 8.24 所示。

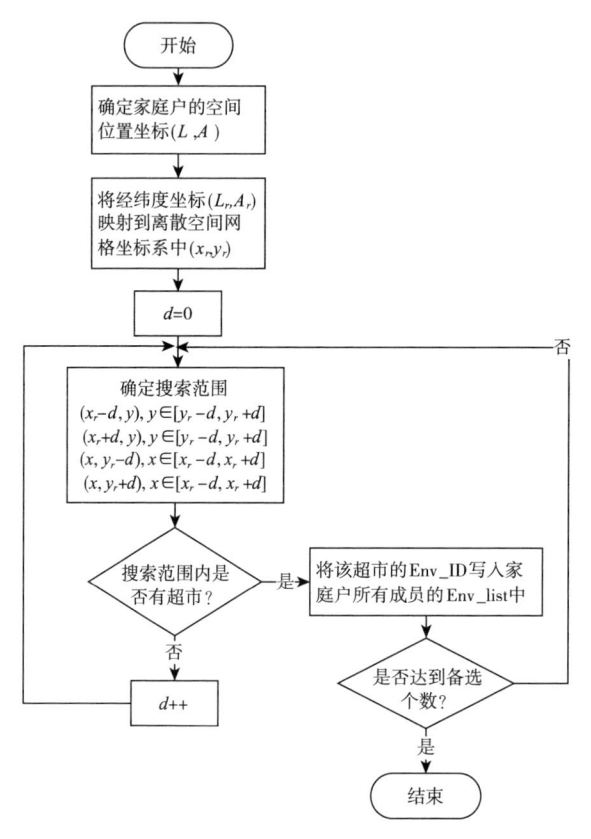

```
                        ┌─────────┐
                        │  开始   │
                        └────┬────┘
                             ↓
                    ┌─────────────────┐
                    │ 确定家庭户的空间 │
                    │  位置坐标(L,A)  │
                    └────────┬────────┘
                             ↓
                    ┌─────────────────┐
                    │将经纬度坐标(Lr,Ar)│
                    │ 映射到离散空间网 │
                    │ 格坐标系中(xr,yr) │
                    └────────┬────────┘
                             ↓
                         ┌───────┐
              ┌─────────→│  d=0  │←─────────── 否
              │          └───┬───┘
              │              ↓
              │   ┌────────────────────────┐
              │   │     确定搜索范围       │
              │   │ (xr-d,y),y∈[yr-d,yr+d] │
              │   │ (xr+d,y),y∈[yr-d,yr+d] │
              │   │ (x,yr-d),x∈[xr-d,xr+d] │
              │   │ (x,yr+d),x∈[xr-d,xr+d] │
              │   └───────────┬────────────┘
              │               ↓
              │        ╱ 搜索范围内是 ╲ 是    ┌────────────────┐
              │        ╲  否有超市?  ╱─────→ │将该超市的Env_ID写入家│
              │         ╲           ╱        │庭户所有成员的Env_list中│
              │              │否            └────────┬───────┘
              │              ↓                       ↓
              │          ┌──────┐            ╱ 是否达到备选 ╲
              │          │ d++  │            ╲    个数?    ╱
              │          └──┬───┘                   │
              └─────────────┘                      │是
                                                    ↓
                                               ┌────────┐
                                               │  结束  │
                                               └────────┘
```

图 8.24　为个体分配超市算法流程图

该算法有两个关键：一是将家庭户住地的经纬度坐标（L_r,A_r）映射到离散化的地理空间坐标系（x_r,y_r）中，二是在离散化的地理空间内以家庭住地为中心，按邻接距离逐层扩大的方法搜寻距离最近的超市类环境实体，即以家庭住地所在网格为中心（$d=0$），每次向外扩展一个方格进行搜索。在人工北京中，为每个家庭分配两个关联的超市，因此，需要在每搜索到一个当前距离最近的超市后，判断是否已经为该家庭分配了两个关联的超市，如果没有，则需要在当前的搜索范围内继续搜索。如果当前的搜索范围内已经没有超市可以分配，则需要进一步扩大搜索范围，直到与该家庭户匹配的超市数量达到设定的备选数量。

8.4　多层社会关系网络生成方法

人工社会中个体之间存在多层次的社会关系，这种关系可以用多层次社会关系网络来描述。在第 5 章人工社会网络建模方法的基础上，本节介绍个体多层次社会关系网络具体生成方法，其基本思想是，在整体层面，每种社会关系对应一个独立的社会关系网络层次，在个体层面，每个个体的一种社会关系对应一个独立的简单网络。对于每一层级的社会关系网络，为了将构成网络的节点（即个体 Agent）所具有的时空特征与网络拓扑特征融合在一起，采用基于模块和层级增长的方法来逐级生成各层网络。

8.4.1 多层社会关系网络模型

在人工社会中，构建多层社会关系网络的原因有两个。第一，在个体的日常生活中，个体之间的交互会涉及多种社会关系，各种社会关系之间有的关联紧密，有的则完全没有交集。因而，难以在一个网络中融合个体的所有社会关系。第二，人工社会中的社会关系具有明显的时空相关特性，在不同的时间和空间，对个体行为具有影响力的社会关系是不同的。随着个体行为的演进，需要根据实际执行的行为、行为发生的场所调用对应的社会关系类型来驱动个体的交互行为。为了明确分辨个体的多种社会关系，并支持个体时空迁移以及交互对社会关系的需求，对人工社会中每个个体定义了多重社会关系网络，其基本结构如图 8.25 所示。

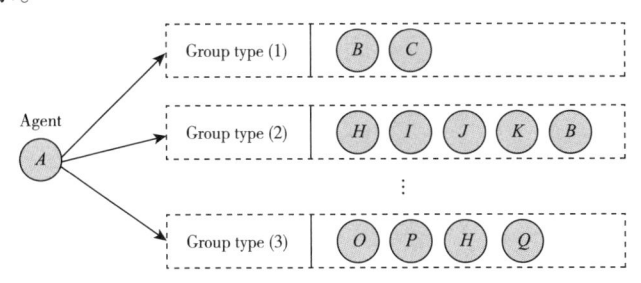

图 8.25　个体社会关系网络层级结构图

个体 Agent 的社会关系网络由多个 Agent 群组列表 Agent_list 组成，每个 Agent_list 列出了与该 Agent 有某种社会关系的个体集合。个体 Agent 有多少种社会关系，就会有多少个 Agent_list。每个类型的社会关系被定义为一个社会关系网络的层级，在该层次结构中，允许列表中列出的个体出现重复，即相同的个体之间可以存在多种社会关系。整个人工社会中所有个体的社会关系网络生成在一张数据库表中，每个个体的社会关系按照社会关系的类型存储于数据表中。

对社会关系网络的拓扑结构进行分析，个体的每一种社会关系是一个星型网络结构。将所有个体同一类型的社会关系网络整合起来，就组成了一层该类型的全局社会关系网络。在数据库中，只对个体的社会关系进行存储，即对每一个个体，生成与其有某种社会关系的其他个体的列表。全局的社会关系网络可以通过以下方法获得。

（1）将数据库表中的 Agent_list 转换为网络图的表示，个体 Agent 即为网络图中的顶点，Agent 之间的社会关系即为网络中的边，(v_i, v_j) 表示点 n_i 和 n_j 之间存在社会关系。

（2）将所有个体之间的连接关系转化为网络图中节点和边的表达 {(v_i, v_j)}，即组成一个包含所有节点及连接关系的矩阵，从而得到一张该类型社会关系的网络图。

从个体社会关系网络的层次定义来看，各层级社会关系网络之间相对独立，即不同类型的网络之间是没有连接关系的。然而，基于层级增长生成的社会关系网络，高层级的网络是在低层级的基础上生成的。因此，从宏观上看，网络层级之间又是具有密切联系的。另外，在个体动态交互的过程中，随着个体在空间的迁移，会出现多层社会关系网络同时驱动个体交互行为的情形，即多层网络融合在一起来影响个体行为的情形。

层级社会关系网络的生成过程如图 8.26 所示，其具体的生成步骤如下。

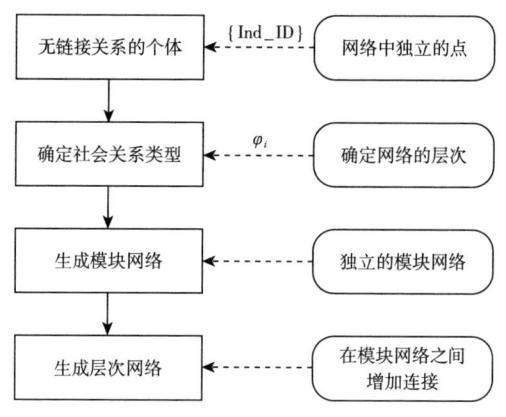

图 8.26　层级社会关系网络的生成过程

（1）在未生成社会关系网络之前，个体之间没有任何连接关系，相当于网络中只有独立的点。

（2）确定将要生成的社会关系网络的类型，即网络的层次。

（3）将构成网络的独立点进行模块化处理，生成具有密集交互关系的独立模块网络。

（4）通过在模块网络之间添加新的连接，形成新的网络。新生成的网络又可以作为其他网络生成的基础，即在新生成的网络之间添加新的边，形成更大的网络，如图 8.26 所示，这就是模块化和层次增长网络的基本思想，下面将对该生成方法进行详细描述。

8.4.2 基本模块模型

模块网络模型描述了个体之间密集的交互关系，尤其是人工社会中的空间密集接触社会关系。模块网络是一个个独立的网络，内部高度密集连接。这里，用全连接网络来构建模块网络模型，使网络中的个体彼此之间都具有连接关系。对于全连接网络，生成网络的唯一控制参数是网络的节点数。因此，基本模块模型生成的关键问题是如何对人群进行划分，从而确定基本模块模型的规模，即一个基本模块网络中包含的节点数 n。

模块网络模型规模的确定分为两种情形：①层级网络中所有模块的规模是相同的，即每个模块网络均包含 n 个节点。如果要生成社会关系网络的个体总数为 N，而每个模块网络由 n 个个体组成，那么，就构成了 N/n 个模块网络。②层级网络中模块的规模是不同的，整个网络的构成模块规模是一个集合 $\{n_i\}$。在这种情形中，模块网络同样彼此独立，只有模块网络内部有全连接的关系。其与第一种情形的不同之处在于模块网络内包含的节点数存在差异。图 8.27 是这两种情形的一个简单示意。

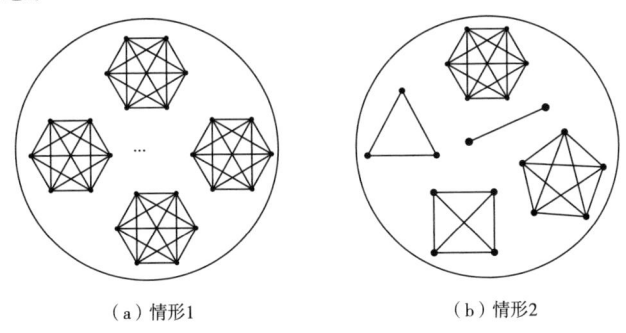

（a）情形1　　　　（b）情形2

图 8.27　模块网络的两种情形

在人工社会中，社会关系网络不同于单纯的网络拓扑，节点和连接都具有实际的意义。各种类型的社会关系网络同时集成在个体的网络模型中，反映的是个体在不同时空条件下的交互特征。因此，个体的社会关系网络生成是以个体的人口属性、行为特征为基础的。模块网络反映的是个体之间密集的交互关系，其规模的确定也需要从个体人口以及行为特征的角度考虑。上述的两种情形，需要根据个体实际的社会特征来具体确定。例如，在学校中，宿舍关系网络是一个密集交互的网络，而每个宿舍包含的学生数是相同的，因此学校内的宿舍关系网络属于第一种情形的模块网络。又如，家庭关系也是一种密集交互的关系，而家庭的规模是不同的，要生成个体之间的家庭关系网络，就需要从人口数据库中读取个体的家庭信息，据此来确定每一个家庭网络的具体规模，属于第二种情形的模块网络。

模块网络模型是整个社会关系网络中唯一定义为全连接的网络，代表了最为密集的交互关系。在人工社会中，模块网络的定义同时也反映了在空间约束条件下，个体之间可能发生的最为经常性的交互行为。当然，模块网络也可用于对虚拟空间中具有密切交互关系的小社团进行建模。

8.4.3 层次生长算法

基本模块网络本身是独立的网络，是层级网络模型中最低的一个层级。同时，基本模块网络也可以作为基本构成单元，参与构建更高层级的社会关系网络。层级增长网络既可以是直接基于模块网络构建新的层级网络，也可以是以新构建的层级网络为构成元素，生成更高层级的社会关系网络。随着网络层级的增长，独立网络的规模不断扩大。

1. 基于模块网络的生长算法

基于生长模式构建网络的原则是，层级越高的网络，网络节点之间的连接关系越稀疏。模块网络作为最密集的独立网络，属于最低层级的网络，记为 $\alpha=0$。在模块网络基础上生成的新层级网络，其层级记为 $\alpha=1$。$\alpha=1$ 层中的网络生成具有以下两个关键步骤。

1）确定 $\alpha=1$ 层中子网络的规模

$\alpha=0$ 层网络是一个个独立的全连接的子网络，并且各个模块网络之间是非联通的。$\alpha=1$ 层网络中子网络的生成是在基本模块网络的基础上，将模块网络联通起来实现的。但这种联通是在有限范围的联通，即先将 $\alpha=0$ 层网络划分成若干模块网络的集合，然后将每个模块网络集合中的各个模块相互连通构成 $\alpha=1$ 层网络中的一个子网络。因此，确定 $\alpha=1$ 层中子网络规模的问题即是确定构建 $\alpha=1$ 层网络中一个独立的子网络所需要的基本模块网络的集合。这些划定的基本模块网络集合，在 $\alpha=1$ 层彼此之间始终是独立的。这些集合是以集合中包含的模块网络数量为标准划分的，需要考虑基本模块与将要生成的新层级网络之间的包含关系，包括新层级网络的空间约束，以及其所涵盖的模块网络的数量。因而，在选择构成新层级网络的模块网络时，需要按照构成网络个体的特征及新层级网络的空间范围和约束进行。

2）在构成网络的模块网络之间添加新的连接

在确定了 $\alpha=1$ 层级网络中独立的模块网络集合后，下一步要在各个集合内部添加新的连接。这些在集合内部新生成的网络，称为 $\alpha=1$ 层网络的子网络，等同于 $\alpha=0$ 层网络中的基本模块网络。在集合内部添加连接的规则为，对集合内的所

有节点按照概率 p 与集合内其他个体建立连接关系，已经建立起连接关系的个体不再进行概率连接。在该算法中，集合中的所有节点是被统一看待的，不因其所在模块网络的不同而不同，与个体本身已有的连接数量无关。新添加的连接与已有连接都将作为 $\alpha=1$ 层网络中的连边，即新的网络层级完全地继承了旧层级的网络的连边。

2. 基于层级网络的生长算法

$\alpha=1$ 层级网络是基于模块网络构建的，而 $\alpha=1$ 层级网络中的子网络又可以作为生成更高层级网络的元素。与基于模块网络的生长算法类似，基于层次网络的生长算法也分为以下两个关键步骤。

1）确定新层级网络的子网络规模

基于层级网络构建新层级网络，是在处于较低的层级网络的基础上，生成新的处于更高层级的网络。这里，同样需要解决的问题是界定构成新层级网络中独立子网络所需要较低层级的独立子网络的集合。如图 8.28 所示，在 $\alpha=2$ 层中，有两个独立子网络，其中一个子网络包含了 6 个在 $\alpha=1$ 层的独立子网络，另一个子网络包含了 5 个 $\alpha=1$ 层的独立子网络。

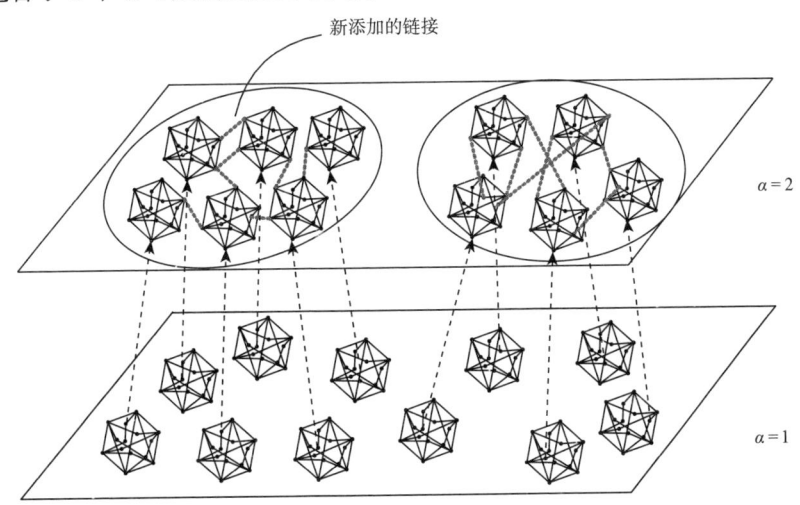

图 8.28　新层级独立子网络的生成过程

2）在子网络内部添加新的连接

在确定了生成新层级网络的低层级子网络的集合后，需要在集合内部添加新的连接以形成新的网络，将集合内独立的低层级子网络连接起来，图 8.28 中 $\alpha=2$ 层中虚线标注的连接。建立连接的原则与层级网络生长的原则一致，越高层级的网络越稀疏，新添加的连边也越稀疏。这里，与基于模块网络生长的算法相同的是，集合中所有个体都按照一定的概率 p 与其他未建立连接关系的个体生成新的连接；不同之处在于，概率不是一个定值，而是层级 α 与网络节点本身连接数 d 的函数：

$$p = \lambda \left(\frac{d_i}{\max(d_i)} + \frac{d_j}{\max(d_j)} \right) \Big/ 2 \qquad (8.12)$$

其中，d_i 是个体 i 在 α-1 层级已有的社会关系的数量；$\max(d_i)$ 是该个体在 α-1 层可能有的连边数量的最大值；d_j 是与节点 n_i 无连接关系且同处于一个集合内的另一个节点 n_j 在 α-1 层级已有的社会关系数量；$\max(d_j)$ 是个体 j 在 α-1 层可能有的连边数量的最大值；λ 是衰减系数，是网络层级数 α 的函数，$\lambda = e - \alpha$。除去个体本身连边数量的影响，个体之间建立新连接的概率随着层级的增长而呈指数衰减。

8.4.4 社会关系网络时空关联模型

个体的社会关系有多种类型，每种类型的社会关系单独有一个 Agent_list。然而，基于模块模型与层级模型构建的层级网络，虽然各个层级的网络分属不同的社会关系类型，但是层级之间存在紧密的关联性。这种关联性体现在两个方面。

（1）高层级网络是对低层级网络社会关系的延伸与扩展。这种延伸与扩展既是网络拓扑的扩展，也是个体交互关系范围的扩展。一般情况下，低层级网络对应较小范围内的交互，如局部空间内的交互；在高层级的网络中，个体具有更多的社会关系连接，对应更大范围内的交互。这种范围的扩大既是交互对象规模的扩大，也表征着交互空间规模的扩大。

（2）高层级网络涵盖了低层级网络的所有连接。在层次增长算法中，高层级网络的生成只增加了网络连接，而没有删除已有的网络连接，因此低层级网络中个体的连接全部保留了下来。例如，某一层级 α 的网络可以表示为

$$G_\alpha = \{(v_i, e_i)\}, i \in [1, n_\alpha] \qquad (8.13)$$

其中，(v_i, e_i) 是 α 层中的独立子网络；n_α 是子网络的数量。在 α 层网络基础上构建的新层级 α+1 网络则可以表示为

$$G_{\alpha+1} = \{(\cup v_i, \cup e_i)\}, i \in [1, n_{\alpha+1}] \qquad (8.14)$$

其中，$n_{\alpha+1}$ 是 α+1 层中独立子网络的数量。如果用 α 层的节点 v_i 和边 e_i 来表示 α+1 层网络，其形式为

$$G_{\alpha+1} = (\cup v_i, \cup e_i + e'), i \in [1, n_\alpha] \qquad (8.15)$$

其中，e' 是 α+1 层中新添加的连接。这使高层级网络与低层级网络之间存在网络范围涵盖的关系，表明高层级网络中独立的子网包含了更多的个体。这种机制既允许个体在规模较小的低层级网络的社会关系的驱动下进行交互，也允许个体在

高层级较大规模的人群中进行交互。而在这些交互规模渐变的层级网络构建过程中，也可以将个体在空间范围的限制作为界定层级网络中子网规模的标准。

因此，层级网络模型的建立实际上是对交互对象范围的逐级划分。层级网络对层级的划分具有空间范围划分的意义，因而通过选择不同类型的社会关系作为个体交互的依据也可以实现对个体交互行为空间的约束。例如，在一栋教学楼内，可能存在同宿舍、同班级、同年级、同专业和同校园这几种学生之间的社会关系，然而，在上课时间，与个体交互相关的社会关系只有同宿舍和同班级关系。这也表明个体的活动仅被限制在教室范围内，学生只能与同一个教室内的个体发生交互。在这个意义上，通过对社会关系网络层级的细分，也可以对个体空间交互的范围做出更为精细的区分，从而实现对个体交互行为空间范围的精细控制。

个体的行为与环境实体之间也存在着密切的关系。在执行动作时，个体需要根据行为日志中的动作类型找到匹配的环境实体类型。而社会关系网络作为个体交互行为的驱动因素，与环境实体类型、动作之间有明确的映射关系。其基本原则是在不同类型的环境实体中，个体从其社会关系网络中选择不同的关系类型，并从中选择交互对象。

在定义社会关系网络与环境实体类型、动作类型的映射关系时，需要解决两个关键问题。一是确定交互行为可能涉及的社会关系网络类型$\{\varphi_i\}$，二是确定各类社会关系对交互行为的影响程度。图 8.29 显示了个体的行为、环境实体与社会关系网络之间的关联关系。

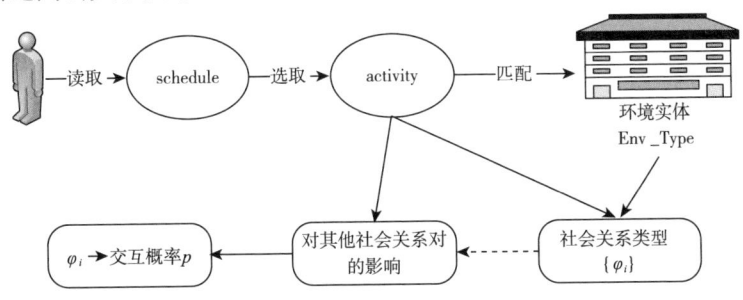

图 8.29　个体的行为、环境实体与社会关系网络之间关联关系

个体的动作与环境实体类型之间是一对一的映射关系，与动作和执行动作环境实体相匹配的社会关系类型$\{\varphi_i\}$是个体社会关系所有类型Ψ的子集。因此定义了社会关系网络的适用范围，就可以认为界定了个体之间交互对象的范围。例如，在对大学校园进行人工社会建模时，学生执行上课这个动作时，执行环境实体类型为学校，可能涉及的社会关系类型包括同宿舍关系、同班级关系、同导师关系、同年级关系、同专业关系、导师与学生关系、同校关系、上课老师与学生关系。这些社会关系类型与学校这个环境实体之间是多对一的匹配关系，即多种社会关

系可能在同一环境实体中共同驱动和影响个体之间的交互行为。

然而，在多种社会关系同时驱动个体的交互行为时，各类社会关系对行为的影响程度也不相同。这种影响程度定义为，在个体对选择交互对象时，根据其社会关系类型分别定义不同的概率。在某一类环境实体中，个体可能发生交互的社会关系类型为$\{\varphi_i\}$，而对应从各类社会关系中选择交互对象的计算概率为$\{\varphi_i, p_i\}$。这样，即使在同样的环境实体中，通过对不同的社会关系交互概率进行定义，也可以更进一步地控制个体交互对象的范围。

第 9 章

人工社会计算实验平台设计

平行应急管理方法已经成为应对非常规突发事件的一种有效手段，而计算实验是支持平行应急管理的核心能力。目前，国内外关于建模与仿真的通用平台很多，如 StarLogo、NetLogo、Anylogic、RePast 及 KD-RTI。但是，它们要么太通用而对应急管理领域的支持能力有限，要么所支持的实体数量有限而不满足超大规模的个体级仿真。因此，它们通常无法满足应急管理的全方位建模和仿真需求。在自然科学基金委的资助下，本课题组研制了一种基于平行应急管理的人工社会计算实验平台，简称 KD-ACP。该平台支持社会性突发事件的模型开发、数据准备、情景生成、仿真模拟、实验管理、结果分析和态势显示功能，可以通过历史人口地理数据生成人工城市，并建立事件发生的人工社会初始情景，然后在领域专家的协助下开发突发事件模型和干预措施模型，从而进行计算实验来研究应急管理中的科学问题，辅助职能部门进行决策与分析。本章将先较为详细地介绍 KD-ACP 平台的设计与实现方法；然后重点讨论计算实验的控制流程以及并行仿真引擎的优化方法；最后给出计算实验平台的应用流程，主要包含人工社会初始情景的构建、应急事件的描述和加载、干预措施的描述和加载，以及计算实验的运行管控。

9.1 人工社会计算实验过程

支持平行应急管理的计算实验着重于多次实验所展现的涌现行为，不仅需要大规模多次运行，而且能够动态接收外部的干预。在计算实验过程中，人工社会的状态演化如图 9.1 所示。计算实验驱动人工社会的情景演化，即根据当前的情景态势和影响因素计算下一步的情景，并向决策者展示情景，决策者可根据展示的情景进行决策并制定应急措施。同时，应急措施实施过程进一步影响情景的演化，达到应急管理的目的。

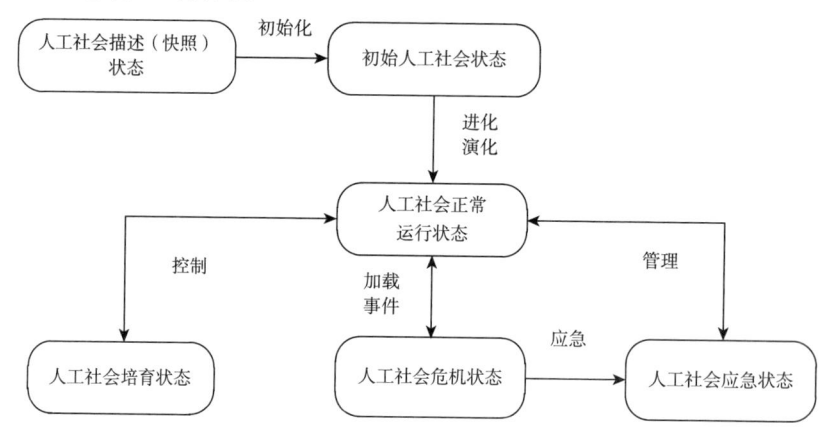

图 9.1 人工社会状态演化

基于人工社会的状态演化流程，可建立计算实验的过程模型，并设计面向平行应急管理的计算实验框架（孟荣清等，2015）。人工社会是在计算机中构建的实验环境，通过外部的输入与控制，影响人工情景的演化过程。如图 9.2 所示，我们设计了平行应急管理计算实验过程模型，下面对其进行简要介绍。

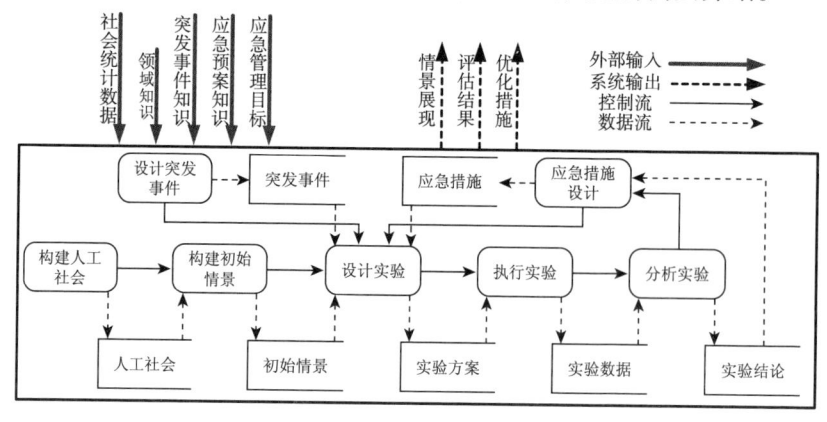

图 9.2 平行应急管理计算实验过程模型

（1）计算实验输入与输出。用户根据一定目的（如训练、预测、管理）使用平行应急管理系统，输入各种统计数据、领域知识等，利用计算实验平台进行情景演化，输出情景的态势、应急预案的效果等。

（2）构建人工社会。利用外部输入数据在计算机中重构真实社会的一个镜像，使人工社会逼近真实社会的统计特征。首先，建立人工社会的基本结构，确定社会中的人口、环境、关系网络等；其次，建立人口在人工社会中的行为映射。通过反复迭代，人工社会涌现出真实社会的景象。将生成的人工社会进行保存，得到人工社会数据库。

（3）构建初始情景。基本人工社会是一个相对通用的实验环境，它是正常社会的一个展现。进行具体实验时，需要对基本人工社会进行扩展，以便支持特定领域的计算实验，建立支持特定领域的仿真模型。例如，甲型H1N1疾病传播实验需要为人口确定疾病传播相关属性特征。在加入特定的结构与动态行为后，使人工社会演化到特定的情景(初始情景)，该情景即为所有实验的基本参考点。最后将该情景保存入库，得到初始情景库。

（4）设计突发事件。在特定的初始情景基础上设计需要应对的突发事件，将该突发事件加载到人工社会以后，人工社会涌现出相应的情景和态势。突发事件是一个动态过程，在设计中需要指定突发事件的属性及其随着情景演化的动态行为变化。将设计完成的突发事件保存，可以得到基于某初始情景的突发事件库。

（5）设计应急措施。应急措施是基于特定初始情景的，它也是一个动态过程。与突发事件不同，应急措施的实施需要依据观测到的情景而进行动态调整。设计应急措施时，同样需要指定应急措施的属性，以及应急措施随着情景演化的动态行为变化。将设计完成的应急措施保存，可以得到基于某初始情景下的应急措施库。

（6）设计实验。人工社会的运行可以涌现出宏观行为，为了得到统计特征，需要进行多次运行；为了评估不同的措施与预案，需要进行多批次的执行；人工社会中的属性众多，需要设计数据采集的相关变量。因此，为了使计算实验切实可行，需要根据实验设计与分析原理对人工社会计算实验进行合理设计，然后将设计完成的实验方案保存，用于控制计算实验运行。

（7）执行实验。计算实验是面向多批次、多样本进行设计的，需要多批次任务提交和多样本实验执行。因此，简单的人工配置与管理不能够支持高效的计算实验。KD-ACP平台能够根据计算实验方案，对实验过程进行自动化配置与控制，对实验数据进行自动化采集和管理。

（8）分析结果。根据实验目的，可对正在执行的或者已执行完成的计算实验进行分析。对于正在执行的实验，通过可视化工具直观地观察情景演化过程，统计实时的演化数据；对于已经完成的实验，运用回放工具或者统计工具对采集的数据进行分析，最终得到的实验分析报告，可用于辅助应急管理措施的选择。

基于该计算实验过程模型，可以建立计算实验框架来支持相应的仿真研究。Ören和Zeigler对实验原理进行了深入研究，认为实验包含三个组件，即实验对象、实验框架和产生的数据。Zeigler 在其专著中将实验框架定义为"对系统进行观察和实验的环境集",实验框架与系统之间的关系如图 9.3 所示。该实验框架可以分为三个功能模块：Generator 用于产生实验系统的输入；Transducer 用于对系统的输出进行采样；Acceptor 对采样到的数据进行分析处理,控制 Generator 产生新的输入。

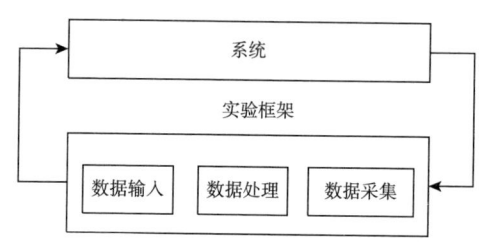

图 9.3　实验框架与系统之间的关系

具体而言,该实验框架由五个部分构成,即观察变量、输入清单、初始化设置、结束条件和数据采集规则。观察变量用于指定本次实验所关心的输出；输入清单指定了所实验系统能够接收的输入与控制；初始化设置将系统设置到初始化状态,使实验有一个相对参考点；结束条件指定了在何种条件下可以结束本次实验；数据采集规则用于指导对观察变量如何进行数据采集。

结合计算实验的状态演化模型,可建立如图 9.4 所示的计算实验框架。其中,dataSets 表示数据集；replications 表示副本,measures 表示措施,experiment 表示实验,collections 表示集合,events 表示子件,scenario 表示情景,model 表示模型,initalDatas 表示初始化数据。该框架的设计实现了计算实验各部分功能的有机组合,同时也是计算实验执行与分析的基本结构。

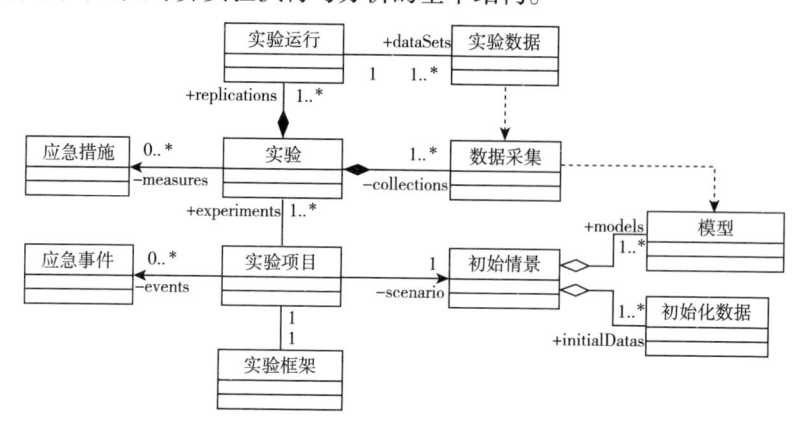

图 9.4　计算实验框架
0..*表示"0 到多个",1..*表示"1 到多个"

计算实验以"实验项目"为基本组织形式。一个实验项目代表了一个需要探讨的领域问题，如研究甲型 H1N1 疾病传播控制问题等。建立实验项目时，需要指定初始情景，作为本实验项目中所有实验的参考点。然后将突发事件加载到初始情景中，使人工社会能够呈现用户所期望的情景。可设计多组实验且每组实验采用不同的应急措施，从而实现对不同应急预案设计的效果对比。同时，也需要指定本实验所关心的具体数据有哪些，指定数据的采集规则。为了消除实验的统计误差，实验必须多次运行，每次运行指定不同的随机数种子。与一般实验框架相比，人工社会为实验的对象系统，初始情景与突发事件为初始化设置，应急措施为输入清单，指定实验运行时间或者演化到预期情景为结束条件。

9.2　人工社会计算实验平台总体设计

根据王飞跃教授 ACP 思想设计的 KD-ACP 仿真平台，可以支持按 9.1 节描述的实验框架进行计算实验。本节将对 KD-ACP 的总体设计进行简要描述。

9.2.1　平台设计需求

KD-ACP 平台设计的长远目标，是面向非常规突发事件情景的全过程动态模拟仿真、计算实验、培训演练与应急决策支持，建立基于平行应急管理理论的高性能、可扩展、可定制、开放交互的突发事件动态模拟仿真与计算实验集成升华平台，为重大研究计划的相关研究成果提供无缝支持，为"情景-应对"型应急管理的理论研究提供易于操作且可定制的实验工具，为实际中出现的非常规突发事件的应急辅助决策提供可靠且时效性良好的技术参考。

因此，平台应能够支持人工社会的构建和多领域异质模型的集成，能够模拟紧急状态下个体和群体的心理反应与行为规律，能够在人工社会上加载突发事件和干预措施。为此，系统需要实现以下几个方面的功能。

（1）构建资源库进行模型和数据管理。资源集成管理是实现系统智能化和自动化的基本要求，模型和数据的分离可实现资源的重用与组合。资源库需要管理的内容主要包括场景模型、人口数据、突发事件模型、实验设计数据文件和实验结果数据等。

（2）计算实验的自动化设计。该功能主要考虑如何使用资源库中的各种模型和数据进行计算实验，开展针对应急管理各种问题的研究。基于模型和数据的分离，以及合理的组织管理，可以形成有效的计算资源组合，满足计算实验的各种要求。

（3）计算实验推进引擎与管理控制。在计算实验的模型和数据设计好之后，需要计算引擎来推动计算实验的运行。另外，在计算实验的运行过程中需要对实验进行控制和干预操作。例如，计算实验的暂停和继续，以及对实验状态的实时观测和应急干预措施的实施等。

（4）实验状态的实时统计与结果分析。为了支持实验结果分析，需要对实验过程的状态数据进行记录和统计分析。此外，需要集成某些统计分析方法，以支持用户对结果数据的处理和分析。

（5）良好的用户界面和人机接口。用户界面是进行计算实验的人机接口，是操作实验和分析问题的窗口。因此，一个良好的用户界面需要为用户提供智能化的服务，方便用户操作实验和分析结果。

参与计算实验的人员主要包含系统管理员、领域人员、模型开发调试人员、实验人员、数据使用（分析）人员。在整个流程中，他们拥有各自的职责，也对系统平台提出了不同的需求。图 9.5 为平台的总体用例图，系统除了提供所有用户一些基础能力外，还可向特殊用户提供相应的拓展能力。

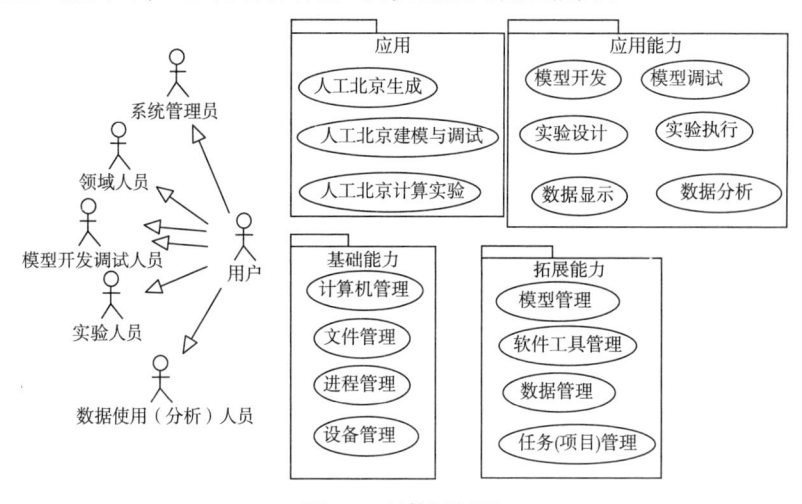

图 9.5　总体用例图

（1）系统管理员。管理与配置计算环境，清理冗余数据与文件，主要包括计算机的管理（启动、关闭、登陆、注销、重启）、文件管理（文件的复制、删除、移动）、进程管理（计算机上应用程序启动、监控、关闭）、设备管理（外围设备查询、添加、删除、启动、关闭），以及资源库管理（数据的备份、恢复）等。

（2）领域人员。利用建模描述工具对"人工社会"进行描述与构建，主要包含情景描述与建模、人工社会生成算法、人工社会演化（培育）算法、公共卫生事件领域建模、公共安全事件领域建模等。

（3）模型开发调试人员。根据领域人员的描述以及提供的模型，利用固定的程序框架模式编写仿真模型，并在平台环境中进行调试。

（4）实验人员。利用资源库或者本地上传的数据和模型进行实验设计，形成实验方案（包含运行环境、运行次数、运行时间、数据采集与分析计划等）并在平台上部署实施，然后进行数据采集、数据入库等操作，记录实验过程，进行项目管理。

（5）数据使用（分析）人员。利用计算实验产生的数据，以及对应的实验设计进行分析，或者对多次实验进行交叉分析，得出结论并撰写报告。

9.2.2 平台逻辑结构

KD-ACP 平台的三层逻辑架构如图 9.6 所示，它为非常规突发事件动态仿真与计算实验提供了建模环境、运行环境和实验环境。该平台能够支持人工社会的资源积累、情景培育、可视化与交互，以及协同演化，可以支持不同类型、规模、地点的舆情与疫情突发事件计算实验（张鹏等，2015）。

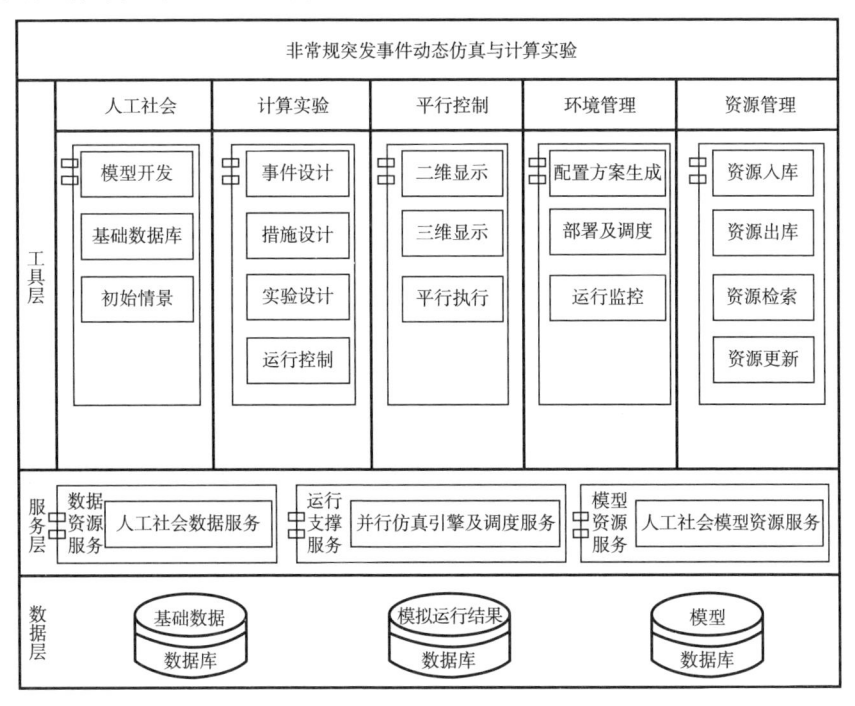

图 9.6　人工社会构建与计算实验平台的框架结构

其中，数据层负责维护关于人工社会建模与仿真的基础资源，包含基础数据、模拟运行结果和模型等。服务层对建模与仿真的各个环节进行支持，负责提供数据、模型和运行支撑等基础服务。工具层提供了一体化的建模仿真工具集，主要包含人工社会构建、计算实验、平行控制、环境管理和资源管理五大模块。其中，人工社会部分主要由数据和模型组成，它是一个动态的自我繁衍的人工社会；计算实验部分包含实验设计、运行控制和"情景–应对"环节（事件设计和措施设计）；平行控制部分包含态势显示（人工社会展示和真实系统展示）和平行执行（动态数据注入和平行执行）；环境管理就是为了对各种仿真服务进行管理；资源管理就是对仿真资源和实验环节进行集中管理。

KD-ACP 平台采用了 B/S 的设计架构，如图 9.7 所示。该平台可以看做一个局域网类型的云，它主要由网络服务器（IIS）、控制台（center computer）、资源服务器（resource）和计算节点（computer）几个部分组成。系统给每个部分赋予一个网络接口，它们之间是通过局域网进行数据交互的；资源服务器负责资源的调度与管理；网络服务器是用户与平台的接口；控制台是一台中心机，它主要进行实验任务分配；计算节点是执行计算实验的计算机。控制台可设定为一台中心处理机，同时也可设定为一台执行实验的计算机。整个平台可提供的服务包含计算机管理、文件管理、进程管理、资源管理、环境管理和实验管理等，并通过设定不同的角色赋予不同的服务能力（孟荣清等，2015）。

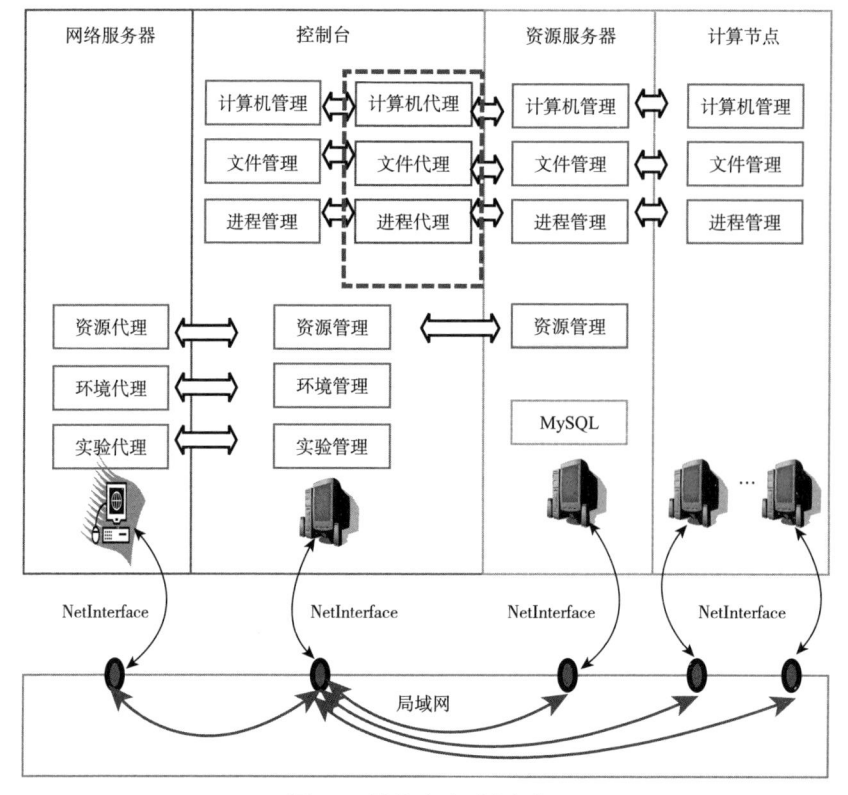

图 9.7 计算实验平台框架

第9章 人工社会计算实验平台设计

此外，可通过组合设定让一台计算机同时拥有几种角色的特性。computer 表示承担计算实验任务的计算机，一台计算机相当于一个计算节点，它拥有计算机管理、文件管理、进程管理服务能力。resource 表示是资源服务器，主要承担实验数据存储的功能，它除了拥有 computer 的特性外，还拥有资源管理的能力。centercomputer 表示中心机，同时是可以执行计算实验的计算机。它将中心机视为一个逻辑节点，既拥有计算机代理、文件代理和进程代理的能力，也具有资源管理、环境管理和实验管理的能力。IIS 拥有资源、环境和实验代理的服务功能，但是它只直接与 center 端打交道，并通过 center 端向各个逻辑节点发送控制指令。计算实验平台的运行流程如图 9.8 所示，一个完整的计算实验运行流程主要包含以下几个重要环节。

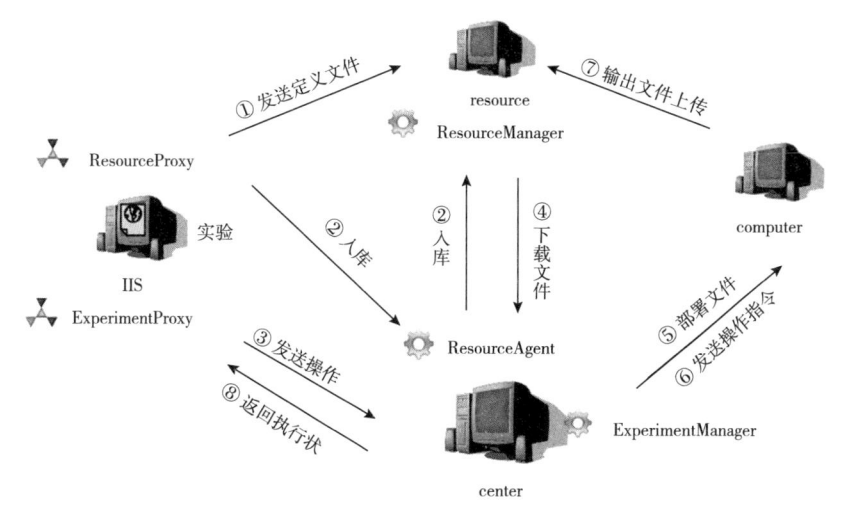

图 9.8 计算实验平台的运行流程

（1）通过 IIS 服务器生成"实验定义文件"。
（2）将"实验定义文件"通过中心机的资源管理服务上传到资源服务器。
（3）通过 IIS 服务器，用户将实验操作命令发送给中心机。
（4）通过资源管理器，将实验所需的仿真资源从资源服务器下载下来。
（5）通过实验管理器，中心机再将"实验定义文件"部署到要计算节点。
（6）然后，中心机通过发送操作指令进行实验操作和相应的实验控制。
（7）完成实验后，计算节点将实验生成的文件直接上传至资源管理器。

实验过程中，中心机将实验执行状态实时返回给网络服务器，进行实验的在线展示，方便实验观测与实验控制。整个系统通过 Web 的形式进行呈现，用户可通过 IE 浏览器进入该平台开展一系列的计算实验。

9.2.3 平台系统组成

目前实现的 KD-ACP 平台主要包含七个分系统（邱晓刚等，2014a），它们之间的关系如图 9.9 所示。基于数据采集分系统提供的统计数据和建模分系统提供的模型，人工社会构建分系统可以构建人工社会，然后在实验管理控制分系统的支持下运行人工社会，在可视化分系统上按应急管理研讨需求向应急管理专家展示运行的结果，应急管理专家的应急处置建议可通过实验管控分系统落实。

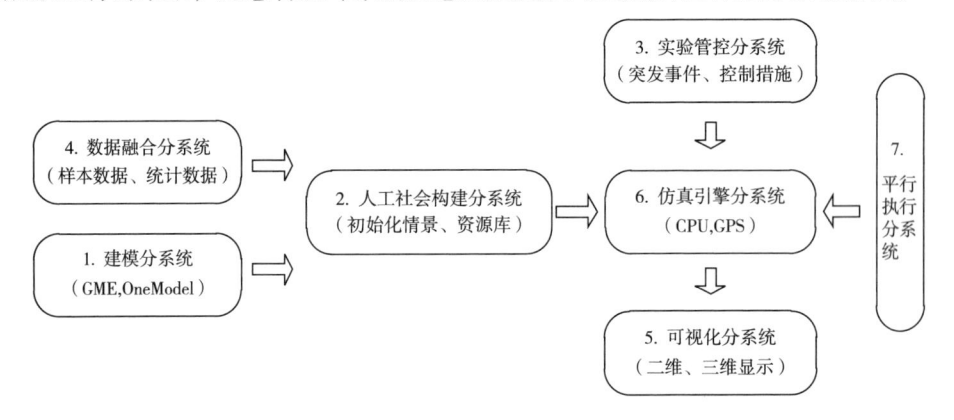

图 9.9 平台七个分系统的关系

其中，人工社会建模分系统可为平台集成提供基础模型框架，辅助开发各类突发事件平行应急管理所需的基础模型；人工社会生成分系统主要由模型管理、基本人口数据库管理、情景初始化三部分组成，为计算实验提供大规模（千万级）的人工人口数据库及情景设置等；人工社会计算实验分系统主要包括计算实验设计、计算实验运行控制、突发事件控制以及应急措施控制等模块，突发事件控制与应急措施控制内嵌于计算实验设计与运行控制过程中，具备实验前设计与实验中动态干预的能力；非常规突发事件实时监测与多源异构数据融合分系统主要对网络上的新闻、论坛、博客以及微博等各类传染病疫情数据进行实时监测与智能分析，快速灵敏地探测出传染病疫情的情景态势，尽可能快速地识别出新出现的传播源；情景可视化分系统实现了大规模场景的可视化技术、疫情与舆情传播链路的动态可视化；仿真引擎分系统由并行引擎层、仿真管理层和执行层构成，提供 CPU+GPU 的混合运行模式，支持大规模人工社会的高速计算和大量数据的快速交换，支持异构计算机系统的组织和仿真时钟的同步推进；平行系统协同演化分系统设计了动态数据注入人工社会的方案，实现了真实社会和人工社会情景的平行显示。表 9.1 给出了各个系统主要模块的功能简要说明。

表 9.1 KD-ACP 仿真平台用户模块的简要说明

用户模块	所属分系统	基本功能
突发事件	人工社会建模	根据突发事件的类型，提供相应的设置界面，引导用户描述计算实验中的突发事件
控制措施	人工社会建模	提供与应急管理处置措施类型相对应的界面，引导用户描述计算实验中将采用的应急管理措施
实验设计	人工社会计算实验	设置实验名称、实验编号和实验目的，确定初始情境、运行资源、实验批次等计算实验参数，形成实验方案
运行控制	人工社会计算实验	显示实验运行批次，提供开始、暂停、结束等运行控制，管理多样本实验的运行
人工人口生成	人工社会生成	根据指定地区的各种人口统计数据，通过一定的算法，生成人工人口数据
人工社会初始化	人工社会生成	基于人工人口数据库，对人工社会进行初始化
模型开发	人工社会建模	支持承灾载体、突发事件以及应急管理措施等类别的元模型设计，支持仿真模型的开发和软件的自动生成
模型管理	人工社会建模	管理各类可重用模型，包含版本管理、权限管理和配置管理
人工社会展示	情景可视化分系统	提供人工社会计算实验结果的多种可视化展示方式
真实系统展示	情景可视化分系统	用于显示从开源或闭源渠道获得的真实社会信息。通过与人工社会的平行展示，为应急管理专家提供决策参考
动态真实数据注入	平行系统协同演化分系统	支持将从开源和闭源渠道获得的真实社会信息，通过提炼后，注入人工社会，调整人工社会情景
平行执行	平行系统协同演化分系统	建立平行控制研讨环境，将计算实验的信息，按研讨需求进行融合并动态推送给应急管理专家

系统还设计了一系列接口，支持各个分系统及模块之间的通信和互操作，各模块相互协同和传递数据，以形成整体的应用系统（陈彬等，2011），如图 9.10 所示。首先，实验设计人员根据研究问题和研究目标，确定实验场景和要素。其次，从资源库中选取实验所需的模型和数据；实验设计人员完成实验设计和步骤规划，形成实验方案；实验方案文件存入数据库，并传递给实验操作人员，指导实验的运行和管理。最后，实验操作人员根据实验方案从资源库中提取模型和数据，并部署到计算环境，启动计算引擎，开启人工社会的运行。

在实验运行过程中实验操作人员通过实验运行管理模块可对实验进行监控，如暂停实验运行、采集实验数据、观测实时情景、实施干预控制措施等。在实验运行结束之后，实验操作人员将实验结果数据存入数据库，并将结果数据传递给实验结果分析人员。之后，实验分析人员可通过实验分析模块，采用各种分析方法对结果数据进行处理和分析，以解释各种现象，或者进行干预措施评估。在整个过程中，领域专家可通过系统显示模块对计算实验的设计、运行态势和分析结果进行观察，实现辅助决策。

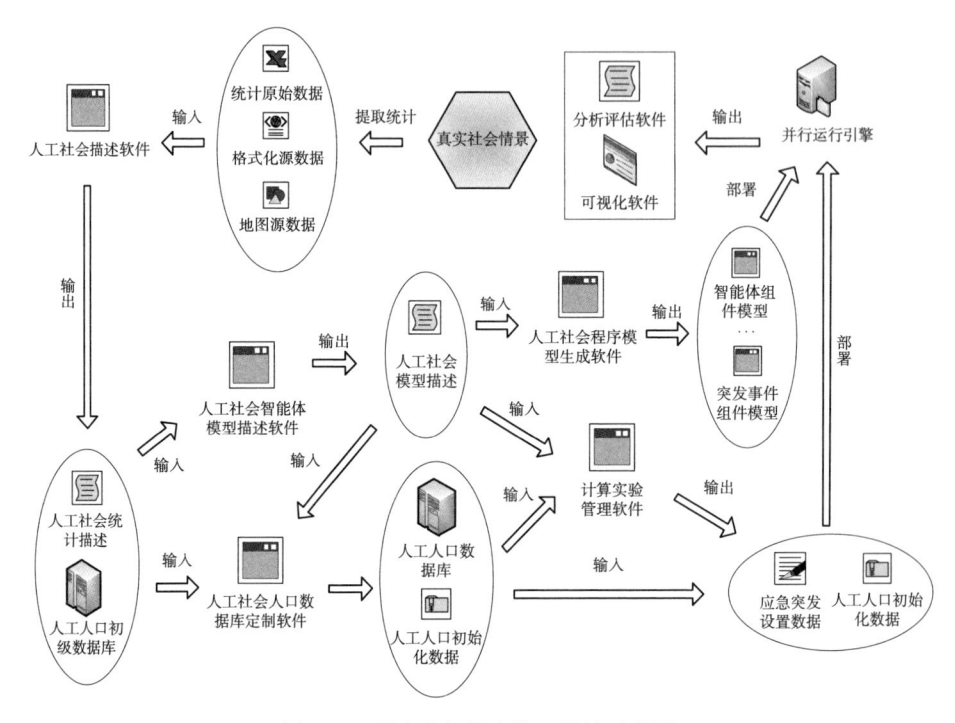

图 9.10 平台分解图和接口设计示意图

9.2.4 平台关键技术

KD-ACP 平台的研制需要攻克以下几个方面的关键技术，如表 9.2 所示。建模技术主要面向社会性突发事件的人工社会构建，它主要包含以下三类：一是人工社会各类要素的建模技术，如人工人口心理与行为、人口活动各类环境建模、事件建模和应急措施建模等；二是集成上述基础模型来构建人工社会的多范式建模技术；三是支持基础模型构建的元模型设计与实现技术。计算实验技术支持人工社会计算实验的全过程。广义的实验过程包括实验数据的准备、实验资源的配置；狭义的实验过程是指在数据和其他实验资源准备完成后，生成和运行人工社会，并对生成和运行进行管控的过程。平行执行技术支持人工社会与真实社会的关联和协同演化。其基础是在获得网络开源信息和闭源监测数据的条件下，能够对这些异构数据进行融合来提炼人工社会协同演化所需要的信息；对协同演化后的人工社会动态情景可视化，可辅助进行应急管理辅助决策。总体技术支持整个平台各分系统之间的协调和稳定运行，它主要包含平台的体系结构和集成方法。

表 9.2 平台关键技术

类别	关键技术
建模技术	面向人工社会的多范式建模方法与技术
	面向应急管理的人工社会元模型设计与实现技术
	人工社会中社会网络构建思路及其集成技术
	人的特定心理与行为的仿真建模
	应急措施的建模技术
	特定突发事件的建模技术
	人工社会环境建模技术
计算实验技术	人工社会的人工人口数据生成技术
	人工社会培育、演化技术
	人工社会的计算实验管理控制技术
	计算实验资源分类、表达与管理技术
	计算实验的数据收集与分析技术
	面向大规模人工社会的并行仿真引擎技术
平行执行技术	多源异构数据融合技术
	平行系统协同演化
	情景可视化技术
	基于平行系统的应急管理决策支持技术
总体技术	平台体系结构
	平台集成方法

9.3 计算实验管理控制

本节主要研究应急管理计算实验的控制和管理问题。首先，设计计算实验的流程；其次，确定管理与控制的对象；最后，针对计算实验各环节给出相应的控制与管理策略。

9.3.1 计算实验流程设计

计算实验过程可分为初始情景生成、实验设计、实验运行与控制，以及实验分析与显示等几个主要环节。首先，在开展计算实验之前，根据应用需求生成实验所需要的初始情景；其次，根据初始情景建立实验项目并进行实验设计；再次，将设计好的实验加载到仿真引擎进行计算，并对数据进行采集；最后，对采集数据进行分析和显示，判断实验是否需要继续运行、是否需要重新设计，以及实验设计所选用的模型是否合理。

1. 生成初始情景

根据算法生成的人工社会包含真实社会中的普通人口以及各种基础设施。此刻的人工社会拥有正常的社会秩序，人工人口可在各种人工环境中进行活动。为了开展特定的计算实验，需要生成一个应急管理的初始情景，该过程包含以下几个步骤。

1）选取实体集

在一次平行应急管理试验中，实验人员往往只关心某一类型的实体或者一定地域的实体。例如，在公共安全事件中一般只需要关心具有正常行为能力的人口，而不用关心儿童的行为，因此初始情景中只需要映射成年人即可。实体集的选取，既可以减少对实验的干扰因素，又可极大地减少仿真引擎支撑的实体数量，加快运算速度。

2）选取属性集

针对不同的突发事件管理，实验人员关注实体不同侧面的状态。在公共卫生事件中，人口需要选择在突发状况下采集何种医疗措施；而在公共安全事件中，人口在接触到某个言论之后，需要判断是否相信等。

3）添加属性集

通用的人工社会中，实体没有与领域相关的属性（例如，在人工社会中的人口没有疾病免疫相关的数据），因此在生成初始情景时需要将本次实验领域相关属性补全。

4）属性集赋值

通过选取属性集和添加属性集可得到初始情景中各个实体的属性集，但是各个实体属性还未赋值。对于人工社会中已经存在的属性值，可以通过直接映射的方法赋值；而缺省的属性值，则需要实验设计人员添加。在应急管理计算实验中，可通过算法直接将初始情景各实体置于应急的状态。

5）保存初始情景

经过前面几个步骤的操作，计算实验所需要的初始情景已经生成。但是，初始情景所携带的信息在语法上并不能够被模型识别。因此，需要将初始情景保存为仿真引擎以及模型能够识别并初始化的文件格式。

2. 实验设计

接下来可以根据初始情景进行实验设计，具体步骤如下。

1）创建实验项目

本部分采用项目的形式进行实验管理。在这里，需要对研究问题进行识别与描述，对实验进行构思和设计，同时填写必要信息以帮助实验分析人员对实验进行逆向查询。

2）选取初始情景

用户在情景库中选取与研究问题相匹配的初始情景，如果没有相对应的情景则需要重新生成初始情景。

3）创建实验

这里的实验是指能够加载到仿真引擎上执行一次计算实验的要素集合。实验要素主要包括初始情景、模型、干预以及数据采集指标体系。当采用析因设计或者分式析因设计时，需要多因子、多批次地开展实验，在一个实验项目中需要创建多个实验，并且每个实验可能需要多次执行。

4）添加模型

项目确定了当前实验所采用的初始情景。因此，添加的模型必须与初始情景相匹配。在实验设计过程中，模型所采用的算法可作为实验设计的一个因子，而在不同实验之间可以采用不同版本的模型来观测算法对结果的影响。

5）添加干预

初始情景确定了能够添加的干预类型，同时干预必须能够得到模型的支持。因此，添加的干预必须能够与初始情景以及选择的模型相匹配。

6）设计采集指标体系

在计算实验过程中会产生大量的过程数据，而对数据进行全过程采集不太现实，因此需要对数据进行条件采集。在设计指标体系过程中，各指标必须与所选择的模型相匹配。

7）添加工具包

计算实验需要外部工具包的支持，如数据采集工具、仿真引擎、数据显示工具等。

3. 实验运行与控制

在实验设计完成后，将有若干批次的实验需要运行执行。在以往的一般实验中，用户主要依靠手工完成实验的部署和运行控制。而在平行应急管理过程中，手工操作效率低下且容易出错，KD-ACP通过管理体系实现实验运行与控制的自动化。

用户提交实验后，实验管理系统获取用户定义实验所选择的初始情景数据、模型、干预以及采集指标体系，在计算环境中进行实验部署并启动仿真引擎以及工具软件，同时监控计算的执行。数据采集与显示工具软件根据实验设定的采集指标体系对实验数据进行采集与显示。在计算实验完成后，根据管理体系中设定的产生数据路径，自动将数据回收。最后，将本次实验所占用的计算资源清空。

在实验资源部署到位之后，实验处于就绪状态。当接收开始命令后实验切换，进入运行状态，在运行状态下用户可进行暂停与停止操作。系统运行状态中，人工社会在仿真引擎的调度下进行情景演化。推演的情景接收外部的事件干预与措施干预，能够在正常状态与应急状态切换。

4. 实验分析与显示

实验分析与显示分为两种模式，即在线模式与离线模式。在线模式下，实验分析与显示工具包以采集指标体系为初始化依据，实时接收数据采集模块实时传递的数据，完成分析与显示。在离线模式下，实验分析与显示工具包同样以采集指标体系为初始化依据，其数据来源为数据采集模块根据采集指标体系保存的离线实验数据。

9.3.2 管理与控制对象

计算实验的顺利进行依赖于系统各组成部分及相关实验要素的有序运作，它们之间的关系如图 9.11 所示。下面就主要的管理与控制对象进行简要说明。

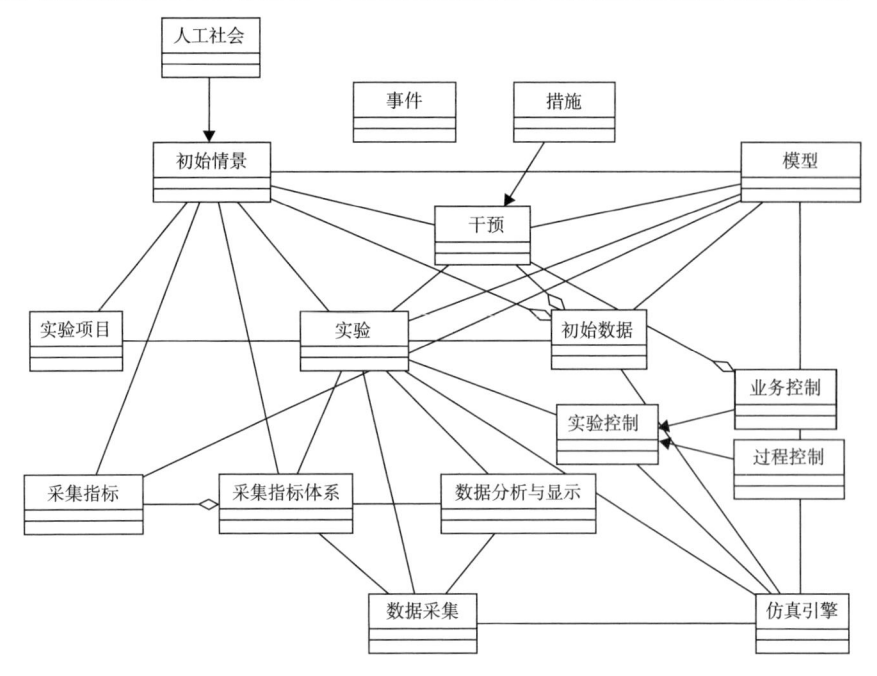

图 9.11 管理与控制对象图

（1）初始情景：以人工社会为基础，根据计算实验的需求增加、删除或者改变人工社会的元素，使人工社会呈现出计算实验所需要的情景。它是计算实验的初始态势，也是平行应急管理在计算机中的管理对象。

（2）模型：主要是指能够在给定初始情景的基础上运行的各类模型，如人口模型、环境模型、交通模型及疾病模型等。模型的开发规范满足仿真引擎的运行约束，开发者需提供模型初始化方式以及初始化数据格式。

（3）干预：在计算实验开始后动态地注入信息，它能影响情景原有演化方向。干预可分为突发事件与应急措施。突发事件会影响人工社会的正常有序运行，而应急措施是为了应对突发事件的影响而采取的相应措施。干预的设计与实现基于初始情景，而且需要运行模型的全方位支持。

（4）实验项目：实验项目是指为了再现某种情景，在此基础上进行应急管理计算实验，并对实验结果进行分析等目的而创建并实施的解决方案。实验项目必须选择一个初始情景为基础，设计多个实验。

（5）实验：它在某一实验项目的框架下根据初始情景而设计，通过添加计算实验中需要的干预以及模型，设置实验运行的数据采集指标体系，支持实验运行中的数据实时显示以及实验运行后的数据分析与展示。实验可作为实体加载到仿真引擎上运行，运行过程中能接受实验平台的控制命令。

（6）初始数据：在实验设计完成后，将初始情景以及添加的干预以文件形式进行保存。该文件格式满足仿真引擎以及模型初始化的约束规范。

（7）实验控制：这里的控制分为两大类，即过程控制与业务控制。过程控制是指计算实验的开始、暂停、继续、重置以及停止等操作。业务控制是指对计算实验内部运行逻辑进行控制，主要是通过动态地加入干预，模型在干预的作用下运行，从而改变原有的运行逻辑。通过业务控制，可以实现真实社会对人工社会的干预。

（8）采集指标体系：该体系是指在一次实验运行中需要采集的数据集合，由一个或者多个采集指标组成。采集指标体系是数据采集执行的依据，同时也定义了数据分析与显示的数据对象。

（9）采集指标：在实验运行中，根据一定的条件设置指标对模型或者事件的状态进行采集。采集指标受具体模型的约束，只能够采集模型所具有的状态或事件。

（10）数据采集：根据采集指标体系和采集指标，仿真引擎或者外部组件对运行中的模型的状态或事件进行保存或者转发，用于数据分析与显示。

（11）数据分析与显示：根据采集指标体系采集到的数据进行分析与显示，可分为在线模式和离线模式。在线分析与显示是指数据采集的同时对数据进行分析与显示；离线分析与显示是指对数据采集保存的数据进行分析。

9.3.3 计算实验管理

从上面分析可以看出，计算实验管理的对象众多，而且对象之间关系复杂。在实验过程中，需要多个对象相互协调配合完成预期的实验目标。因此 KD-ACP 建立了对各个对象的管理体系，并主要对初始情景、干预、模型、实验项目、采集指标体系以及实验数据等进行管理。

1. 初始情景管理

平行应急管理计算实验平台全方位支持多领域的应急管理，因此会根据不同的实验需求建立多个初始情景。设计计算实验时，既可重新创建初始情景，也可重用已有情景，还可以根据已有情景进行修改。本部分设计了初始情景的定义模式，如图 9.12 所示。初始情景使用全局唯一 ID，它是干预、模型、实验项目、实验、采集指标体系、数据管理等索引初始情景的标识字段。另外，添加设计人员、设计时间、描述、名称等字段便于浏览与查询。人工社会 ID 用于追溯生成初始情景的人工社会。实体集保存了本初始情景在人工社会中所选取的实体对象，属性集保存了本次计算实验各实体使用的属性集合。实体集与属性集用于指导数据采集指标的设计。

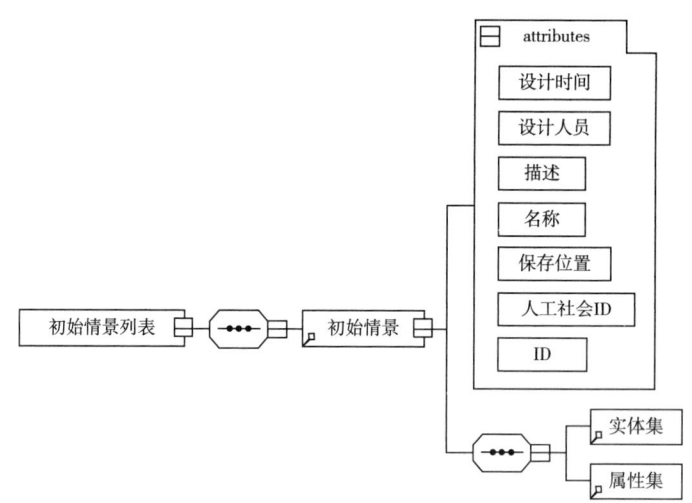

图 9.12 初始情景管理结构

2. 干预管理

干预可以分为突发事件和应急措施，根据不同的应用领域可以进一步细分为不同的子类型。KD-ACP 设计的干预管理结构如图 9.13 所示，每一个干预都赋予全局唯一识别 ID。干预直接依赖于初始情景，因此每一个干预都与初始情景 ID

相对应。为了浏览与查询，还给干预赋予了类型与名称。干预相关数据根据模型提供的接口进行保存，在管理项里添加数据索引，或直接将数据保存到干预数据字段。

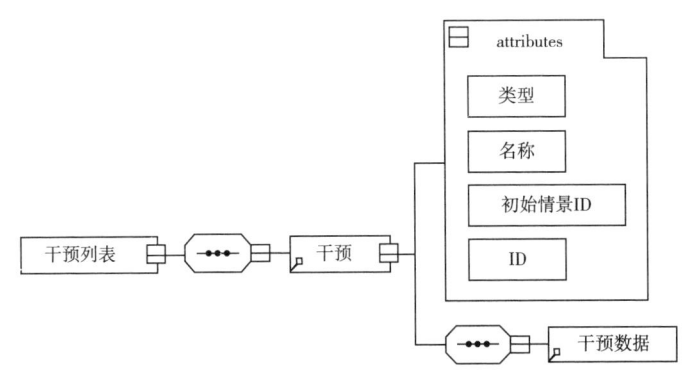

图 9.13　干预管理结构

3. 模型管理

计算实验需要大量的实体模型支持，模型管理结构如图 9.14 所示。首先，为每一个模型赋予全局唯一识别 ID，并通过名称、版本号、类型、子类型等字段方便模型的浏览与查询。模型依赖于初始情景，因此每一个模型携带自身适配的初始情景 ID，并添加本模型支持的干预列表。输入文件列表字段用于存储模型运行需要的支持文件，包括初始文件、配置文件等。模型文件列表用于表示模型的可执行文件列表以及模型运行所依赖的其他运行库文件。输出文件列表用于表示模型在运行扩成中所产生的文件存储位置及类型。通过输入文件、模型文件以及输出文件的设置，计算实验管理系统自动实现实验的部署与配置，在完成实验后回收实验数据。

4. 实验项目管理

实验项目管理结构如图 9.15 所示。计算实验以项目为基本组织形式，一个项目定义了一个需要研究的问题。一个问题依据实验设计原理设计多批次实验进行计算研究。同理，为每一实验项目赋予唯一识别 ID、名称以及该项目的问题描述等信息。在项目管理中，对每一个实验进行详细的定义。每个实验拥有唯一识别 ID 与名称，填入该次实验在项目中承担的角色信息，同时填写本实验需要运行多少次。在一次实验定义中，需要明确地制定本实验运行所需要的模型列表、干预列表、采集指标体系。根据这些列表信息，计算实验管理系统自动到模型管理以及干预管理中提取相关数据信息，完成实验的自动部署与执行。

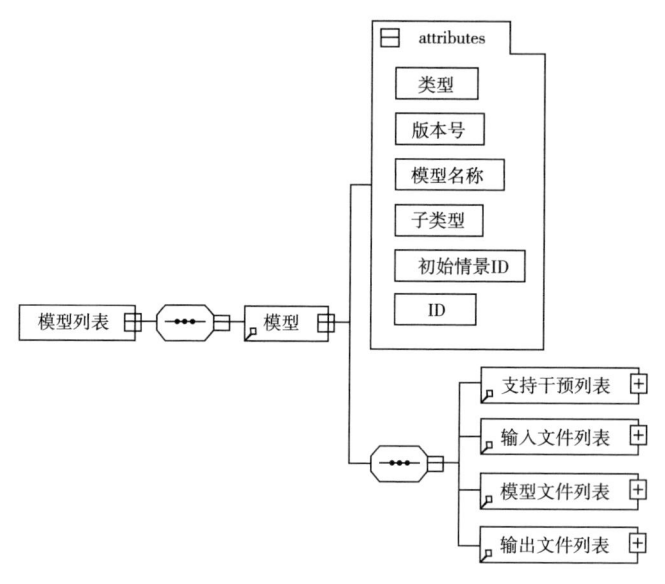

图 9.14 模型管理结构

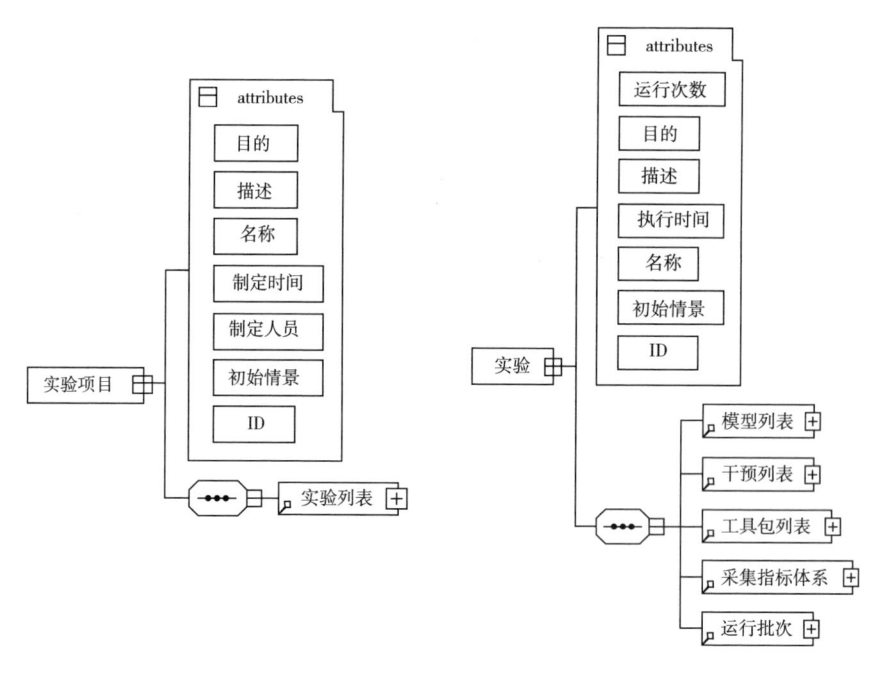

图 9.15 实验项目管理结构

5. 采集指标体系管理

在一次实验运行过程中，采集指标体系用于指导数据采集工具包对数据进行采集。为了能够实现采集指标体系的重用，本部分将采集指标体系管理进行扁平化设计。采集指标体系管理结构如图 9.16 所示，它由多个采集指标组成，每一个采集指标定义需要采集的变量以及变量采集规则。

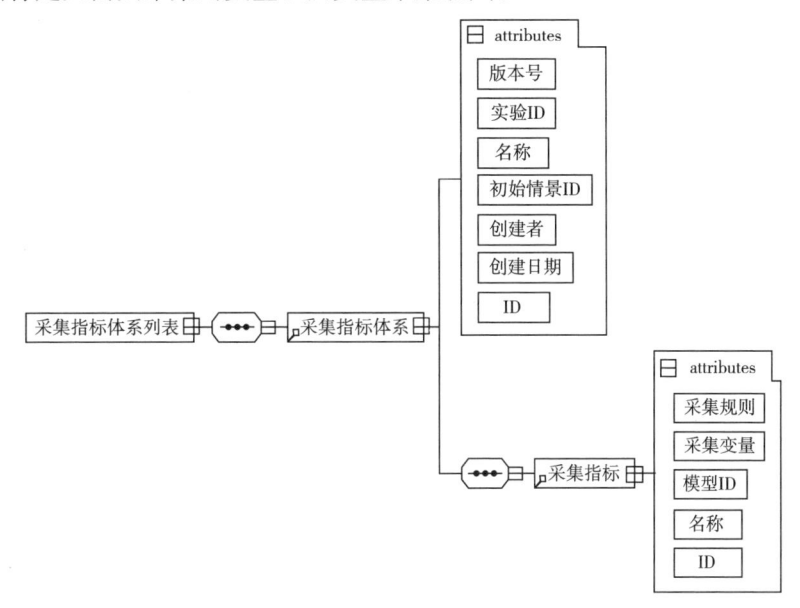

图 9.16　采集指标体系管理结构

6. 实验数据管理

实验数据管理结构如图 9.17 所示。一次实验运行将会产生多批次的实验数据，不同采集指标体系会产生不同数据文件。如果采用与项目管理类似的树形结构，将会导致不同实验项目生成的数据组织形式各不相同。KD-ACP 以扁平化结构对实验数据进行管理，为每一个实验数据定义唯一的 ID 进行标识，同时填写数据来源字段以及采集指标体系字段。用存储位置指示数据储存的物理位置。

计算实验的有效管理与控制可促进计算实验的开展，减轻实验用户的管理负担，使用户专注于所研究的领域问题。但是，目前实验管理平台还没有完全实现与应急管理系统对接，还没有形成真正的平行执行以及平行控制能力。因此下一步的研究如下：①完善人工社会计算实验平台的建设，支持人工社会计算实验的开展；②完成与应急管理平台的连接，真正实现平行应急管理。

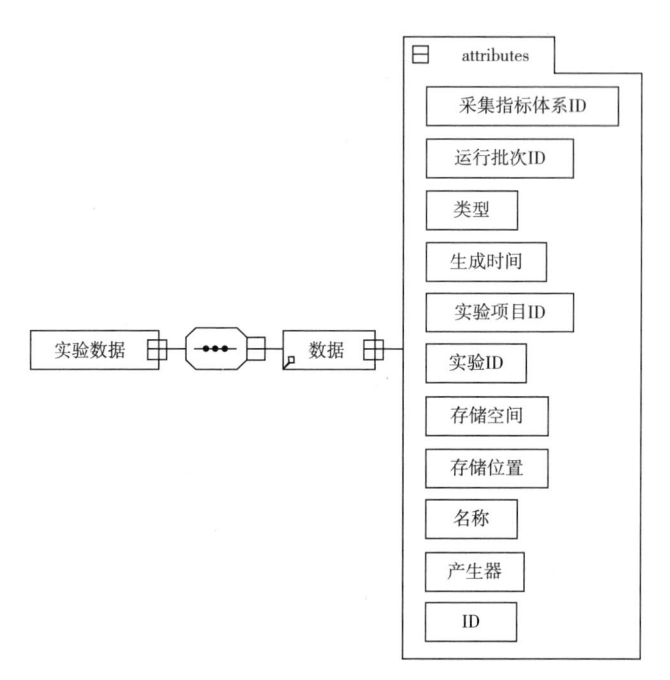

图 9.17　实验数据管理结构

9.4　计算实验引擎

在基于人工社会的计算实验中，大规模的个体级并行计算是一个难点问题，而高性能的仿真引擎设计是解决该问题的关键。为此，课题组开发了 OneModel 并行仿真引擎，并通过不断设计与优化，获得了较好的性能和较高的稳定性。

9.4.1　保守并行仿真内核

OneModel 是一个基于并行离散事件仿真方法而设计的大规模人工社会仿真引擎（郭刚等，2011）。对于大规模 Agent 仿真而言，OneModel 只关注基于 CPU 或者 CPU/GPU 异构的保守并行仿真算法。其原因有三条：①理论上，在大规模 Agent 仿真中实体的数量通常远远超出 CPU 和 GPU 上的核心数目，Agent 模型的仿真时间也往往具有时间步长推进的特点，影响仿真加速比和效率的主要因素应该是计算量的合理分配和负载均衡以及通信优化，而不是事件之间的时序因果关系处理。只要大规模的计算量和通信量能得到合理安排，计算实验的状态演化过程采用保守算法确保时序正确和推进仿真时间应该是足够的，同时可以期望获得很高的并行效率；②技术上，保守算法简单、稳定、可靠，特别是在 CPU 和 GPU 之间的同步方面，有成熟的技术提供直接支持；③易用性，OneModel 为领域用户使用并行仿真技术进行大规模 Agent 仿真提供支持，保守算法能够为模型开发、调试运行提供更易用、更强大的功能支持，方便用户的使用。

OneModel 通过一个标准化组件模型将仿真引擎和应用模型分离开，这个标准化组件模型一般称为 Component。它是引擎与应用模型的交互接口，所有的 Agent 模型都必须继承这个 Component 才能被 OneModel 调度。Component 是一种改进型的 DEVS 模型，它的形式化定义如下：

$$M_c \triangleq <T,I,E,S,\tau,f,g>$$
$$f: S_t \times I_t \times E_t \to S_{t'}; g: S_t \times I_t \times E_t \to E_{t'}$$
$$E \triangleq \{e = <t, receiver, type, sender, content>\}$$
$$t, t' \in T, t' = \tau(t) \geqslant t$$

可以看出，组件模型包含仿真时钟、执行事件、外部输入 I、自身状态 S、时间推进函数 τ、状态转移函数 f，以及事件产生函数。它的优点是便于 Agent 模型的处理以及其动态行为的表示。基于以上组件模型，OneModel 引入了两个阶段同步的算法，确保了 Component 在并行进程之间的内存一致性问题。其主要思想如下：在仿真执行的第一阶段，所有的 Component 组件设定为只读状态，其他并行组件之间相互交换状态，在一次同步操作下，保证所有的组件模型成功获取所需信息，并且各模型间所得状态一致；在第二阶段，所有的组件根据"最小事件时戳"进行更新，在模型继续推进前进行一次同步，保证各模型的更新操作和事件收发都已完成。

在保守并行时间同步算法下，OneModel 的运行性能更多的是依赖模型负载的分配以及通信的优化，这就要求仿真引擎能够实现对计算资源的灵活调度。一般的通用并行离散事件仿真引擎的最小并发执行单元为一个 LP，而 LP 的特点是其资源的独占性，LP 之间不存在共享的全局内存。对于大规模 Agent 仿真，Agent 的频繁迁移使 LP 内的负载不均衡，而且 Agent 的迁移和大规模交互带来的 LP 之间通信耗损较大。因此，针对上述问题，OneModel 采用了单进程多线程的引擎设计模式，在单个计算节点上的计算资源以及仿真流程调度都由一个仿真管理进程调度，在每次仿真同步计算过程中，仿真管理进程将计算任务平均分配给本机可用的并行计算线程。同时，仿真事件队列与组件模型一一对应，即每个组件模型都包含一个本地事件队列。在单进程多线程的管理模式下，本机所有组件的事件队列在本机内都可见，极大地提升了模型之间的通信效率。因为对于大规模的

Agent 仿真，Agent 之间的社会关系网络具有聚类性，单个 Agent 在大多数情形下只需要与本机内的 Agent 进行交互，而本机内的消息发送和接收等直接通过共享内存的方式实现，这样就极大地避免了通过 MPI 方式的高延时通信，提升了通信效率。

9.4.2 面向大规模 Agent 的异构计算加速方法

负载分配不均衡及 Agent 通信瓶颈等问题制约了大规模人工社会仿真并行效率的提升，传统解决思路是设计合理的负载分配算法以及消息通信隐藏机制。但是，这并非实现性能加速的根本方法，LP 之间的动态负载分配本身也会引入极大的性能损耗。同时，面对日益成为计算主流的异构计算系统，上述方法也不能很好地发挥异构计算设备的性能优势。为了充分利用异构计算系统的计算性能，解决大规模 Agent 条件的仿真性能加速，KD-ACP 仿真平台设计了以下两种异构协同加速方法（李祯，2014）。

（1）拓展基于单进程多线程模式的引擎架构，将面向 GPU 的引擎内核融入传统并行仿真引擎中，协同调度 Agent 模型。与传统 PDES 方法不同的是，基于单进程多线程模式下的仿真引擎通过共享内存的多线程方式实现模型调度的并行化。Agent 之间的通信就表现为单机内存下指针的传递，相对于多进程模式，此方法极大地减少了通信的消耗。同时，线程的概念是一种对实际执行设备的抽象，它可以是 CPU 线程，也可表示为 GPU 并行处理设备。因此，在单进程多线程的管理架构下，GPU 离散事件仿真内核在逻辑上可以无缝衔接于异构并行仿真引擎中，问题关键在于如何实现高效的面向大规模 Agent 仿真的 GPU 离散事件仿真内核。利用上述方式，在每步的计算同步中，将重新对仿真任务进行负载分配，实现并行线程的负载均衡。GPU 在仿真引擎中可被看做一个重量级的工作线程，它在设备内部通过大量并发执行线程实现并行计算加速。同时利用 Agent 之间的拓扑关系进行模型初次负载分配，以尽量减少未来可能的 GPU 与 CPU 之间消息交换，以达到较小通信消耗。

（2）设计面向人工社会具体应用领域的 GPU 计算加速服务组件。计算服务组件的设计，能够一定程度上解决通用仿真引擎对人工社会的具体领域模型性能加速不足的缺点。Agent 模型计算中存在着大量的并发数据处理，而 CPU 对这类计算特性的计算任务并不高效，特别是在异构并行计算系统流行的今天，诸如GPU 等协处理器设备对这类数据密集型计算任务有着天然的优势。针对不同的人工社会仿真应用领域模型特点，对 Agent 模型进一步进行任务分解，将大规模的并发计算任务从 Agent 模型中剥离，载入 GPU 设备中作为全局独立的计算服务组件，利用 GPU 的并行计算优势为 Agent 模型提供计算加速服务，不仅能够加速整个仿真计算处理过程，而且可以缓解 Agent 模型资源占用，促进 CPU 上的负载均衡。

综合上述两种方式的计算加速解决方案，即基于 CPU/GPU 异构并行系统的大规模人工社会仿真计算加速方法，图 9.18 为其系统框架构成，阐述了计算服务组件、异构仿真引擎、人工社会仿真模型之间的关系。

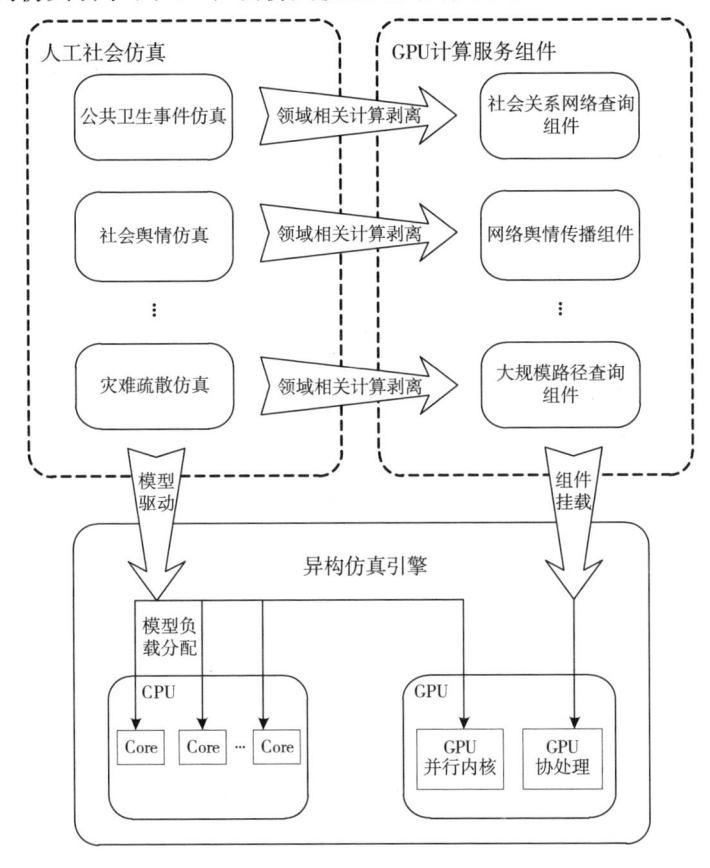

图 9.18 GPU 加速计算系统框架

在上述框架下，异构仿真引擎中的 GPU 功能被划分为 GPU 并行仿真内核以及 GPU 协处理器计算服务组件，二者共同受引擎管理进程所调用。GPU 并行仿真内核与 CPU 计算核心共同参与仿真模型负载分配，它的目的是为整个人工社会仿真领域提供通用的模型驱动计算加速支持，而不考虑具体的应用领域。GPU 协处理器计算服务组件针对人工社会仿真中具体应用领域，根据模型特点剥离出与领域相关的并行计算任务，将其组织为计算服务组件挂载到异构仿真引擎中，仿真管理进程负责组织计算服务组件的数据输入及结束后的数据分发。可以说异构仿真引擎支撑着通用的人工社会仿真模型驱动，计算服务组件可作为异构仿真引擎的功能拓展，实现具体应用领域的计算加速。

9.5 计算实验平台的应用

KD-ACP 平台的主界面如图 9.19 所示，它通过 Web 方式进行访问，授权用户可通过网络登录使用。该平台有三种应用模式，即学习与培训、实验与评估、管理与控制。计算实验在不同模式中扮演不同的角色。在学习与培训模式中，计算实验担当真实社会的实验场所，而不用受到多方面的限制，让受训人员如同在真实社会中操作一样，不用担心对社会造成的破坏；在实验与评估模式下，计算实验可以对不同的应急方案进行实验与评估，对比不同方案进行比较优化，为应急预案的制订提供一种全新的评估手段；在管理与控制模式下，计算实验与真实社会平行运行，将真实社会的场景动态干预计算实验，利用计算平台的超实时计算能力，预测真实社会的态势发展方向。

图 9.19　KD-ACP 仿真平台的主界面

平台的应用流程主要包含人工社会初始情景构建、应急事件的加载、干预措施的加载，以及仿真的运行管控等环节。结合"人工北京公共卫生事件"的计算实验，下面简要说明整个平台的应用流程。

9.5.1 人工社会初始情景构建

KD-ACP 平台提供了人工人口数据自动生成与人工社会初始化配置的能力。图 9.20 为人工社会初始情景生成界面，人工人口数据生成与人工社会初始化基本步骤如下。

图 9.20 人工社会初始情景生成

（1）配置人口年龄分布。根据研究需要，可配置人工人口的不同年龄阶段和男女比例。例如，以 5 岁为基本单位划分年龄阶段，不同年龄范围内人口数量和同一年龄阶段内人工人口的男女比例。

（2）配置街道办的数据信息。街道办数据信息的配置对人工人口的地理分布和数量进行约束，设置信息包括生成人口地理位置和各个街道办的人口数量等。

（3）配置人工人口属性。人工人口属性的配置决定人工人口结构，是人工人口生成所需核心信息，包括人工家庭类型的比例、单祖辈比例、退休年龄、男性最小结婚年龄、女性最小结婚年龄和夫妻年龄差分布等。

（4）配置人工地理环境信息。人工地理环境信息的配置决定了地理环境类型、位置分布与数量，是人工地理环境所需核心信息。配置过程中可以按照已选择的区域，通过环境数量进行智能分配，也可以对各个街道办进行手动详细设置。

（5）配置人工人口活动规则。人工人口活动规则的配置定义了人工人口的行为模式，能够支持流行病传播和舆论信息传播的研究。对人口类型、所处状态、活动规则三部分的设置，能够为人工社会提供一个描述各种类型人口在各种状态下的行为模式的 XML 文件。

（6）完成数据配置，生成人工社会数据库。通过点击页面的"生成"按钮，用户的配置信息会被后台的人工社会生成服务解析，并按照资源的分配在后台生成人工社会数据。

9.5.2 应急事件的描述和加载

根据《国家突发公共事件应急预案》的划分，突发事件可分为自然灾害、突发事故、公共卫生事件和社会安全事件。自然灾害包含极端气象事件、地质灾害事件、生物灾害事件、深林草原事件等。突发事故包含企业安全事故、交通运输事故、环境与生态事故等。公共卫生事件包含传染病事件、食品安全事件和动物疫情事件等。社会安全事件包含恐怖袭击事件、社会群体性事件和经济安全事件等。

社会性突发事件以人群作为事件的主要载体，它的一个重要特征是其传播和演化与个体及群体的行为有密切的关系。突发事件的描述包括突发事件的名称、事件危险等级、事件发生地点、应急突发事件特征和突发事件传播等方面。突发事件的 XML Schema 描述如图 9.21 所示，包含应急事件名称、事件危险等级、事件发生地点、应急突发事件特征，以及突发事件传播等。

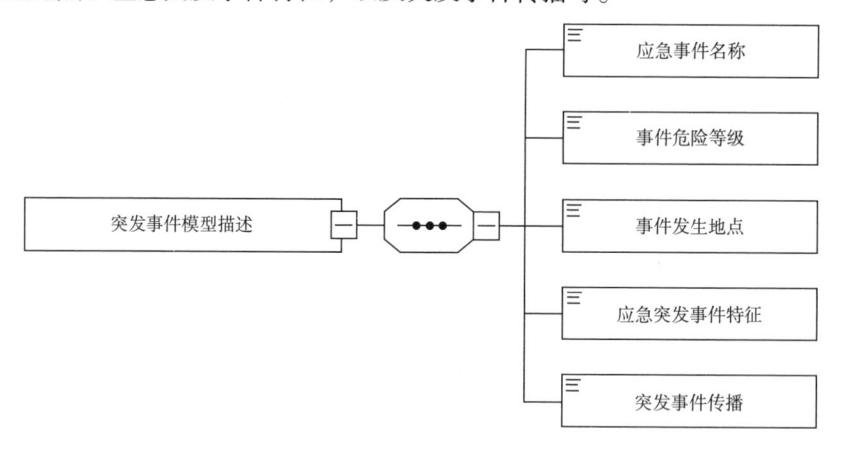

图 9.21 突发事件的 XML Schema 描述

应急事件加载是"情景-应对"型应急管理研究的重要组成部分，通过在运行的人工社会上加载突发事件，观察它对人工社会的影响。下面以公共卫生事件的加载为例进行说明，它包含疾病模型、传染源模型和传播模型三个子模块。

如图 9.22 所示，疾病模型主要设置传染病类型、传染病名称、死亡概率、症状凸显率和 SIR 分布参数。感染源模型主要设置感染源的经度、纬度以及初始感染人数等，也可以对初始感染者的年龄、性别、职业以及感染程度进行设定。传播模型主要设置不同场所人的接触频率、感染概率等。

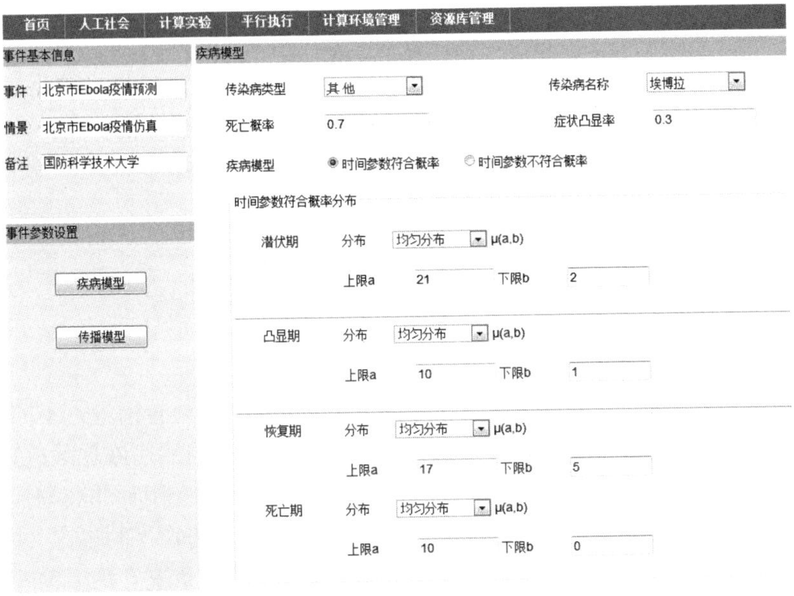

图 9.22 公共卫生事件中疾病模型的加载

9.5.3 干预措施的描述和加载

刘铁民研究员总结出的应对措施包括预防、检测与预警、评估与判断、减灾行动、疏散与庇护、医学救援、清理现场、调查防控和恢复几个方面（刘铁民，2012c）。本部分将应对措施事件发生的前中后进行分类，分为预防措施、评估措施、处置措施和恢复措施。预防措施是指非常规突发事件发生前为了避免或降低非常规突发事件影响所采取的措施。非常规应急管理研究中的评估措施指依据已收集到的情报信息，对实验的原因、演变过程、灾难过程、预期困难和负面影响等进行分析，并给出应对方案的建议，初始情景的预测评估描述的是进行预测评估所采取的措施。处置措施是指非常规突发事件发生时所采取的应对措施。恢复措施是指在非常规突发事件发生过程中或结束后，为了尽快恢复人工社会正常状态所采取的措施。干预措施的描述应该包含措施的加载方式、加载条件、作用范围、作用对象以及持续时间等，如图 9.23 所示。

措施加载是"情景-应对"中的应对模块，目的是对突发事件导致的人工社会"运行混乱"进行干预，使人工社会"恢复"到正常的运行模型。干预措施的加载是为了降低突发事件的破坏和影响，使人工社会系统重新回到正常的有序状态。

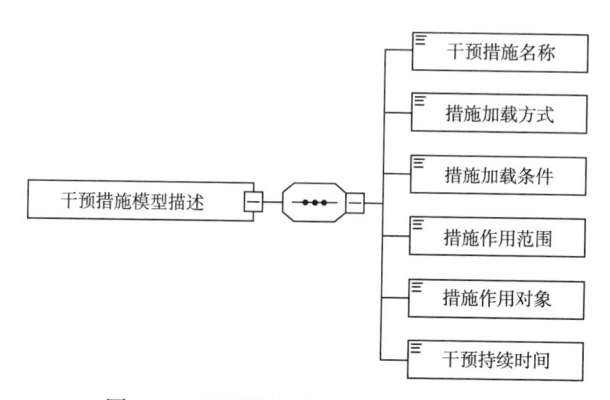

图 9.23　干预措施的 XML Schema 描述

应急控制措施描述的是应急事件发生后，采用的应急处置措施，不同的应急情况所采取的应急控制措施不同。下面仍然以公共卫生领域的措施加载进行说明，如图 9.24 所示，主要应对措施大体可以分为两类，即药物控制和非药物控制。其中，药物控制包含医院治疗、疫苗接种和使用抗生素。非药物控制包含关闭场所、患者追踪隔离、佩戴口罩和掌握卫生防护等措施。此外，系统支持多种干预措施的同时加载和组合干预。

图 9.24　控制措施界面（一）

9.5.4 计算实验的运行管控

计算实验的运行控制界面如图 9.25 所示，详细的管理控制流程详见 9.3 节。它除了支持基本的仿真操作（开始、暂停、继续、停止）外，还支持仿真运行状态的监控和实验批次的管理。

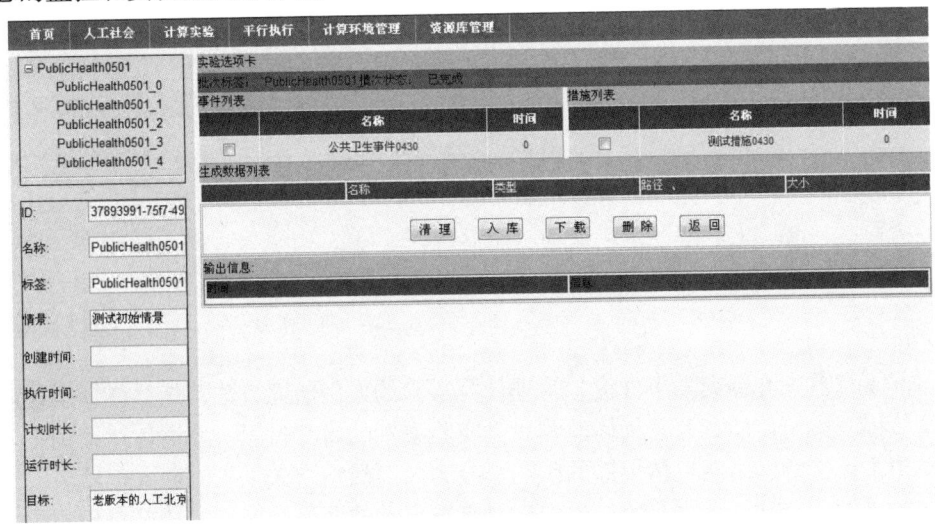

图 9.25 控制措施界面（二）

第 10 章

突发事件应急管理计算实验案例

本章首先介绍突发事件应急管理计算实验的案例研究方法,然后详细阐述疫情传播、舆情传播和有害气体监测计算实验案例的研究过程。疫情传播案例主要模拟个体接触网络对疫情传播的影响,分为人工教室、人工校园和人工城市三个层次。舆情传播案例则是通过模拟针对突发事件的网络微博发帖情况来预测舆情的动向。有害气体监测案例则利用无人机平台采集监测数据,进行实验溯源和计算影响区域。

10.1 案例研究思路

突发事件应急管理计算实验案例研究的基本思路如图 10.1 所示,包括案例分析、情景设置、模型分析、系统集成、实验设计和结果分析六个步骤。

第一步案例分析是起点,主要是分析所要研究的问题,提出计算实验的目标;该工作需要领域专家主导,通过多领域知识和数据的汇集,形成对案例的全面认识。第二步情景设置,主要基于案例特征和问题分析,设计可计算实验的情景;一些问题的研究可能需要设计多种情景进行实验。第三步模型分析,根据情景涵盖的内容,梳理实验所需要的模型,并对这些案例模型进行全面分析,整理需要注入的数据。第四步系统集成,在多领域模型和数据准备完毕后,在计算实验平台上以集成的方式生成案例计算实验所需要的人工社会。第五步实验设计,针对突发事件应急管理关注的问题设计实验方案并组织计算实验。第六步结果分析,根据实验的目的,对计算实验的结果进行分析,得出实验结论;同时,也可以根

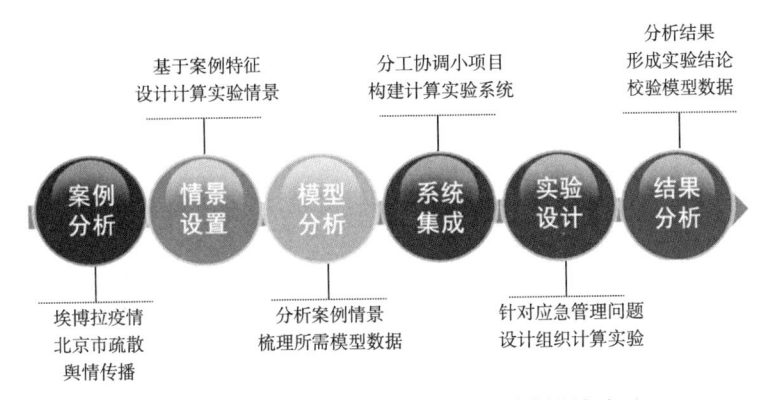

图 10.1 突发事件应急管理计算实验案例研究方法

据实验结果数据，进行模型和数据校验工作。

本章的疫情传播事件、舆情传播事件以及危害气体监测等案例均按照该思路展开研究。

10.2 公共疫情事件计算实验案例

公共卫生事件中最典型的案例是疫情传播事件的应急处置。为了更好地阐述该案例的研究分析过程，本节从简单到复杂，分别将教室、校园和城市作为疫情传播的案例情景。计算实验采用了同样的个体 Agent 模型，根据不同的情景对计算实验进行设计，并分析实验结果。

10.2.1 教室流感传播实验

教室作为学生群体活动的主要区域，是疫情事件发生时的重要传播地点。本节将教室作为最基本的案例情景进行分析研究，构造人工教室进行实验分析。

1. 案例分析

本案例的研究目标是在人工教室的微观场景重现疫情的发生、发展、消亡过程，分析疫情与学生活动、社会关系网络，以及教室环境分布之间的关系，找到对疾病传播影响最大的因素。因此，案例中涉及的模型包括教室环境模型、个体Agent 人口模型、社会关系网络模型以及疾病模型。案例设计的流感传播实验以个别传播源为初始条件，演化人工教室的流感传播过程。

2. 模型描述

人工教室按照一般大学的教室规模进行设计。它是一个封闭的环境，疾病传播实验只在教室内部进行。人工教室模型包括教室地理模型、人口模型、行为模型、社会关系网络模型和疾病模型等子模型。

1）教室环境模型

在人工教室模型中，教室的内部结构如图 10.2 所示。教室的地图建立在网格化的二维空间中，在其内部分别设置了课桌、座椅和讲台这几类物品。在教室内，个体可以在空地、座椅上停留或移动。图 10.2 中数字 1,2,3,4 标识出了图中个体 Agent 与周边座位的距离，教室中任意两个网格 $A(x_1,y_1)$ 和 $B(x_2,y_2)$ 之间距离 d 的计算方法为

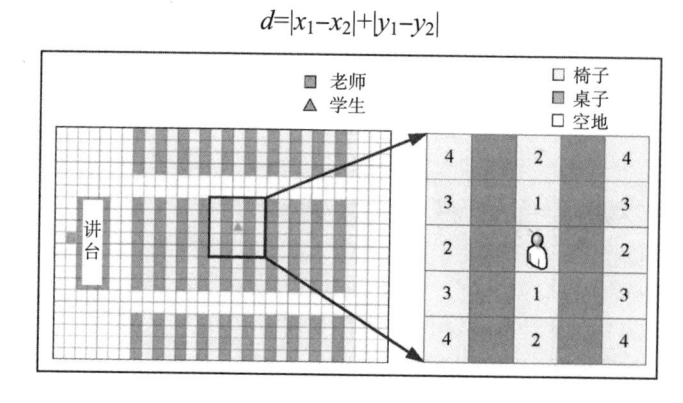

$$d=|x_1-x_2|+|y_1-y_2| \tag{10.1}$$

图 10.2 人工教室的地图

在此距离定义的基础上，教室空间内 $d \leq 3$ 的距离为"邻近距离"。图 10.2 中方框标识出了个体周围空间网格与个体之间的距离。可以看到，个体周围有 10 个"邻近距离"座位，2 个座位距离 $d=1$，4 个座位 $d=2$，4 个座位 $d=3$。

默认情况下，人工教室的规模是根据普通大学中一个班级学生的数量设置，是大学内中等规模的教室，可容纳 160 名学生。一个班级的学生设定为 108 人，全部到课，且均具有社会关系网络，如表 10.1 所示。

表 10.1 人工教室的参数表及默认值

属性	描述	默认值
Classroom size	教室内的学生容量	160
Class size	一个班级内的学生数量	108
Attendance rate	教室内学生的数量与班级学生数量的比值	100%
Rate of social networks	同一班级的学生数量与教室内学生数量的比值	100%

2）Agent 人口模型

教室内有包含两类人口个体，即学生和教师，所以教室中的个体 Agent 模型包括学生 Agent 和教师 Agent。其中学生 Agent 的人口模型为

$$Popu=\{Student, Health\_status\} \quad (10.2)$$

其中，健康状态包含三种状态：

$$Health\_status=\{Susceptible, Infected, Recovered\} \quad (10.3)$$

在疫情传播实验中，个体 Agent 的人口模型主要考虑个体疾病相关的属性，即个体的健康状态。健康状态包括三个状态，即易感状态 S、染病状态 I 和恢复状态 R。在引入初始染病个体之前，个体均为易感状态 S，在被感染之后健康状态变为 I。

与学生 Agent 的人口模型相类似，教师 Agent 的人口模型为

$$Popu=\{Teacher, Health\_status\} \quad (10.4)$$

3）Agent 行为模型

个体 Agent 在教室内的活动按照其活动日志的规定执行，学生 Agent 的行为日志如表 10.2 所示。该活动日志定义了学生 Agent 在 8:00～9:00 这一时间段的活动类型，主要包括上课时间的活动和下课时间的活动。一堂课的持续时间为 50 分钟，两堂课之间的休息时间为 10 分钟。在课上，99%的学生专注于听讲，而 1%的学生进行讨论。下课期间，30%的学生 Agent 与朋友或邻近的学生交谈，而 70%的学生不与其他人进行交谈。

表 10.2　人工教室内学生 Agent 的行为日志（单位：%）

时间段（Δt）	活动	概率
08:00~08:50 （上课）	听讲	99
	讨论	1
08:50~09:00 （下课）	休息	70
	谈话	30

该活动日志定义了学生 Agent 8:00～9:00 的活动类型，主要包括上课时间的活动和下课时间的活动。一堂课的持续时间为 50 分钟，两堂课之间的休息时间为 10 分钟。在课上，99%的学生 Agent 专注于听讲，而 1%的学生 Agent 进行讨论。下课期间，30%的学生 Agent 与朋友或邻近的学生交谈，而 70%的学生 Agent 不和其他 Agent 进行交谈。Agent 在教室内其他时间段的活动是该活动日志的重复。在教室中，学生 Agent 一天在教室内的活动时间从 8:00 持续到 16:00。教师 Agent 的活动日志与学生的相似，如表 10.3 所示。

表 10.3　人工教室内教师 Agent 的行为日志（单位：%）

时间段（Δt）	活动	概率
08:00~08:50（上课）	讲课	100
08:50~09:00（下课）	与学生讨论	100

教师在上课期间，不与学生发生近距离交互；在下课期间，则与学生进行交互讨论。对于疾病传播模型，面对面交互是导致疾病传播的一个重要因素，关于个体交互遵循以下基本原则。

（1）教室内个体 Agent 之间的交互是一对一的，一个个体 Agent 一旦开始交互，就不能与其他个体再同时进行交互。

（2）学生 Agent 优先选择与其有社会关系的个体 Agent 进行交互，而且与其邻近的个体 Agent 享有交互的优先权。如果学生 Agent 无法在教室中找到一个朋友进行交互，那么就可以选择与邻近的个体 Agent 进行交互。

（3）在课堂上讨论的持续时间服从正态分布 N（1,1），单位为分钟；在课间休息，谈话交互的持续时间服从正态分布 N（5,3），比上课期间个体之间的谈话时间要长。

（4）课间谈话时，如果到了上课时间，那么谈话立刻终止，所有学生 Agent 立刻回到座位上。在计算个体是否被感染时，根据强制终止谈话前的持续时间进行计算。

（5）每个学生 Agent 与教师 Agent 有均等的机会进行交互。

4）社会关系网络模型

在人工教室中，学生 Agent 之间有三种社会关系：同宿舍关系、同班级好朋友关系、学生 Agent 与教师 Agent 之间存在师生关系，如图 10.3 所示。学生 Agent 与教师 Agent 之间是多对一的星形关系网络，教师 Agent 是中心节点，学生 Agent 是周边的节点。六个学生 Agent 组成一个宿舍，同宿舍关系是一个模块网络，同宿舍内所有学生 Agent 之间均有链接关系。班级内的好朋友关系网络在宿舍关系网络的基础上构建，同宿舍的学生 Agent 之间均为好朋友。除此之外，学生 Agent 还可以在班级范围内寻找其他好朋友，学生 Agent 可能有的朋友的总数服从 Poisson 分布，Poisson 分布的参数 λ 设定为可调，通过调节 λ 的大小可以调节个体朋友的数量。

个体 Agent 的社会关系网络除能够影响个体 Agent 的交互行为外，还会对个体 Agent 进入教室选择座位产生影响。一般情况下，学生 Agent 会选择与熟识的人坐在一起。在人工教室中，定义参数 θ 来描述个体在教室内是否选择坐在朋友周围"近距离"范围的概率，初始值为 90%。图 10.4（a）是在该参数条件下，学生 Agent 根据其社会关系网络在教室内选择座位之后，对教室内同宿舍关系个

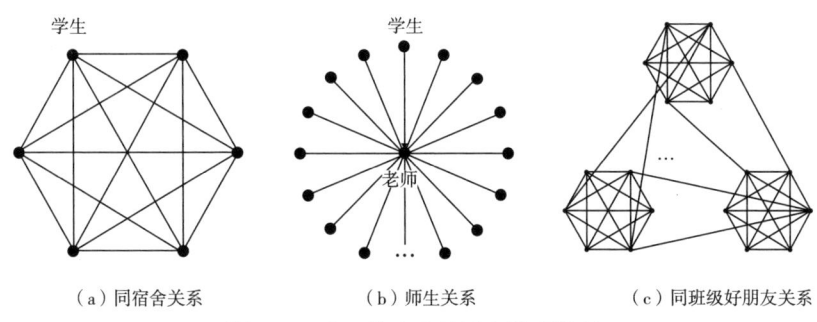

(a) 同宿舍关系　　　　　(b) 师生关系　　　　　(c) 同班级好朋友关系

图 10.3　人工教室内的社会关系类型

体之间的空间距离度量值的统计结果，横坐标是同宿舍关系学生 Agent 之间的距离，纵坐标是该距离出现的频率。可以看到，同宿舍的学生 Agent 之间距离为"近距离"（$d \leq 3$）的频率明显更高。图 10.4（b）是班级内好朋友之间距离度量值的统计分布，与同宿舍关系类似的，好朋友之间的空间距离也是"近距离"占据较高的频率。这意味着，个体周围大多是与其有社会关系的学生 Agent。

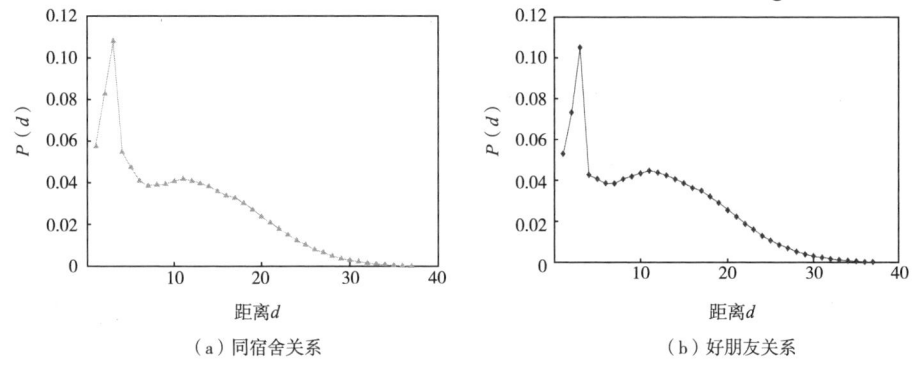

(a) 同宿舍关系　　　　　　　　　(b) 好朋友关系

图 10.4　人工教室内具有相同社会关系个体之间的空间距离分布

5）疾病模型

本实验的疾病模型采用基本的疾病传播模型 SIR 模型模拟个体 Agent 的流感病程过程。Agent 的健康状态在流感传播中定义为三个阶段，即易感阶段、染病阶段和恢复阶段，图 10.5 显示了个体 Agent 的健康状态之间的变迁。

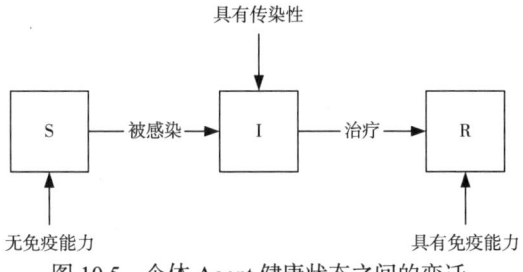

图 10.5　个体 Agent 健康状态之间的变迁

对于某些疾病，如果个体在治疗恢复后仍不具有免疫能力，则直接从染病阶段（I）回到易感阶段（S），即 SIS 模型。对处于易感阶段的个体 Agent，本身无免疫能力，而其与处于染病阶段的个体 Agent 接触之后，就有可能被传染，进入染病阶段；处于染病阶段的个体 Agent，具有感染其他易感个体 Agent 的能力；当个体 Agent 处于恢复阶段，其本身已具有了免疫能力，在接触过程中不会被其他染病个体感染，但同时也不具有感染其他处于易感阶段个体 Agent 的能力。

人工教室中，疾病传播是基于个体 Agent 的面对面接触实现的，在疾病传播模型中分别对接触的数量、持续时间、接触传染概率进行了建模。根据文献（Han et al., 2009），发现两米是一个流感传播的危险距离。易感个体 Agent 与染病个体 Agent 在两米范围内进行一次两分钟的谈话，其被感染的概率为 56%；如果谈话时间超过 10 分钟，那么该个体 Agent 被感染的概率就会超过 80%。如果这两个个体 Agent 谈话保持两米以上的距离，并且谈话不超过两分钟，那么易感个体 Agent 被感染的概率为 0。一般地，面对面的谈话都发生在两米范围内，在人工教室中，默认所有的谈话都在危险距离的范围内。因此，谈话持续时间成为计算感染概率的唯一参数，这里用指数函数对交谈过程中可能发生疾病传播的概率进行计算：

$$p_i(t) = 1 - \exp(-\alpha t), \alpha \geqslant 0 \quad (10.5)$$

其中，t 的单位为分钟。根据 Han 等（2009）的调查数据，采用非线性拟合的方法对计算公式中的参数 α 进行估算：以最小残差平方和为优化目标，估算值为 0.357 4。

3. 流感传播实验

流感在人工教室内传播实验的仿真时间从 8:00 开始到 16:00 结束，中间包含了 8 堂课。在该仿真实验中，没有考虑午饭时间，因为午饭期间个体需要离开教室到餐厅，环境发生了改变，而个体在教室和餐厅中交互具有明显不同的特征。

从文献（葛渊峥，2014）提到的廊坊学校流感传播案例中选择一个班级的门诊数据作为与人工教室实验的对照样本。在该样本中，有 4 个初始染病个体 Agent，这 4 个初始染病学生 Agent 的信息如表 10.4 所示。它列出了症状发现时间、就医时间、宿舍编号、就医前传染的学生总数以及被感染的学生 Agent 与初始染病个体 Agent 之间的关系。例如，初始染病个体 Agent R1，症状发现时间为 8 月 29 日，就医时间为 8 月 31 日，所在宿舍编号为 140，在就医前一共感染了 6 个同班级的学生 Agent，其中 4 个 Agent 与其在同一宿舍，另外 2 个 Agent 均在 123 号宿舍。

表 10.4 初始染病个体 Agent 的门诊信息

ID	症状时间	就医时间	宿舍编号	传染个体数	与传染学生的关系	
					同宿舍关系数	其他
R1	8月29日	8月31日	140	6	4	2（123）
R2	8月30日	8月30日	141	6	4	2（146）
R3	8月30日	8月30日	139	1	1	0
R4	8月30日	8月31日	137	5	4	1（130）

本节中教室和学生模型的参数均是按照文献（葛渊峥，2014）给出的真实情景设置的。在真实情景中，4个初始感染者在一天内一共感染了19个同学。依据该情景得到的基于 SIR 流感传播模型的微分方程如下：

$$dS(t)/dt = -6.8 \times 10^{-5} IS, S(0) = 104$$
$$dI(t)/dt = 6.8 \times 10^{-5} IS, I(0) = 4 \qquad (10.6)$$

本部分设计的实验同样以 4 个初始染病个体为输入，执行 1 000 次疾病传播实验。图 10.6 是流感在人工教室内传播的实验结果。从图 10.6（a）中可以看到，人工教室模型，在起初阶段病例增长速度比较快，后来逐渐减缓。随着仿真时间的推进，越来越多初始染病个体的舍友和朋友被感染。由于个体 Agent 不能被感染两次，初始染病个体 Agent 与新增染病个体 Agent 之间的接触并不能使染病个体的数量增加。因此，在流感传播实验的后段，相同数量的接触会导致越来越少的学生 Agent 被感染。图 10.6（b）显示了每个初始染病个体 Agent 在实验过程中感染学生 Agent 的数量，其曲线与整个班级的曲线（a）呈现出相似的动态特征。根据学生 Agent 的行为日志，休息时间对应于图 10.6（a）和（b）中的阶跃部分，而上课时间的曲线则是相对水平的。这表明在课间休息时段，个体 Agent 之间的交互频繁且时间更长，从而导致更多的易感个体 Agent 被感染。图 10.6（c）是每个初始染病学生 Agent 最终感染学生 Agent 数量的统计结果。图 10.6（d）显示了 4 个初始染病个体 Agent 与他们所感染的个体 Agent 之间的社会关系。图 10.6（e）显示了在实验过程中，初始染病个体 Agent 与其感染的个体 Agent 之间的距离（简称染病距离）分布。染病距离的分布与同宿舍学生 Agent 之间的距离分布以及朋友之间的距离分布是一致的："近距离"（$d \leqslant 3$）占据了更高的比例。从以上的实验结果可以看出，学生 Agent 的空间分布与社会关系对流感的传播都有影响力。学生 Agent 的空间分布由其社会关系网络决定，因此社会关系网络在面对面的疾病传播中扮演着重要的角色。

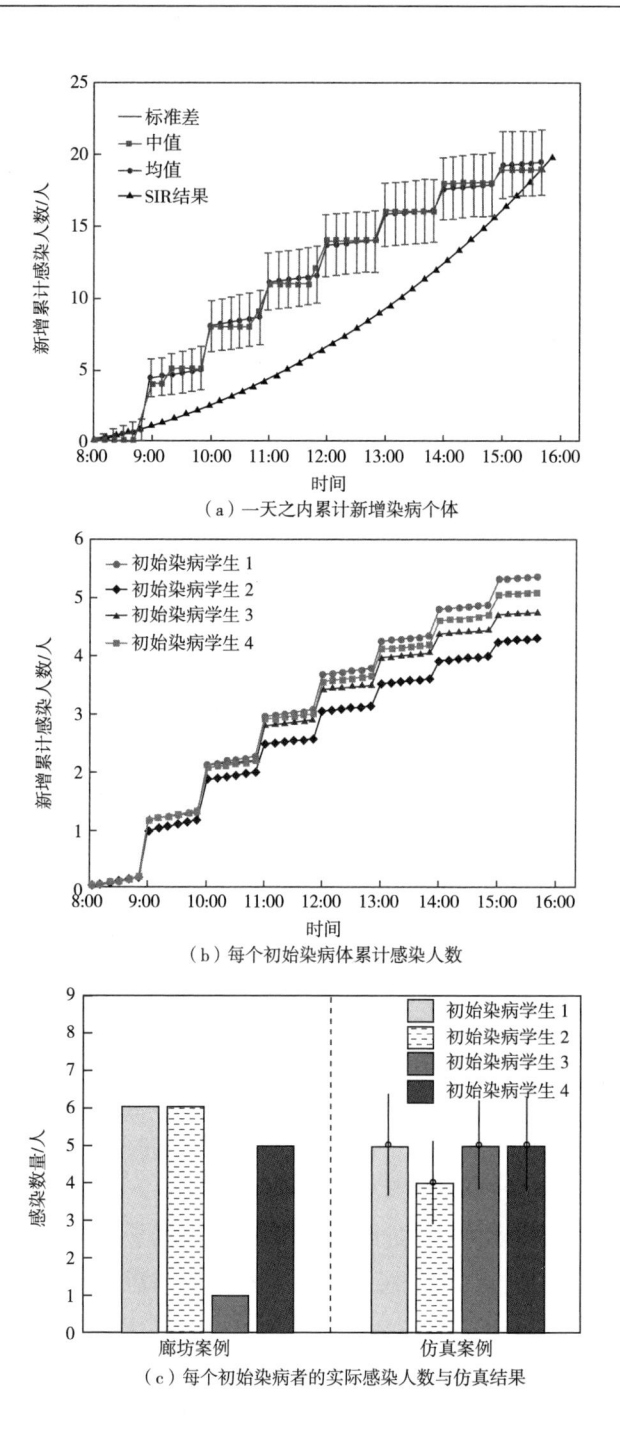

(a) 一天之内累计新增染病个体

(b) 每个初始染病体累计感染人数

(c) 每个初始染病者的实际感染人数与仿真结果

第 10 章 突发事件应急管理计算实验案例

图例：
- 通过室友关系感染人数占总感染人数的比例
- 通过朋友关系感染人数占总感染人数的比例
- 感染的室友占所有室友的比例
- 感染的朋友占所有朋友的比例
- 老师

（d）初始感染个体与新增感染者之间的社会关系

（e）初始感染个体与新增感染者之间的距离分布

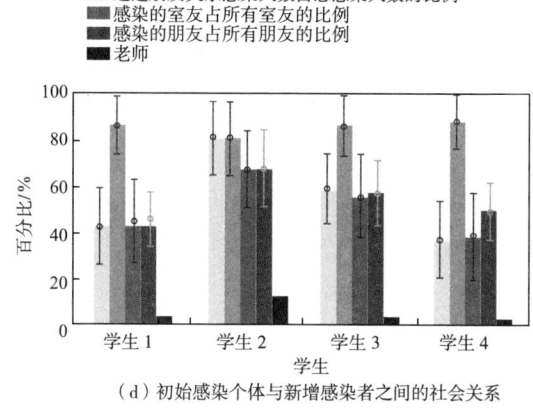

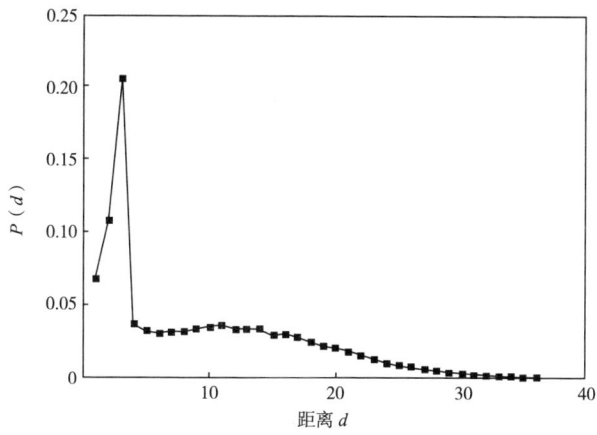

图 10.6 教室内流感的传播结果

图 10.6（a）是一天之内累计新增染病个体 Agent 数量。图 10.6（b）是每个初始染病个体 Agent 的累计感染人数。图 10.6（c）是每个初始染病个体 Agent 的感染个体数。第一组数据是廊坊的样本数据，第二组数据是仿真结果。图 10.6（d）是初始染病个体 Agent 与新增染病个体 Agent 之间的社会关系。图 10.6（e）是初始染病个体 Agent 与其感染个体 Agent 之间的距离分布。

本节通过构建人工教室计算实验环境，重演了流感在教室内的传播，并对模型中设定的参数进行了灵敏度分析。实验结果表明，社会关系在人的接触行为中起到了重要的作用,将多层社会关系网络与人口和行为结合起来具有重要的意义。第一，集成了多层社会关系网络的 Agent 模型，能够明确地描述个体的空间分布和交互行为。在实验中，宿舍成员以及具有朋友关系的个体在空间上呈现聚集性，染病距离呈现出相似的聚类特征。第二，社会关系是指导个体交互行为的重要因素。在实验中,当社会关系网络逐渐从人口中被移除,面对面的接触随之减少,累计染病人数增长变得减缓。更为重要的是,在没有社会关系网络的情形中,个体 Agent 行为的异构特征消失了,在个体 Agent 上课和下课这两个不同的行为过程中,累计染病个体 Agent 数量对应的曲线几乎没有差别。第三,通过对每一层社会关系网络进行定义,多层社会关系网络能够灵活地扩展到其他的场景。在教室模型中,设计了三层社会关系网络,在其他场景中,可以类似地对个体 Agent 定义各种社会关系网络层次,以实现社会关系网络对个体 Agent 多场景行为的驱动作用。

10.2.2 河北省某大学甲型 H1N1 流感传播与控制计算实验

2009 年全国最大的全体性甲型 H1N1 流感爆发事件发生于河北省某大学,持续时间为 8 月 27 日到 9 月 17 日。在这起 H1N1 流感全体性爆发事件中总共有 586 例 H1N1 流感的疑似病例,其中 226 人被确诊为 H1N1 流感病例。在确诊病例中有 105 人居住于该学校的 7 号宿舍楼。在这起 H1N1 流感的爆发过程中为了控制 H1N1 流感的传播,学校对 7 号宿舍楼采取了检疫隔离措施。8 月 27 日,学校里出现了首例发热病人,并住院;两天后,再次出现了 6 例发热病例,并住院,且 6 人为同乡;8 月 30 日,又出现了 8 例发热病人,且为同乡;一天之后,住院的发热病人中有 10 人被确诊为 H1N1 流感患者;9 月 1 日,学校对 7 号宿舍楼采取了检疫隔离措施,且居住在 7 号宿舍楼的学生被限制与非同班级同学接触,且每天早晨要求进行体温测量;9 月 3 日,7 号宿舍楼的宿舍之间被相互隔离,学生被限制在宿舍内活动,不可与非宿舍同学接触;9 月 5 号,对新确诊病例学生的同宿舍同学采取单独隔离措施,以控制潜伏状态的 H1N1 流感患者;9 月 17 日,所有 H1N1 流感患者经过治疗,康复出院,整个流感疫情结束。

1. 案例分析

本案例的研究目标是重演甲型 H1N1 流感在校园中的爆发过程,在人工教室构造的个体 Agent 模型、社会关系网络模型的基础上研究各种类型的干预措施及其组合对流感传播过程的影响。案例中涉及的模型包括校园环境模型、个体 Agent 人口模型、社会关系网络模型、疾病模型以及干预措施模型。案例设计的计算实验包括单干预措施实验和多干预措施组合策略实验。

2. 模型描述

在该校园内 H1N1 流感爆发过程中 7 号楼是病例的主要集中区域,且流感爆发过程中 7 号楼被检疫隔离,并在其中采取各种干预措施。此外,来自 7 号楼的病例数据和干预措施记录完整，是H1N1流感传播建模与控制措施研究的良好实例。因此，将河北省某大学的2009年H1N1流感爆发事件中7号宿舍楼的病情发展和干预措施作为研究对象。在研究中通过相对完整的数据对模型参数进行校核，并对干预措施的效果进行分析。

1）空间环境模型与人口分布

7号宿舍楼是6层建筑，每一层楼均有学生宿舍、教室、卫生间、洗浴室、储藏室、教师宿舍、办公室，以及5个楼梯间。不同房间通过编号进行区分，如"102""101"。此外，从第二层到第六层，每一层楼均有一个活动阳台。第一层楼没有阳台，但有4个出入口。

在7号宿舍楼中有14个班级的学生居住于251个宿舍间，每一个宿舍中居住着6个学生。居住于同一宿舍的学生属于同一个班级。模型中不涉及教师Agent，因此该模型中总共有1 506个学生Agent。在7号楼居住的学生来自中国的31个省（自治区、直辖市），在模型中假设不同班级内部学生的籍贯比例相同。

2）加权接触网络与接触模式

接触网络通过学生之间的三种主要社会关系进行构建，包括同宿舍同学、同班同学和同乡朋友。接触网络模型描述如图10.7所示。在该学校中居住于同一个宿舍的学生同时也属于同一个班级，即同宿舍同学一定是同班级同学。图10.7（a）描述了居住于同一个宿舍102的6位学生之间的同宿舍同学关系网络。而图10.7（c）描述了班级19的所有学生之间的同班级同学的关系网络，其中节点的标记是学生所居住的宿舍编号。同乡朋友是来自于同一个省份的学生。图10.7（b）描述了班级19和班级12的学生之间同乡朋友的关系网络，其中圆圈节点代表的是班级12的学生，圆球节点代表的是班级19的学生，节点上的标记是学生来自的省份名称。以上三种社会关系构造了7号宿舍楼所有学生的接触网络，如图10.7（d）所示。其中任意两个Agent之间存在以上三种社会关系中的一种，那么它们之间就存在一条连边。通过计算分析发现该接触网络具有小世界特性，即较小的平均路径（1.837）和较高的聚类系数（0.642）。

Agent之间的接触模式通过加权网络来建模。首先网络连接决定了Agent之间的接触路径，连边的权值系数w_{ij}不仅体现Agent相互间的熟悉程度或者关系紧密程度，而且也反映了相互接触的频率。在7号楼中学生之间的关系可以分为以下几种类型：crf（既是同班同学和同宿舍同学，也是同乡朋友）、$c r\overline{f}$（同班同学和同宿舍同学，而不是同乡朋友）、$c\overline{r}f$（同班同学和同乡朋友，而不是同宿舍同学）、$c\overline{r}\overline{f}$（仅仅是同班同学）、$\overline{c}\overline{r}f$（仅仅是同乡朋友），以及$\overline{c}\overline{r}\overline{f}$（没有任何关系）。因此，不同关系之间的权值系数的取值范围记为

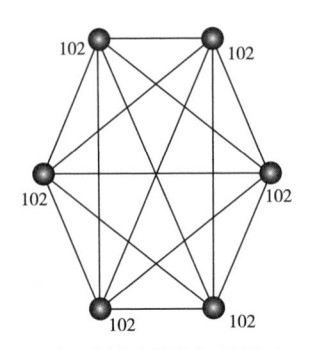

(a) 同宿舍同学关系网络

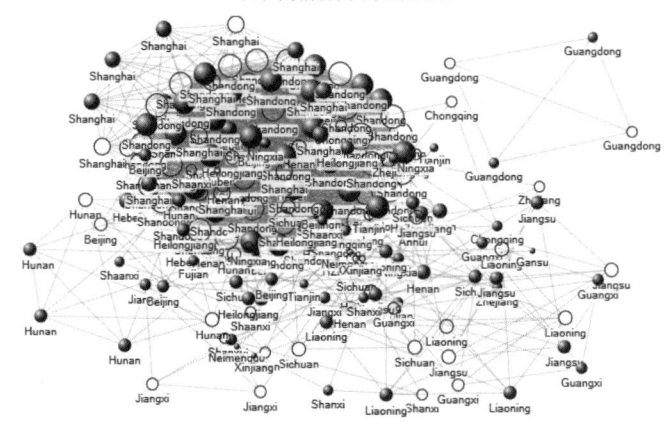

(b) 同乡朋友关系网络

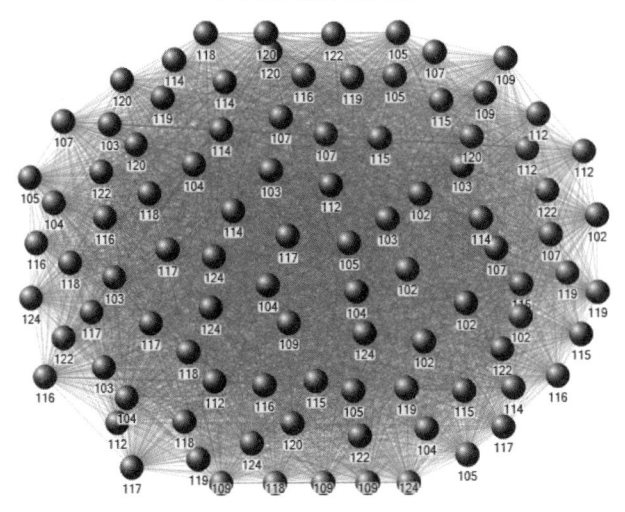

(c) 同班级同学关系网络

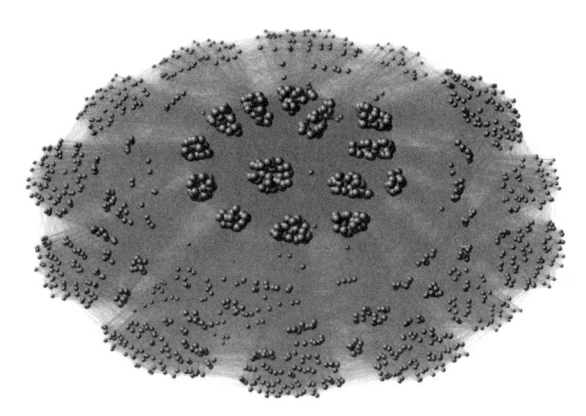

第10章 突发事件应急管理计算实验案例

（d）宿舍楼学生关系网络

图10.7 河北省某大学7号宿舍楼的学生接触网络模型

$$w_{ij} \in \left\{ w^{crf}, w^{c\overline{rf}}, w^{\overline{c}\overline{rf}}, w^{\overline{c}\overline{r}f}, w^{\overline{c}r\overline{f}}, w^{\overline{c}\overline{rf}} \right\} \quad (10.7)$$

依据接触行为对象选择机制，选择式（10.7）作为不同关系Agent之间的接触模式。

3）Agent行为模型

在7号宿舍楼中学生Agent的行为设计包括寻找某人、谈话、行走、上下楼梯、传播疾病、出现症状、康复、被隔离、上卫生间、去洗浴室、去教室上课、睡觉、在阳台活动等。这些行为被设计为离散事件，并随机地安排在一天的生活中。

根据学生在学校里的日常生活习惯，将一天的时间划分为16个时间片段，如表10.5所示。在每一个时间片段内，学生主要集中在某个地点，从事特定的行为和活动。在每一个时间片段为Agent设计了两种类型的地点，即主要地点（primary location）和活动地点（activity location）。主要地点是在该时间片段内Agent活动、休息或工作的地点，Agent在大部分时间内会处于该地点。而活动地点是时间片段内Agent可能从主要地点出发并到达的地点，在活动地点进行活动，之后返回到主要地点。

表10.5 校园实验中学生Agent的行为日志

时间段	名称	时间段	名称	时间段	名称	时间段	名称
7:00~8:00	早餐	8:00~8:50	上课	8:50~9:00	课间休息
9:00~9:50	上课	9:50~10:10	课间休息	10:10~11:00	上课
11:00~11:10	课间休息	11:10~12:00	上课	12:00~13:30	午餐
13:30~14:30	午休	14:30~15:20	上课	15:20~15:30	课间休息
15:30~16:20	上课	16:20~21:00	晚餐	21:00~23:00	宵夜
23:00~7:00	就寝				

4) 甲型 H1N1 流感模型

甲型 H1N1 流感的模型如 10.2.1 节所描述，包括 H1N1 流感的病程发展模型、传染力模型、传播概率计算模型等。

3. 计算实验设计

在计算实验过程中对各种参数进行调试，通过真实数据进行校核，以得到合理的实验结果和参数设置。例如，对 Agent 接触次数和接触时间进行调试，以得到合理的 H1N1 流感爆发病例规模；对社会关系强度比例进行调试，以得到病例数在班级和宿舍中的合理分布。在计算实验开始时刻选择班级 20 中的一位学生 Agent 作为甲型 H1N1 流感初始感染源。同时在计算实验过程中采取真实甲型 H1N1 流感爆发过程中使用的干预控制措施。干预控制措施包含三种，分别为干预措施Ⅰ，学生被禁止与非同班同学接触，且被要求每天早晨测量体温。干预措施Ⅱ，学生 Agent 不能到其他宿舍串门，其主要地点被限制为自己的宿舍，活动地点也限制为洗浴室和卫生间。干预措施Ⅲ，新确诊的 Agent 被隔离的同时，其同宿舍同学也被隔离，以控制潜伏状态的患者。被隔离的 Agent 将单独居住于一个房间内，且不能与其他 Agent 接触。

在计算实验的前五天内甲型 H1N1 流感在学生 Agent 间自由传播。学生 Agent 保持正常生活，当感染甲型 H1N1 流感的学生 Agent 表现出相应症状时，其将去医院进行诊断和治疗。此段时间内学生患者 Agent 的确诊时间设计为均值和标准差分别为 24 小时和 10 小时的对数正态分布，即 $T_{\mathrm{Adm}}(24,10)$ 小时。在计算实验的第六天采用干预措施Ⅰ。感染者的确诊时间设计为 $T_{\mathrm{Adm}}(6,3)$ 小时。在计算实验的第八天采取干预措施Ⅱ。在计算实验的第十天采用干预措施Ⅲ。

根据前文的参数设置执行 15 次计算实验，实验结果如图 10.8 所示。图 10.8（a）描述了真实病例数据与实验病例数据时间演化模式的一致性。图 10.8（c）和图 10.8（d）说明了实验结果和真实数据在班级和宿舍的空间分布的一致性。通过计算实验得到甲型 H1N1 流感基本再生数的均值是 1.81，标准差是 0.087。

下面分析干预控制措施：从图 10.8（a）可以看出 H1N1 流感病毒从 8 月 27 日开始侵入，并在 7 号宿舍楼进行自由地传播直到 8 月 31 号。因此，H1N1 流感患者在前五天逐渐地增加，并在 9 月 1 日达到了最高峰。9 月 1 日实施的干预措施Ⅰ促使病例数据少许下降。9 月 3 日采取的干预措施Ⅱ有效地控制了 H1N1 流感传播。从图 10.8 中可以看出从 9 月 3 日到 9 月 5 日，病例数据曲线有了大幅下降。之后，病例数据曲线维持在一个较低水平，直到 9 月 5 日实施干预措施Ⅲ，才有效地控制了宿舍内部的处于潜伏期的患者，从而使病例数据曲线再次下降。

（a）每日新增确诊病例

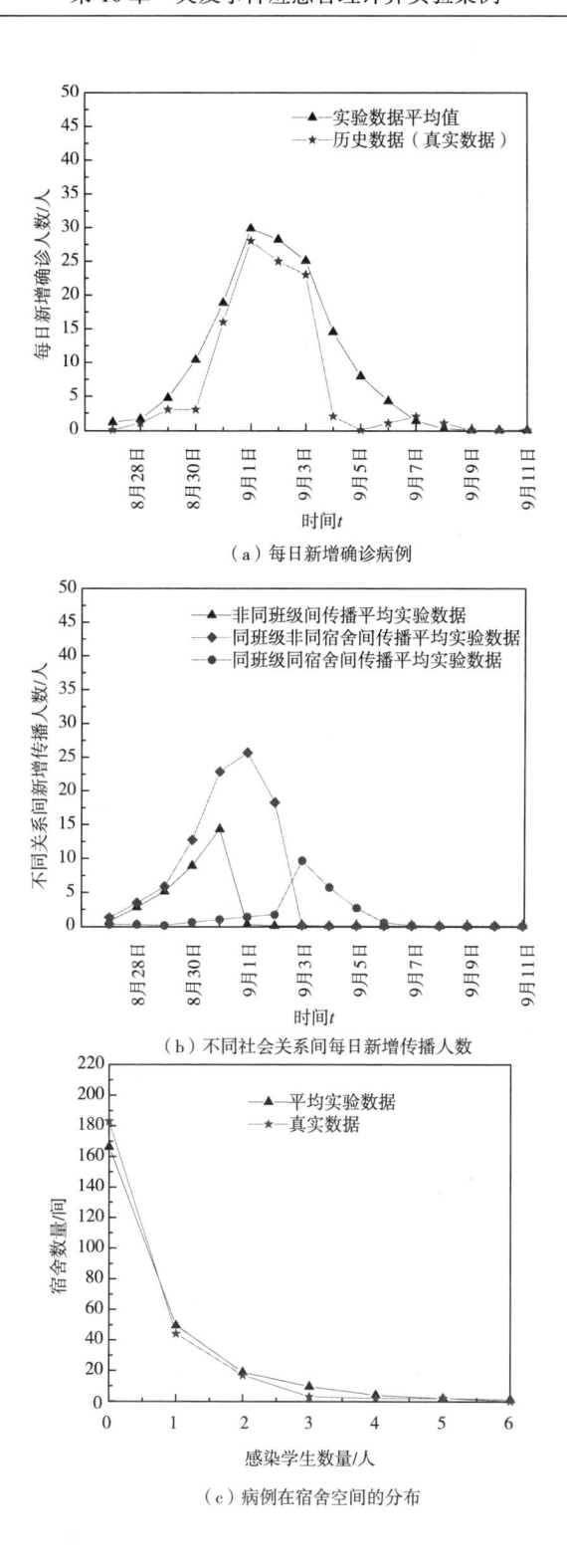

（b）不同社会关系间每日新增传播人数

（c）病例在宿舍空间的分布

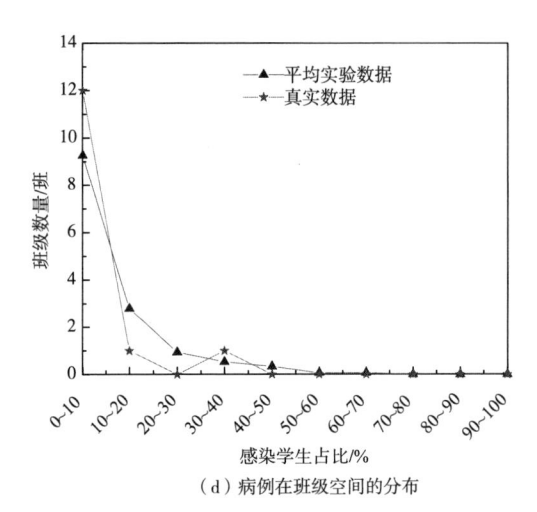

```
              14
              12 ┤ ▲        ──▲── 平均实验数据
              10 ┤           ──★── 真实数据
班              8
级              6
数              4
量               2 ┤   ▲
/               0    ★  ▲ ★ ▲ ★
班                 └──┬──┬──┬──┬──┬──┬──┬──┬──┬──┘
                   0~10 10~20 20~30 30~40 40~50 50~60 60~70 70~80 80~90 90~100
                         感染学生占比/%
                      (d) 病例在班级空间的分布
```

图 10.8　河北省某大学 7 号宿舍楼 H1N1 流感传播实验结果

图 10.8（b）描述了非同班同学、同班同学而非同宿舍同学，以及同班且同宿舍同学三种社会关系中甲型 H1N1 流感传播事件的统计数据。从图 10.8 中可知，9 月 1 日实施的干预措施Ⅰ有效地控制了跨班级之间的传播（图 10.8 中的跨班级传播曲线逐渐下降）。这也可能是图 10.8（a）中病例数据曲线产生少许下降的原因。而干预措施Ⅱ的实施有效地控制了班级内部和跨宿舍之间的传播，并使图 10.8（a）中病例数据曲线产生大幅度下降。这说明了班级内部的传播途径是甲型 H1N1 流感传播的关键渠道。不幸的是，从图 10.8（b）中可看出干预措施Ⅱ带有一定副作用，即禁止不同宿舍之间的学生 Agent 接触，且将学生 Agent 限制在自己的宿舍内部活动，使同宿舍同学之间的接触机会增大，从而导致宿舍内的传播事件逐渐上升。这可能是使图 10.8（a）中病例数据曲线停留在一定水平的原因。9 月 5 日采取的干预措施Ⅲ有效地控制了宿舍内部的甲型 H1N1 流感传播。

4. 疾病控制方法的改进

前文已对干预控制措施的效果进行了分析。接下来对一些改进的干预控制措施进行实验分析。将真实学校采取的所有干预措施称为干预策略 A，同时提出两种改进策略，即策略 B 和策略 C，如表 10.6 所示。

表 10.6　干预策略的组成

策略	措施Ⅰ	措施Ⅱ	措施Ⅲ	措施Ⅳ
策略 A	9月1日	9月3日	9月5日	—
策略 B	9月1日	9月1日	9月1日	—
策略 C	9月1日	9月1日	9月1日	9月1日

干预策略 A 在不同时间执行干预措施Ⅰ、Ⅱ和Ⅲ。干预策略 B 和 C 同样包含这三种干预措施，只是在同一时间执行这三种干预措施。此外，在干预策略 C 中新增加干预措施Ⅳ，即在执行干预措施Ⅲ（对新确诊患者的同宿舍同学进行隔离观察）的时候，对前一天确诊患者的同宿舍同学进行隔离观察，以更好地控制潜伏状态的甲型 H1N1 流感患者。针对改进的干预策略 B 和 C，分别执行 15 次实验，并将实验结果与干预策略 A 的实验结果进行比较分析，如图 10.9 所示。从图 10.9（a）可知干预策略 C（均值为 74.93，标准差为 40.94）和策略 B（均值为 86.67，标准差为 31.99）均比策略 A（均值为 148.13，标准差为 68.15）的病例总数低。图 10.9（b）描述了三种干预策略下，不同社会关系之间的甲型 H1N1 流感传播事件数量的时间曲线。从图 10.9 中曲线（cr）可知，策略 C（均值为 13.33，标准差为 6.64）比策略 B（均值为 16.69，标准差为 5.56）和策略 A（均值为 23.6，标准差为 10.79）能更好地控制潜伏状态的 H1N1 流感患者。

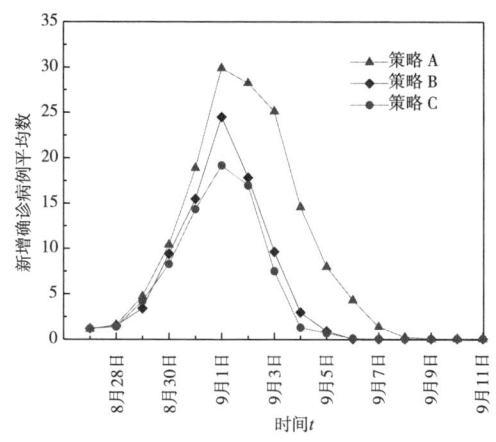

（a）不同干预策略下每日新增确诊病例

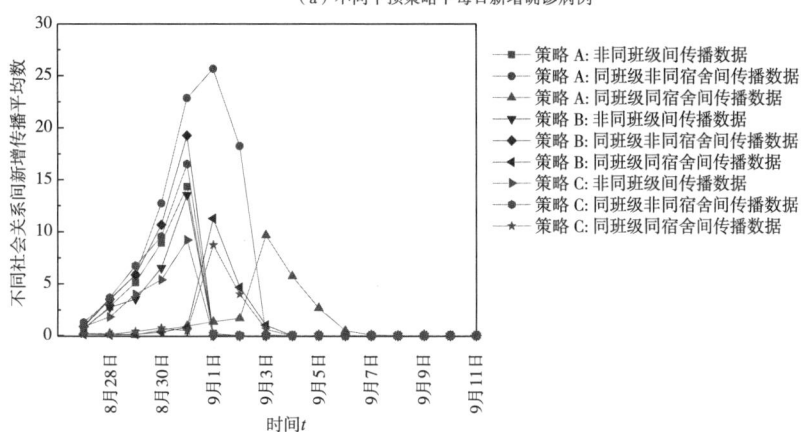

（b）不同干预策略下不同社会关系间每日新增传播人数

图 10.9　河北省某大学 7 号宿舍楼 H1N1 流感传播控制措施效果分析

10.2.3 北京市埃博拉疫情预测与防控实验

在前述两节的研究工作的基础上,可以将公共卫生事件案例的计算实验拓展至城市规模。本小节在埃博拉疫情背景下进行了北京市疫情预测与防控实验。情景设置为一个埃博拉病毒携带者从首都国际机场入境,由于症状不明显,没能进行及时隔离。病毒携带者在发病后通过交叉传染导致埃博拉疫情的扩散。实验基于人工北京的人口地理数据对疫情的传播、蔓延以及应急管理的控制效果进行预测。

1. 案例分析

本案例依据在西非发生的埃博拉疫情在国内大城市传播的情况,分析我国现有的卫生防疫体系能否有效地抵御国际性输入疫情。案例中涉及的模型包括人工社会的城市环境模型,前文提出的个体 Agent 人口模型、社会关系网络模型、疾病模型及干预措施模型。案例设计的计算实验包括埃博拉疫情的预测实验和参照卫生部相关条例设计的四级防控措施模拟实验。

2. 模型描述

1) 人工社会模型

人工北京包含了 1 960 万人口和约 800 万个环境实体,基于人工北京可以进行面向不同领域的计算实验,如疫情传播(Ge et al., 2013)、舆情扩散(Tang et al., 2012)以及交通疏散。为了研究埃博拉疫情的传播,需要对人口和环境的相应属性进行扩充。在埃博拉疫情的预测与防控实验中,主要考虑了几种典型的人口类型,即医护人员、学生、工人和退休人员。本实验中,人口模型主要考虑的因素包含年龄、职业、健康状态等对疾病传播的影响。在埃博拉疫情的预测与防控实验中,主要考虑了家属区、学校、工厂、餐馆、医院以及交通工具等环境实体中的感染情况。在环境模型的设计上,主要考虑了环境的人口容量、环境内的接触频率,以及病毒在不同环境的存活量和存活时间等因素。

2) 疾病模型

根据文献(Team, 2014),埃博拉疫情在西非的传播参数如表 10.7 所示,可以直接获得潜伏期平均时长和感染期的平均时长。经过分析比对,该数值与统计数据是基本一致的。在实验中根据以上参数建立埃博拉的疾病病程模型。模型参数的详细设置如下:潜伏期平均 2~21 天内,不具有传染性;发病期持续具有传染性,有 70% 的死亡率;死亡时间 0~10 天,康复时间 5~17 天。埃博拉主要通过体液传播,仿真中主要考虑两种传播情况:一是接触式直接传播;二是非接触式传播。接触式传播为主要形式,通过感染者与易感人群接触进行传播,主要考虑与患者的接触时间长短和单次接触传染概率。非接触式传播为辅助传播方式，接触被患者污染过的物品或环境导致新的感染病例出现。根据文献，埃博拉病毒可在体外存活数小时或更长时间，并且可以通过被患者污染过的用品传染其他人。突发事件模型的参数设置包含疾病模型和传播模型配置模块。

表 10.7　埃博拉西非传播参数

参数	平均值	标准差	方差
潜伏期	10.20	6.00	36.00
感染期	5.00	4.70	22.09
死亡	4.20	6.40	40.96
康复	10.80	6.10	37.21
倍增时间	15.30	9.30	86.49

3）干预措施模型

根据 H1N1 和 SARS 爆发后的疫情防控经验，最后的感染规模都是在数百人之内。因此，实验首先模拟了 100 天内的埃博拉疫情传播情况，分析不同单一干预措施对疫情防控的效果。控制措施模型的参数设置包含疫情的报告机制、药物控制措施和非药物控制措施。其中，药物干预模型包含特效疫苗干预、医院治疗干预和个体抗生素使用等。非药物干预包含口罩的佩戴、自我卫生防护、关闭场所和患者追踪隔离等。在本设计中，防控措施包含隔离凸显期患者、追踪观察非凸显期患者，以及免疫接种等。另外，还讨论了确诊时间与比例、隔离比例，以及消毒等因素。每一种措施都有加载的时机、作用范围和作用对象。具体参数设置会在接下来的实验中介绍，在此不进行详细列举。

3. 埃博拉疫情的预测与分析

预测实验模拟了埃博拉疫情在人工北京 100 天的传播情况。实验不考虑不同年龄段的死亡率差异，统一设置为 70%。样本运行 10 次，通过取平均值得到疫情的累计病例（total case）和日增病例（new case）。实验结果如图 10.10 所示，在无任何措施干预情况下，埃博拉疫情会呈爆发式增长，100 天左右可以达到 200 人左右的感染规模，日增感染人数维持在个位数。此时，感染趋势有所减缓，分析发现病毒在初始关系网络中的感染已达到饱和。此时，该初始患者周围的家人、朋友、同学或同事大部分被感染了。他们形成一个相对闭合的群体，使病毒在一定的时间内很难扩散出去；一旦病毒传播到另一个群体，将会引起感染人数的再次递增。

(a) 累积病例数量

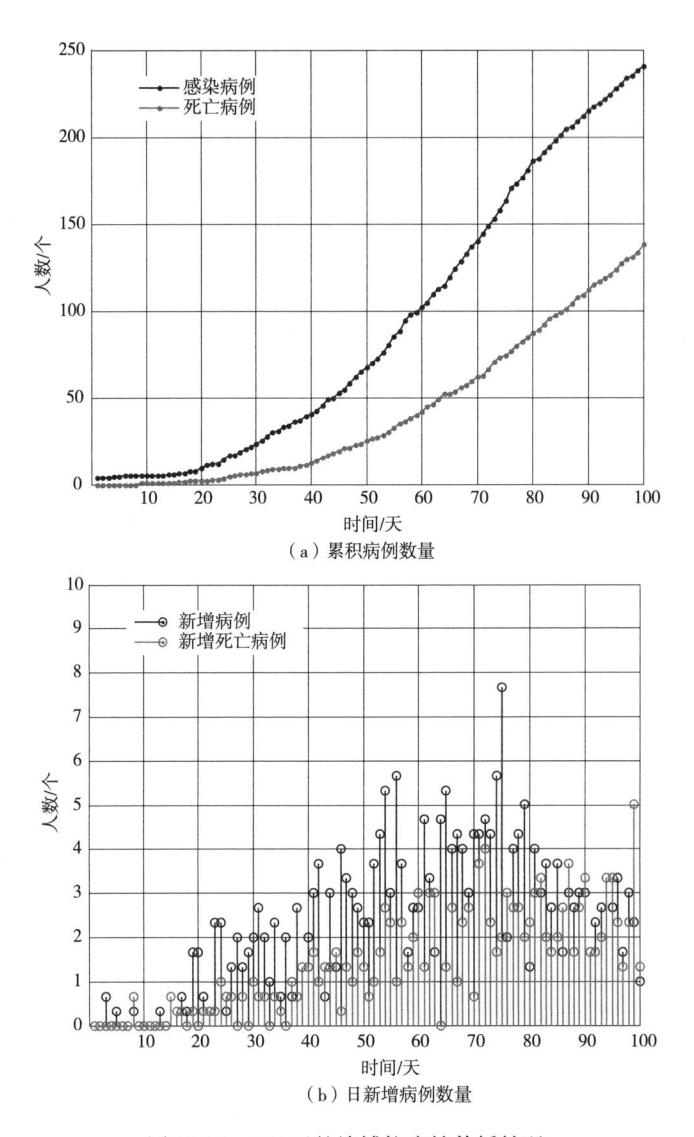

(b) 日新增病例数量

图 10.10　100 天的埃博拉疫情传播情况

为了进一步预测埃博拉疫情中、长期的蔓延态势，实验模拟了 180 天和 240 天的疫情传播情况。如图 10.11 所示，疫情出现了指数增长，日增病例几十人。当 t=180 时，感染人数达到了 1 万人左右，日增病例上百人；当 t=240 时，感染人数达到 68 391 人，日增病例上千人。当然，这只是假设在无任何干预措施的条件下，实际上各级政府和卫生部门会采取管控措施，感染规模可能达不到这个量级。

(a) 累积病例数量

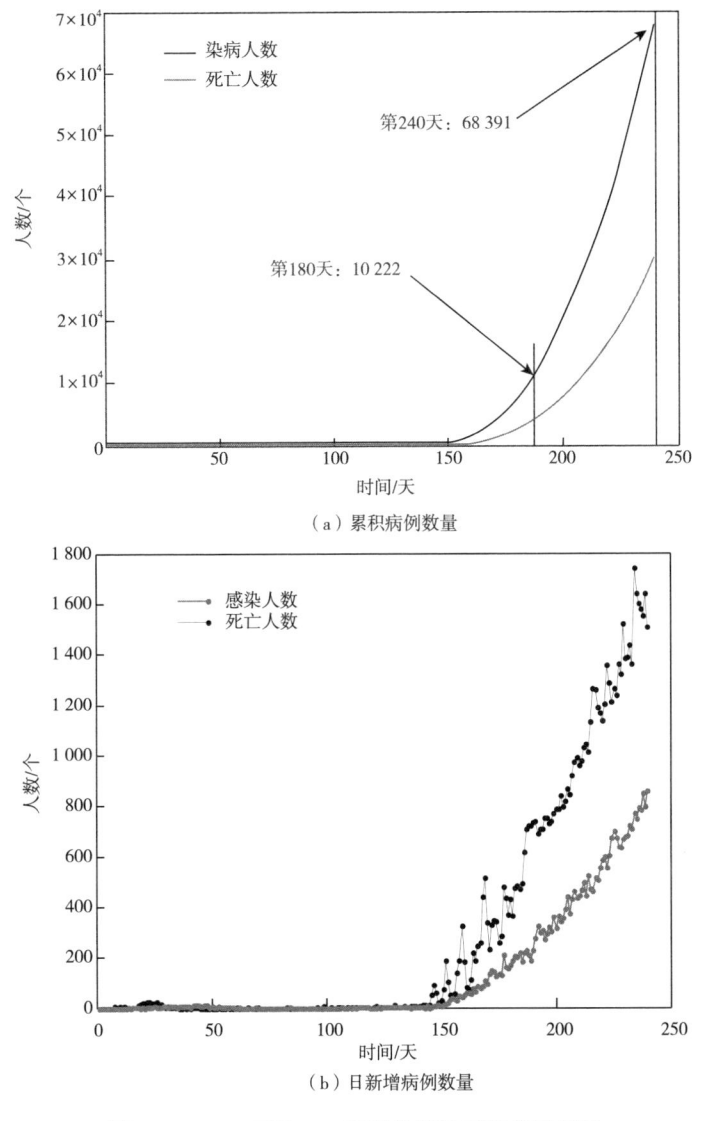

(b) 日新增病例数量

图 10.11　180 天和 240 天的埃博拉疫情传播情况

如上所述，埃博拉的平均潜伏期和感染期分别为 10.2 和 5，因而埃博拉病毒的整个持续周期为 15.2。通过计算可得，100 天、180 天以及 240 天所产生的平均子代数（average generation，AG）分别为 6.58、10.8 和 15.79。而根据西非传播参数，埃博拉的疾病再生数为 2.041，并可以计算出理论感染病例（theoretical infections，TI）。如表 10.8 所示，通过对比理论感染病例和仿真结果（simulation infections，SI），可以发现它们的感染规模基本上处于同一数量级，SI 会相对小于

TI。实际上，由于实验是通过个体交互感染而得出的，它受到很多具体因素影响，如活动日志、交互条件。此外随着疫情的爆发，易感人群的比例会不断下降，仿真结果与理论值的比值（SI/TI）会越来越小，如第 100 天时 SI/TI 的值为 0.549，而 240 天时仅为 0.219。

表 10.8　感染病例的理论值和实验值

时间/天	平均子代数	理论感染病例	仿真结果	仿真结果/理论感染病例
100	6.58	437	240	0.549
180	10.84	18 647	10 222	0.548
240	15.79	312 330	68 391	0.219

实验研究了不同场所、不同人口类型的感染情况，图 10.12 为 100 天内的详细统计数据。图 10.12（a）说明医院、住宅是重点传播区域，分别占 31%和 51%。医院作为患者最密集的地方，交叉传染的可能性比较高，需要加大消毒力度和隔离措施；住宅感染主要刻画的是家庭成员间交叉感染的情况比较严重，建议早发现、早送诊、早隔离。图 10.12（b）说明医生是重点感染人群，占比 15%。特别说明，医生的总数比学生、工人小 1~2 个数量级。虽然医生的总数少，但是感染比例较高。图 10.12（c）说明非接触式传播需要高度关注，占比 4%。对于非接触式传播的干预，主要通过加大消毒力度、增强个体的自我防护能力，以及免疫等。图 10.12（d）统计了不同传播代数的人口比例。由于早期患者还没全部康复而新生病例又不断增加，所以会存在多代病例共存的现象。分析数据发现，100 天内埃博拉可以传播六、七代，说明埃博拉具有极强的传播能力。

（a）感染所在环境实体统计

住宅：51%　医院：31%　其他：18%

（b）感染个体身份统计

学生：9%　医生：15%　退休人员：10%　工人：66%

（c）接触传播数量统计

非接触式传播：4%　接触式直接传播：96%

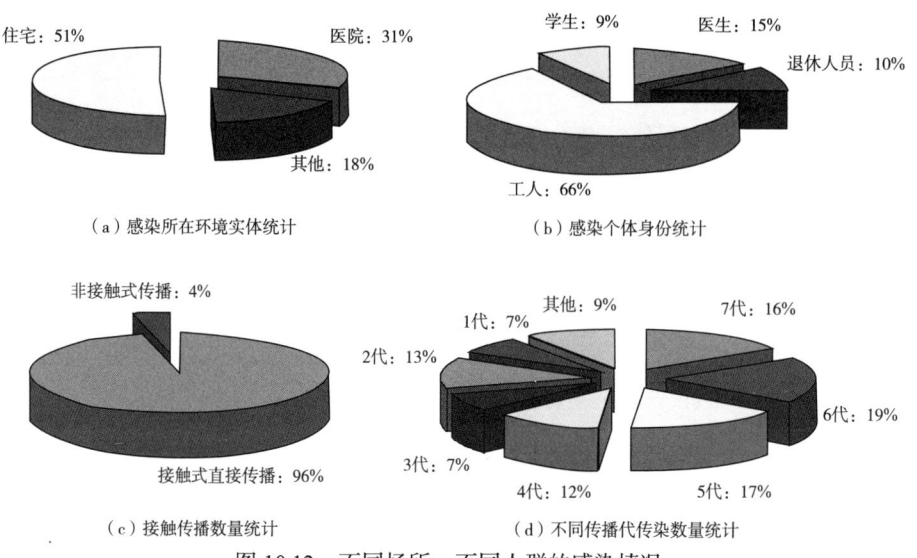

（d）不同传播代传染数量统计

1代：7%　2代：13%　3代：7%　4代：12%　5代：17%　6代：19%　7代：16%　其他：9%

图 10.12　不同场所、不同人群的感染情况

4. 埃博拉疫情的四级防控模拟

如前所述，干预的目标是确保小于 1，也就是当下的感染人数要小于康复人数，实现疫情的控制。因此，实验主要通过采取组合干预的方式，综合应用隔离、就医、消毒、免疫以及增强自我防护等措施。根据卫生部对应急响应的四个级别划分，政府会针对不同的疫情等级做出相应的反应。其中，Ⅳ级响应为最弱的，包含消毒、医学观察、病人救治和定点医疗；Ⅲ级应急响应包含了对接触者的隔离，研究疫苗情况；Ⅱ级应急响应包含大规模的追踪隔离、小规模的停工停课，以及组织小规模的疫苗接种等；Ⅰ级响应包含大规模的疫苗接种、停工停课等。

在实验中，综合考虑了就诊率、就诊时间、隔离比例、免疫比例、消毒防护，以及自我防护率等因素对疫情控制的影响。实验中，同时考虑了接触式和非接触式的感染情况，并设计了应急条件下的活动日志，用来规划和模拟个体的应急行为。另外，在停工、停课情况下，个体会被隔离在家中，不传染他人也不被他人传染。实验模拟了不同应急响应级别下的防控效果，实验的具体参数设置如表 10.9 所示。特别申明，参数的确定参照了相关的研究结论和应急预案。

表 10.9 四级应急响应条件下的干预措施参数设置

应急响应等级	就诊时间/天	就诊率/%	隔离比例/%	免疫比例/%	自我防护率/%	消毒防护/%
Ⅳ级	4	0.5	0	0	0	0
Ⅲ级	3	0.5	0.5	0	0.2	0
Ⅱ级	2	0.7	0.7	0.1	0.5	0.6
Ⅰ级	1	0.9	0.9	0.3	0.8	0.8

实现结果如图 10.13 所示。分析实验数据可知，应急响应达到Ⅱ级时基本上能够控制埃博拉疫情的传播势头。当应急响应达到Ⅰ级时，能够很快控制住埃博拉疫情。众所周知，较强的应急响应措施能够较快地控制疫情的扩散。然而，较强的响应级别必然带来较高的执行成本和社会代价。

自 SARS 疫情暴发后，我国已建立起一整套公共卫生防控体系。经历禽流感和 HIN1 甲型流感等重大传染病疫情的防控考验，该体系不断完善和发展，并建立了行之有效的联防联控机制和预案，应对新生再发传染病爆发流行的能力大大提高（Li et al.，2013）。尽管实际的应急响应等级和实验参数有所出入，但是响应等级的划分能够比较好地模拟出不同疫情态势下的应急响应策略。结合实验的假设条件，中国政府现有的医疗卫生条件能够较好执行各级应急预案，因此埃博拉

(a) Ⅳ级响应

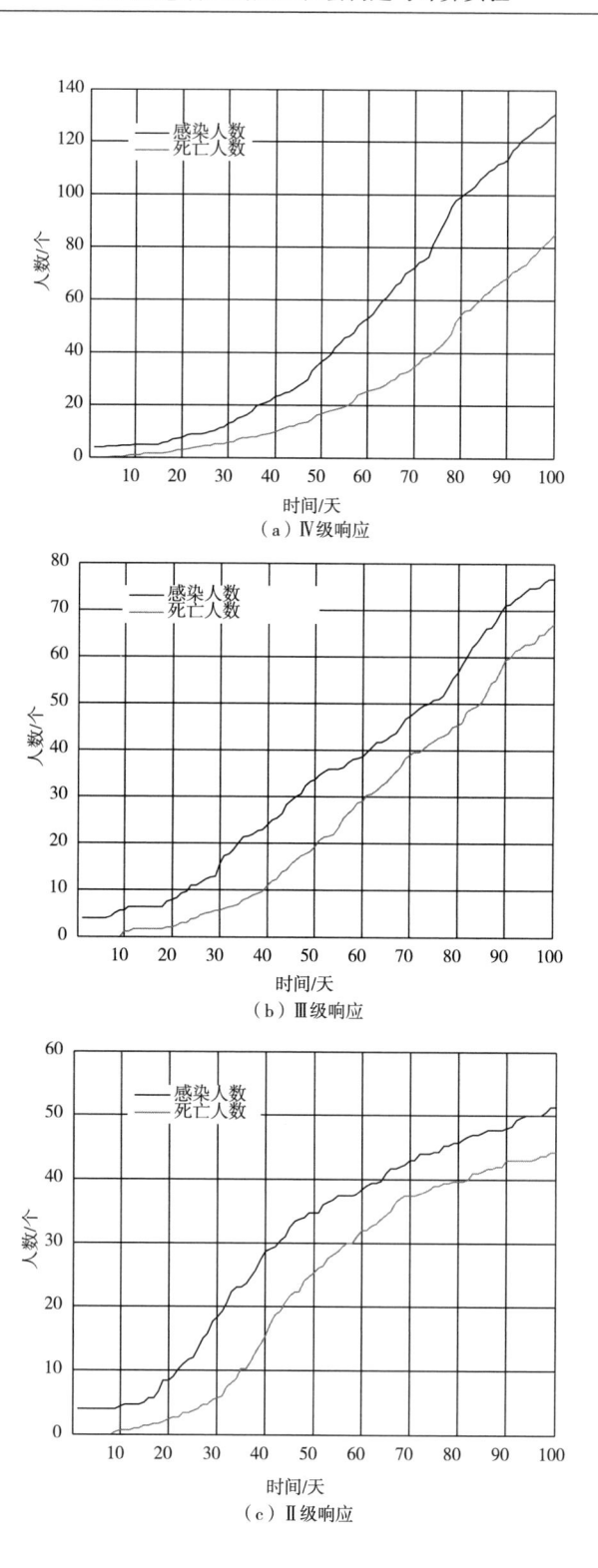

(b) Ⅲ级响应

(c) Ⅱ级响应

(d) Ⅰ级响应

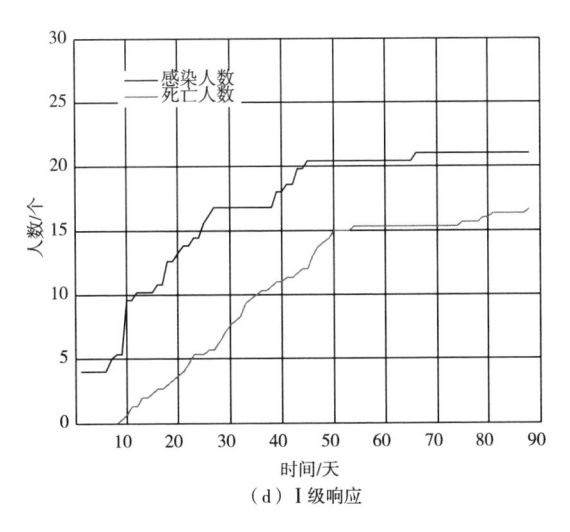

图 10.13　四级应急响应条件下的新增病例和死亡病例

疫情即使在中国爆发也是可控的。当单个输入型病例出现时，建议选择Ⅱ级响应。当疫情严重时，建议采取Ⅰ级响应。从实验结果得出，如果采取及时有效的措施，埃博拉疫情不可能在北京等城市大规模爆发，这也和卫生部当时的预测是一致的。

然而，实验中还有很多方面需要进一步改进和优化。具体表现如下：①人工社会的校准。尽管人工北京的生成参照了大量的真实人口地理数据，整体符合统计学上的特征，能够在一定程度上模拟真实社会的人和环境。但是，个体层次上的模型刻画相对比较局限，如关系网络的构建、人口和环境的匹配，以及个体行为的描述。②埃博拉模型参数的校准。尽管参考了西非的传播参数，但是中国的传播环境和西非还是有很大差别的。特别是，西非的丧葬习俗和中国有很大差异，而通过接触尸体感染占了很大比例。因此，通过西非参数来模拟中国的疫情爆发还是有一定的误差。③实验中有的假设参数没有实际数据支持，如接触传播概率、病毒体外存活时间等。尽管分析这些参数在埃博拉传播过程中的影响，可以为应急决策提供参考，但是这些参数不具有实际的医学参考意义。④四级应急响应的模拟还不能完全和实际情况相匹配。尽管通过实验参数和实际预案的匹配，可以得出定性的结论：中国政府能够有效防止埃博拉疫情扩散。但是，有的措施在现有的实验条件下还不能得到支持，因此不同级别的响应主要用于说明不同防控级别对疫情防治的大致效果。

此外，实验没有定量分析防控所带来的社会成本和执行代价。尽管实验采用定量的方法来预测和分析埃博拉的疫情爆发和防控，但是由于实验的随机性和参数的准确性，实验的很多结论定量说服力还不够强。尽管还有很多方面需要完善和加强，但是本实验研究还是具有很强的科学意义和现实意义。第一，通过超大规模个体交互的方法，在人工北京上预测和分析了埃博拉的疫情扩散。第二，定量分析了防控措施关键因素的影响力，对于应急决策具有重要参考。第三，模拟了不同应急响应等级下疫情的防治情况，具有很强的现实意义。

10.3 公共舆情事件计算实验案例

本节选择 2015 年 "8·12 天津港爆炸" 事件引起的舆情传播为案例情景，基于前文提出的 "心理-行为" 模型，以 2014 年百大事件微博库为数据支撑，模拟事件中发帖量和帖子观点的演化趋势。根据计算实验案例研究方法，首先对 2014 年微博数据进行预处理，其次基于 "心理-行为" 对案例进行仿真实验，并分析实验结果。

10.3.1 案例分析

研究目标是分析突发事件发生之后对网络舆情的影响情况。由于网民个体 Agent 模型内部机理复杂，难以提炼出数学模型。本案例采用了数据分析的方法，利用微博原始数据结合 Kappa 检验手段构造网民态度观点模型；基于支持向量机（support vector machine，SVM）算法对信息进行分类并构造信息模型；采用小世界网络作为事件相关网民 Agent 的关注/粉丝网络。案例设计的实验从网民发帖量、观点变化等几个方面分析突发事件网络舆情的变化规律。

10.3.2 微博原始数据

本小节先介绍原始微博数据的基本格式和内容。为了准确地提取出 100 个热点事件中的突发事件，本节采用了仿真领域和心理学领域的两名研究者对百大事件进行划分的结果，通过 Kappa 检验得出二者的分类结果具有较高的相似度。

1. 原始数据

实验数据来源于微博热点事件，选取这些热点事件的主要依据如下：先在新浪微博平台搜索热点事件关键词，然后对得到的微博条目数进行排名，进而选取条目数最多的 100 个事件，它们囊括了社会生活的众多领域。每个事件主要包括用户 ID 号、微博发布时间、用户性别、用户认证类型、用户所在地和微博内容六个部分组成。

为了对数据有直观的认识，表 10.10 列举了几个例子。由于字段 "内容"

的数据过多而没有完全列出,每个关于突发事件的微博中必须包含以下几个字段:"用户 ID"、"发布时间"和"内容",其中微博"内容"较多,不列在表中。

表 10.10 微博数据表

用户 ID	发布时间	性别	认证类型	所在地
2147458001	2014 年 2 月 28 日 17:07	男	名人	其他
1659618504	2014 年 2 月 21 日 22:57	男	名人	云南 红河
1218431470	2014 年 3 月 15 日 22:20	男	名人	北京
1218431470	2014 年 3 月 15 日 20:30	男	名人	北京
2464843717	2014 年 3 月 15 日 19:01	男	媒体	山东 济南
1657338322	2014 年 3 月 15 日 11:17	男	普通用户	广东 广州
2316518414	2014 年 3 月 15 日 10:34	男	普通用户	上海 浦东新区
2316525182	2014 年 3 月 14 日 20:53	男	普通用户	上海 浦东新区
1687041315	2014 年 3 月 14 日 12:45	男	名人	陕西 西安
2208273904	2014 年 3 月 14 日 10:21	男	媒体	广东 广州
2319186900	2014 年 3 月 13 日 21:43	男	普通用户	浙江 杭州
2343513473	2014 年 3 月 13 日 16:18	男	普通用户	海外

2. Kappa 检验

根据研究需要,先提取出百大事件中的突发事件,然后再在此基础上进行分析。为了提高分类的精度,本节采用 Kappa 检验对分类结果进行一致性检验。Kappa 值是评价一致性的测量值,通用的经验法则如下。

(1) 如果 Kappa 值大于等于 0.75,那么认为分类具有很好的一致性。

(2) 如果 Kappa 值大于等于 0.4 但小于 0.75,则认为分类结果的一致性一般。

(3) 如果 Kappa 值大于等于 0 但小于 0.4,说明分类结果一致性不理想。

(4) 如果 Kappa 值约等于 0,则表示两者的一致性是由随机因素导致的。

(5) 如果 Kappa 值小于 0,则表示两者一致性比随机导致的还差,分类效果很不理想。

接下来给出二值 Kappa 检验的公式:

$$\begin{cases} \text{Kappa} = \dfrac{P_o - P_e}{1 - P_e} \\ P_o = \dfrac{a + d}{n} \\ P_e = \dfrac{(a+b)(a+c)+(c+d)(b+d)}{n^2} \end{cases} \quad (10.8)$$

其中，P_o 是实际一致率；P_e 是理论一致率。那么 a、b、c 和 d 的计算如表 10.11 所示。

表 10.11 Kappa 矩阵

研究员 1 \ 研究员 2	相关	不相关	总计
相关	a	b	g_1
不相关	c	d	g_2
总计	f_1	f_2	n

3. 相似度计算

为了保证分类的准确性，这里各选取了一名心理学领域研究者和一名仿真领域研究者对 2014 年百大事件进行分类。他们都将突发事件分为四个类别，即自然灾害、事故灾难、公共卫生和社会安全。该过程中，两名研究者进行独立自主判断，没有相互交流；完成分类后，再对不同之处做出说明；最后计算相似度，得出两者分类的结果基本一致。

表 10.12 罗列了 2014 年百大事件中只要有一方认为是突发事件的事件名。其中，0 表示研究人员认为该事件不是突发事件；1 表示研究人员认为该事件属于自然灾害类事件；2 表示研究人员认为该事件属于事故灾难类事件；3 表示研究人员认为该事件属于公共卫生类事件；4 表示研究人员认为该事件属于社会安全类事件。表格字段"分类 1"和字段"分类 2"分别为两个研究者独立分类的结果。

表 10.12 2014 年百大事件分类表

事件序号	事件名	分类 1	分类 2
1	强台风"海鸥"正面吹袭广东	1	1
2	强台风"威马逊"吹袭海南广东	1	1
3	四川康定发生 6.3 级地震	1	1
4	东莞饭堂爆炸事故造成 1 死 31 伤	2	2
5	郑州一个老人求让座未果猝死	2	0
6	一架小型客机在伊朗首都坠毁	2	2

第 10 章　突发事件应急管理计算实验案例

续表

事件序号	事件名	分类 1	分类 2
7	香格里拉古城大火	2	2
8	台湾高雄发生燃气爆炸事故	2	2
9	宁波奉化一幢 5 层居民楼"粉碎性"倒塌	2	2
10	马来西亚载 239 人航班失联	2	2
11	马来西亚客机在乌克兰坠毁	2	2
12	昆明明通小学发生踩踏事件	2	2
13	江苏昆山某金属制品厂发生爆炸	2	2
14	湖南湘潭一产妇剖腹产大出血死在手术台	2	3
15	韩国"岁月号"客轮沉没事故	2	2
16	云南白药承认含配方含"断肠草"	3	3
17	西安一幼儿园给孩子喂处方药	3	3
18	麦当劳肯德基供应商被曝用过期肉	3	3
19	兰州市民因自来水苯严重超标抢购矿泉水	3	3
20	东莞臭脚米粉引热议	3	3
21	海南证实出现非法转基因作物	3	3
22	一伙人持械冲入昆明火车站广场见人就砍	4	4
23	中国驻旧金山总领馆遭纵火	4	0
24	浙江苍南 5 名城管打人后被民众围殴	4	4
25	中山格兰仕工厂遭 2 000 名工人打砸	4	4
26	数十万人上台北凯道反服贸	4	0
27	山东平度村民守地被汽油焚烧致 1 死 3 伤	4	4
28	全国爆发超级手机病毒	4	2
29	纽约曼哈顿一居民楼爆炸致 3 死 9 伤	4	2
30	贵阳公交车自燃	2	4
31	金龙鱼母公司益海嘉里收购地沟油	3	3
32	上海两名 90 后消防员坠楼牺牲	0	2

　　根据 Kappa 公式计算 Kappa 值，计算得 Kappa = 0.834。因此，两名研究者的分类具有很好的一致性。也就是说能够以任何一个事件分类为标准，那么在之后的实验中，按照事件类型 1 作为突发事件的分类标准。为了使实验具有更多的训练数据，本节将两者中有一者认为是突发事件的事件归为突发事件。因此，表 10.12 中一共有 32 个突发事件。本节对突发事件网络舆情研究的粒度在

突发事件层次上，而不是在具体事件类别甚至更细的层次上，因此不做进一步的处理。

10.3.3 模型及参数

基于"心理-行为"网络舆情传播模型，本节对舆情传播演化过程进行了仿真研究。在舆情传播仿真系统中，主要由网络、信息和网民 Agent 三个部分组成。其中，网民交互的网络为微博平台的关注/粉丝网络；信息被抽象为积极/消极二值观点；网民 Agent 是从微观的网民个体角度出发，对网民个体处理信息的行为进行建模。三者有机结合在一起，最后在宏观层次上观察网民群体的观点态度变化情况。

事件演化发展的流程：突发事件爆发，此时会有一部分网民获知事件的发生；获知该信息的网民会根据自己的心理距离和认知资源确定是否传播该信息，并根据 Markov 链计算发帖的观点态度；以此不断循环往复，舆情不断演化发展。本节主要对舆情传播系统的三个组成部分进行赋值，包括网络模型参数赋值、信息模型参数赋值和网民模型参数赋值。

1. 网络模型参数赋值

网络是多 Agent 人工社会系统的重要组成部分，是 Agent 之间进行交互的主要渠道。一般而言，网络可以由三种方式构建，即实证网络、生成网络、实证与生成相结合的网络。实证网络是最真实的，也最能反映现实情况，但同时是现实中很难得到的。一方面是因为系统模型过于复杂多样；另一方面是因为采集手段有限。生成网络是基于不同算法而产生的，其中最典型的是小世界网络和无标度网络。由于本书重点对普通网民的舆情演化情况进行研究，而不是网络大 V 的舆情演化情况。因此，本节采用小世界网络作为网民的关注粉丝网络。

小世界网络是一类特殊的网络，这种结构网络中大部分节点彼此并不相连，但又能经过少数几步路径就能到达网络中的任何一点。换句话说，小世界网络具有特征路径长度小的特点，该性质与随机网络相近；同时聚合系数很高，与规则网络相近。此处解释一下网络的两个基本属性，即特征路径长度和聚合系数。特征路径长度就是连接网络中两个节点的最少边数，网络的特征路径长度为网络中所有节点对路径长度的平均值。特征路径长度是全局特征。聚合系数即网络中某个节点实际存在的边数除以最多可能存在的边数。网络的聚合系数就是所有节点的聚合系数的均值。聚合系数是局部特征。

为了模拟普通网民的发帖情况，而普通网民之间的关注/粉丝网络一般比较规则，接近于线下的熟人关系网络，一般不会有大量的粉丝。模型将网民分为事件无关网民和事件相关网民，事件相关网民 Agent 既接收信息也发送信息，而事件无关网民 Agent 只接收信息但不发送信息。对于事件相关网民 Agent，为了确保其异质性，本实验采用小世界网络作为事件相关网民 Agent 的关注/粉丝网络。在案例实验中，32 个突发事件中发帖的一共有 22 747 人，因此构建的关系网络也为 22 747 个节点，节点的平均度为 40，以 0.2 的概率随机重连，无多重边，无环。对于事件无关网民 Agent，本实验设定一共 10 万个事件无关网民 Agent，每个网民 Agent 随机关注 99 个事件相关网民。根据以上参数，得到的度分布如图 10.14 所示。其中横坐标表示节点的度，纵坐标表示节点数量。

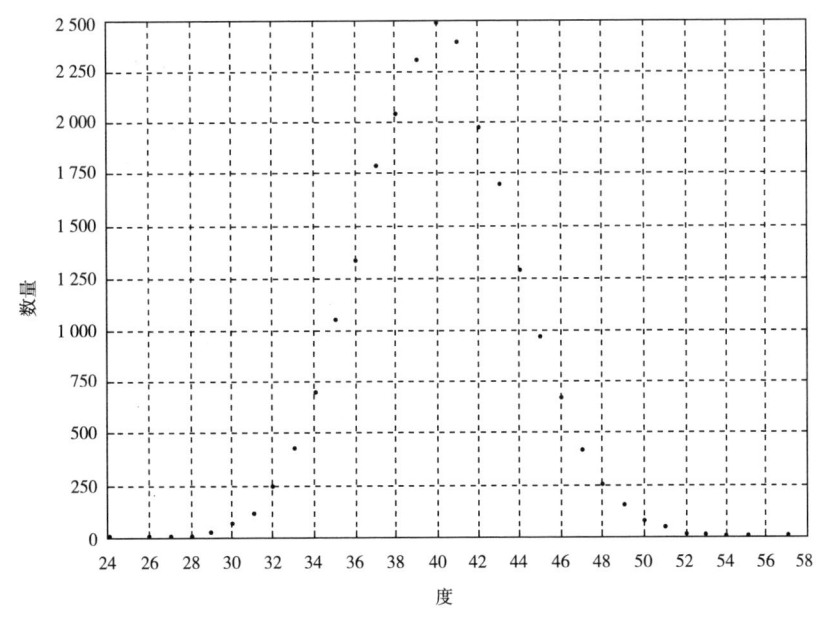

图 10.14 事件相关网民度分布图

2. 信息模型参数赋值

在本节中，信息即微博文本。信息被抽象为一个离散二值观点，即有两个对立的态度。这对于纷繁复杂的现实社会未免过于简单，但对于一些具体问题，如正面/负面、积极/消极和支持/反对等，二值观点能较好地模拟这种情况。图 10.15 描述了计算微博观点的流程图，输入是微博文本，输出是该微博文本的观点，而计算微博文博观点的分类器就是难点所在。

图 10.15 观点计算流程图

本节将 SVM 算法作为计算文本观点的分类器，具体计算过程如图 10.16 所示。

其中，每个词组可以看做一个变量。由于庞大的汉字体系，往往需要上千或者上万维向量表示一篇微博文本。如果出现某个词组，则该变量记为 1；如果没有出现某个词组，则该变量记为 0。这样就可以将微博文本描述为一个 0 或者 1 的高维向量。分类器就是一个尽可能地将代表积极观点的向量和代表消极观点的向量分开的超平面，那么该分类器也将作为计算微博文本的函数。

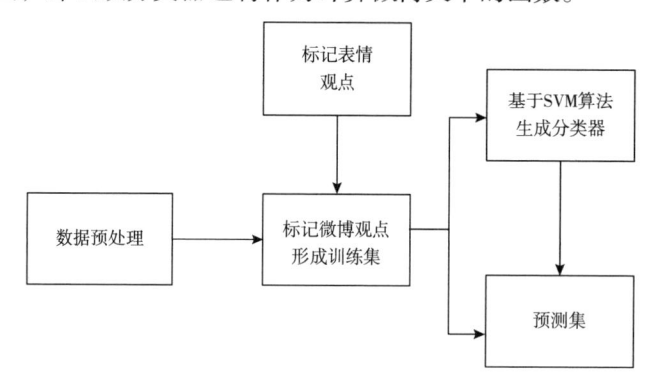

图 10.16　分类器计算过程

1）标记表情观点

本节设定信息的观点为积极或者消极。积极和消极是两个相对的概念，特点就是都比较抽象。为了定量描述积极和消极观点，本部分借鉴了微博中的表情标签。新浪微博表情十分丰富，如"狂笑"、"羞"、"生气"、"爱"、"悲伤"、"萌"与"怒骂"等。表情符号简洁明了，能用简单的形式表现出网民丰富的情感。因此其也具有了微博文字所不能比拟的优点。对于每个表情，人工将其划分为积极类或者消极类，如果表情不能明显代表积极或者消极观点，那么则抛弃该表情。这样就能得到积极表情库和消极表情库。

2）数据预处理

数据预处理主要包括筛选带有表情的微博，去除无关信息和分词。首先，需要筛选带有表情的微博。一般而言，微博文本中可能出现多种表情，如果一篇微博大多数表情都能表现单一情感，即积极或者消极，那么就保留该微博；反之则去除该微博。去除无关信息主要是去除"@"、"/"、"，"和"。"等各种符号，以便分词处理。分词主要基于词库对去除完无关符号的微博进行分词，表 10.13 是一个分词例子。

表 10.13　分词前后微博文本对比

对比	微博文本
分词前	【马航 MH370 最后通话内容：晚安，马来西亚 370】
分词后	马航 MH370 最后　通话　内容　晚安　马来西亚 370

3) 形成分类器

将人工标定的微博大部分作为训练集，少部分作为预测集。通过 SVM 算法对训练集进行训练，计算出最优的分类函数。再根据训练出来的分类函数计算预测集中微博的观点，并将计算的观点与标定的观点对比，如果相同则记为 1，不同则记为 0。将相同的观点相加并与标定集总量相比，最终得到分类器分类的准确率达到80%以上。然后,将该分类器作为计算其他微博文本观点的算法,表10.14 显示了部分计算结果。

表 10.14　基于 SVM 算法的微博观点计算结果

微博内容	观点值
马航 MH370 最后 通话 内容 晚安……	0
马航 飞机 失联 认证 为 中央 电视台 赴……	0
临要 睡觉 了 突然 看到 三月 拜拜……	0
现在 马路 上 都 乱 套 了 真的 好 吓人……	0
天津 塘沽 爆炸 愿伤者 平安 度过 今晚 愿……	1
天津 塘沽 爆炸 公益 转发 泰达 医院……	1

3. 网民模型参数赋值

根据"心理-行为"网络舆情传播模型，需要学习的参数有心理容量、心理距离、基于 Markov 链的态度转移概率、历史态度、已发微博态度和第一次获知信息时间等参数。

鉴于网民模型的粒度和实验的数据量，本节设定时间粒度为一天，即每一时刻代表一天。在对数据的训练过程中，如果事件爆发的时间超过当晚 23 时，那么则将事件爆发时间设定为第二天。本节假设在某天的发帖中，态度数量多的为当天对事件的态度，即如果正面信息的数量大于负面信息，则 $PO(t)=1$；反之 $PO(t)=0$。这样假设的目的主要是根据 Markov 链模型的需求。

在计算心理距离时，需要对可能出现的极值进行处理。有些网民可能参与了所有的突发事件的讨论，有些网民可能参与了个别突发事件的讨论。这样就可能出现极值，即 PD≈0 的情况。出现极值可能导致模型仿真不准确，一方面毕竟采集的数据只是小样本，在大样本中可能出现其他情况；另一方面可能导致系统无法继续推进。根据本节设定的模型，如果心理距离太小了，那么网民将不会就此事件发帖，他的粉丝也就收不到信息，那么系统就停止推进了。实际情况是他的粉丝可能从其他途径获取到了信息并发表了言论，而不一定只从他关注的对象处获取信息。换句话说，如果考虑因素过多就会使模型难以控制且无法根据数据对其赋值，这不便于实验分析。因此，为了在一定程度上消除这方面的偏差，人为设定：if(PD<0.05),then PD=0.05。

在计算认知资源过程中，同样需要对极值进行处理。与心理距离一样，每个网民的认知资源可能出现极值现象，即 CR(t)≈0。如果计算的认知资源过小，同样也会导致系统无法推进。因此，本节假定：if(CR(t)<0.05),then CR(t)=0.05。

在计算 Markov 链过程中，由于数据原因无法知道每个网民第一次获取信息的来源。那么此处假设，如果第一次发帖时不知道信息为正面还是负面，那么假设信息为负面。此外，由表 10.21 和表 10.22 可知，需要训练的转移情形还是比较多的，每个网民至少要计算 24 种转移情形的概率。而在实际计算过程中，突发事件发生的次数并不多，并且网民发表的言论也不多，因此需要采用一定的规则对这些参数进行赋值。此处假设在计算 Markov 链时，如果没有某种情形发生，则令该情形为其历史态度发生的概率。其中，|HO|^j 表示历史态度为 j 的次数；j 表示观点，0 表示负面观点，1 表示正面观点。$p^j(\theta_i)$ 为 θ_i 情形的状态转移条件下，状态转移结果为 j 的概率。

$$p^j(\theta_i)=|HO|^j/(|HO|^0+|HO|^1), j\in\{0,1\} \quad (10.9)$$

此外，本实验还对一些参数进行敏感性分析，如不同初始注入人数敏感性实验、不同网络参数敏感性实验。

10.3.4 案例实验

针对 2015 年 "8·12 天津港爆炸" 事件所引发的网络舆情，从实验参数设置、案例实验结果和实验结果分析三个方面着手，对舆情发展演化过程和内部机理进行深入透彻的分析。

1. 实验参数设置

实验对 2014 年突发事件网络舆情中的微博数据进行数据分析，分析的结果作为舆情仿真系统的部分输入参数，在设定舆情实验的初始输入后，对 "8·12 天津港爆炸" 事件网络舆情演化情况进行模拟。

整个舆情实验系统由三个部分构成，即网民 Agent、网民关系网络和信息。通过对 32 个突发事件的数据分析，得到了一共 22 747 个网民 Agent 的信息处理行为模型参数，将这些网民 Agent 作为本实验中的事件相关网民 Agent。同时为了模拟在突发事件中并不发言的网民观点态度情况，本实验模拟 10 万个此类网民，观察其观点态度变化情况。事件相关网民 Agent 的参数赋值情况已在前文进行了详细的介绍，限于篇幅，此处不再赘述。在构建网民关系网络中，本实验采用以下两种类型的网络：一是事件相关网民 Agent 之间的网络，即事件相关网民 Agent 之间的网络；二是其他网民 Agent 对事件相关网民 Agent 的关注网络。第一种网络为小世界网络，一共 22 747 个节点，节点的平均度为 40，以 0.2 的概率随机重连，无环和多重边。第二种网络设定 10 万个节点，每个网民 Agent 随机关注 99 个事件相关网民。信息设置为二值观点，分为积极观点和消极观点。

本实验设定的起始时间为天津港爆炸发生的时间。由于爆炸事件发生于半夜且接近于第二天，于是本实验近似将爆炸开始时间归为 13 日，以 13 日作为仿真的第 0 天，对 29 天内的舆情演化情况进行实验。此外，设定初始传播信息为消极信息，初始获知信息的人数为 50%，在仿真第 0 天中，有 50%的活跃网民通过除微博朋友圈以外的其他途径获知了天津港爆炸这一消息。在仿真系统中，这 50%的网民是随机选取的，因此每次实验结果都有所不同。同时，为了更精确地对模型结果进行描述，实验在同一条件下独立重复运行 20 次，并计算 20 次仿真实验的均值和标准差。通过对 2014 年微博数据的分析，得到了网民个体的参数，此处重点介绍网民群体心理距离分布和认知资源分布。

1）网民群体心理距离分布

根据本节提出的模型，网民的心理距离和认知资源决定了网民在不同时间发帖的可能性。事件相关网民的心理距离如图 10.17 所示。其中横坐标表示心理距离，取值区间为 0 到 1，数值越大表示越愿意发表信息。横坐标刻度取区间的下限，也就是说 0 表示 0 至 0.1，而 0.9 表示 0.9 至 1。纵坐标表示该区间占总人数的比例。从图 10.17 可以看出，80%的网民的突发事件心理距离小于 0.1。也就是说，10 件突发事件中，80%的网民只会发表关于其中一件突发事件的评论。而且这些网民还是关注突发事件的网民，而其他不关注突发事件的网民就更加不会发言了。这充分说明了网络舆情"浏览者多、参与者少"的特点。同时可以发现，随着心理距离的增大，比例越来越少。其实这也符合客观事实，因为很少有人对每条突发事件都进行评论。

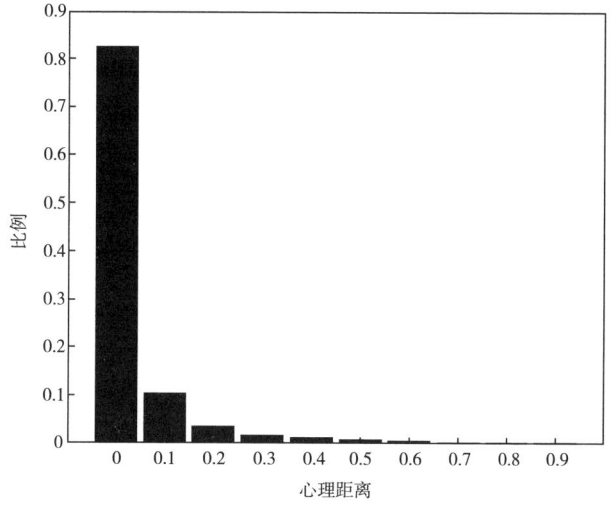

图 10.17 事件相关网民心理距离分布图

2）网民群体认知资源分布

根据本节提出的模型，每个网民的认知是随时间变化的，每个网民每个时刻对某一事件的认知资源都不相同。网民的认知资源如图 10.18 所示，此处只罗列出 0~3 天的网民群体认知资源的分布情况。其中，横坐标表示认知资源。与心理容量一致，认知资源取值区间为 0~1，数值越大表示网民在该时刻越愿意发表信息。横坐标刻度取区间的下限，也就是说 0 表示 0~0.1，而 0.9 表示 0.9~1。纵坐标表示该区间占总人数的比例。

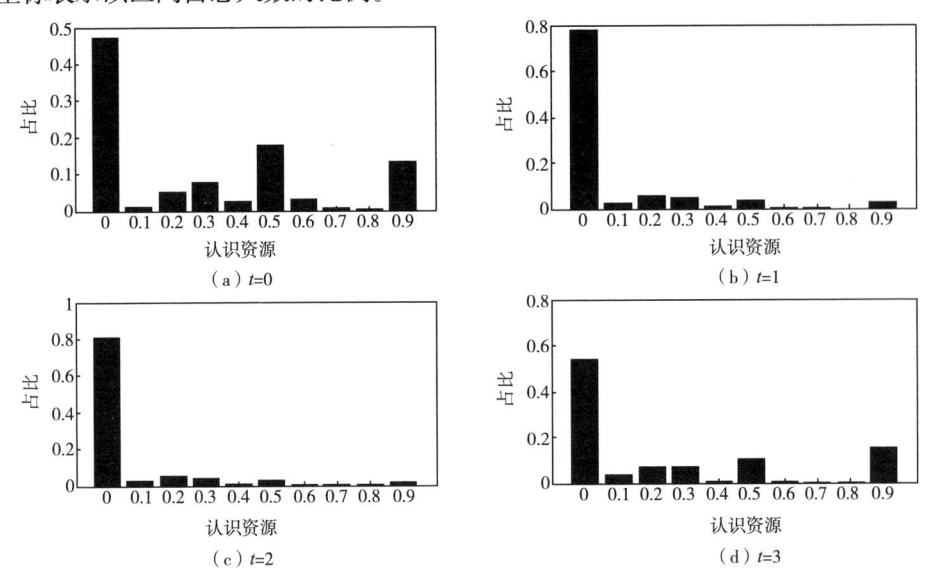

图 10.18　事件相关网民认知资源分布图

图 10.18 表明在突发事件爆发当天，参与话题讨论的微博网民占有较大比重；而事件爆发 3 天内，感兴趣的网民起伏不定。需要强调的是第 3 天网民的认知资源分布，是除第 0 天之后，平均网民认知资源最大的一天。这是因为，通过对数据的学习，一部分突发事件网络舆情会在第 3 天左右达到高潮。限于篇幅，本节没有画出第 3 天之后的认知资源分布。可以肯定的是第 3 天之后，网民的心理容量普遍大幅度下降。这也是网络舆情消亡很快的主要因素。可能是因为过了一段时间后，网民不再对自己已经知道的消息感兴趣了。

2. 案例实验结果

1）事件相关网民发帖量变化趋势

通过对模型参数的学习和针对具体环境的参数假设基础上，案例的实验结果如图 10.19 所示。图 10.19 中横坐标表示仿真时间，单位为天。从事件爆发起始的

第 10 章 突发事件应急管理计算实验案例

时间为实验第 0 天，模拟事件在爆发后 29 天内的舆情演化趋势。纵坐标表示发帖量，单位为个。图 10.19 中深色线表示真实的数据，浅色线表示实验数据。

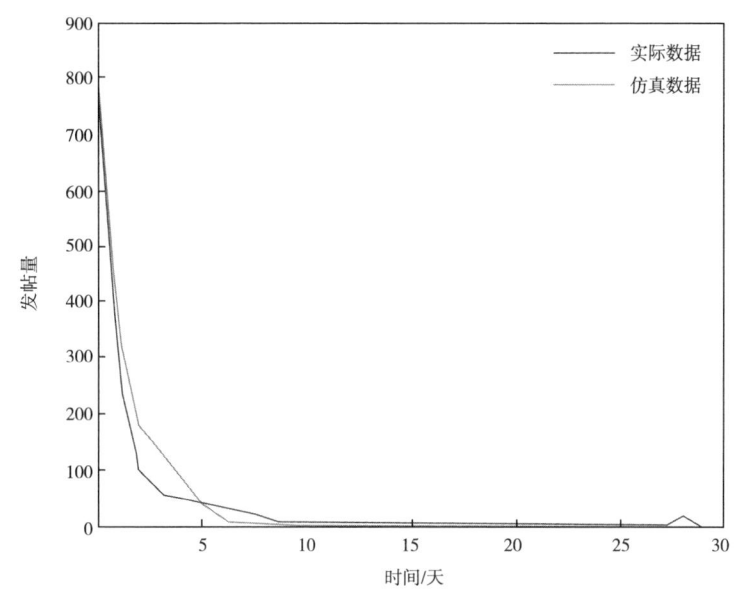

图 10.19 发帖量变化趋势图

从图 10.19 中可以发现几个现象：首先观察真实数据，可以发现该突发事件网络舆情并没有产生阶段和扩散上升阶段，在事件爆发的当天发帖量就已经达到了最高，这在以往的突发事件网络舆情中也常常出现。根据第 3 章对高潮点和回归点的定义，第 0 天为高潮点，第 4 天为回归点，因此第 0 天至第 3 天属于扩散下降阶段。在该阶段内，每天的发帖量基本保持急剧下降的趋势。第 3 天之后属于消亡阶段，在该阶段内，发帖量总量较少且每天的发帖量缓慢下降。其次观察实验数据，可以发现在趋势和发帖量维度上，实验数据基本与实际数据保持一致。在第 0 至 2 天，实验数据与真实数据拟合较好，且真实数据包含在实验数据的标准差范围内。在第 3 至 5 天，实验数据均值比真实数据的均值大；在第 5 天之后，实验数据均值比真实数据小。

2）事件相关网民观点变化趋势

根据本节对信息的建模，信息分为正面积极观点和消极观点。那么事件相关网民积极观点和消极观点的发帖量如图 10.20 所示。图 10.20（a）是事件相关网民积极观点的演化趋势图，图 10.20（b）是事件相关网民消极观点的演化趋势图。

(a) 积极观点 (b) 消极观点

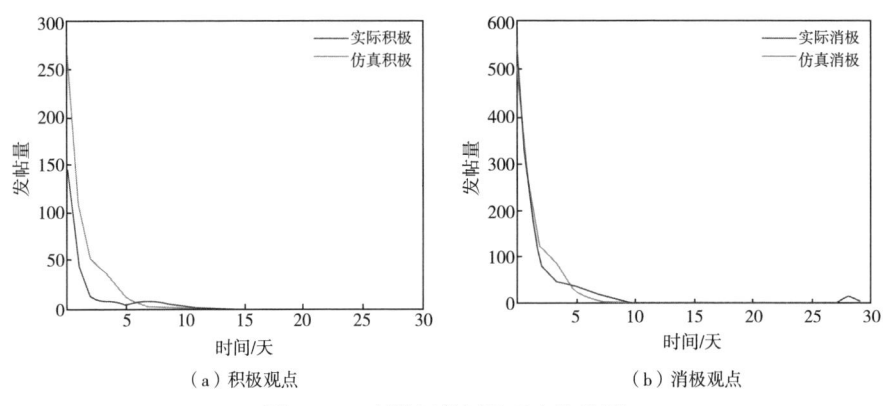

图 10.20 事件相关网民观点演化图

从图 10.20 中可以发现几个现象：总体而言，消极观点情绪大于积极观点情绪。通过对数据进行统计，根据帖子观点标定算法，实际数据中 81.8%的发帖为消极观点，而实验数据中 67.6%的发帖为消极观点。这与现实社会中网络"负面信息多，正面信息少"的特点一致。具体而言，通过观察图 10.20（a）可以发现在 0~1 天，实验的积极观点发帖量曲线与真实的积极观点发帖量曲线趋势保持基本一致，且保持一定偏差；第 2 天差别最大，之后两者偏差逐步减小。通过观察可以发现，实验数据的标准差区间内并没有包含实际数据曲线。通过观察图 10.20（b）可以发现，第 0 天实验数据小于真实数据，1~2 天时间内，实验数据与真实数据拟合紧密；3~5 天，实验数据比真实数据的大，而在 5 天之后，实验数据普遍比真实数据小。与图 10.20（a）类似，真实数据基本超出了实验数据的标准差区间。

3）事件相关网民发帖量均方根误差

为了精确地分析误差情况，本节实验采用均方根误差对拟合的曲线进行验证。均方根误差也称为标准误差，它衡量的是实验数据与真实数据偏差。需要说明的是均方根误差与标准差是不同的，标准差衡量的是一组数据自身的离散程度。均方根误差的具体公式为

$$\mathrm{rmse}(t) = \sqrt{\frac{\sum_{i=0}^{t}(y_i - y_i')^2}{t}} \tag{10.10}$$

其中，t 表示当前实验时间；y_i 表示 i 时刻真实数据值；y_i' 表示 i 时刻实验数据值。均方根误差曲线如图 10.21 所示。横坐标表示时间，单位为天；纵坐标表示误差量，单位为个。颜色由浅至深分别表示发帖量误差曲线、消极观点发帖量误差曲线和积极观点发帖量误差曲线。

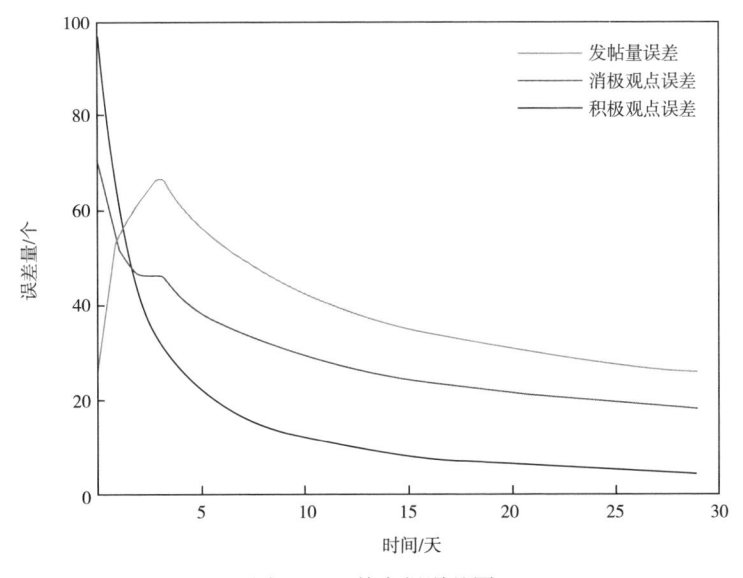

图 10.21 均方根误差图

可以发现,除了发帖量误差曲线在 0~2 时刻上升以外,三条曲线误差都保持下降趋势。消极观点误差曲线和积极观点误差曲线在前两天下降较快,之后缓慢下降。发帖量误差曲线在前 3 天上升,之后缓慢下降。可以发现,发帖量误差并不等于消极观点误差和积极观点误差之和。

4) 事件无关网民观点变化趋势图

此外,实验模拟了事件无关网民的观点变化情况。实验结果如图 10.22 所示。图 10.22 中横坐标表示时间,单位为天;纵坐标表示人数,单位为个。浅色曲线表示持有消极观点的人数;深色曲线表示持有积极观点的人数。

从图 10.22 中不难发现,事件无关网民观点演化曲线其实就是事件相关网民观点演化曲线的放大和滞后效果。在对事件无关网民的模型设计中,网民仅仅从其关注的对象那里获取信息,因此在第 0 天时所有事件无关网民都不知道信息。之后的曲线基本就是对应事件相关网民观点发帖量曲线滞后一天的效果。同时通过计算发现,放大的倍数基本为 40 多倍,这也与网络的构造有直接关系。

3. 实验结果分析

在构建网民信息处理模型、网络模型和信息模型过程中,本小节对真实情景做了大量的抽象和假设。在对参数赋值过程中,部分参数通过历史数据训练分析得到,部分参数通过经验假设得到。总体来说,案例实验的效果接近于实际情况。这表明模型能在一定程度上反映真实社会中突发事件网络舆情的演化情况。

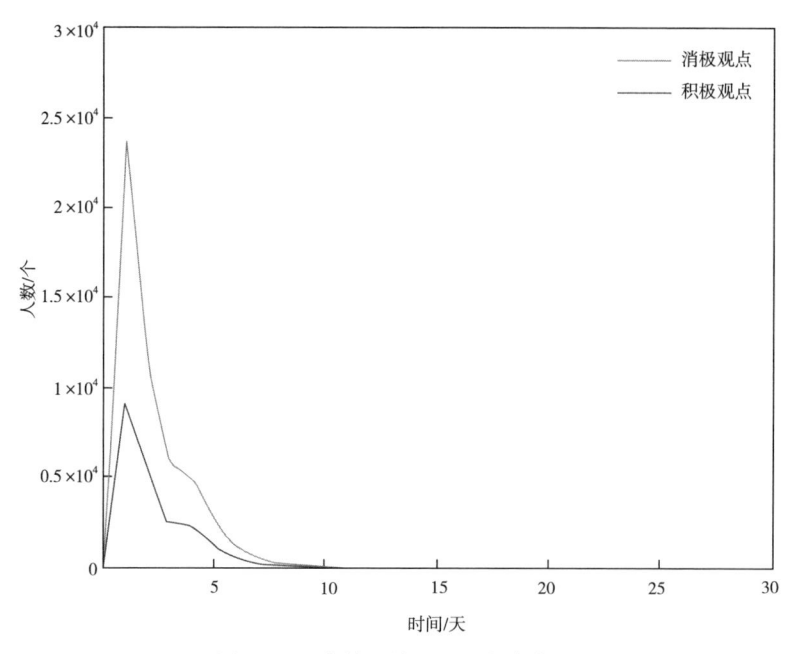

图 10.22　事件无关网民观点演化图

以上实验结果虽然基本符合"8·12 天津港爆炸"事件微博发帖量的变化趋势，但还是有一些不足之处，表现在真实数据与仿真实验数据存在一定误差。误差包括起始点误差和曲线趋势误差两个方面。对于起始点误差，主要是根据网民信息处理模型中计算态度的 Markov 链转移概率、获知信息的人数比例和发表帖子的意愿。对于曲线趋势误差，主要是由于网民之间的关系网络、Markov 链转移概率和当前时刻的发帖意愿。单独分析这几个因素，如果 Markov 链转移概率中不同转移情况下发表积极/消极观点的权重偏大，那么在同样条件下积极/消极观点的数量就会增多，反之则减少；如果网民群体中获知信息的比例增加，那么在同样条件下发表观点的人数也就增多，反之则减少；如果网民发表帖子的意愿增大，那么在同样条件下发表帖子的数量就会增加，反之则减少；如果网民的粉丝很多，即节点的度很大，那么获知信息的粉丝数量也会很大，那么在相同条件下发表帖子的数量也会增加，发帖量变化曲线的斜率就会上升。由此可见，一个现象由多个参数共同影响，且不同的参数可能导致相同的结论。

10.4　基于无人机平台的危害气体空中监测案例

随着物联网的迅速发展和我国环境治理工作的日益深入，利用物联网技术构建环保智能检测系统已成为当前重要的研究方向。传统的监测方法是利用地面监测站或手持检测仪器进行监测，存在效率低、成本高、且不够灵活等问题。同时，传统方式下对于气体检测数据的存储管理和共享关注不足，在互联网时代不利于其他个人和团体对环保管理事业的参与。因此，如何灵活高效地采集数据，并对数据进行智能存储和处理成为亟待解决的问题。

10.4.1 案例分析

本案例的研究目标是通过无人机机载危害气体传感器对化工园区进行全角度监测，对监测数据进行反算后获得溯源结果，发现疑似泄漏源。通过对疑似泄漏源的仿真实验获得泄漏过程的影响范围。案例涉及的设备为机载监测平台，包括大疆 M100 无人机、机载智能计算设备树莓派和危害气体传感器等硬件设备，以及气体检测与数据管理系统。在该平台系统的支持下，案例设计的实验针对某化工园区的厂区分布特点对危害气体数据进行采集，基于采集到的实验数据对疑似泄漏源和泄漏过程进行分析。

10.4.2 监测平台设计

机载监测平台结构如图 10.23 所示，主要由两部分组成，即硬件部分（智能气体嗅探无人机）和软件部分（B/S 架构的危害气体检测信息系统）。智能气体嗅探无人机由 M100 无人机、树莓派 2B 和若干 ZE 系列气体传感器组成。B/S 架构的危害气体监测信息系统由采集端和处理端组成：采集端为 M100 搭载树莓派上的 Qt 4.8 程序，负责数据的采集和发送；处理端为云主机上的 PHP 程序及数据库，负责数据的接收、存储、管理和展示。

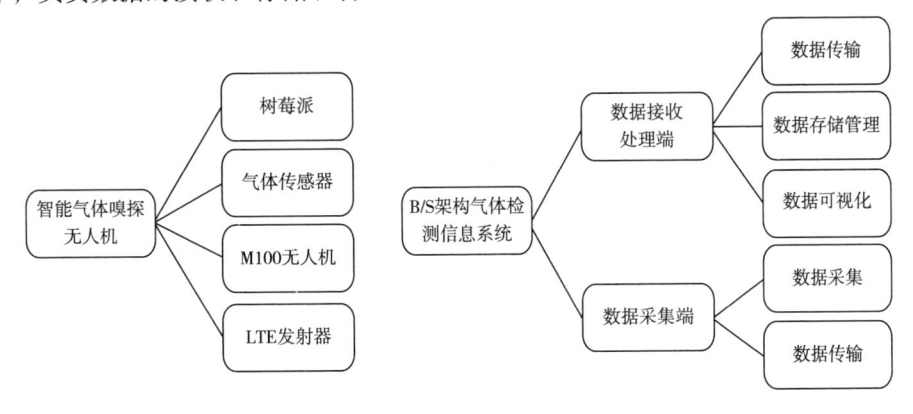

图 10.23　平台结构

平台的数据流见图 10.24。平台工作时，树莓派通过数据读取命令传感器获取危害气体浓度数据，通过大疆 Onboard SDK 库中的数据读取函数获取无人机飞行数据（经度、纬度、高度），再通过 B/S 架构网络通信将数据传输给云主机，云主机将数据存入数据库对应位置，向采集端返回必要信息。在数据库中查询本次飞行实验相关数据并通过网页进行展示。平台实现了数据的自动采集、传输、校验、分类别存储和图形化显示。

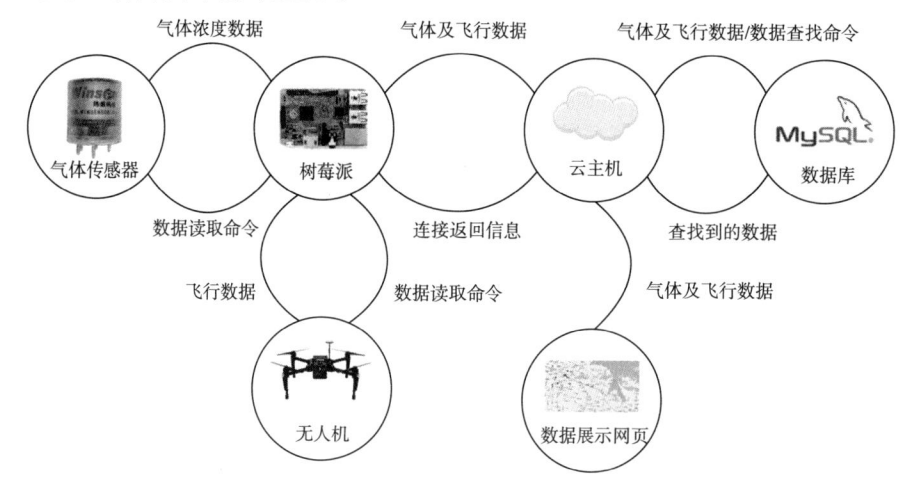

图 10.24 平台的数据流

10.4.3 某化学工业区实验

某化学工业区是以石油化工和精细化工为主的专业开发区，重点发展以烯烃和芳烃为原料的石油化工、天然气化工以及合成新材料、精细化工等石油深加工产品。因此，对该区企业的污染气体排放的监测是一项重要工作。

1. 实验方案设计

1）实验对象

选取化工园区内的一个石油公司作为主要的检测对象，该公司是化工园区内排放气体种类最多、数量最大的公司。主要工业装置包含 90 万吨/年乙烯、50 万吨/年芳烃抽提、9 万吨/年丁二烯抽提等。

2）实验设备

智能气体嗅探无人机包括大疆 M100 无人机、Raspberry PI 2B 微型电脑、变压模块、无线 Wi-Fi、ZE03 系列 NO_2、SO_2、NH_3、H_2S 电化学传感器，见图 10.25。其中，M100 无人机单电池续航时间约为 15 分钟，最大飞行速度为 20 米/秒，安全飞行高度可达 500 米。单电池条件下，无人机的一次飞行可以保证安全移动 4～

6 千米的距离，该距离基本满足化工区的监测需求。气体传感器种类是根据前期化工园区监测站的监测数据、石油公司的排放信息和传感器的量程确定。

图 10.25　智能气体嗅探无人机整体图

3）监测高度与区域

监测高度：由于不同高度上气体扩散情况不同，同时考虑石油公司厂区内排放装置高度均低于 50 米，因此选取 2 米、50 米、100 米、150 米四个高度层进行测量。若监测区域位于陆地时，则手持无人机进行测量，若位于海上，则调整为 15 米飞行测量。

4）监测区域内飞行路线规划

以往的监测方法一般都是通过固定监测站采样得到数据。一般来讲，监测站越多且分布越广，采样数据的覆盖面越全面，分析结果也更加精确。这样一来，监测的成本会非常巨大。因为一般烟羽中心轴采集到的浓度数据较高，同时根据烟羽中心轴和风向就能基本确定污染源位置，所以烟羽中心轴附近的高浓度数据在本节称为"关键数据"，而监测站数量少很可能导致无法监测关键数据。本节采用的基于无人机平台的监测系统能够使监测站克服上述缺点。无人机平台不再受到空间的限制，无人机能够自由移动，因此大大提高了采集到关键数据的可能性。为了保证得到关键数据，飞行路径应依照下述规则确定。首先环绕区域的外围进行飞行，起飞区域应确定在估计区域的下风向位置，这样有更大的概率在短时间内采集到关键数据。当浓度数据出现明显的先增后减的峰值时，说明无人机飞过了烟羽中心轴，可认为无人机已采集到关键数据，之后顺着风使无人机向前进或后退一段距离后，反方向飞回以使无人机再次采集浓度峰值，如此往复多次后返航。

2. 实验数据采集

考虑 M100 的技术参数，一次实验完成 4 次飞行，完成每条飞行路线需两次飞行，手持无人机测量基本不耗电。均选择晴朗的天气进行飞行，避免雨水对设备的损坏。根据实验计划沿石油公司厂区外围公路进行空中监测，飞行高度为 50 米，飞行路线如图 10.26 所示。

图 10.26 无人机飞行路线

通过精确数据处理，该监测区域的精确飞行路线以及路线上的 SO_2 气体浓度分布情况如图 10.27 所示，图 10.27（a）中圆点表示飞行过程中的采样点，圆点尺寸越大颜色越深说明采集到的 SO_2 浓度越高。图 10.27（b）为 SO_2 浓度变化曲线。后续研究中，可利用该数据对 SO_2 气体的排放源进行反算定位。

3. 实验结果

本次实验使用神经网络对污染源进行定位。神经网络可以用于复杂非线性系统的拟合与分类。以往用于污染源定位的算法大多基于贝叶斯理论，通过计算后验概率分布从而估计污染源。在化工园区中，排放点的位置和数量都是已知的，因此可以将污染源定位问题转化为分类问题。在使用常规的贝叶斯估计时，可能会因为过拟合等问题错误地估计源项。神经网络基于训练数据进行分析，无须考虑反算的具体算法，网络能从训练数据中提取特征对给定的输入进行分类，如果网络结构设计得当，能很好地确定出排放点。

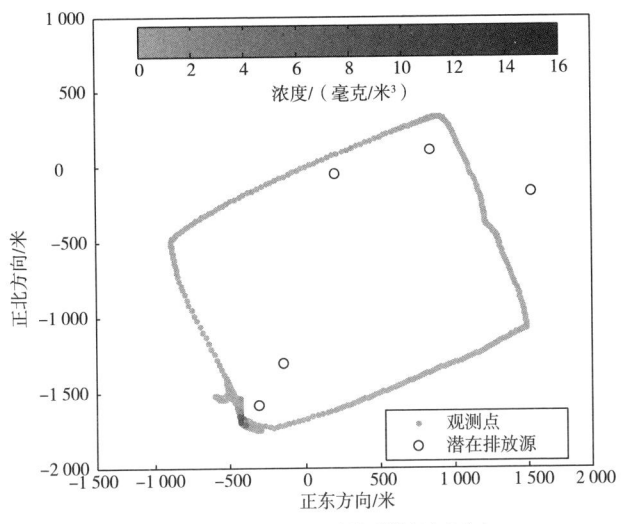

第10章 突发事件应急管理计算实验案例

(a) 无人机飞行路线采样点浓度分布

(b) SO_2浓度变化曲线

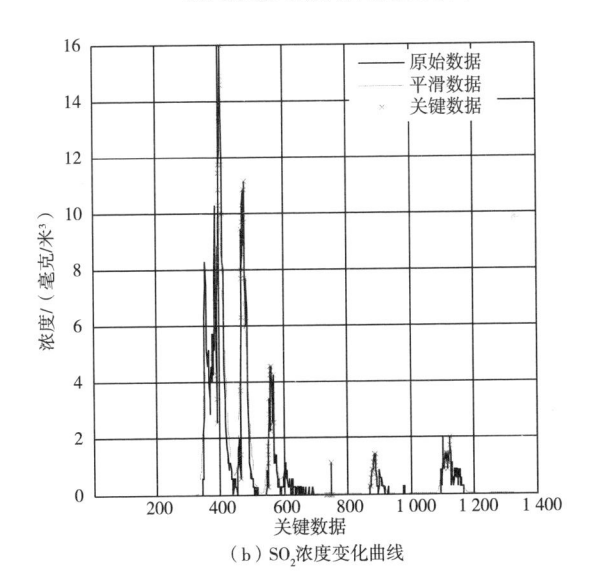

图10.27 无人机飞行路线与浓度曲线

我们希望得到这样一个神经网络，通过一定的方法从无人机的飞行轨迹中选取出关键数据，即出现浓度先增后减峰值的数据集。然后将若干段关键数据对应的飞行轨迹坐标值输入神经网络，神经网络根据输入计算出这些关键数据的浓度峰值是由哪个排放点产生的。因为风向 d 的取值为[0,360)，所以可对每个风向角设定一个神经网络 N_d。神经网络的输入参数共有三个，即无人机位置的 x 坐标、y 坐标和 z 坐标。类似的，为了简化神经网络的结构并提升反算效果，我们让无人机始终飞行在离地 50 米的高度，在这种情况下神经网络的输入参数数量可简化为两个。假设源估计区域共有 N 个已知排放点 $\{\theta_i = (x_i, y_i, z_i)\}_{i=1}^{N}$，那么神经网络的输出 output 是一个 N 维向量，每一维分别对应一个排放点。对应于输入 input=$\{x,y,z\}$，输出向量的第 i 维元素的值 output[i]的高低代表了实际扩散源是对应排放点的可能性高低。显然，与关键数据相对应的是经过烟羽中心轴的飞行轨迹，因此神经网络输入的轨迹坐标值对应的采样浓度越高，说明该坐标离烟羽中心轴越接近，神经网络对应的输出值也应该越高。

对网络进行训练可采用真实数据也可采用仿真数据。使用真实数据训练需要在化工区的每隔一定距离的位置进行采样，同时要控制每个排放点的释放速率为一个常量，但是这种真实数据采集的条件太过苛刻，尤其是排放点的释放速率是不可控的。因此使用真实数据进行神经网络训练是非常困难的，故本节使用仿真数据训练神经网络。因为风向的取值为[0,360)，对每个取值为 0~359 度的整数风向角 d，分别训练神经网络 N_d，因此共需训练 360 个网络。

对于一个特定的风向 d，其神经网络的训练数据用如下方式产生。先划定一块覆盖化工区的区域，设该区域的 x 坐标范围是 $[x_{\min}, x_{\max}]$，y 坐标范围是 $[y_{\min}, y_{\max}]$。对于覆盖区域内的第 i 个排放点，假设其释放中心为 $\theta_i = \{x_i, y_i, z_i\}$，在覆盖区内产生一定数量的随机位置的采样点。同时为了简化模型复杂程度，假设无人机的飞行高度保持在 h 不变，因此这些采样点的 z 取值也恒为 h。使用高斯烟羽模型计算特定风向为 d 时，各个采样点(x,y,z)的浓度值 c_i，计算公式如下：

$$c_i(x,y,z) = \frac{q}{2\pi v \sigma_y \sigma_z} \exp\left(-\frac{D_y^2}{2\sigma_y^2}\right)\left[\exp\left(-\frac{(D_z - H)^2}{2\sigma_z^2}\right) + \exp\left(-\frac{(z+H)^2}{2\sigma_z^2}\right)\right] \quad (10.11)$$

其中，q 表示排放源的释放速率，在神经网络训练数据中恒等于 100 克/秒；v 表示风速，在训练数据中恒等于 1 米/秒；H 表示扩散源高度；D_y 和 D_z 为采样点关于释放源 θ_i 的垂直风向距离和采样点离地高度；σ_y 和 σ_z 分别表示烟羽在 y 轴方向和 z 轴方向的扩散参数，表达式为

$$\sigma(D_x) = a \cdot D_x \cdot (1 + b \cdot D_x)^{-c} \quad (10.12)$$

其中，D_x 是采样点关于释放源 θ_i 的下风向距离。对应训练数据的输出应满足越接近释放源、越接近中心轴，其数值越高的条件，若释放源编号为 i^*，本节将输出定义为

$$\text{output}[i] = \delta[i - i^*]\log_{10}\left[c_i(x,y,z) + 1\right] \quad (10.13)$$

其中，$\delta[i]$ 是离散形式下的狄拉克函数。对于每个可能的释放源，分别对每个采样点都产生这样一组输入输出加入训练集。完成神经网络训练后，需要将测量数

据集中的关键数据抽取出来，并将它们的坐标信息输入神经网络就可以确定这些关键数据的源位置信息。

若无人机整个飞行过程的采样数据中共有 M 组，那么采样数据的集合为 $D = \{x_t, y_t, z_t, c_t\}_{t=1}^{M}$。那么关键数据集就是所有这些采样数据中浓度峰值附近的采样数据集合。原始的采样浓度曲线不可避免会有尖峰毛刺的出现，这些微小的波动会影响我们提取出真正的浓度峰值。因此在进行关键数据确定前，需要对原始数据进行线性平滑的预处理。得到平滑后的数据集 $D^* = \{x_t, y_t, z_t, c_t^*\}_{t=1}^{M}$，令 $d_t = c_{t+1}^* - c_t^*$，可得到浓度差分数据集 $D' = \{x_t, y_t, z_t, d_t\}_{t=1}^{M-1}$。当差分数据集中出现连续 L_1 次非负值，之后出现连续 L_2 次非正值后可认为采样浓度数据经过了一个峰值，在本次实验中，分别取 $L_1 = 20$，$L_2 = 20$。之后，从 L_1 个非负数据中选取后 l 个，从 L_2 个非正数据中选取前 l 个，将这 $2l$ 个数据（假设编号为 t 至 $t+2l-1$）合为一组关键数据子集 $D_j = \{x_\tau, y_\tau, z_\tau, c_\tau\}_{\tau=t}^{t+2l-1}$ 并入关键数据集 $D_c = \{D_j\}_{j=1}^{P}$（包含 P 组关键子数据）。之后，将通过关键数据集 D_c 计算出所有可能的源项。

第 j 组关键数据子集 D_j 实际上对应了一个浓度峰值，本节假设一个浓度峰值由一个释放源产生，那么对于一个关键数据子集 D_j，确定其释放源的方法如下：当风向为 d 时，将关键数据子集中的 $\{x_\tau, y_\tau\} \in D_j$ 输入神经网络 N_d，可得到对应的输出集 $\{\text{output}_\tau\}$。为了确定出该浓度峰值对应的排放点，我们需要先将输出集求和，如下所示：

$$W[i] = \sum_\tau \text{output}_\tau[i] \qquad (10.14)$$

其中，$W[i]$ 是输出集中所有输出向量第 i 个元素的和。显然 $W[i]$ 的值越大，真实扩散源是对应的第 i 个排放点的可能性越高。因此，对应 $W[i]$ 值最大的排放点为该浓度峰值对应的排放点。对所有的关键数据子集 $D_j \in D_c$ 求出它们对应的排放点，这些排放点即为所有排放源的集合 $\{\theta_k\}_{k=1}^{K}$。

获得无人机监测数据后，先对原始浓度数据进行均值平滑，然后检测浓度数据曲线中的峰值并标注出关键数据，如图 10.27（b）所示。由图 10.27 可知，从所有监测数据中共标出六组关键数据子集，每个子集对应平均风速风向以及神经网络如表 10.15 所示。因此，针对这六组关键数据子集，使用六个不同的神经网络得到对应的排放源，六组关键数据子集对应的排放源均为 SAR 烟囱，如图 10.28 所示，SAR 烟囱位置与实拍图如图 10.29 和图 10.30 所示。

· 300 ·　　　　　　　　面向应急管理的人工社会构建与计算实验

表 10.15　关键数据子集与对应的神经网络

关键数据子集编号	平均风向/deg	平均风速/（米/秒）	使用的神经网络
1	81.7	0.2	N_{82}
2	90.5	0.3	N_{91}
3	85.3	0.4	N_{85}
4	103.7	0.4	N_{104}
5	105.5	0.1	N_{106}
6	102.8	0.3	N_{103}

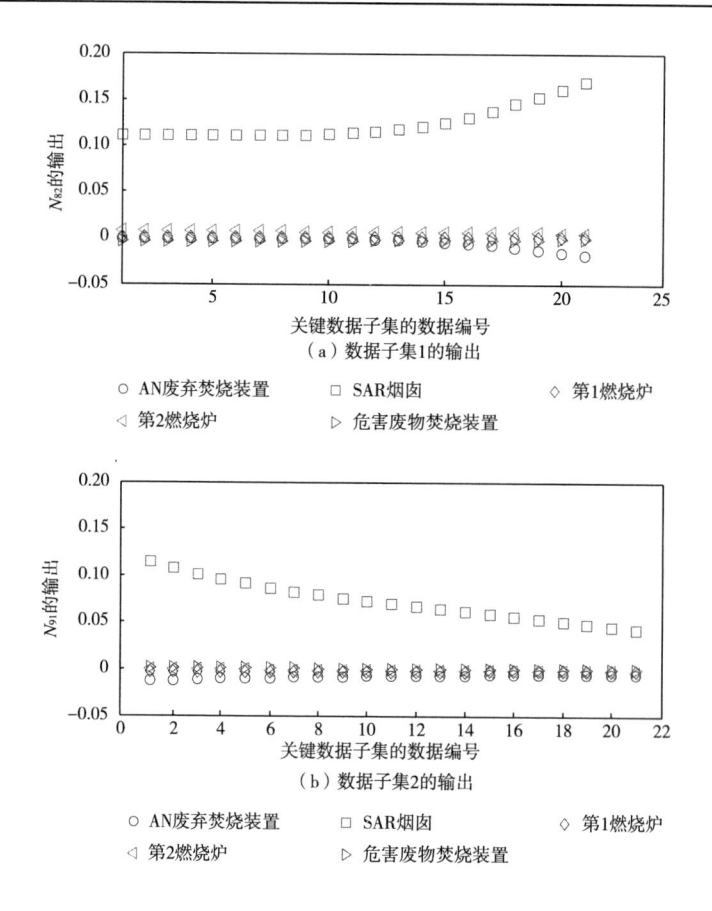

（a）数据子集1的输出

○ AN废弃焚烧装置　　□ SAR烟囱　　◇ 第1燃烧炉
◁ 第2燃烧炉　　▷ 危害废物焚烧装置

（b）数据子集2的输出

○ AN废弃焚烧装置　　□ SAR烟囱　　◇ 第1燃烧炉
◁ 第2燃烧炉　　▷ 危害废物焚烧装置

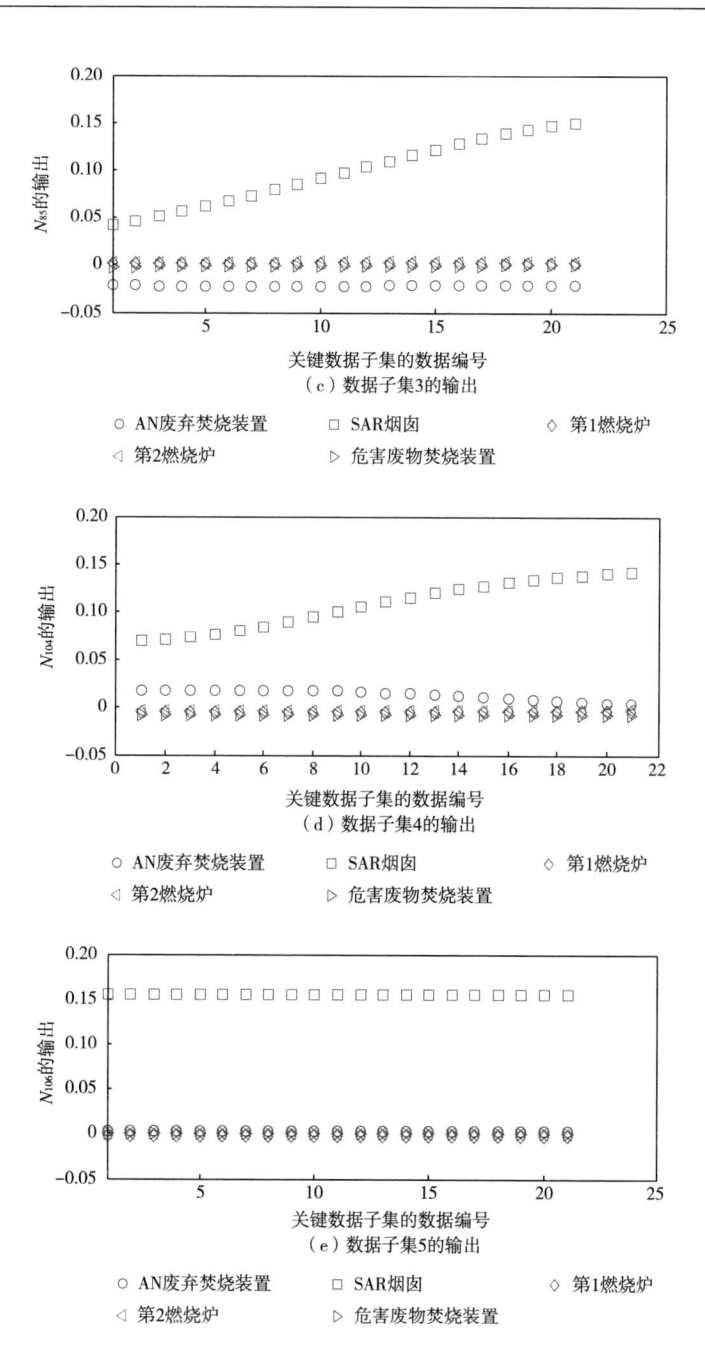

第 10 章 突发事件应急管理计算实验案例

N_{85}的输出

（c）数据子集3的输出
关键数据子集的数据编号

○ AN废弃焚烧装置　　□ SAR烟囱　　◇ 第1燃烧炉
◁ 第2燃烧炉　　▷ 危害废物焚烧装置

N_{104}的输出

（d）数据子集4的输出
关键数据子集的数据编号

○ AN废弃焚烧装置　　□ SAR烟囱　　◇ 第1燃烧炉
◁ 第2燃烧炉　　▷ 危害废物焚烧装置

N_{106}的输出

（e）数据子集5的输出
关键数据子集的数据编号

○ AN废弃焚烧装置　　□ SAR烟囱　　◇ 第1燃烧炉
◁ 第2燃烧炉　　▷ 危害废物焚烧装置

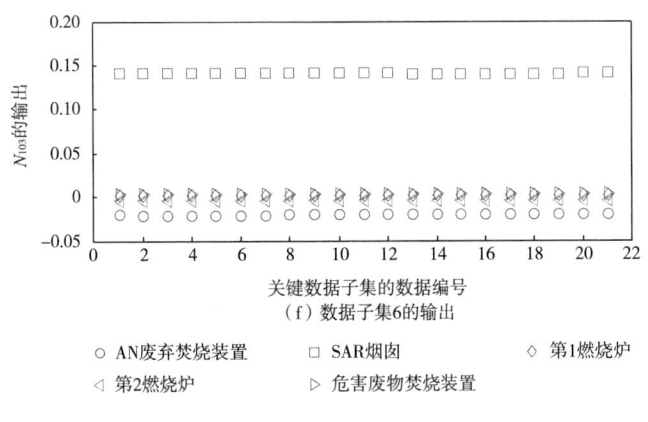

图 10.28 反算结果

图 10.29 SAR 烟囱位置及现场还原

使用基于无人机平台的气体浓度监测系统能很好地采集到关键数据，克服传统固定监测站空间上的限制。采用神经网络方法的优势在于无须考虑释放速率和风速的影响，这在很大程度上减少了模型的复杂度，提升了源估计的准确性。

图 10.30 SAR 烟囱实拍图

实验初步验证了基于无人机平台的气体浓度监测系统的有效性。在实际工作中，该平台可为园区的环境监测提供一种全新的方式；该实验采集到的 SO_2 气体浓度数据可用于排放源的定位计算，可为化工区管理委员会提供部分工厂的超排数据；无人机移动监测平台丰富了园区监测数据的来源，通过后续多源信息的比对融合可以获得更加准确的信息。

参 考 文 献

包昌火. 1990. 情报研究方法论[M]. 北京：科学技术文献出版社.
曹杰, 杨晓光, 汪寿阳. 2007. 突发公共事件应急管理研究中的重要科学问题[J]. 公共管理学报, 4(2)：84-93.
曹志冬, 王小莉. 2011. 甲型 H1N1 早期流行的时空特征与社会经济因子研究[R]. 中国地理信息系统协会理论与方法专业委员会 2010 年学术研讨会.
曹志冬, 焦娜, 曾大军, 等. 2011. 基于疫情现场应急的复杂传播网络重构与动态演化[R]. 第六届国际应急管理论坛暨中国应急管理专业委员会第七届年会, 北京.
陈彬, 邱晓刚, 郭刚. 2011. 多范式人工社会建模与多智能体仿真平台框架[J]. 系统仿真学报, (8)：1702-1707.
陈彬, 邱晓刚, 张烙兵. 2014. 面向人工社会的多范式建模理论与方法[J]. 系统仿真学报, 26(10)：2247-2252.
陈晓慧, 王晓来, 张博. 2012. 美国媒介素养定义的演变和会议主题的变革[J]. 中国电化教育, (7)：19-22.
陈雪龙, 董恩超, 王延章, 等. 2011. 非常规突发事件应急管理的知识元模型[J]. 情报杂志, 30(12)：22-26.
陈一壮. 2007. 论贝塔朗菲的"一般系统论"与圣菲研究所的"复杂适应系统理论"的区别[J]. 山东科技大学学报(社会科学版), 2：5-8.
陈月生. 2005. 群体性突发事件与舆情[M]. 天津：天津社会科学院出版社.
陈月生. 2007. 略论群体心态与舆情研究[J]. 理论月刊, (8)：67-70.
程子龙. 2012. 面向传染病传播的人工交通系统建模关键技术研究[D]. 国防科学技术大学硕士学位论文.
程子龙, 邱晓刚. 2012. 交通系统建模研究综述[R]. 第 31 届中国控制会议.
狄国强, 曾华艺, 勒中坚, 等. 2012. 网络舆情事件的系统动力学模型与仿真[J]. 情报杂志, 8：12-20.
刁阳, 隽志才, 倪安宁. 2009. 中观交通流建模与系统仿真研究综述[J]. 计算机应用研究, 26(7)：2411-2415.
丁学君, 梁昌勇. 2016. 基于传染病动力学的博客舆情话题传播模型研究[J]. 信息系统学报, 1：63-76.
董孟高, 毛新军, 郭毅, 等. 2012. 复杂自适应多 Agent 系统的环境表示及感知[J]. 计算机研究与发展, 2：402-412.
段伟. 2014. 基于异质 agent 的疾病传播建模与计算实验[D]. 国防科学技术大学博士学位论文.
段伟, 曹志冬, 邱晓刚, 等. 2012. 平行应急管理系统中人工社会的语义建模[J]. 系统工程理论与实践, 3(5)：1010-1017.

参考文献

樊宗臣. 2015. 面向社会舆情事件的人工社会建模与仿真研究[D]. 国防科学技术大学博士学位论文.

樊宗臣, 邱晓刚, 李博, 等.2014. 面向网络公共安全事件的人工社会模型体系结构[J]. 系统仿真学报, 26(10): 2264-2272.

范维澄. 2007. 国家突发公共事件应急管理中科学问题的思考和建议[J]. 中国科学基金, 21(2): 71-76.

范维澄, 刘奕, 翁文国. 2009. 公共安全科技的"三角形"框架与"4+1"方法学[J]. 科学导论, 17(6): 1-1.

范维澄, 刘奕, 翁文国, 等. 2013. 公共安全科学导论[M]. 北京: 科学出版社.

方滨兴, 崔翔, 王威. 2011. 僵尸网络综述[J]. 计算机研究与发展, 48(8): 1315-1331.

方付建, 王国华. 2010. 现实群体性事件与网络群体性事件比较[J]. 岭南学刊, (2): 15-19.

傅珏, 张健, 王振羽, 等. 2009. 实验设计与分析[Z]. 北京: 人民邮电出版社.

葛渊峥. 2014. 基于 Agent 的人工社会框架设计与生成方法[D]. 国防科学技术大学博士学位论文.

龚英辅, 罗德瓦. 1990. 人工智能研究在美国兰德公司[J]. 计算机工程, 3: 50-55.

郭刚, 张琦, 王达, 等. 2002. 自然环境建模数据编码标准研究[J]. 计算机工程与科学, 24(5): 78-82.

郭刚, 陈彬, 邱晓刚. 2011. 平行系统的人工环境构建技术[J]. 系统仿真学报, 23(8): 1686-1690.

韩传峰, 王兴广, 孔静静. 2009. 非常规突发事件应急决策系统动态作用机理[J]. 软科学, 23(8): 50-53.

韩智勇, 翁文国, 张维, 等. 2009. 重大研究计划"非常规突发事件应急管理研究"的科学背景、目标与组织管理[J]. 中国科学基金, 23(4): 215-220.

何凌南, 钟智锦, 可唯中. 2014. 新媒体环境下的媒介使用行为特征——2013 年城市受众新媒体使用行为调查报告[J]. 新闻记者, 6: 63-66.

何凌南, 张志安, 蔡晓纯, 等. 2015. 社交媒体谣言传播特点及规律分析——以微信公众号谣言为例[J]. 网络传播, (1): 36-39.

黄飞虎, 彭舰, 宁黎苗. 2014. 基于信息熵的社交网络观点演化模型[J]. 物理学报, (16): 12-20.

黄柯棣, 邱晓刚. 2010. 建模与仿真技术[M]. 长沙: 国防科技大学出版社.

季步. 1992. 应用 Reed—Frost 数学模型模拟一起封闭式麻疹爆发点[J]. 现代预防医学, 1: 10-11.

卡斯蒂 J. 1998. 虚实世界[M]. 王千祥, 等译. 上海: 上海科技教育出版社.

乐阳, 龚健雅. 1999. Dijkstra 最短路径算法的一种高效率实现[J]. 武汉测绘科技大学学报, 24(3): 209-212.

李彪, 郑满宁. 2014. 社交媒体时代的网络舆情——生态变化及舆情研究现状、趋势[J]. 新闻记者, 1: 36-41.

李伯虎, 柴旭东, 朱文海, 等. 2004. 现代建模与仿真技术发展中的几个焦点[J]. 系统仿真学报, 16(9): 1871-1878.

李建伟. 2012. 基于知识元的突发事件情景研究[D]. 大连理工大学硕士学位论文.

李勇建, 乔晓娇, 孙晓晨. 2013. 突发事件结构化描述框架研究[J]. 电子科技大学学报(社会科学版), (1): 28-33.

李祯. 2014. 基于CPU/GPU 异构并行系统的大规模人工社会仿真计算加速方法研究[D]. 国防科学技术大学硕士学位论文.

李祯, 邱晓刚, 郭刚, 等. 2014. 面向大规模人工社会的 CPU/GPU 异构并行仿真引擎设计[J]. 系统仿真学报, 26(10): 2285-2292.

刘辉, 麻志毅, 邵维忠, 等. 2008. 元建模技术研究进展[J]. 软件学报, 19(6): 1317-1327.

刘亮, 邱晓刚, 陈彬, 等. 2014. 人工社会中社会网络构建研究[J]. 系统仿真学报, 26(10): 2258-2263.

刘铁民. 2011. 突发事件应急预案体系概念设计研究[J]. 中国安全生产科学技术, 8: 5-13.

刘铁民. 2012a. 重大突发事件情景规划与构建研究[J]. 中国应急管理, 4: 18-23.

刘铁民. 2012b. 应急预案重大突发事件情景构建——基于"情景–任务–能力"应急预案编制技术研究之一[J]. 中国安全生产科学技术, 4: 5-12.

刘铁民. 2012c. 应急准备任务设置与应急响应能力建设——基于情景–任务–能力应急预案编制技术研究之二[J]. 中国安全生产科学技术, 10: 5-13.

刘霞, 严晓, 刘世宏. 2011. 非常规突发事件的性质和特征探析[J]. 北京航空航天大学学报(社会科学版), 24(3): 13-17.

刘晓平, 唐益明, 郑利平. 2008. 复杂系统与复杂系统仿真研究综述[J]. 系统仿真学报, 23: 6303-6315.

刘怡君, 李倩倩, 马宁, 等. 2015. 社会舆情的网络分析方法与建模仿真[M]. 北京: 科学出版社.

刘宗田, 黄美丽, 周文, 等. 2009. 面向事件的本体研究[J]. 计算机科学, 36(11): 189-192.

鲁延玲, 蒋国平, 宋玉蓉. 2013. 自适应网络中病毒传播的稳定性和分岔行为研究[J]. 物理学报, 13: 22-30.

陆化普, 张永波, 刘庆楠. 2009. 城市步行交通系统规划方法[J]. 城市交通, 7(6): 53-58.

马亮. 2015. 面向应急管理的个体宏观出行及微观运动行为模拟研究[D]. 国防科学技术大学硕士学位论文.

梅珊. 2012. 高校甲型 H1N1 流感传染病仿真实验研究[R]. 第三届全国平行控制会议.

孟荣清, 邱晓刚, 陈彬, 等. 2014. 平行应急管理中人工社会计算实验的管控设计[J]. 系统仿真学报, 26(10): 2279-2284.

孟荣清, 邱晓刚, 张烙兵, 等. 2015. 面向平行应急管理的计算实验框架[J]. 系统工程理论与实践, 35(10): 2459-2466.

倪子建, 荣莉莉, 鲁荣辉. 2013. 孕灾环境本体构建中的基础逻辑关系研究[J]. 系统工程理论与实践, (3): 711-719.

欧彦. 2011. 人工交通系统的计算实验设计与分析方法研究[D]. 中国科学院自动化研究所博士学位论文.

钱学森, 于景元, 戴汝为. 1990. 一个科学新领域——开放的复杂巨系统及其方法论[J]. 自然杂志, 12(1): 526-532.

邱晓刚. 2008. 军事领域仿真工程——仿真在联合作战研究中应用的途径[J]. 军事运筹与系统工程, 22(3): 23-27.

邱晓刚, 黄柯棣. 2004. 武器装备体系论证仿真环境的设计[J]. 系统仿真学报, 16(4): 717-719.

邱晓刚, 樊宗臣, 陈彬, 等. 2011. 非常规突发事件应急管理仿真的需求与挑战[J]. 系统仿真技术, (3): 169-176.

邱晓刚, 张鹏, 陈彬, 等. 2014a. 面向非常规突发事件应急管理的人工社会计算实验平台研究[J]. 中国应急管理, (2): 7-14.

邱晓刚, 孟荣清, 陈彬, 等. 2014b. 社会性突发事件平行应急管理方法研究[J]. 系统仿真学报, 26(10): 1139-2246.

邱晓刚, 李祯, 张鹏, 等. 2015. KD-ACP 计算实验平台的应用模式设计[J]. 指挥与控制学报, (2): 164-169.

任意. 2013. 面向非常规突发事件的人工社会初始情景研究[D]. 国防科学技术大学硕士学位论文.

闪淳昌. 2004. 建立健全突发事件应急预案[J]. 中国减灾, (6): 13-14.

闪淳昌. 2006. 认真学习贯彻《国家突发公共事件总体应急预案》切实提高应对突发事件和风险的能力(上)[J]. 中国急救复苏与灾害医学杂志, (1): 5-8.

闪淳昌, 黄敏. 2010. 中国应急管理及运行模式[J]. 北京航空航天大学学报(社会科学版), 23(2): 22-26.

商世民, 冯广圣, 刘学峰. 2011. 网络舆情实证研究——以长江网论坛跟帖为例[J]. 新闻研究导刊, 10: 41-43.

佘廉, 沈照磊. 2007. 非常规突发事件下基于 SIR 模型的群体行为分析[J]. 情报杂志, 30(5): 29-34.

佘廉, 娄天峰. 2013. 基于 ITS 的高速公路突发事件应急救援能力提升研究[J]. 管理世界, (5): 176-177.

盛凯, 段红, 陈彬, 等. 2014. 面向人工社会的道路网络建模方法研究[J]. 系统仿真学报, 26(10): 2293-2298.

宋玉蓉, 蒋国平. 2010. 具有非均匀传输和抗攻击差异的网络病毒传播模型[J]. 物理学报, 11: 7546-7551.

宋智超. 2016. 面向应急管理的大规模高分辨率人工社会平行度增强方法[D]. 国防科学技术大学博士学位论文.

宋智超, 孟荣清, 邱晓刚, 等. 2014a. 面向突发事件应急管理的人工社会生成系统的设计与实现[J]. 系统仿真学报, 26(10): 2253-2257.

宋智超, 孟荣清, 邱晓刚, 等. 2014b. 面向应急管理的人工社会生成系统设计与实现[J]. 系统仿真学报, 26(10): 2253-2257.

苏炯铭, 刘宝宏, 李琦, 等. 2014. 社会群体中观点的信任、演化与共识[J]. 物理学报, 5: 44-51.

涂晓媛. 2001. 人工鱼——计算机动画的人工生命方法[M]. 北京: 清华大学出版社.

汪露. 2010. 新闻传播学中刻板印象研究综述[J]. 云梦学刊, 31(3): 152-155.

汪寿阳, 杨晓光, 曹杰. 2007. 突发公共事件应急管理研究中的重要科学问题[J]. 中国应急管理, (2): 84-93.

王飞跃. 2004. 人工社会、计算实验、平行系统——关于复杂社会经济系统计算研究的讨论[J]. 复杂系统与复杂性科学, 1(4): 25-35.

王飞跃. 2007. 平行应急管理系统 PeMS 的体系框架及其应用研究[J]. 中国应急管理, (12): 22-27.

王飞跃. 2013a. 系统工程与管理变革: 从牛顿到默顿的升华[J]. 管理学家, (10): 15-19.

王飞跃. 2013b. 国防装备与系统的未来变革: 从 3D 打印到平行军事体系[J]. 国防科技, 34(4): 1-2.

王飞跃, 兰森 S. 2004. 从人工生命到人工社会——复杂社会系统研究的现状和展望[J]. 复杂系统与复杂性科学, 1(1): 33-41.

王飞跃,蒋正华,戴汝为. 2005. 人口问题与人工社会方法：人工人口系统的设想与应用[J]. 复杂系统与复杂性科学, 2(1)：4-9.

王飞跃,邱晓刚,曾大军,等. 2010. 基于平行系统的非常规突发事件计算实验平台研究[J]. 复杂系统与复杂性科学, 7(4)：1-10.

王飞跃,曾大军,曹志冬. 2011. 网络虚拟社会中非常规安全问题与社会计算方法[J]. 科技导报, 29(12)：15-22.

王国华,戴雨露. 2010. 网络传播中的"反沉默螺旋"现象研究[J]. 北京理工大学学报(社会科学版), 12(6)：116-120.

王来华. 2006. 舆情变动规律初论[J]. 学术交流, (12)：155-159.

王甦,汪安圣. 2006. 认知心理学[M]. 北京：北京大学出版社.

王肃,杜军平,高田. 2011. 基于情景和本体的非常规突发事件建模[R]. 中国智能自动化学术会议.

王维. 2016. 面向网络公共安全事件的人工社会多Agent扩散趋同仿真方法研究[D]. 国防科学技术大学硕士学位论文.

王维,邱晓刚,张鹏. 2013. 科学团队理论及其对大型仿真研究的启示[J]. 系统仿真技术,（1）：45-51.

王旭坪,杨相英,樊双蛟,等. 2013. 非常规突发事件情景构建与推演方法体系研究[J]. 电子科技大学学报(社会科学版), (1)：22-27.

沃尔德罗普 M. 1997. 复杂——诞生于秩序与混沌边缘的科学[M]. 陈玲译. 北京：生活·读书·新知三联书店.

吴广谋,赵伟川,江亿平. 2011. 城市重特大事故情景再现与态势推演决策模型研究[J]. 东南大学学报, 13(1)：18-25

武晓萍,刘红丽. 2010. 基于危机事件的知识地图研究[J]. 华东经济管理, 24(8)：129-131.

肖田元. 2011. 仿真是还原论与整体论建模的桥梁[A]//中国科学技术协会学会学术部. 新观点新学说学术沙龙文集58：复杂系统建模仿真中的困惑和思考[C].

胥涵,任万林,刘伟. 2013. 来源记忆与项目记忆的加工机制：认知资源理论的视角[A]. 中国心理学会. 心理学与创新能力提升——第十六届全国心理学学术会议论文集[C]. 北京：中国心理学会.

徐任婷. 2007. 基于出行者个体行为特征的出行目的地与方式选择模型研究[D]. 东南大学硕士学位论文.

徐致靖. 2015. 复杂社会系统中的传染病动力学建模与案例研究[D]. 中国人民解放军军事医学科学院博士学位论文.

许鑫,章成志,李雯静. 2009. 国内网络舆情研究的回顾与展望[J]. 情报理论与实践, 3：115-120.

薛澜,张强,钟开斌. 2003. 危机管理——转型期中国面临的挑战[M]. 北京：清华大学出版社.

杨风禄,徐超丽. 2011. 社会系统的"自组织"与"他组织"辨[J]. 山东大学学报(哲学社会科学版), 2：86-91.

杨列勋,邓云峰. 2007. 国家突发公共事件应急管理中的科学问题[J]. 自然科学进展, 17(4)：505.

杨宁,黄飞虎,文奕,等. 2015. 基于微博用户行为的观点传播模型[J]. 现代图书情报技术, 12：34-41.

尹超. 2014. 事件原型衍生的自然交互设计与应用[D]. 湖南大学博士学位论文.

于艳飞. 2004. 不确定条件下的个人选择——行为经济学带来的挑战[D]. 吉林大学硕士学位

论文.

余永阳, 张明智, 刘常昱, 等. 2008. 基于 Agent 的战争舆情演化模型研究[J]. 计算机仿真, 9: 9-12.

袁媛, 汪定伟. 2008. 灾害扩散实时影响下的应急疏散路径选择模型[J]. 系统仿真学报, 20(6): 1563-1567.

曾大军, 曹志冬. 2013. 突发事件态势感知与决策支持的大数据解决方案[J]. 中国应急管理, (11): 15-23.

张芳, 司光亚, 罗批. 2011. 基于演化博弈理论的人际谣言传播仿真模型研究[J]. 系统仿真学报, 23(9): 1772-1775.

张健. 2012. Agent 角色模型与多 agent 系统构造方法研究[D]. 山东大学博士学位论文.

张江, 李学伟. 2005. 人工社会——基于 Agent 的社会学仿真[J]. 系统工程, 23(1): 13-20.

张烙兵. 2014. 面向疾病传播的人工社会元建模方法研究与实现[D]. 国防科学技术大学硕士学位论文.

张烙兵, 张鹏, 陈彬, 等. 2014. 面向应急管理的人工社会元模型设计与实现[J]. 系统仿真学报, 26(10): 2299-2305.

张丽军, 梁鸿. 2015. 梁庄: 乡土中国的现在与未来——梁鸿访谈录[J]. 百家评论, 2: 39-56.

张鹏. 2016. 基于知识工程的应急管理领域仿真建模方法研究[D]. 国防科学技术大学博士学位论文.

张鹏, 邱晓刚, 陈彬, 等. 2014. 面向人工社会计算实验的资源分类、描述与处理[J]. 系统仿真学报, 26(10): 2273-2278.

张鹏, 陈彬, 孟荣清, 等. 2015. 面向应急管理计算实验的模型构建和模型管理[J]. 国防科技大学学报, (3): 173-178.

张一文, 齐佳音, 马君, 等. 2006. 网络舆情与非常规突发事件作用机制——基于系统动力学建模分析[J]. 情报杂志, 29(9): 1-6.

张越平, 邱晓刚, 孟荣清, 等. 2011. 仿真综合集成环境资源管理系统研究[J]. 系统仿真学报, 23(8): 1606-1609.

赵玉明, 甘仞初, 鞠彦兵. 2006. 面向情景的机场应急仿真系统 Petri 网建模方法[J]. 计算机工程与应用, 18: 227-232.

志远. 2003. 亚历山大·弗莱明——"青霉素之父"[J]. 英语沙龙, 10: 28-29.

中国科学技术协会学会技术部. 2007. 仿真——认识和改造世界的第三种方法吗[M]. 北京: 中国科学技术出版社.

中国系统仿真学会. 2010. 2009—2010 仿真科学与技术学科发展报告[M]. 北京: 中国科学技术出版社.

仲秋雁, 郭艳敏, 王宁, 等. 2012. 基于知识元的非常规突发事件情景模型研究[J]. 情报科学, (1): 115-120.

周芳, 王瑞. 2013. 基于平行系统的网络舆情试验方法[J]. 指挥信息系统与技术, 3: 1-7.

周涛, 韩筱璞, 闫小勇, 等. 2013. 人类行为时空特性的统计力学[J]. 电子科技大学学报, (4): 481-540.

周云, 黄柯棣, 胡德文. 2009. 动态数据驱动应用系统的概念研究[J]. 系统仿真学报, 8: 2138-2141.

朱力. 2007. 突发事件的概念、要素与类型[J]. 南京社会科学, (11): 81-88.

朱庆, 李渊. 2007. 道路网络模型研究综述[J]. 武汉大学学报(信息科学版), 32(6): 471-475.
朱一凡, 梅珊, 郑涛, 等. 2011. 基于 AGENT 建模的重大疾病传染仿真系统分析[J]. 系统仿真学报, 23(11): 2505-2511+2517.
宗蓓华. 1992. 情景分析在港口发展战略中的应用[J]. 上海海事大学学报, (4): 28-35.
Aspen Institute. 1994. Communication and society program[R]. 1755 Massachusetts Avenue, N. W., Suite501, Washington D C 20036.
Axelord R. 1997. The Complexity of Cooperation[M]. Princeton: Princeton University Press.
Barabási A, Albert R. 1999. Emergence of scaling in random networks[J]. Science, 286(5439): 509-512.
Basu N, Pryor J, Quint T, et al. 1996. Aspen: a micro-simulation model of the economy[R]. Albuquerque, NM, American: Sandia National Laboratories.
Brockmann D, Hufnage L, Geisel T. 2006. The scaling laws of human travel[J]. Nature, 439: 462-465.
Builder C H, Banks S C. 1991. Artificial societies: a concept for basic research on the societal impacts of information technology[R]. Santa Monica, CA, USA: RAND: 7740.
Burke D S, Epstein J M, Cummings D A T. 2006. Individual-based computational modeling of smallpox epidemic control strategies[J]. Society for Academic Emergency Medicine, (7): 1142-1149.
Chen B, Ge Y, Zhang L, et al. 2014. A modeling and experiment framework for the emergency management in AHC transmission[J]. Computational & Mathematical Methods in Medicine, (3): 321-337.
Chen B, Qiu X, Guo G, et al. 2015. KD-ACP: a software framework for social computing in emergency management[J]. Mathematical Problems in Engineering, (5): 1-27.
Chen G X, Han X P, Wang B H. 2010. Multi-level scaling properties of instant-message communications[J]. Physics Procedia, 3(5): 1897.
Crooks A, Heppenstall A. 2011. Introduction to Agent-Based Modeling[M]. Berlin: Springer Netherlands.
Degli A M L C, Merler S, Rizzo C, et al. 2008. Mitigation measures for pandemic influenza in Italy: an individual based model considering different scenarios[J]. PLoS One, 3(3): 1790.
Deijfen M. 2011. Epidemics and vaccination on weighted graphs[J]. Mathematical Biosciences, 232(1): 57-65.
Duan W, Cao Z, Ge Y. 2011. Modeling and simulation for the spread of H1N1 influenza in school using artificial societies[R].
Duan W, Fan Z, Meng R, et al. 2012. Agent-based simulations: designing interior layout of an emporium for emergency evacuation[R]. The 3rd IEEE International Conference on Emergency Management and Management Sciences, Aug: 10-12.
Duan W, Qiu X, Cao Z, et al. 2013. Heterogeneous and stochastic agent-based models for analyzing infectious diseases' super spreaders, in IEEE intelligent systems[R].
Duan W, Quax R, Lees M, et al. 2014. Topology dependent epidemic spreading velocity in weighted networks[J]. Journal of Statisical Mechanics: Theory and Experiment, (12): 1-15.
Eames K T D, Read J M, Edmunds W J. 2009. Epidemic prediction and control in weighted

networks[J] Epidemics, 1(1): 70-76.

Edmunds W J, Kafatos G, Wallinga J, et al. 2006. Mixing patterns and the spread of close-contact infectious diseases[J]. Emerging Themes in Epidemiology, 3(1): 10.

Epstein J M. 1999. Agent-based computational models and generative social science[J]. Generative Social Science: Studies in Agent-Based Computational Modeling, 4(5): 4-46.

Epstein J M. 2009. Modeling to contain pandemics[J]. Nature, 460(7256): 687.

Epstein J M, Axtell R. 1996. Growing Artificial Societies: Social Science from the Bottom Up[M]. New York: Brooking Institution Press.

Erdös P, Rényi A. 1960. On the evolution of random graphs[J]. Publications of the Mathematical Institute of the Hungarian Academy of Sciences, 5: 17-61.

Ettema D, Timmermans H. 2003. Modeling departure time choice in the context of activity scheduling behavior[J]. Transportation Research Record: Journal of the Transportation Research Board, (1831): 39-46.

Fan Z, Duan W, Chen B, et al. 2012. Study on the method of multi-agent generation algorithm within special artificial society scene[R]. UKACC International Conference on CONTROL, Cardiff, UK.

Fan Z, Qiu X G, Liu L, et al. 2014a. A domain-expert oriented modeling framework for unconventional emergency[R]. 2014 International Conference on Energy, Environment and Green Building Materials.

Fan Z, Meng R, Ge Y, et al. 2014b. Reconstructing a large-scale population for social simulation, international conference on mechanical engineering and control systems[R].

Farazmand A. 2001. Handbook of Crisis and Emergency Management[M]. New York: Marcel Dekker, Inc.

Ferguson N M, Cummings D A T, Fraser C, et al. 2006. Strategies for mitigating an influenza pandemic[J]. Nature, 442(7101): 448-452.

Fiske S T, Neuberg S L. 1990. A continual of impression formation, from category-based to individuating processes: influences of information and motivation on attention and interpretation[J]. Advances in Experimental Social Psychology, 23: 1-77.

Fosdick P E, McGinnis M L. 2007. Emergency Management Modeling[M]. San Francisco: SimTec.

Fournié G, Guitian J, Desvaux S, et al. 2013. Interventions for avian influenza a (H5N1) risk management in live bird market networks[J]. Proceedings of the National Academy of Sciences, 110(22): 9177.

Frank O, Strauss D. 1986. Markov graphs[J]. Journal of the American Statistical Association, 81: 832-842.

Frankel D S. 2003. Model Driven Architecture Applying MDA[M]. Hoboken: John Wiley & Sons.

Fujimoto R M. 2000. Parallel and Distributed Simulation Systems[M]. New York: Wiley.

Gabriel R F, Jose L M, Octavio M, et al. 2004. Levy walk patterns in the foraging movements of spider monkeys [J]. Behavioral Ecology and Sociobiology, 55(3): 223.

Ge Y, Liu L, Qiu X, et al. 2013. A framework of multilayer social networks for communication behavior with agent-based modeling[J]. Simulation, 89(7): 810-828.

Ge Y, Meng R, Cao Z, et al. 2014. Virtual city: an individual-based digital environment for human

mobility and interactive behavior[J]. Simulation, 90(8): 917-935.
Gilbert N, Conte R. 1995. Artificial Societies: The Computer Simulation of Social Life[M]. London: University College London Press.
Glass L, Glass R. 2008. Social contact networks for the spread of pandemic influenza in children and teenagers[J]. BMC Public Health, 8(1): 61.
González M C, Hidalgo C A, Barabàsi A L. 2008. Understanding individual human mobility patterns [J]. Nature, 453: 779-782.
Gross J J, Levenson R W. 1997. Hiding feelings: the acute effects of inhibiting negative and positive emotion[J]. Journal of Abnormal Psychology, 106(1): 95-103.
Guo G, Chen B, Qiu X G, et al. 2012. Parallel simulation of large scale artificial society on CPUGPU mixed architecture[R]. 2012 PADS Conference.
Guo G, Li K, Wang Y. 2015. Exact solutions of a modified fractional diffusion equation in the finite and semi-infinite domains[J]. Physica A, 417: 193-201.
Han K, Zhu X, He F, et al. 2009. Lack of airborne transmission during outbreak of pandemic (H1N1) 2009 among tour group members[J]. Emerging Infectious Disease, 15(10): 1578-1581.
Helbing D. 2013. Globally networked risks and how to respond [J]. Nature, 497(7447): 51-59.
Hethcote H. 2000. The mathematics of infectious diseases[J]. SIAM Review, 42(4): 599-653.
Holland P W, Leinhardt S. 1981. An exponential family of probability distributions for directed graphs[J]. Journal of Mathematical Statistical Association, 76: 33-50.
Hu F, Qiu X, Luo L. 2014. The method of using hypernetworks and concept lattice to solve domain concepts' semantic inconsistencies[R]. Software Engineering and Service Science (ICSESS), 5th IEEE International Conference on IEEE: 863-867.
Huang C Y, Tsai Y S, Wen T H. 2011. A multilayer framework to assess influenza intervention policies[R]. 2011 International Conference on Future Computer Sciences and Application.
Iozzi F, Trusiano F, Chinazzi M, et al. 2010. Little Italy: an agent-based approach to the estimation of contact patterns-fitting predicted matrices to serological data[J]. PLOS Computational Biology, 6(12): 1001-1021.
Jolad S D, Lantz R C, Guan J C, et al. 2005. Commercially processed dry ginger (Zingiber officinale): composition and effects on LPS-stimulated PGE 2, production[J]. Phytochemistry, 66(66): 1614-1635.
Jordan R, Birkin M, Evans A. 2012. Agent-based modeling of residential mobility, housing choice and regeneration[J]. Agent-Based Models of Geographical Systems: 511-524.
Joshi A, Drashansky T, Rice J, et al. 1997. Multi-agent simulation of complex heterogeneous models in scientific computing[J]. Mathematics and Computers in Simulation, 44(1): 43-59.
Kahn H, Wiener A J. 1967. Year 2000: a framework for speculation on the next thirty-three years[J]. Science: 160.
Kevrekidis P G, Frantzeskakis D J, Carretero-González R. 2008. Emergent Nonlinear Phenomena in Bose-einstein Condensates[M]. Berlin: Springer Berlin Heidelberg.
Kohler T A, Gummerman G J. 2001. Dynamics of Human and Primate Societies: Agent-Based Modeling of Social and Spatial Process[M]. Oxford: Oxford University Press.
Lee B Y, Brown S T, Cooley P C, et al. 2010. A computer simulation of employee vaccination to

mitigate an influenza epidemic[J]. American Journal of Preventive Medicine, 38(3): 247-257.

Li X, Geng W, Tian H, et al. 2013. Was mandatory quarantine necessary in China for controlling the 2009 H1N1 pandemic[J]. International Journal of Environmental Research & Public Health, 10(10): 4690-4700.

Li Z, Qiu X, Guo G, et al. 2014. A GPU-based simulation kernel within heterogeneous collaborative computation on large-scale artificial society[J]. International Journal of Modeling and Optimization, 4(3): 205-210.

Lind P G, Herrmann H J. 2007. New approaches to model and study social networks[J]. New Journal of Physics, 9(7): 228.

Liu X, Qiu X, Chen B, et al. 2012. Cloud-based simulation: the state-of-the-art computer simulation paradigm [R]. The 26th ACM/IEEE/SCS International Workshop on Principles of Advanced and Distributed Simulation, Zhangjiajie, China: 71-74.

Louie M A, Carley K M. 2008. Balancing the criticisms: validating multi-agent models of social systems[J]. Simulation Modelling Practice and Theory, 16(2): 242-256.

Mei S, Zhu Y, Qiu X, et al. 2013. Individual decision making can drive epidemics: a fuzzy cognitive map study[J]. IEEE Transactions on Fuzzy Systems, 21(6): 1-10.

Mei S, Chen B, ZhuY, et al. 2015. Simulating city-level airborne infectious diseases[J]. Computers, Environment and Urban Systems, 51: 97-105.

Meng R Q, Ge Y Z, Cao Z D, et al. 2015. A framework for generating geospatial social computing environment[R]. IEEE Intelligent Systems.

Mossong J, Hens N, Jit M, et al. 2008. Social contacts and mixing patterns relevant to the spread of infectious diseases[J]. PLoS Medicine, 5(3): 74.

Neumann E, Zauberman H. 1965. Glaucoma survey in liberia[J]. American Journal of Ophthalmology, 59(1): 8-12.

Noelle-Neumann E. 1974. The spiral of silence a theory of public opinion[J]. Journal of Communication, 24(2): 43-51.

Oliveira J G, Vàzquez A. 2009. Impact of interactions on human dynamics[J]. Physica A, 388(2): 187.

Open Geospatial Consortium Inc. 2012. Geography markup language (GML) extended schemas and encoding rules[R]. http://www.opengeospatial.org/legal.

Oren T I, Zeigler B P. 1979. Concepts for advanced simulation methodologies[J]. Simulation-Transactions of the Society for Modeling and Simulation International, 69(32): 69-82.

Parker J, Epstein J M. 2011. A distributed platform for global-scale agent-based models of disease transmission[J]. ACM Transactions on Modeling and Computer Simulation, 22(1): 1-25.

Pastor-Satorras R, Vespingnani A. 2001. Epidemic spreading in scale-free networks[J]. Physical Review Letters, 86(4): 3200-3203.

Rakowski F, Gruziel M, BieniaszKrzywiec Ł, et al. 2010a. Influenza epidemic spread simulation for Poland—a large scale, individual based model study[J]. Physica A: Statistical Mechanics and its Applications, 389(16): 3149-3165.

Rakowski F, Gruziel M, Krych M, et al. 2010b. Large scale daily contacts and mobility model—an individual-based countrywide simulation study for Poland[J]. Journal of Artificial Societies &

Social Simulation, 13(1): 13.

Ravasz E, Somera A L, Mongru D A, et al. 2002. Hierarchical organization of modularity in metabolic networks[J]. Science, 297 (5586): 1551-1555.

Read J M, Eames K T D, Edmunds W J. 2008. Dynamic social networks and the implications for the spread of infectious disease[J]. Journal of the Royal Society Interface, 5 (26): 1001-1007.

Rhee L, Shin M, Hong S, et al. 2008. On the levy-walk nature of human mobility[R]. The 27th IEEE Conference on Computer Communications.

Rickert M, Nagel K. 2001. Dynamic traffic assignment on parallel computers in TRANSIMS[J]. Future Generation Computer Systems, 17: 637-648.

Robins G, Pattison P, Kalish Y, et al. 2007. An introduction to exponential random graph (p*) models for social networks[J]. Social Networks, 29: 173-191.

Salathé M, Kazandjieva M, Lee J W, et al. 2010. A high-resolution human contact network for infectious disease transmission[J]. Proceedings of the National Academy of Sciences, 107 (51): 22020-22025.

Sheng K, Li Z, Song Z. 2014. Artificial society-oriented large-scale road path querying methods[R]. 2014 international conference on Mechanical and Electrical Engineering, Scientific Computer.

Sherman J W, Lee A Y, Bessenoff G R, et al. 1998. Stereotype efficiency reconsidered: encoding flexibility under cognitive load[J]. Journal of Personality and Social Psychology, 75(3): 589.

Sims D W, Southall E J, Humphries N E, et al. 2008. Scaling laws of marine predator search behaviour [J]. Nature, 451: 1098.

Singer H M, Singer I, Herrmann H J. 2009. Agent-based model for friendship in social networks[J]. Physical Review E, 80(2): 26113.

Sklar E. 2007. Software review: NetLogo, a multi-agent simulation environment[J]. Artificial Life, 13(3): 303-311.

Smith L, Beckman R, Baggerly K. 1994. TRANSIMS: transportation analysis and simulation system[R]. Los Alamos National Lab, NM (United States), 1994.

Song C, Koren T, Wang P, et al. 2010. Modeling the scaling properties of human mobility[J]. Nature Physics, 6(10): 818-823.

Song Z, Ge Y, Duan H, et al. 2014a. The research of influenza H1N1's transmission based on artificial society[J]. International Journal of Modeling and Optimization, 14(2): 95-99.

Song Z, Ge Y, Duan H, et al. 2014b. The research on agent-based simulation oriented to emergency management [R]. LSMS/ICSEE 2014, Part I, CCIS 461.

Srull T K, Lichtenstein M, Rothbart M. 1985. Associative storage and retrieval processes in person memory[J]. Journal of Experimental Psychology: Learning, Memory, and Cognition, 11(2): 316.

Stehlé J, Voirin N, Barrat A, et al. 2011. High-resolution measurements of face-to-face contact patterns in a primary school[J]. PLoS One, 6(8): 23176.

Stephen H M. 2006. Exceeding human limits[J]. Nature, (440): 409-410.

Stroud P, Valle S D, Sydoriak S, et al. 2007. Spatial dynamics of pandemic influenza in a massive artificial society[J]. Journal of Artificial Societies and Social Simulation, 10(49): 10.

Tang M, Mao X, Zhou H, et al. 2012. An approach to modelling city-scale artificial society based-on organization metaphor[R]. Systems, Man, and Cybernetics (SMC), 2012 IEEE International Conference on IEEE.

Team W E R. 2014. Ebola virus disease in West Africa-the first 9 months of the epidemic and forward projections[J]. New England Journal of Medicine, 371(16): 1481-1495.

Trope Y, Liberman N. 2010. Construal-level theory of psychological distance[J]. Psychological Review, 117(2): 440.

Tsai Y S, Huang C Y, Wen T H, et al. 2011. Integrating epidemic dynamics with daily commuting networks: building a multilayer framework to assess influenza A (H1N1) intervention policies[J]. Simulation, 87(5): 385-405.

van Segbroeck F. 2003. Onder professoren: tijdgebonden en veelkleurig. Interview met Frans van Segbroeck[J]. Interpretatie Tijdschrift Voor Bijbelse Theologie, 11: 27-29.

Wallinga J, Teunis P, Kretzschmar M. 2006. Using data on social contacts to estimate age-specific transmission parameters for respiratory-spread infectious agents[J]. American Journal of Epidemiology, 164 (10): 936-944.

Wang F Y. 2007. Toward a paradigm shift in social computing: the ACP approach[J]. IEEE Intelligent Systems, 22(5): 65-67.

Wang F Y, Zeng D, Zhang Q, et al. 2004. The Chinese "human flesh" web: the first decade and beyond[J]. Chinese Science Bulletin, 59(26): 3352-3361.

Wang F Y, Li X, Mao W. 2015. An ACP-based approach to intelligence and security informatics[J]. Studies in Computational Intelligence, 563(1): 69-86.

Watts D J, Strogatz S H. 1998. Collective dynamics of "small-world" networks[J]. Nature, 393(6684): 440-442.

Wheaton W D, James C C, Bernadette M C, et al. 2009. Synthesized population databases: a US geospatial database for agent-based models[J]. Methods Report, (10): 905.

Wolfram S. 1986. Theory and applications of cellular automata[J]. Advanced, 43(12): 1346-1357.

Wong D Y, Qutub A, Hunt C A. 2004. Modeling transport kinetics with StarLogo[R]. Conference Proceedings: Annual International Conference of the IEEE Engineering in Medicine and Biology Society. IEEE Engineering in Medicine and Biology Society.

Wu B, Birkin M. 2012. Agent-based extensions to a spatial micro-simulation model of demographic change[J]. Agent-Based Models of Geographical Systems: 347-360.

Yan G, Zhou T, Wang J, et al. 2005. Epidemic spread in weighted scale-free networks[J]. Chinese Physics Letters, 22(2): 510-513.

Yang Y, Diez R A V, Auchincloss A H, et al. 2011. A spatial agent-based model for the simulation of adults' daily walking within a city[J]. American Journal of Preventive Medicine, 40(3): 353-361.

Zanette L. 2002. What do artificial nests tells us about nest predation?[J]. Biological Conservation, 103(3): 323-329.

Zeigler B P, Praehofer H, Kim T G. 1999. Theory of Modeling and Simulation Second Edition[M]. San Diego: Academic Press.

Zhang P, Fan Z, Chen B, et al. 2014. A framework of computational experiment within special artificial society scene[R]. 2014 3rd International Conference on System Engineering and

Modeling.

Zhang P, Chen B, Ma L, et al. 2015. The large scale machine learning in an artificial society: prediction of the ebola outbreak in Beijing[R]. Computational Intelligence and Neuroscience.

Zhao K, Stehlé J, Bianconi G, et al. 2011. Social network dynamics of face-to-face interactions[J]. Physical Review E, 83(5): 56109.

Zhou X, Chen B, Song Z, et al. 2014. A public opinion propagation model based on default model[J]. Energy, Environment and Green Building Materials, (1): 10-13.

Zhou X, Chen B, Liu L, et al. 2015. An opinion interactive model based on individual persuasiveness[J]. Computational Intelligence and Neuroscience, (4): 1-10.